普通高等学校材料科学与工程学科规划教材

现代陶瓷教科丛书

Ceramic Industrial Kilns

陶瓷工业窑炉

（第 2 版）

胡国林　周露亮　朱庆霞　陈功备　编著

武汉理工大学出版社

·武汉·

图书在版编目(CIP)数据

陶瓷工业窑炉/胡国林等编著.—2版.—武汉:武汉理工大学出版社,2022.8
ISBN 978-7-5629-5814-7

Ⅰ.①陶… Ⅱ.①胡… Ⅲ.①陶瓷工业-工业窑炉 Ⅳ.①TQ174.6

中国版本图书馆CIP数据核字(2022)第129412号

项目负责人:田道全 王兆国
责任编辑:李兰英 田道全
责 任 校 对:陈海军
排　　版:芳华时代
出版发行:武汉理工大学出版社
社　　址:武汉市洪山区珞狮路122号
邮　　编:430070
网　　址:http://www.wutp.com.cn
印　　刷:武汉市洪林印务有限公司
经　　销:各地新华书店
开　　本:787mm×1092mm 1/16
印　　张:14
插　　页:3
字　　数:397千字
版　　次:2022年8月第2版
印　　次:2022年8月第1次印刷
印　　数:1~3000册
定　　价:48.00元

凡购本书,如有缺页、倒页、脱页等印装质量问题,请向出版社发行部调换。
本社购书热线:027-87384729 87391631 87165708(传真)

第 2 版前言

《陶瓷工业窑炉》教材已出版了 12 年，此次修订的主要思路是：(1)对教材中出现的错误予以更正；(2)根据教学要求与生产中的实际情况，增加“陶瓷窑炉工作原理”和“陶瓷工业窑的操作与控制”两章；(3)针对当前陶瓷窑炉广泛采用的清洁燃料，将过时的窑炉结构尽可能更新；(4)针对新筑炉材料的应用、环保提出的更高要求，对窑体材料等内容进行必要的增删。

此次修订由胡国林老师增写了“陶瓷窑炉工作原理”一章，并主持了全书的修订工作；天津工业大学的朱庆霞老师增写了“陶瓷工业窑的操作与控制”一章，并参与了修订全过程。

本教材在修订过程中，还得到了相关工程技术人员的大力支持，如中鹏窑炉公司的于仁生等提供了不少当代窑炉结构的图纸，在此一并致以衷心的感谢！

由于编者的知识与经验所限，资料的短缺，书中的不足在所难免，欢迎读者批评指正。

编著者

2021 年 11 月

第 1 版前言

陶瓷工业窑炉是陶瓷工业生产中最重要的工艺设备之一，对陶瓷产品的产量、质量以及成本起着关键性的作用。改革开放以来，通过引进与消化吸收国外的先进装备与技术，我国的陶瓷工业窑炉在燃料、筑炉材料、窑体结构上都有了飞速的发展。然而，大学课堂里采用的仍是华南理工大学刘振群教授在 20 世纪 80 年代主编的《陶瓷工业热工设备》一书。为了反映我国近二十年来陶瓷工业窑炉的技术进步，我们在刘振群教授编写的《陶瓷工业热工设备》、宋耑教授编写的《现代陶瓷窑炉》以及胡国林编写的《建陶工业辊道窑》的基础上，查阅了近二十年来有关陶瓷窑炉的资料，着手编写了本书。

本书着重介绍了目前陶瓷工业应用最广泛的明焰式窑车隧道窑、辊道窑、梭式窑，同时对传统的陶瓷窑炉及电热窑炉也作了一些保留，以使读者对陶瓷工业窑炉有一个较全面的了解；并希望读者通过学习本教材后，具备使用、改进和设计现代陶瓷工业窑炉的能力。

本书由景德镇陶瓷学院胡国林主编，并执笔编写了第 1、3、6 章及附录，第 2 章由周露亮执笔，第 4、5 章由陈功备执笔，胡国林策划了本书的编写大纲并统稿。

编写时，尽管我们在主观上力求内容尽可能新，但由于编者水平有限，书中难免存在缺点与错误，诚恳欢迎各界同行与读者提出批评指正，以便日后修改完善。

编著者

2009 年 11 月

目　录

1 绪　论

1.1 陶瓷工业窑炉的发展历程

窑炉是陶瓷生产中最重要的烧成设备。我国陶瓷历史悠久，自古就有“生在成型，死在烧成”“三分做，七分烧”及“陶瓷是火里求财”等行业谚语，又是最早发明与使用瓷器的国家，所以也是创建窑炉最早的国家。从上溯至万年前的野烧和西安半坡遗址发掘的远在五千年前就建造的穴窑，到距今2500年前的战国时代，南方就开始创建了依山而筑的龙窑，北方创建了半倒焰的馒头窑；至宋代，在山东、陕西等地，部分馒头窑已用煤作燃料；明代，在福建德化创建了阶级窑；明末清初，江西景德镇创建了景德镇窑。当时我国陶瓷窑炉与陶瓷生产技术远远领先于世界各国，生产的精美陶瓷也远销世界各地，享誉全球。

陶瓷窑炉发展历史大体上可划分为以下三个阶段：

(1)古代陶瓷窑炉(公元1850年以前)

我国陶瓷工业生产是在手工作坊式的生产经济下出现的，其中最具有代表性的窑型是我国的景德镇窑和龙窑。景德镇窑壁薄，外形近似半个平卧在地上的鸭蛋，故又称蛋形窑；其底部微倾，斜向上直通烟囱，这正符合热烟气向上自然流动的规律，加上它独特的形状有利于减小窑内温差；此型窑在还原焰下烧制出的“薄如纸、白如玉、声如磬”的精美瓷器，使景德镇获得了享誉世界的“瓷都”称号。龙窑多依山而建，形状像卧龙，故称为龙窑；依山而建的窑底形成15°～20°的倾斜角，也是适应了热气流自然向上的规律，而且加火孔在每个窑室的窑顶，自下部窑室点火投入木柴，依次逐步向上面的窑室投入木柴，热烟气逐一流经上部窑室，最后通向烟囱，极大地提高了热利用率，但窑内温差较大，当时是按不同温度的窑位装载不同的制品。

(2)近代陶瓷窑炉(公元1850—1950年)

近代陶瓷窑炉是在英国工业革命开始以后，欧美近代工业发展中形成的。其中代表性的窑型有倒焰窑与隧道窑。

倒焰窑是由半倒焰式馒头窑进化而来，20世纪初日本陶瓷界将我国创建的馒头窑改进为倒焰窑。倒焰窑是因火焰流动情况而命名的，火焰从燃烧室上升至窑顶，受到窑顶的阻挡，同时窑底部有吸火孔，由通向烟囱之烟道的吸力使火焰向下倒行，经匣钵柱的间隙进入吸火孔，经烟道由烟囱排出。由于焙烧制品时热气流自上向下流动，符合气体分流法则，有利于消除窑内水平温差，加上燃烧可以用煤或重油，在旧式陶瓷窑中是比较合理的，但与隧道窑比较，热耗要高得多，故现已基本被淘汰了。

隧道窑是由龙窑与轮窑进化而来，机械化的隧道窑是1889年由法国人福基罗(Faugeron)创建成功。隧道窑由窑车作为制品的输送工具，火焰自烧成带水平流向窑头，预热坯体后再经烟道流经烟囱排出，生产效率高，热利用率也高，属近代最先进的窑型，一直沿用至今。

(3)现代陶瓷窑炉(公元1950年至今)

现代陶瓷窑炉是在第二次世界大战以后，现代工业发展的基础上产生的。其中具有代表性的窑型有梭式窑、现代隧道窑及辊道窑，本书重点介绍这三种窑型。

近 70 年来，陶瓷窑炉的发展发生了质的飞跃，达到了陶瓷窑炉技术新的高峰。现代陶瓷窑炉技术的飞速发展，一是靠能源工业的进步，我国陶瓷工业窑炉经历了柴烧、煤烧、重油烧到用煤气及轻柴油等清洁燃料的发展过程；二是靠耐火材料工业的进步，五十余年来涌现了以陶瓷纤维和高温轻质耐火材料为代表的各种新型材料作为陶瓷工业窑炉的筑炉材料，大大降低了窑体散热损失，减轻、减薄了窑体；三是以高速烧嘴为代表的燃烧技术的进步，保证了窑内温度场的均匀，显著提高了产品质量，实现了快速烧成；四是以计算机技术为代表的窑炉自动控制技术的不断进步，使以 CPU 为核心的许多智能控制仪表及计算机被应用于陶瓷工业窑炉的温度、压力与气氛的控制，减少了人工因素的干扰，确保了烧成制度的稳定。

1.2 陶瓷工业窑炉的分类与命名

陶瓷工业窑炉的分类方法很多，可以按使用燃料来分，如煤烧窑、油烧窑、气烧窑等；也可以按具体用途来分，如干燥窑、素烧窑、釉烧窑、烤花窑等；还可以按形状与运载工具来分，如圆窑、方窑、隧道窑、辊道窑等。从总的概念上来说，一般按生产操作形式将陶瓷工业窑炉分为连续式窑炉与间歇式窑炉两大类。

连续式陶瓷工业窑的形状像一条长的隧道，最初运载制品的工具为窑车，随着技术的发展又出现了推板、步进梁、辊道等运载工具。广义来讲，这些不同运载工具的隧道式窑都应称之为隧道窑，但新发展起来的推板式、步进式、辊道式隧道窑都已有自己的名称，如推板窑、步进窑、辊道窑等。因此，本书按约定俗成的原则，将以窑车为运载工具的连续式陶瓷工业窑命名为隧道窑，其他连续式窑则以运载工具来命名。此外，在一些特定场合，为了区分使用燃料或用途的不同，可以在这些命名前冠以燃料或用途的特征。

由于间歇式陶瓷工业窑生产操作方式是间歇式的，升温与降温同在一个窑室里进行，使其窑体散热损失大、余热利用率低、生产效率低，因此传统的间歇式窑（倒焰窑）已逐渐从陶瓷生产领域里淘汰出局。但是，由于近几十年来新型筑炉材料的出现及其他科学技术的进步，现代间歇式陶瓷工业窑的热利用率不断提高，热效率已接近隧道窑水平，加之其灵活的生产方式等优越性，以梭式窑为代表的现代间歇式陶瓷工业窑在陶瓷生产中得到了广泛应用与蓬勃发展。现代间歇式陶瓷工业窑按窑体活动形式主要分为梭式窑与罩式窑两种。梭式窑主要由固定的长方形窑室与活动的窑车作窑底组成，窑车出入窑室的运动如织布机上的梭子，故称为梭式窑。有的资料将一个窑门出入的窑型称为抽屉窑，而将窑室对开两个门、窑车可轮换从两门进出的窑型才称为梭式窑。由于国内外的此类窑多为一个窑门（对窑的密封性有利且便于砌筑），为统一名称起见，还是将它们统一命名为梭式窑。罩式窑由可以上下移动的罩形窑室与窑底组成，其窑底可以做成固定在地面，也可以是可移动的窑车。罩式窑的移动窑室可以是方形或长方形，也可以是圆形；由于其形状似钟，又有资料称这种圆形窑室的罩式窑为钟罩窑。同样，为了名称的一致，还是将它们统一命名为罩式窑。

1.3 陶瓷制品烧成过程分析

1.3.1 陶瓷的烧成过程

陶瓷制品的烧成过程甚为复杂，无论采用何种窑炉完成其烧成过程，在烧成过程的各个阶段中均将发生一系列物理化学变化，最后出窑成为陶瓷产品。要实现陶瓷产品这些物理化学变化的圆满完成，在窑炉中当然还存在燃料燃烧过程、气体流动过程和传热过程。这里仅对陶瓷制品在烧成过程中的物理化学变化，按不同的温度阶段作一简单叙述。

第一阶段：室温～200℃左右。

此阶段为蒸发阶段，主要是排除机械水和吸附水，坯体不发生化学变化，只发生坯体体积收缩、气孔率增加等物理变化。

第二阶段：200℃～出现液相的温度（约 950℃）。

此阶段为氧化分解阶段，坯体的主要化学变化是结构水的排除，坯体中所含有机物、碳酸盐、硫酸盐等化合物的分解和氧化，以及晶型转变。

第三阶段：950℃～最高烧成温度以及在该温度下的保温。

此阶段为烧结阶段。由于各种陶瓷制品性质及其所用原料不同，最高烧成温度也不同。主要发生的变化是坯体中的长石类熔剂熔融出现液相，由于液相的产生，在其表面张力的作用下，不仅促使颗粒重新排列紧密，而且使颗粒之间胶结并填充孔隙。由于颗粒曲率半径不同和受压情况不同，促使颗粒间中心距离缩小，坯体逐渐致密。同时，游离 Al_2O_3 与 SiO_2 会在液相中再结晶，形成一种针状的莫来石新晶体，它还能在液相中不断成长，并与部分未被液相熔解的石英及其他成分共同组成坯体的骨架，而玻璃态的液相就填充在这骨架之中，使制品形成较严密的整体。此时，气孔率降低，坯体产生收缩，强度随之增加，从而达到瓷化。

第四阶段：最高烧成温度～液相凝固温度（约 700℃）。

此阶段仍有液相参加的某些变化的延续，但主要是液相黏度增大，并伴有析晶产生。由于液相的存在使产品仍有塑性，此阶段可以急冷，故又称急冷阶段。

第五阶段：液相凝固温度～出窑温度。

此阶段为产品的继续冷却阶段，产品由塑性状态转化为刚性状态，硬度和强度增至最大。产品冷至 573℃，还会发生石英的晶型转变、析晶和物理收缩。

1.3.2 合理的烧成制度

合理的烧成制度是实现烧成过程优质、高产、低消耗的关键。烧成制度包括温度制度、气氛制度和压力制度，其中温度制度无疑是烧成制度中最重要的。温度制度是窑内制品温度随时间（针对间歇式窑）或位置（针对连续式窑）变化的规定，一般将温度制度绘成直角坐标系上的曲线来表示，以横坐标表示时间或位置，以纵坐标表示制品温度，此曲线便称为烧成曲线。

1）合理的温度制度包括以下三个方面：

（1）适宜的最高烧成温度及高火保温时间

最高烧成温度主要取决于产品配方，可由同类产品工厂实际中收集数据或根据开发性试验得到的数据来确定。在适宜的烧成温度下还要有一定的保温时间，通过保温可以使制品内外温度趋于一致，使其内外充分烧结、釉面成熟平整。保温时间的多少主要取决于制品厚度及窑型，例如对较厚的卫生洁具用隧道窑或梭式窑烧成，则要有一定的保温时间；而对用辊道窑烧成的建筑瓷砖则基本上不用保温。

(2)各阶段合理的升(降)温速率

升(降)温速率主要取决于制品的大小与厚薄、坯体成分、烧成条件(包括烧成设备与烧成方式)等。主要从三个方面考虑：一是要考虑制品在烧成过程中各阶段进行的物理化学变化所需要的时间，例如含有机质多的坯料在氧化反应阶段升温就应慢点。二是要考虑传热过程中制品存在导热热阻，制品表面与中心总会有温差，也就会在制品内部产生热应力，一旦超出一定界限就会使制品产生变形或开裂。显然，制品的厚薄影响很大，例如卫生洁具就远比建筑瓷砖升(降)温的速率慢得多。三是要考虑制品在烧成过程中一些晶型转变使制品体积发生的较大变化，例如在573℃左右有石英的晶型转变，会使石英体积变化0.82%。由于升温阶段制品仍呈细颗粒状，孔隙率较大，体积变化有伸缩余地，故一般不会造成晶型转变而引起的开裂。但在降温阶段由于制品已冷却为刚性体，因而在这一温度区域里就必须减缓降温速率，即要缓冷。

(3)窑内断面温度均匀性好

窑炉各带或各烧成阶段截面温度均匀性好(即窑截面的上下、水平温差小)，是保证烧成出来的陶瓷产品质量好的重要因素，也直接影响到陶瓷生产企业的经济效益。窑内断面温度均匀性主要取决于窑炉结构的合理性和生产操作控制的科学性，因此，从设计窑炉、建造窑炉到生产操作都必须高度重视。

2)窑内的气氛制度

气氛是表示窑内气体的组成及其氧化还原能力，气氛制度是窑内制品周围气体性质随时间(或位置)变化的规定。气体性质是以其中游离 O_2 或还原性气体的含量(体积百分比)而定。强氧化气氛含游离 O_2 为8%～10%，一般氧化气氛含游离 O_2 为4%～5%，中性气氛含游离 O_2 为1%～1.5%，还原性气氛含游离 O_2 小于1%，含($CO+H_2$)为2%～5%。气氛制度的确定依据主要为两点：一是陶瓷产品种类，例如建筑陶瓷一般是在全氧化气氛下烧成，而日用瓷大多在升温后期(约1050℃以后)需要在还原气氛下成瓷。例如南方的日用瓷因含三价铁较多，则要求在釉面开始熔融直到烧结，窑内都要求为还原气氛。二是根据制品在烧成过程中物理化学变化的需要。一般来说，在氧化阶段(200～950℃)窑内要保证较强的氧化气氛；而对生产日用瓷的窑则还要注意气氛与温度相匹配，在1050℃左右时由氧化气氛向还原气氛的转换。因此，气氛制度与温度制度是互相关联的，保证气氛制度的关键是要做到温度与气氛的对口。

3)压力制度

压力制度是窑内气体压力随时间(或位置)变化的规定。一般窑炉多在常压下操作，压力变化幅度很小(通常为大气压±0.1%的范围内)，这种压力范围对制品的物理化学变化影响甚微。但合理的压力制度是实现合理的温度制度和气氛制度的保证，例如，当需要保持还原气氛时，应在微正压下操作，否则会吸入外界空气而变成氧化气氛。从理论上来说，窑内压力维持在与外界大气压一样是最理想的，但这是不可能做到的，因此只能使窑内压力尽可能接近外界大气压，以防止窑内热气体逸出与窑外冷空气漏入窑内。在实际操作中，控制压力制度的重点是稳定零压面，零压面是负压与正压的交界面，零压面的位置稳定在合理位置，全窑的压力制度也就基本上稳定了。对连续式窑炉而言，一般在预热带与烧成带交界处有一个零压面，在冷却带的急冷段与缓冷段间也存在一个零压面，其中预热带与烧成带交界处的零压面最为重要。对间歇式窑炉来说，零压面位置主要与排烟出口位置有关，窑底排烟的间歇式窑炉在升温阶段一般将零压面稳定在窑底附近；而窑顶排烟的间歇式窑炉则将零压面稳定在制品上方附近。当然，由于间歇式窑炉的操作特点，其零压面的位置还应随不同的烧成阶段有一定的变化，其目的仍是保证合理的温度制度与气氛制度的实现。

确定合理的烧成制度除了理论分析（包括计算机模拟）外，由于产品种类、配方千变万化，更多地还要以试验数据为依据，并最终在生产实际中加以调整确定。

2 隧 道 窑

2.1 概　　述

本章介绍的隧道窑仅指以窑车作为坯体运载工具的一种连续式窑炉，由窑墙、窑顶构成的窑车通道与铁路隧道相似，内有轨道，装有坯体的窑车在轨道上运行完成烧成过程，故名隧道窑。

隧道窑最早出现在19世纪50年代的欧洲，但是直到19世纪末福基罗(Faugeron)建造的隧道窑才成功地用于烧制陶器。20世纪至今，隧道窑经过一百多年的不断发展改进，现今已普遍用作日用陶瓷、卫生陶瓷、电瓷等陶瓷工业生产的主要烧成设备。除陶瓷工业外，其他工业如耐火材料、磨料磨具、砖瓦等也广泛使用隧道窑。

1949年以前，我国只有一座隧道窑，而且还未正式进行生产。1949年以后陶瓷工业有了很大的发展，新式窑炉也逐渐增多，一方面从国外引进了一些以发生炉煤气为燃料的隧道窑，另一方面我国也自行设计建造了大量隧道窑。例如：1958年山东博山瓷厂自己动手建成了第一座用煤烧日用瓷的隧道窑；1959年由西北建筑设计院设计，在咸阳陶瓷厂建成了第一座用发生炉煤气焙烧建筑卫生瓷的隧道窑；1965年湖南建湘瓷厂建造了第一座用重油焙烧日用瓷的隧道窑；1971年由西北建筑设计院设计，在唐山陶瓷厂建成了第一座用重油焙烧建筑卫生瓷的隔焰隧道窑。隧道窑的产量大、机械化程度较高，因此，自20世纪60年代开始在我国陶瓷工业领域得到了迅速的推广和应用。当时隧道窑主要以煤为燃料，随着我国石油工业的发展，逐步发展用重油作燃料。由于燃料种类的限制，烧成工艺落后，难以解决窑内温度均匀性问题，使得烧成周期长，产量难以提高，隧道窑的产品热效率低(为4%～7%)，每千克瓷热耗在41800kJ以上。

20世纪80年代后，我国各产瓷区陆续从国外引进了不少焙烧日用瓷、建筑卫生瓷、电瓷，以洁净的煤气或轻柴油为燃料，用微型计算机控制的轻型结构窑——车式隧道窑。经过翻版制造、消化吸收，我国隧道窑设计与建造也迈上了一个新台阶，主要表现为以下特点：一是燃料清洁化，使用清洁燃料(主要是气体燃料)，可以采用明焰裸烧，火焰烟气直接加热制品，提高了传热效率；二是采用小流量、多烧嘴的燃烧系统，大大改善了窑内断面温度的均匀性；三是窑体、窑车与窑具的轻质化，选用新型轻质隔热耐火材料，加强了窑体的保温，也大大减少了窑车与窑具的吸热；四是测控系统计算机自控化，减少了人为干扰，保证了产品质量，同时也大大减轻了操作人员的劳动强度。由于以上明显的优点，现代隧道窑的产品热效率有了大幅度提高(为10%～15%)，每千克瓷热耗降低到12000～15000kJ，是传统旧隧道窑的一半左右，新一代隧道窑真正做到了优质、高产、低消耗。

尽管近30年来，我国陶瓷工业隧道窑在技术与节能等方面取得了很大进步，但总体上来说，与世界先进国家比仍存在一定的差距，从能耗来说仍然要高出30%左右，节能还有很大的潜力。当前国家大力推行节能减排，对陶瓷隧道窑的发展提出了新的更高的要求。因此，当今陶瓷隧道窑的发展趋势应该向环保节能型窑炉方向发展，需要陶瓷热工技术人员不断通过科技创新，不断消化吸收先进国家的技术，并借鉴国内冶金等行业成功的先进技术，自我创新设计与建造出具有世界先进水平的污染少、能耗低的环保节能型隧道窑。

陶瓷工业隧道窑按不同特征可分为很多种类，例如根据烧成温度的不同可分为低温隧道窑（<1100℃）、中温隧道窑（1100～1500℃）、高温隧道窑（>1500℃）等；按烧成产品种类的不同可分为日用陶瓷隧道窑、卫生陶瓷隧道窑、耐火制品隧道窑等。一般来说，隧道窑主要是按供热热源的不同来分类，将隧道窑分为燃煤隧道窑、燃油隧道窑、燃气隧道窑及电热隧道窑。因为在陶瓷工业中，燃料隧道窑应用广泛，因此本章仅讲述燃料隧道窑。在燃料隧道窑中，又以火焰及烟气是否直接进入隧道空间而分为明焰隧道窑、隔焰隧道窑或半隔焰隧道窑。由于现代隧道窑越来越多地采用洁净燃料，目前所建燃料隧道窑几乎都是明焰隧道窑。明焰隧道窑也是本章介绍的重点。在没有特别说明时，本书所讲到的隧道窑都是明焰隧道窑。

2.2 隧道窑分带和工作系统

隧道窑作为一种连续式窑炉，不论结构简单还是复杂，都可以根据制品在窑内经历的温度变化过程而沿窑长划分为三带：预热带、烧成带、冷却带。对于隧道窑三带的具体划分，依据各有不同，有的以温度分，有的以窑炉外形分，有的以窑炉结构分。最为科学合理的划分方法是按温度（安置在窑顶的热电偶测出的温度）分，窑头至900℃左右为预热带，900℃至最高烧成温度为烧成带，最高烧成温度至窑尾为冷却带。按窑炉外形分，窑体较宽的中间段为烧成带，前后各为预热带和冷却带。按窑炉结构分，设置有烧嘴的部位为烧成带，然而现代隧道窑在900℃以前也多设有下排烧嘴，但要注意的是其目的是调节窑内下部温度，以减小上下温差，因此900℃以前设有调温烧嘴的地段仍可称为预热带。有的引进窑将设有烧嘴的前部统称为燃烧带（Firing zone）。

陶瓷工业隧道窑三带的比例会因产品、烧成工艺、窑炉结构与工作系统的不同而有很大差别，按温度划分隧道窑三带的比例范围一般为：预热带35%～45%，烧成带20%～35%，冷却带30%～40%。

隧道窑的工作过程是：干燥至含一定水分的坯体入窑，首先经过预热带，受来自烧成带燃烧产物（烟气）的预热，同时燃烧产物自预热带的排烟口排出。然后制品进入烧成带，燃料燃烧的火焰及生成的产物加热坯体，使其达到一定的温度而烧成。烧成的产品最后进入冷却带，将热量传给入窑的冷空气，产品本身冷却后出窑，从而形成一个烧成周期。

隧道窑要实现制品的烧成过程，应有一定的结构与工作系统。隧道窑的结构与工作系统可分为五部分，即窑体、燃烧系统、排烟系统、冷却通风系统、输送系统。

窑体：包括窑墙、窑顶。窑墙和窑顶组成隧道，窑墙、窑顶和活动的窑车台面围成码烧坯体的空间，在这里燃料燃烧的产物将热传给坯体，坯体进行物化反应，使其焙烧成制品。

燃烧系统：由烧嘴（燃烧室）与燃料及助燃风供应系统组成，其作用是实现燃料燃烧，产生高温烟气，维持窑内一定的温度制度、气氛制度。

排烟系统：由排烟口、排烟道（排烟管）、排烟机或烟囱组成，其作用是使烧成带的高温烟气流向预热带，沿途加热入窑制品并最后排出烟气，维持预热带一定的温度制度和压力制度。

冷却通风系统：由风机及其通风管道组成，其作用是供给冷却空气，抽出热空气，维持冷却带一定的温度制度、压力制度，实现制品的冷却。

输送系统：包括窑车、推车机、拖车、轨道等，其作用是运载制品从窑头进入隧道窑，依次经预热带、烧成带、冷却带，使制品完成整个烧成过程。

隧道窑的结构与工作系统既可以简单也可以复杂。早期自然抽风的燃煤隧道窑具有最简单的工作系统,没有鼓风机和抽风机,只依靠烟囱把冷空气自燃烧室的炉栅下吸入作为一次空气用,燃烧室里煤燃烧后产生的高温烟气被吸入烧成带,再流至预热带,经排烟口、烟道由烟囱排出窑外。同时,利用烟囱把冷空气从窑尾吸进冷却带,将产品冷却,空气本身得到预热,然后也进入烧成带作为二次空气进行助燃。燃煤隧道窑由于污染大、能耗高、效益差,属于淘汰窑炉,目前已很少用了。

现代隧道窑要实现优质、高产、低能耗的目标,其结构与工作系统就复杂得多,图 2.1 为一般隧道窑的工作系统图。工作系统图表明隧道窑燃料为油或煤气,燃料由烧嘴喷入烧成带窑内燃烧,烧成带呈微正压,预热带为负压,烟气在预热带被排烟机抽走。预热带有窑头封闭气幕、搅拌气幕,使预热带窑内上下温差减小。冷却带工作系统较为完善,有急冷送风、窑尾送风和抽热风设备,急冷风又有阻挡烧成带烟气倒流的作用,急冷风和窑尾鼓入的冷风都由抽热风机抽走,达到平衡时,控制冷却带的冷风进入烧成带,容易保持烧成带的烧成温度和气氛。预热带负压不大,漏进窑内的冷空气较少,温度较均匀,为优质、高产、低能耗创造了条件。烧还原气氛的隧道窑,在烧成带的氧化炉和还原炉之间还有氧化气氛幕。

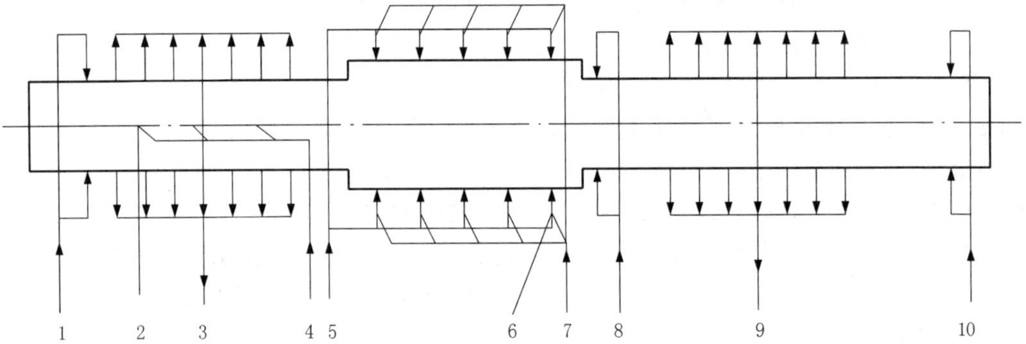

图 2.1　一般隧道窑工作系统图

1—封闭气幕送风;2—搅拌气幕;3—排烟;4—搅拌气幕送风;5—煤气;6—烧嘴;
7—助燃风;8—急冷送风;9—热风送干燥处;10—窑尾急冷送风

图 2.2 为某 80m 天然气日用瓷隧道窑工作系统示意图,与普通明焰窑的主要区别:一是预热带排烟段缩小,采用较为集中的排烟方式,提高了烟气的热利用率;二是在预热带中后段上部装有喷风管,下部设置烧嘴,代替了传统的搅拌气幕和循环气幕,有效地克服了预热带上下温差,且能灵活地调节预热带的升温制度。

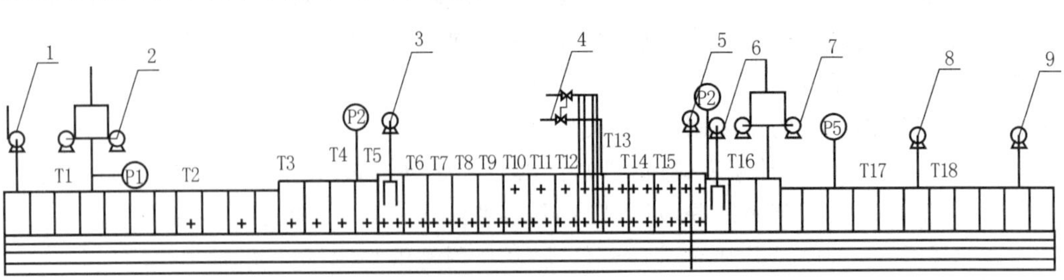

图 2.2　某 80m 天然气日用瓷隧道窑工作系统示意图

1—窑头气幕;2—排烟风机;3—氧化气幕;4—燃烧系统组件(只画一组,其余相同);
5—车下风机;6—急冷风机;7—余热风机;8—缓冷风机;9—窑尾抽风机

2.3 隧道窑窑体

2.3.1 窑体主要尺寸

隧道窑的窑体主要尺寸是指窑的内高、内宽、窑长和各带长度。

隧道窑内高是指隧道内可装制品部分的空间高度，通常指从窑车面至窑顶（或拱顶）的高度。将轨面至窑顶的高度称为窑的全高，有时还将装载制品的高度（如棚板面至最上层制品顶面）称为有效内高。

隧道窑内宽是指窑内两侧墙间的距离，包括制品有效装载宽度与制品和两边窑墙的间距。

隧道窑内高和内宽的确定，应考虑窑内垂直断面和水平断面温度的均匀性、制品尺寸规格以及装车操作等因素。隧道窑的内高尺寸大，易造成热气流分层，从而引起较大的上下温差；太宽则烧嘴火焰不易到达隧道中心，造成窑两侧与中心的温度不均匀。隧道窑太矮太窄则有效装载截面小，若要保持窑炉一定的产量势必要增加窑长。目前，一般隧道窑的内高在 1.5m 以下，内宽为 1～2m，通常隧道窑的内宽要大于内高，内宽与内高之比在 1.0～1.5 范围内。

对隧道窑而言，加宽比加高有利，窑型宽体化是现代隧道窑的发展方向。现代陶瓷企业趋于大规模生产，因此要求窑炉单窑产量大，而窑产量与窑长和有效截面面积成正比。为减少占地面积、减少窑体材料用量和窑体散热面积，宜控制窑长、增加窑的有效截面以保持一定的产量。现代隧道窑多采用高速烧嘴，由于高速烧嘴火焰长、速度大，可形成窑截面上强烈的横向气流循环，窑炉的水平温度均匀，而使加大窑炉的内宽有了条件，因此现代陶瓷窑炉尤其是生产卫生洁具的隧道窑大多采用内宽大、高度小的宽断面窑体结构。例如，河北某陶瓷厂 HTK-2.8 型隧道窑就采用这一结构，窑内宽为 3040mm，有效装载宽度为 2800mm，窑的有效装载高度为 930mm，窑的宽高比达到 3.27。快速烧成的隧道窑的内高较小，顶烧隧道窑的宽度则较此更大些。

确定了隧道窑的内高、内宽，就可根据产量与烧成周期来确定隧道窑长度。窑长些，温度变化缓慢，容易实现预定的烧成制度。但隧道窑过长，则窑内气体流程阻力加大，为克服窑内阻力，相应的鼓风、抽风压强也要大，使窑处于较大的正压和负压操作状态下。若隧道窑内正压过大，热气体容易逸出窑外，既增加了热量损失，又恶化了外部环境和操作条件。若隧道窑内的负压过大，容易吸入窑外冷空气，破坏窑内温度制度和气氛制度。一般隧道窑长度为70～100m，最长的约 150m，而快速烧成的隧道窑则较短。

隧道窑窑体主要尺寸的确定应根据产品种类、产量、燃料、烧嘴、窑炉结构、烧成制度等多方面因素综合考虑，具体情况具体分析。我国 30 多年来引进和自建的几种陶瓷隧道窑的主要尺寸见表 2.1。

自 2011 年以后景德镇在高新区建的几座现代轻体隧道窑采用棚板裸烧，棚板装载宽度 1.0～1.6m，棚板装载高度 0.6～0.72m。棚板装烧的装载宽度与装载高度之比为 1.4～2.7；加热带长度（预热带＋烧成带）与冷却带长度比接近 6∶4。

表 2.1 我国 30 多年来引进和自建的几种隧道窑的主要尺寸

序号	制造企业	产品	窑长（m）	内宽（m）	有效内高（m）	三带长比例（预＋烧）：冷
1	德国 Riedhammer	卫生瓷	95	2.1	0.75	1：0.69
2	德国 Riedhammer	日用瓷	82	1.18/1.21	1.15	1：0.95
3	瑞士 Niro	卫生瓷	80	2.65	0.90	1：0.64
4	英国 Briceseco	卫生瓷	77	2.70	0.75	1：0.83
5	日本东陶	卫生瓷	100	1.40	0.75	1：0.74
6	美国 Bickley	电瓷	75	3.42	2.12	1：0.60
7	安徽含山陶瓷厂	日用瓷	80	2.20	0.80	1：0.33
8	中亚窑炉	卫生瓷	110	3.60	0.99	1：0.66
9	景德镇海泰窑炉	日用瓷	51	1.02	—	1：0.60
10	佛山中窑窑业	园林瓷	60	2.16	1.0	1：0.39
11	佛山中窑窑业	砂轮	86	1.50	0.84	1：1.05
12	河南省某陶瓷厂	铝矾土	137	2.55	1.22	1：0.39

2.3.2 窑墙

隧道窑窑体包括窑墙和窑顶。窑墙的作用是与窑顶一起构成隧道，在隧道内燃烧产物与坯体进行热交换，窑墙一般还要支撑窑顶，要承受一定的重量，隧道窑窑墙有的部位还可能开设孔洞，设置风道结构，因此，窑墙应具有耐高温隔热的性能，同时还应有一定的强度，特别是高温强度。

隧道窑窑墙一般由耐高温的内衬层、隔热的中间层和起支撑作用的外层组成。对于一般陶瓷工业隧道窑，内衬层材料多为黏土砖、高铝砖、莫来石砖等，中间层的隔热材料有各种轻质砖和陶瓷纤维，外层多用钢板。窑墙砌体要求尺寸准确，以保证砌体的密封性能。

随着新型耐火材料的开发与应用，现代隧道窑大多采用耐高温、强度高、隔热性能好的新型轻质耐火材料来砌筑窑墙，使窑体薄而轻、占用场地小、散热少。典型现代隧道窑窑墙内衬一般用高铝空心球或优质高温莫来石质砖（115～230mm），中间层用轻质保温砖（115mm），外层用陶瓷棉（100～150mm）加钢板围护结构代替了老式隧道窑的建筑红砖外围砌体，因此，现代隧道窑的窑墙大为减薄，一般在 350～600mm 之间，仅为传统隧道窑的一半。表 2.2 中列举了我国当前几种隧道窑的窑体砌筑材料及厚度数据，可供参考。

选择窑体材料时尤其要注意高温段内衬材料的选择。轻体隧道窑高温段内衬材料目前主要有两种：第一种是选用莫来石结合氧化铝空心球砖，体积密度为 1.5g/cm^3，Al_2O_3 含量不小于 85%。如景德镇博泰瓷厂 82m 轻体隧道窑于 2011 年投产至今未修理过。第二种是在轻质砖上贴莫来石多晶纤维块，如景德镇红光瓷厂 81m 轻体隧道窑使用体积密度为 1.3g/cm^3 的轻质刚玉莫来石砖贴莫来石多晶纤维块，于 2008 年投产至今未大修过。又如景德镇中兴瓷厂 88m 轻体隧道窑选用体积密度为 1.4g/cm^3 的氧化铝空心球砖贴莫来石多晶纤维块，于 2011 年投产至今未大修过。

表 2.2 几种典型陶瓷隧道窑的窑体砌筑材料及厚度(单位:mm)

厂家	产品	预热带(排烟段窑体厚度稍小)		烧成带+急冷段		冷却带(缓冷段)	
		窑墙	窑顶	窑墙	窑顶	窑墙	窑顶
General窑炉	卫生瓷	轻质高铝砖 230 轻质黏土砖 115 陶瓷纤维 120	莫来石-堇青石板 50 耐火纤维毯 300	莫来石轻质砖 230 轻质高铝砖 230 陶瓷纤维 125	莫来石轻质砖 300 结晶铝纤维毯 50 硅酸铝纤维毯 100	轻质高铝砖 230 硅酸铝纤维毯 100	轻质高铝砖吊顶砖 200 硅酸铝纤维毯 100
Riedhammer窑炉	日用瓷	轻质高铝砖 230 轻质黏土砖 230 硅藻土砖 115 陶瓷纤维板 100	轻质高铝砖 250 轻质黏土砖 67 硅藻土砖 134	莫来石质砖 230 轻质高铝砖 230 轻质黏土砖 120 高铝纤维板 80	莫来石质砖 250 轻质高铝砖 134 轻质黏土砖 268	轻质高铝砖 230 轻质黏土砖 230 硅藻土砖 115 陶瓷纤维板 100	轻质高铝砖 250 轻质黏土砖 67 硅藻土砖 134
中亚窑炉	卫生瓷	聚轻高铝砖 230 轻质黏土砖 115 硅酸铝纤维毯 50 硅钙板 10	堇青石-莫来石吊顶板 15 硅酸铝纤维毯 150 岩棉毯 100	JM26 轻质高铝砖 230 JM23 轻质高铝砖 115 硅酸铝纤维毯 150 硅钙板 10	JM28 吊顶砖 300 结晶铝纤维毯 25 硅酸铝纤维毯 100	聚轻高铝砖 230 轻质黏土砖 115 硅酸铝纤维毯 50 硅钙板 10	聚轻高铝吊顶砖 250 0.23 硅酸铝纤维毯 100
海泰窑炉	日用瓷	聚轻高铝砖 230 轻质黏土砖 230 硅酸铝纤维毯 100	聚轻高铝吊顶砖 250 硅酸铝纤维毯 150	JM28 轻质高铝砖 230 聚轻高铝砖 230 硅酸铝纤维毯 150 硅钙板 10	JM28 吊顶砖 280 结晶纤维毯 50 硅酸铝纤维毯 100	聚轻高铝砖 230 轻质黏土砖 230 硅酸铝纤维毯 100	JM28 吊顶砖 280 结晶纤维毯 50 硅酸铝纤维毯 100
中窑窑业	日用瓷	聚轻高铝砖 230 漂珠砖 65 1260℃保温毯 25 1260℃保温板 20 1050℃纤维毡 25	聚轻高铝砖 230 1260℃保温毯 20 1050℃保温毯 20	JM26 莫来石砖 230 聚轻高铝砖 115 1260℃保温毯 25 1050℃保温毯 25 1050℃纤维毡 50	JM26 莫来石砖 230 1260℃保温毯 20 1050℃保温毯 20 珍珠岩 80 1050℃保温毯 20	JM26 莫来石砖 230 1260℃保温毯 70 1050℃纤维毡 55	聚轻高铝砖 230 1050℃纤维毡 135
中窑窑业	砂轮	聚轻高铝砖 230 硅酸铝棉 140 硅钙板 10	聚轻高铝吊顶砖 250 硅酸铝棉 100	JM28 莫来石砖 230 聚轻高铝砖 115 高铝针刺毯 20 硅酸铝棉 245 硅钙板 10	JM28 吊顶砖 320 高铝针刺毯 20 硅酸铝棉 150	轻质高铝砖 230 硅酸铝棉 140 硅钙板 10	重质黏土板 20 硅酸铝棉 100

隧道窑窑墙各段各层材料种类和厚度是根据该段的温度来决定的，同时需注意以下几点：

(1)为了砌筑的方便和外形的整齐，窑墙厚度变化不要太大。

(2)窑墙各层材料的厚度应为砖长或砖宽的整数倍，而窑墙的高度则应为砖厚的整数倍，在砌筑时尽量不砍砖，否则浪费材料，降低耐火砖的使用寿命，砌筑不便，且砖封不严密，易造成漏气。

(3)砌筑时还要考虑灰缝(砖缝)的厚度，灰缝越小，窑墙使用寿命越长。

例如，郑州某厂隧道窑高温段窑墙内衬耐火砖灰缝 1mm，十多年窑墙一直没有大修过。因此，在技术可能的情况下，灰缝越小越好。一般耐火砖及轻质砖的灰缝应控制在 2mm 以内(尤其是高温段)，最多不应超过 3mm。计算窑墙的厚度和高度时应考虑灰缝的厚度尺寸。

窑墙的砌筑多为实体砌筑，也有一些窑墙为中空结构，比如隔焰或半隔焰隧道窑在窑墙内留有一定间隙作为火道，有些隧道窑在冷却阶段采用间壁冷却的方式而将窑墙做成中空结构等。

由于隧道窑的窑底是活动的窑车，烧成过程中窑车要从窑头运动到窑尾，为避免窑车车衬与窑墙发生摩擦碰撞，窑车车衬与窑墙之间必须留有一定的间隙。对于窑车与窑墙之间的间隙，如果不采取措施，窑内高温会直接辐射窑车的金属车架，致使窑车变形。同时，由于窑内外存在压差，如烧成带处为正压，则窑内高温烟气体下逸至窑车底部会损坏窑车；预热带处为负压，则窑底下外界的冷空气进入窑内造成窑内气体分层而降低窑内下部温度。所以，隧道窑窑墙与窑车之间采用了曲封和砂封，以隔断窑内与外界的连通。

曲封是由窑墙与窑车车衬间凹凸曲折的对应面构成的一种密封结构，其作用是：一可防止窑内高温直接辐射窑车下部；二可增加气流的流动阻力来达到一定的密封效果。

窑墙与窑车间的曲封可分为窑墙凹进型和窑墙凸出型两种形式，结构如图 2.3 所示。凹曲封(窑墙凹进型)结构相对简单，但曲封间隙的流体流动时局部阻力小，而且窑墙向内凹进使得窑墙的强度有所降低。凸曲封(窑墙凸出型)的结构相对复杂一些，流体通过曲封间隙的局部阻力比凹曲封大得多，密封效果相对较好。所以隧道窑的曲封多为窑墙凸出型。

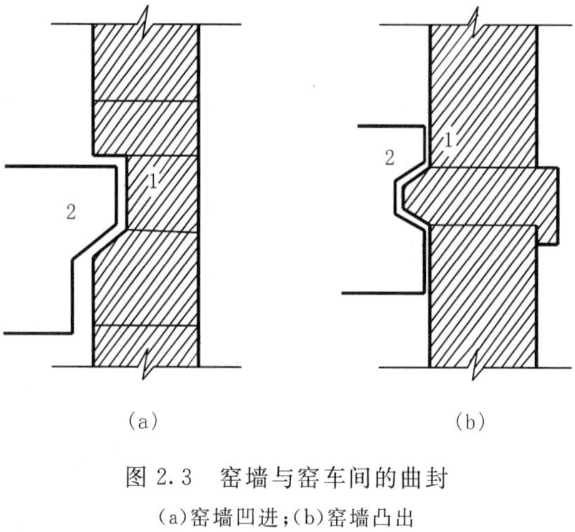

图 2.3　窑墙与窑车间的曲封

(a)窑墙凹进；(b)窑墙凸出

1—窑墙；2—窑车

窑车与窑墙的间隙尺寸一般为 25～30mm。在隧道窑的高温段，由于窑墙和窑车衬砖的热膨胀，有些地方的曲封间隙就只剩下十几毫米，因此曲封的砌筑要求尺寸必须精确，否则有可能对窑车的移动造成很大的障碍。

为增加窑墙与窑车的密封，国内外不少隧道窑还采用了双曲封，而且是直角型曲封，如图2.4所示。这样进一步增大了窑内外气体流动的阻力，增加了窑炉的密封性。此外，减小曲封与窑车之间的间隙，也可进一步增加窑炉的密封性。事实上，国内不少现代隧道窑已经将间隙控制在不大于25mm，当然，这对选择曲封的耐火材料，尤其是对窑炉砌筑提出了更高的要求。

砂封是由处在窑墙底部的砂槽和窑车两侧的钢制裙板组成的一种密封结构，结构见图2.5。砂槽可用砂槽砖砌筑，也可用钢板焊接而成，砂槽内盛有砂子。窑车在窑内运动时，窑车两侧裙板插入两侧窑墙的砂封槽的砂子内，从而隔断窑车上下空间，阻止窑墙与窑车间隙的气流通过。砂封槽的宽、高均为150mm左右，砂子直径为3～5mm，窑车裙板插入砂子深度为50～100mm。由于窑车的运行，砂封槽内的砂子会被移动的窑车裙板由窑头带向窑尾，时间一长造成砂子不足而漏气，致使砂封槽失去密封效果，所以要及时向砂封槽内补充砂子。一般在窑头与预热带和烧成带交界处的两边窑墙上设2对加砂斗，加砂斗里的砂子通过加砂管不断补充到砂槽。在窑尾的窑墙和基础上则要设置漏砂管和漏砂坑，以收集被窑车带出的砂子。

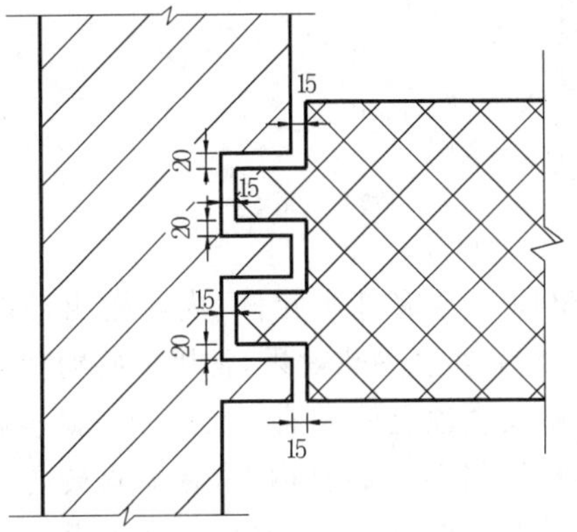

图2.4　直角双曲封

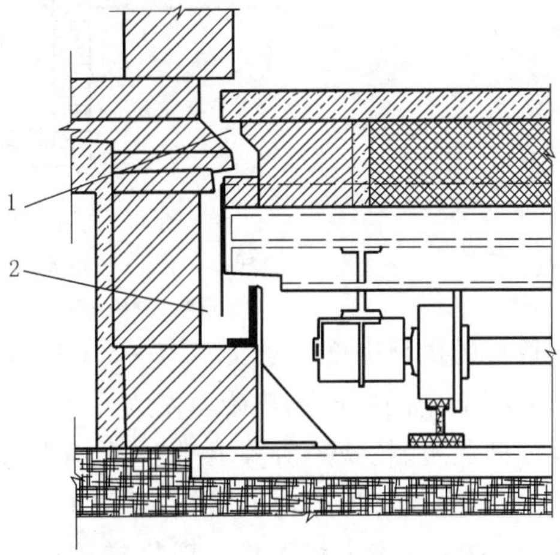

图2.5　隧道窑窑体密封

1—曲封；2—砂封

窑车与窑墙的间隙通过曲封与砂封槽相结合的密封方式可以达到良好的窑体密封效果。但窑内外总是存在一定压差，窑车与窑墙的间隙还是会有气流，如预热带排烟口设在窑车台面处紧靠间隙，排烟造成窑内负压过大时，则间隙漏风严重，所以窑内压力的控制非常重要。

2.3.3　窑顶

窑顶与窑墙一起构成隧道，其基本作用与窑墙相同。窑顶除了要耐温隔热、有一定的机械强度外，还要求结构密封性好、不漏气。拱顶窑顶是支撑在窑墙上的，要求重量小以减轻窑墙的负荷，同时产生较小的横向推力。

隧道窑窑顶从形状上可分为拱顶和平顶两种，拱顶和平顶又各有许多结构形式。拱顶有普通拱顶、吊拱顶、双层拱顶等。平顶有大盖板平顶、吊平顶，吊平顶又有直形吊顶砖结构形式、工字形吊顶砖结构形式等。

(1)拱顶结构

不少隧道窑的窑顶是采用拱顶，拱顶结构简单、施工方便、钢材用量少、建造成本低。但是，由于拱顶中间高、两边拱脚低，拱顶部码坯不易整齐，拱顶空隙也就大，热气体大量在拱顶与坯垛之间的空隙流动，使隧道顶部和底部形成较大的上下温差。

拱顶结构见图 2.6，拱顶是采用楔形砖夹直形砖砌成的，拱顶利用拱脚砖支撑在两侧窑墙上，拱顶产生的横向推力通过拱脚梁传给立柱。

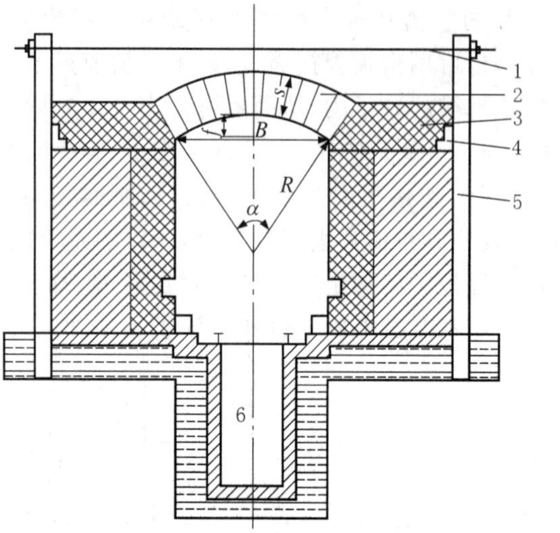

图 2.6　隧道窑拱顶结构示意图

1—拉杆；2—拱顶；3—拱脚；4—拱脚梁；5—立柱；6—检查坑道

R—拱半径；B—跨度；α—拱心角；s—拱厚；f—拱高

隧道窑的拱顶厚度一般为 350～500mm，所用材料与窑墙基本相同，内衬耐火砖厚度为 230～280mm，中间轻质隔热砖厚度为 65～120mm。为了加强隔热效果，常用一些粉状或粒状的材料如硅藻土、粒状炉渣等填平上部，有些隧道窑还在拱顶上面平铺一层红砖。拱顶砌筑时应错缝砌筑，为使窑顶严密不漏气，且防止粉粒状隔热材料落入砖缝内，常在耐火砖与轻质砖之间抹 5～10mm 耐火料泥浆。现代隧道窑拱顶层更为简单，就是在耐火砖拱顶上直接铺耐火纤维棉毡，拱顶厚度为 350～450mm。

设计拱顶时最重要的是选用砌筑拱顶的楔形砖及计算拱顶的横推力，以便设计钢架结构。拱顶的主要参数有窑内宽 B、拱高 f、拱半径 R、拱心角 α、拱厚 s。拱半径 R、拱心角 α 的计算可根据拱高 f 和内宽 B 用三角形法则来推导(图 2.7)。

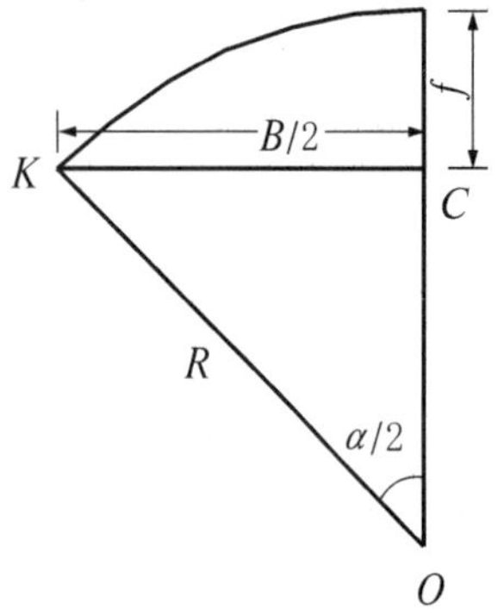

图 2.7　拱半径计算三角形

在直角三角形△OKC 中：$R^2=(R-f)^2+(B/2)^2$

拱半径计算公式：$R=\dfrac{1}{2f}\left[f^2+\left(\dfrac{B}{2}\right)^2\right]$

拱心角计算公式：$\sin\dfrac{\alpha}{2}=\dfrac{B/2}{R}=\dfrac{f\cdot B}{f^2+(B/2)^2}$

拱心角 α 为 60°时，拱高 $f=0.134B$；拱心角 α 为 90°时，拱高 $f=0.207B$；拱心角 α 为 180°时，拱高 $f=0.5B$，即为半圆拱。为保证隧道窑上部空间不致太大，拱高与跨度比一般为1/10～1/8，称之为倾斜拱。

拱顶设计时，可参考相关手册(如《筑炉工手册》)，尽量直接选用标准楔形砖与拱脚砖，避免烦琐计算和重新设计异型砖。当 B、f、R、α 的具体尺寸都确定后，可进行拱顶楔形砖尺寸计算和选用。如图 2.8 所示，若砌一圈拱顶用 n 块单一楔形砖，每块砖的内宽（下宽）为 b，外宽（上宽）为 a，灰缝为 c，拱厚为 s，则有：

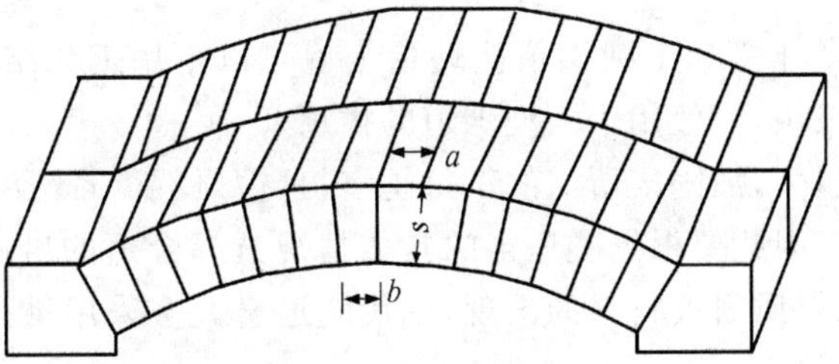

图 2.8 用楔形砖砌拱顶

外弧长：$n \cdot (a+c)=2\pi(R+s)\dfrac{\alpha}{360°}$

内弧长：$n \cdot (b+c)=2\pi R \cdot \dfrac{\alpha}{360°}$

两式相除，得：$\dfrac{a+c}{b+c}=\dfrac{R+s}{R}$

在上式中，拱半径 R、拱厚 s 是已知的，灰缝 c 是根据要求定出来的，则 a 和 b 的关系可求，由此可选用标准楔形砖，或自行设计楔形砖。

若用单一楔形砖砌拱，由外弧长可求出每圈用砖数：$n=\dfrac{\pi(R+s)\alpha}{180°(a+c)}$

当用单一楔形砖不能满足要求时，需加入直形砖，直形砖的厚度和楔形砖的大头厚度相同。则有：

楔形砖块数：$n_1=\dfrac{\pi \cdot \alpha \cdot s}{180°(a-b)}$

直形砖块数：$n_2=\dfrac{\pi \cdot \alpha \cdot (R+s)}{180°(a+c)}-n_1$

现在进行横向推力计算分析，如图 2.9 所示，拱顶作用力 S 沿拱的切线方向作用于拱脚砖上。S 分解为两个力，即垂直力 Q 及水平力 F。

垂直力 Q 为拱顶重力 P 的一半，即：$Q=\dfrac{P}{2}$

水平力 F 即为横向推力：$F=Q\cot\dfrac{\alpha}{2}=\dfrac{P}{2}\cot\dfrac{\alpha}{2}$

由于窑内具有一定的温度，使得拱顶受热膨胀，从而增加了拱顶的横向推力，因此拱顶的实际横向推力必须加以修正。一般采用窑温修正系数 K 对横向推力进行修正，窑内温度越高，K 越大。修正系数 K 与窑内温度的关系如表 2.3 所示。

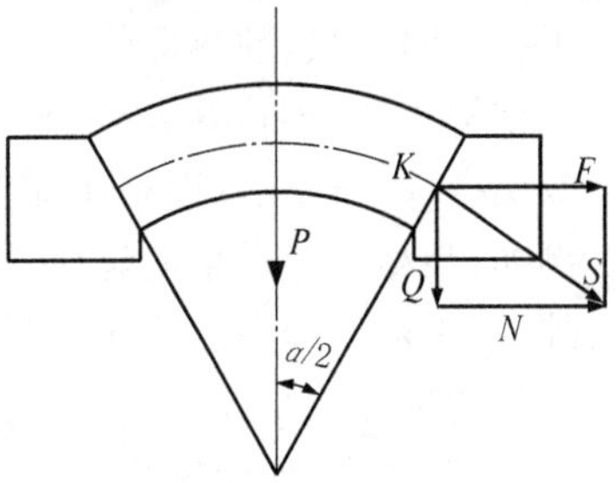

图 2.9 拱顶横向推力示意图

表 2.3 修正系数 K 与窑内温度的关系

温度(℃)	600	800	1000	1300	1500	1750
K	1.5	2	2.5	3	3.5	4

修正后的实际横向推力：$F=K\cdot\frac{P}{2}\cot\frac{\alpha}{2}$

当跨度一定时，拱越高，拱心角越大，横向推力越小。半圆拱的拱心角 $\alpha=180°$，$\cot\frac{\alpha}{2}=\cot90°=0$，即横向推力等于零。半圆拱顶从理论上说可以不用钢架结构加固，但其上部空间过大，陶瓷隧道窑不宜采用，一般用于大型烟道的拱顶。

拱越平，横向推力越大，加固窑所需的钢材越多，且拱顶不稳固，容易下落。拱过高又不利于窑内上下温度的均匀，因此要根据隧道窑的具体情况选择合适的拱高。由于现代耐火材料性能的提高，以及高强、轻质耐火材料的出现，现代隧道窑大多采用拱高与跨度比小的倾斜拱或平吊顶。

有时为了使拱顶结构更加坚固，避免拱顶下落，还可以做成双心拱，拱顶由两个半弧构成，左方拱弧的圆心移至拱心垂直线之右，右方拱弧的圆心移至拱心垂直线之左。

有的高温隧道窑用高温重质砖来砌拱，其拱顶厚重，可采用吊拱顶结构，如图 2.10 所示。对拱中的直形砖进行吊挂，可加固拱顶以免下落，并减小窑墙载荷与横向推力。

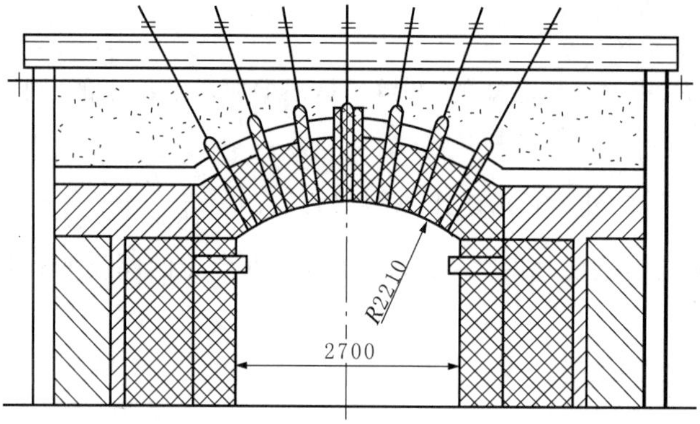

图 2.10　吊拱顶结构

有些隧道窑的烧成带窑顶设计成两层拱顶结构，使两层拱顶之间成为空气冷却夹层，该窑顶称为双层拱顶。空气通过双层拱顶的夹层不仅降低了窑顶材料的温度，延长窑顶寿命，同时减少了窑顶的散热，预热后的空气还可以作为助燃空气使用，可提高燃烧温度，节约燃料。双层拱顶结构复杂，砌筑要求高，尤其是下拱耐热膨胀性能要求高。

双层拱顶结构也可以用冷却带的急冷段窑顶作为间壁冷却。

例如，某高温隧道窑的烧成温度达 1800℃，为了达到如此高的烧成温度，除采用高热值的燃料外，还必须使用高温一次空气助燃，为此，该隧道窑采用了双层拱顶结构。其措施是将助燃空气先通过预热带顶部设置的热交换器预热到 350℃，然后将预热过的空气再送入烧成带的双层拱顶进行第二次预热，使之达到 600℃以上，然后引入烧嘴进行助燃，其结构见图 2.11。

(2)平顶

在热工特性方面，平顶结构减少了窑内气体的分层，使窑内温度分布均匀，隧道窑的烧成带采用平顶还便于上排烧嘴的布置。随着隧道窑的发展，隧道窑内宽不断增加，陶瓷工业隧道窑的内宽大于 2m 已很普遍，有的甚至在 3m 以上。如果大内宽的隧道窑仍采用拱顶，势必有很大的拱高，严重影响窑内上下温度和水平温度的均匀性，所以无论是引进的还是国产的宽截面隧道窑，大多是采用平顶。

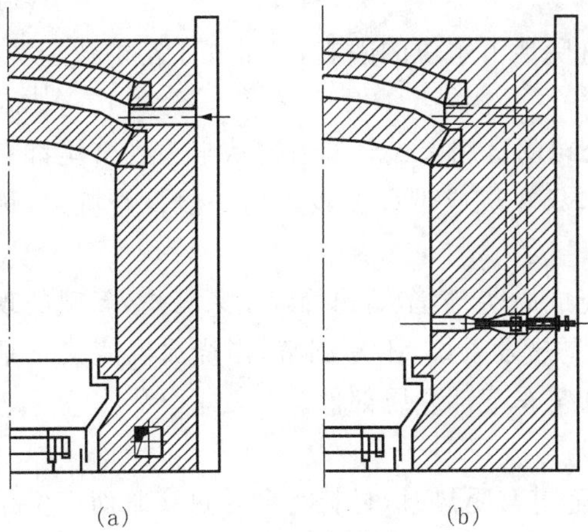

(a)　　　　　　　　(b)

图 2.11　双层拱顶结构

(a)预热带双层拱顶;(b)烧成带双层拱顶

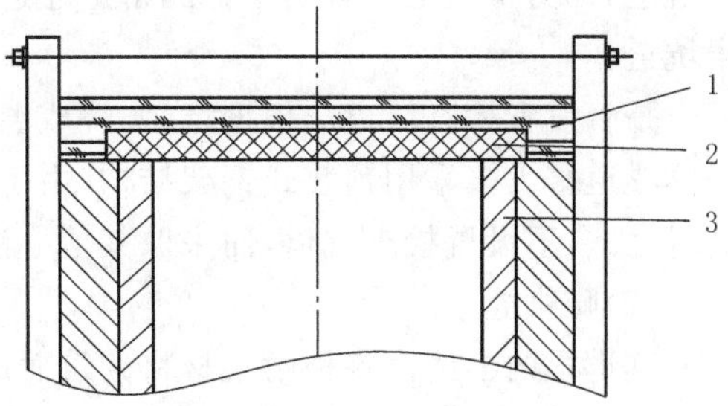

图 2.12　大盖板平顶结构示意图

1—轻质耐火材料;2—硬质大盖板砖;3—窑墙

对内宽小于 0.8m 的小截面隧道窑,如果烧成温度不太高,可采用大盖板平顶。大盖板平顶结构见图 2.12,就是直接用大块耐火砖搭盖在两边窑墙上作为窑顶,窑顶砖一般用硬质耐火材料。

更多的隧道窑平顶是采用平吊顶结构,平吊顶结构是吊顶砖通过金属挂件吊挂在窑炉钢架上,平吊顶不仅减小了窑顶自身的重量,而且减小了窑墙所承受的外力,既有利于隧道窑窑体轻型化,又可提高窑炉的使用寿命。平吊顶结构相对复杂,钢材用量大,建造成本较高。对于烧成温度 1300℃左右的中低温隧道窑,平吊顶厚度为 350～400mm,一般是在 230～280mm 的吊顶砖上铺 100～150mm 耐火纤维。吊顶砖多采用堇青石-莫来石质的轻质隔热材料。吊顶结构主要有 T 形吊顶砖加薄盖板砖结构和直形吊顶砖结构两种。吊顶结构在第 3 章辊道窑中讲述。

近年来,吊顶砖材料和吊顶结构形式不断得到开发和应用,烧成温度在 1300℃以上的中高温隧道窑也多采用平吊顶。有的隧道窑在预热带和冷却带做成平顶,而烧成带则采用拱顶。

景德镇陶瓷大学的研究生近些年用 Fluent 软件所做的模拟研究表明:在烧成带,拱顶结构较平顶结构更优一些。温度较高,传热方式主要以辐射传热为主,拱顶的明显优势是空间大,辐射平均射程长,烟气的辐射率也大,所以温度较平顶结构下略高且更为均匀。

2.3.4　隧道窑窑体其他结构

(1)检查坑道

为了便于清扫窑车上落下的碎屑和砂粒,冷却窑车,检查窑车,以及在发生倒垛事故时便于拖出窑车进行事故处理,在窑车轨道下设置人可行走的通道,称之为检查坑道。要使人能够行走并便于操作,检查坑道必须有足够的宽度和深度,宽度根据窑的内宽来确定,一般在 1m 左右,深度在 1.8m 左右。

有了检查坑道,对于检查窑车、处理事故也比较方便,并且可将检查坑道封闭,在坑道内抽风和鼓风,维持通道内和窑内同样的压力制度。这样,预热带没有或较少有冷空气自车下吸进窑内,减小了上下温差,烧成带和冷却带也较少有热气体向车下坑道散失,减少了热量损失,保护了窑车，这是设置检查坑道的优点。

有了检查坑道，必将大大加深地基的深度，既受地下水位的限制，又增加了窑炉建造费用，这是设置检查坑道的缺点。

景德镇光明瓷厂引进的德国 Riedhammer 公司的日用瓷煤气隧道窑从窑头到窑尾都有检查坑道，称为全坑道。有的考虑到窑炉建造费用，只在烧成带设置较短的一段检查坑道，称为半坑道。

是否设置检查坑道应根据产品、烧成温度、烧成周期、窑车结构等因素来考虑，新建的现代轻体隧道窑大多采用预装式钢架结构，由于窑车隔热效果好，不易倒窑，当烧成温度又不是太高时，大多不设置检查坑道，而采取其他办法冷却窑车下部金属部件。

(2)膨胀缝

隧道窑的窑体由各种耐火材料砌筑而成，当隧道窑受热时，材料将会受热膨胀而产生相当大的应力。为减小应力，避免砌体开裂、挤坏，根据窑体所处温度的高低，在窑墙、窑顶上每隔 2～4m 的距离设置膨胀缝，膨胀缝的宽度为 20～30mm，膨胀缝内填陶瓷棉或石棉。膨胀缝的位置应避开受力部位和孔洞，以免影响窑体强度。砌筑窑体时，应注意膨胀缝的错缝留设，如图 2.13 和图 2.14 所示。窑墙的膨胀缝在内外层材料间留成交错式，互相错开。窑顶的膨胀缝可留成直通式，为避免高温气体冲击中间层轻质砖，内层膨胀缝上可用一层耐火砖平砌覆盖（如图 2.13、图 2.14 所示）。

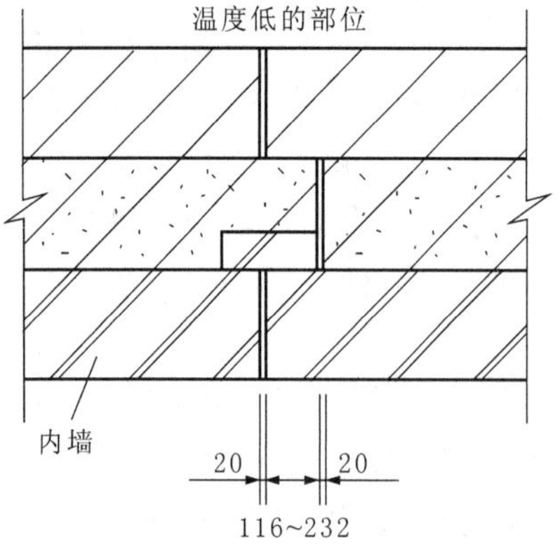

图 2.13　窑墙各层砖膨胀缝的留法

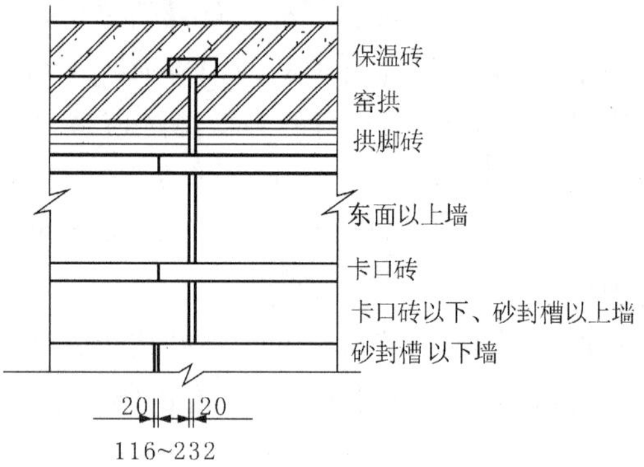

图 2.14　窑墙立面位置上膨胀缝的留法

(3)测温孔、测压孔、观察孔

为观察烧嘴燃烧状况，一般都在烧嘴对侧窑墙上设置观察孔。

为严密监视及控制窑内温度制度，及时调节窑内温度制度，一般在窑顶及侧墙留设若干处测温孔，以安装热电偶。测温孔间距一般为 3～5m，高温区布密些，低温区布疏些。具体位置应在温度曲线的关键点以及需要的地方，如氧化末段、晶型转变点、釉始熔点、成瓷段、急冷结束处等都应设测温孔。

为监控窑内压力制度，一般在预热带 500℃、预热带烧成带交界处、急冷风前后等设测压孔。测压孔设在侧墙。必要时，可利用测温孔进行临时测压。

测温孔等可以在窑体砌筑时用耐火砖砌成，也可以设计专门的孔砖。

2.4 预热带结构分析

预热带的作用是利用从烧成带流出的热烟气加热坯体，使其完成相应的物理化学反应后进入烧成带进一步成瓷，同时设置排烟系统将废烟气排出窑外。一方面，由于预热带处于负压下操作，易吸入外界冷风；另一方面，窑内热气体在几何压头作用下有自然向上流动的趋势，使预热带窑内气流速度分布总是上部大于下部，加上窑车砌体在下部的吸热，这样就造成了预热带不可避免地存在着上下温差。隧道窑预热带的上下温差既会延长烧成时间、降低产量、增加燃耗，也影响产品质量的提高，是隧道窑的致命弱点。因此，在隧道窑预热带除了有排烟系统外，还设置了起密封作用的窑头封闭气幕和均匀窑内气体的搅动气幕、循环气幕等结构，以下对这些结构分别给以介绍。

2.4.1 封闭气幕

为了减少冷空气从窑头漏入窑内，传统隧道窑大多在窑头设置窑门，窑门平时关闭，进车时开启，但窑门开启造成进出车操作不便，有时封闭效果也不够理想。所以，现代隧道窑很少设置窑门，而是加强设置窑头封闭气幕。

窑头封闭气幕位于预热带窑头，是将气体以一定的速度自窑顶及两侧窑墙上的开孔喷入窑内，在窑头形成一道气帘，气体的动压转换为静压，使窑头形成 1～2Pa 的正压，从而阻挡了外面冷空气从窑头进入窑内。

气幕风一般是抽车下热风，或冷却带抽来的热空气。送入的方式是在窑墙、窑顶上开孔，以与窑内气流垂直的方向送入，如图 2.15 所示。这种送入方式的封闭效果较好，但料垛间需有一定的间隙，故多用于间歇推车的隧道窑。

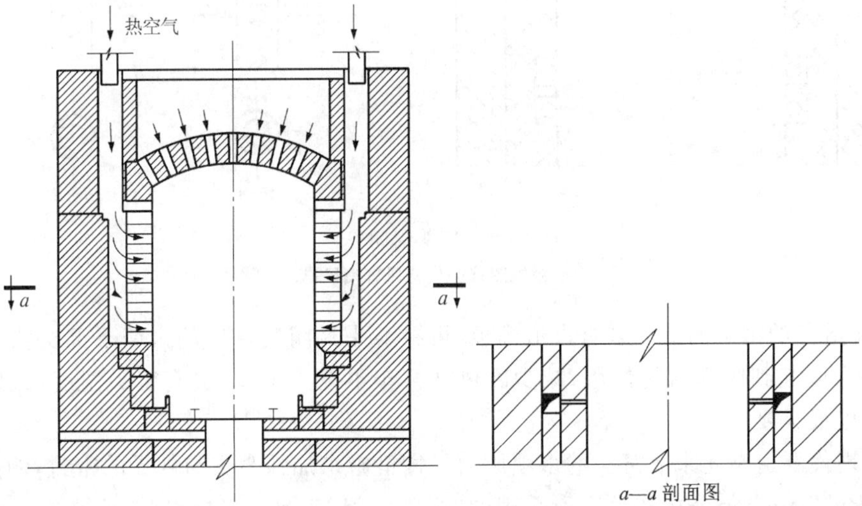

图 2.15 垂直封闭气幕

连续推车时，在窑顶呈向出车方向 45°缝隙喷出气流，以阻止热烟气外溢。而在两侧窑墙中下部呈向进车方向 45°缝隙喷出气流，以阻止外界冷空气入窑，如图 2.16 所示。

以上两种结构的窑炉在砌筑时比较复杂，而且在窑炉运行过程中也不易控制，多为传统旧

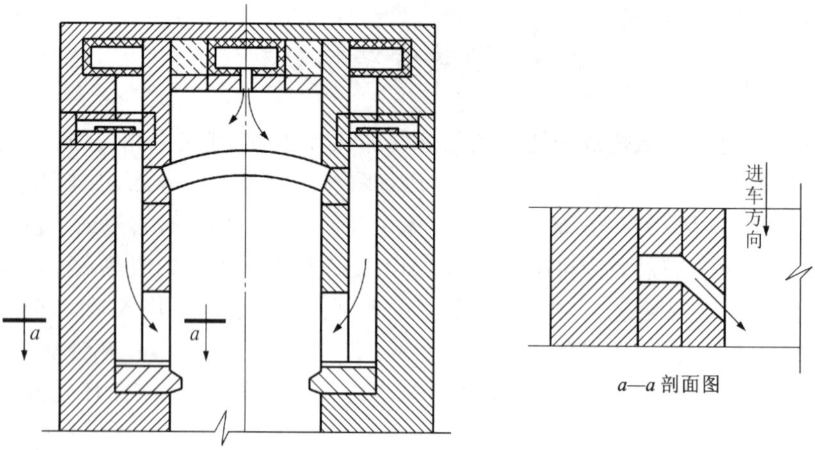

图 2.16　45°封闭气幕

隧道窑所采用的结构。由于考虑到窑头封闭气幕风的温度较低，可以直接用钢管气幕风喷出，现代隧道窑多在窑头的窑墙两侧和窑顶安装一组钢管，气流从管壁小孔中高速喷出，使窑炉结构更加简单，砌筑起来更加方便，运行控制更简单。其布置方式如图 2.17 所示，气幕风管直接嵌套在窑头窑墙内，气幕风管的内侧开有喷风口，有圆形喷风口和狭缝形喷风口两种，其喷出气流有垂直方向和与窑中心线向外呈 45°两种。有的窑炉还直接利用窑头作钢架的空心方管来作为喷风管，进一步简化了窑炉结构。

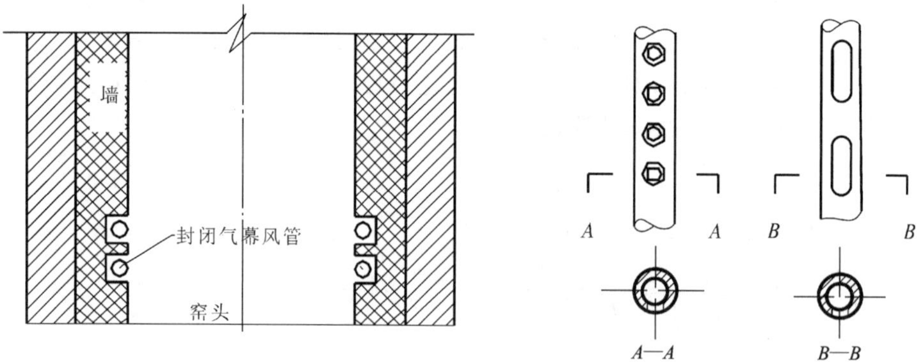

图 2.17　窑头封闭气幕

(a)俯视图；(b)气幕风管喷风口

现代隧道窑的窑车面上大多有火道棚板，可在窑头封闭气幕后的窑墙下部交错安装几根热风喷射管，以起到底部封闭作用，减少冷风从窑车下漏入窑内，提高窑头温度，减轻排烟负荷，这一点也很重要。

此外，现代隧道窑还采取窑头的多项压力平衡措施来加强窑头与外界的密封，例如我国引进的德国 Riedhammer 公司隧道窑所采用的“窑头气闸”就是这样的结构，它在窑头第一个车位的窑车台面处对称地设置 4 对抽气孔，同时在窑车棚板面与窑拱脚处上下错排地各设置 2 对冷风喷口，加上窑头封闭气幕，在这一车位既有气体鼓入，又有气体抽出，使窑头第一个车位的气流构成自成体系的平衡，将窑头漏风降至最低。国内自建的一些隧道窑就借鉴了这一结构，而且作了简化，除在窑头设置了气幕喷风管外，在 1# 车位棚板通道处设置 2 对排烟口，而在棚板面处与排烟口交错地设置4对喷风口，将冷却带抽出的热风从这4对喷风口与窑头的封闭气幕口喷入窑内，同时调节该车位的排烟闸，使得喷入的风（包括烟气与少量窑头漏入的冷风）全部随烟气一道由排烟机排出，取得了较好的窑头与外界的隔离效果。

2.4.2 排烟系统

排烟系统包括烟气由窑内向窑外排出所经过的排烟口、支烟道、主烟道、总烟道、排烟机及烟囱等设施。排烟系统除了起到排烟的作用外，同时还有调温、调压的功能。

(1)排烟口

两边窑墙的排烟口都是对称设置的，所以排烟口数量是按对计算的。排烟口的尺寸一般为宽200～300mm、高134～270mm，排烟口上有过桥砖，其结构如图2.18所示。

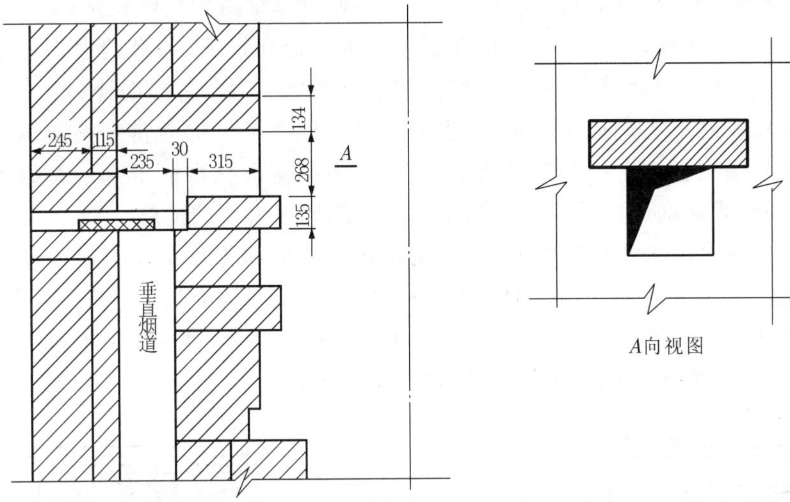

图2.18 排烟口和垂直支烟道

在高度上，排烟口多设置在隧道窑窑墙的下部靠近窑车台面处，目的是迫使热烟气向下流动，以减小预热带的上下温差。根据排烟口在窑长方向上的布置，隧道窑排烟方式可分为分散排烟方式和集中排烟方式两种。

传统旧的陶瓷隧道窑由于预热带一般不布置烧嘴，为了进行预热带温度调节，采取分散排烟方式，排烟口的分布区间长、数量多。分布区间占预热带总长度的50%～80%，往往从第二个车位起，每个车位布置一对排烟口，其数量多者达20余对，少者也有十几对。

通过排烟方式来调节预热带温度称之为“负调节方式”，这种负调节的排烟方式对于隧道窑预热带的温度曲线调节是靠排走一部分烟气来实现的，由于过早地排走了一部分烟气，降低了烟气的热利用率，增加了能耗。同时，由于排烟口分布较长，需要的抽力也相应加大，造成窑内负压值过大，漏风严重，恶化了预热带工况。为了克服以上诸多缺陷，几十年来，窑炉技术人员在排烟孔的排布以及排烟支闸的开启程度等方面做了许多探索。排烟孔有均匀分布的，也有“前密后疏”“前疏后密”“中间疏两头密”“中间密两头疏”等多种形式，排烟支闸的开启程度更是多种多样。实践证明，仅在隧道窑的排烟孔分布及支闸开启程度上做文章，从而想通过排烟方式来调节预热带温度，其作用始终是有限的，无法从根本上优化预热带工况。

近年来，新建的现代轻体隧道窑中，很多窑炉采用了另外一种新的排烟方式：一是直接从窑内排烟通道外接排烟管道通向排烟总管，简化了窑炉的砌筑；二是减少排烟口的数量和布置长度，排烟口仅分布在预热带前部，分布区间约占预热带总长度的30%，甚至更少。为调节预热带的升温制度，在预热带中后段上部设置喷风管，而在下部设置了不少调温烧嘴。由于预热带的温度主要是靠喷入的气流来调节的，故可称为"正调节方式"。正调节方式解决了负调节方式存在的诸多缺陷，窑内排烟孔的分布相对集中，提高了烟气的热利用率，而且由于流向预热带前段的烟气量增加，流速不会减小，有利于烟气对坯体的对流传热。在预热带设置高速调温烧嘴，不仅可以调节温度曲线，而且还可以有效地加热下部，减小上下温差。由于使用了高速调温烧嘴，对预热带的烟气流动还起到搅动混合作用。集中排烟也使最后一对排烟孔距烧成带有一个较长的距离，从而避免烟气过早排出，烟气热量也被充分利用起来加热制品。

(2)支烟道、主烟道和总烟道

烟气进入排烟口后，经支烟道汇集到主烟道，再通过总烟道由排烟机从烟囱排走。支烟道和主烟道的布置多种多样，支烟道一般设在窑墙内垂直走向，主烟道有的设在地下，有的设在窑墙内或窑外。窑墙内的烟道由耐火砖砌筑而成，窑外则采用金属排烟管。

图2.19所示是地下主烟道排烟结构，多被直接由烟囱产生抽力排烟的隧道窑采用，支烟道垂直向下，支烟道闸板起着控制烟气流量的作用，主烟道设在窑墙下部或基础地下，窑两侧的主烟道汇总通到烟囱底部。采用地下烟道时应考虑地下水位的问题。

图2.20所示是窑墙内主烟道排烟结构，砌筑在窑墙内的支烟道垂直向上，主烟道设在上部窑墙内，两侧主烟道里的烟气用排烟管引出汇总，再经排烟机或烟囱排出。主烟道设在窑墙内，要求窑墙有相应的厚度，同时砌筑质量要求高，密封要好，否则空气易被吸入烟道内，从而增加排烟机的负荷。烟道闸板位置较高，操作也不方便。

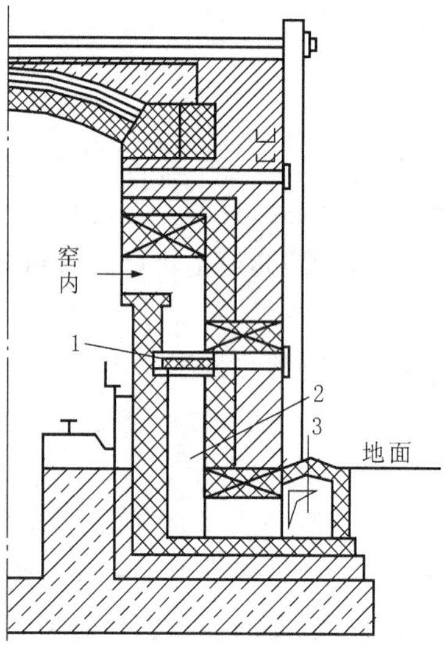

图2.19　地下主烟道结构

1—闸板；2—支烟道；3—主烟道

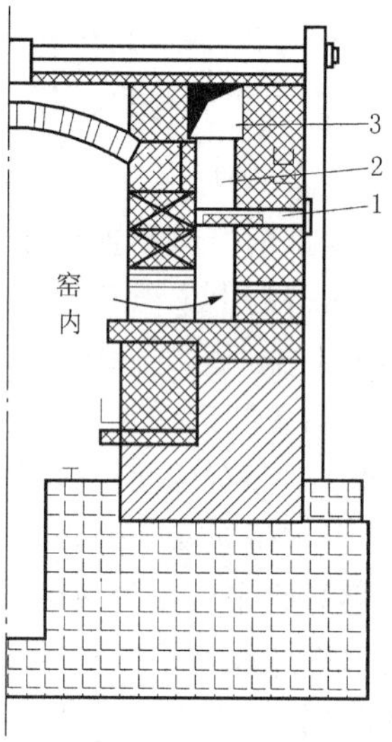

图2.20　窑墙主烟道结构

1—闸板；2—支烟道；3—主烟道

由于轻质耐火材料和隔热材料的广泛采用，现代隧道窑的窑墙厚度比较小，不便在窑墙内砌筑大截面的主烟道，又因使用排烟机排烟，排烟机平台多设在窑顶，所以采用窑顶主排烟管的排烟方式，两边窑墙里向上的垂直支烟道通过一段支排烟管连接到窑顶上的主排烟管。闸板设在支排烟管上，简化了窑墙结构，但金属闸板长期受烟气高温腐蚀，使用寿命短。

对隧道窑而言，一般应尽可能在窑墙内设置垂直支烟道，如果窑墙太薄，也可以采用支排烟管直接水平穿墙从排烟口将烟气引出，如图 2.21 所示。这种排烟方式结构最简单，但排烟管布置在隧道窑两边，占用了窑旁空间，排烟管散热恶化了窑旁操作环境。

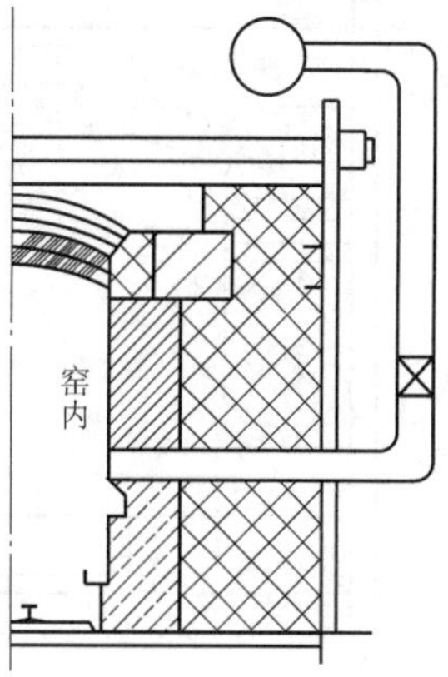

图 2.21　窑外主烟道结构

排烟系统的设计应尽量减少烟气流动的阻力损失，排烟口、支烟道及主烟道的截面面积应相互匹配，在排烟口和支烟道的烟气流速可取 2～5m/s，主烟道的流速可取 3～7m/s(标准状态下，以下简称标态下)。由于隧道窑排烟系统管道的外表面温度高于 50℃，故应对排烟管表面进行隔热包扎。

(3)排烟机和烟囱

排烟机和烟囱的作用是克服自窑内预热带、烧成带间的零压面起的料垛、排烟口、支烟道、主烟道、总烟道的全部阻力。根据排烟设施的不同，隧道窑的排烟分为自然排烟和机械排烟两种方式。

传统隧道窑多用烟囱自然排烟，其优点是不受停电影响、运行费用小，缺点是烟囱抽力受天气和温度变化的影响、建造费用高，现在已基本被淘汰。

机械排烟的优点是工作稳定、易于控制，由于隧道窑的烟气温度一般低于 300℃，所以现代隧道窑基本采用排烟机排烟。采用排烟机排烟还是需要烟囱的，此时烟囱的作用不是要求产生抽力，而主要是把烟气送到较高的空间去，避免污染住宅区。现代隧道窑的烟囱大多由钢板制成，其直径由排烟总量决定，高度主要取决于当地环保的要求，一般为 20～50m。如果烟气温度超过 300℃时，则需在排烟机前的总烟道掺入冷空气，以保证排烟机的安全使用。

2.4.3 搅动气幕

在预热带 400～800℃段上下温差最大，为减少预热带气体分层，传统隧道窑常在该带设置 2～3 道搅动气幕。将一定流量的热气体以较大的流速和一定角度自窑顶一排小孔喷出，迫使窑内顶部烟气向下运动，产生搅动，使窑内温度均匀。气流喷出角度可以 90°垂直向下，也可以 120°～150°角逆烟气流动方向喷出，120°角搅动气幕结构如图 2.22 所示。

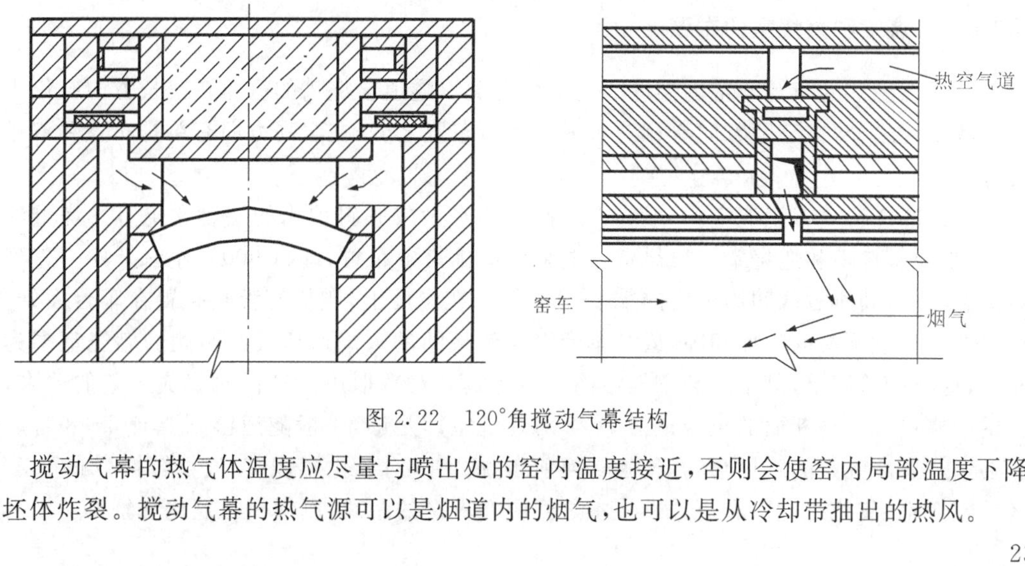

图 2.22　120°角搅动气幕结构

搅动气幕的热气体温度应尽量与喷出处的窑内温度接近，否则会使窑内局部温度下降造成坯体炸裂。搅动气幕的热气源可以是烟道内的烟气，也可以是从冷却带抽出的热风。

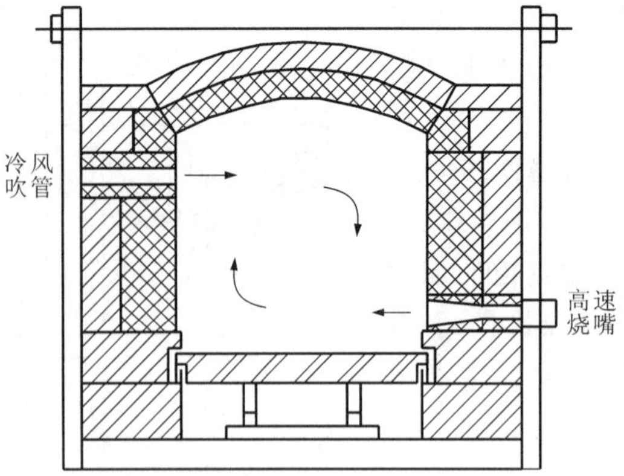

图 2.23 隧道窑预热带"上风下嘴"结构

实际生产中，由于搅动气幕的喷风速度和喷风温度问题，搅动气幕的搅动效果并不理想。现代隧道窑一般都采用在下部设高速调温烧嘴及上部设喷风管(称为上风下嘴结构)来代替搅动气幕，如图 2.23 所示。高速调温烧嘴喷出的烟气温度是可以调节到该处所需温度的，烟气的喷出速度很大(可达 100m/s)，同时上部喷风管喷出风的流速也较大，在窑内断面上形成气流循环，使窑内气流实现激烈的搅动，促进了窑内上下温度场的均匀，而且加快了窑内的对流传热，缩短了烧成时间。

为进一步减小预热带前段的上下温差，有的隧道窑则在该段窑顶设置喷风管，如浙江某厂隧道窑在 1# ～4# 车位的窑顶设置了 4 排喷风管，每车位设有一排，每排 4 根直径为 50mm 的金属管由窑顶插入，仅露出 30～40mm，管底封闭，而在管下部开有缺口，开口对着烟气流动的方向。由冷却带抽出的热风从这些喷风管迎着烟气流动的方向喷出，降低了上部烟气的流速，有效地阻挡了烟气向上流动，取得了较好的效果。

2.5 烧成带结构分析

隧道窑的燃料多种多样，主要有各种煤气、天然气、液化石油气、轻柴油、重油等。燃煤隧道窑因难以实现机械化、自动化，且燃烧不完全，燃料消耗大，对环境污染严重，故已逐步被清洁燃料所替代，只有少数小企业仍以煤作为燃料。

隧道窑的燃烧设备主要有烧嘴和燃烧室两部分，气体燃料和液体燃料燃烧时，都必须使用烧嘴，烧嘴将燃料喷入燃烧室或燃烧道，使大部分燃料在其中燃烧，再将燃烧产物喷入窑内去加热坯体。对清洁燃料而言，也可以没有燃烧室，烧嘴将燃料直接喷入窑内燃烧，窑内温度均匀，热效率高，但必须在料垛间留有足够的燃烧空间，液体燃料必须雾化良好才能直接喷入窑内燃烧。

2.5.1 烧嘴和燃烧室的布置

烧嘴和燃烧室的布置与窑内温度的均匀性有关。隧道窑烧嘴的分布在窑长方向有集中布置和分散布置之分，在窑宽方向有相对布置和相错布置之分，在窑高方向有单排布置和双排布置之分。

烧煤的隧道窑只有燃烧室，一般为人工操作的水平或倾斜炉栅的层燃燃烧室。烧重油的隧道窑，必须有烧嘴和燃烧室。燃烧室一般采用单排集中布置，即自 900℃左右开始一直到最高烧成温度处，其所占区间为全窑的 15%～30%。在高度上，燃烧室都是布置在车台面处，喷火口对准窑车上预留的料垛间隙，或窑车台面与垫板间的火焰通道。窑两侧的燃烧室多为相对布置，这样砌筑简单，易于安装钢架结构。燃烧室的对数取决于产品对烧成工艺的要求，以及窑的结构尺寸。小断面的短隧道窑 1～2 对燃烧室即足够，一般隧道窑则要有 5～8 对燃烧室。要求烧还原气氛的隧道窑，在气氛转换前布置 2～3 对氧化燃烧室，气氛转换后布置 5～6 对还原燃烧室，氧化燃烧室和还原燃烧室之间应有一定的距离，以便引入氧化气氛幕。

对烧煤气的隧道窑,烧嘴数量较多,且多采用双排分散布置烧嘴的方式。烧煤气的燃烧室砌在两侧窑墙上,由于煤气容易与空气混合燃烧,只有一部分煤气在燃烧室内燃烧,而大部分煤气直接喷入窑内燃烧,因此,燃烧室一般都较小。现代燃气隧道窑大多不设燃烧室,而只在窑墙上砌筑烧嘴砖构成燃烧通道,几乎是全部煤气喷入窑内燃烧的。不少隧道窑将烧成带的内宽与内高适当地加大,可以使喷入窑内燃烧的煤气具备足够的燃烧空间,还可增大气体辐射层厚度,有利于烟气对制品的辐射传热。

燃气烧嘴一般从预热带后段就开始在靠近窑车台面处设一排,而在温度较高的烧成带设上下两排烧嘴,烧嘴的布置多为相错布置方式。由于现代陶瓷隧道窑多为棚板装车,下部烧嘴位置应使喷火口对准窑车的棚板下部通道,有利于下部制品的加热,如图 2.24 所示。上部烧嘴则布置在窑顶下部,使喷火口对准窑顶与料垛间的空间。

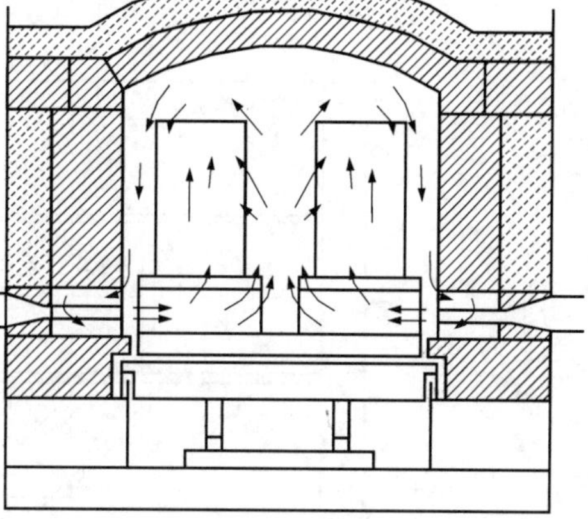

图 2.24 喷火口对准垫砖通道

现代燃气隧道窑多采用高速烧嘴,烧嘴间距比较小(多在 0.5m 以内),双层错排布置,高速喷出的燃烧火焰既加强了窑内的传热,又强化了窑内气体的循环,促进了窑内断面温度的均匀,而且由于烧嘴数量多,非常便于升温制度的调节。

此外,对窑断面很大的隧道窑,还有采用顶烧式布置烧嘴的,煤气或油直接自窑顶数排烧嘴喷进窑内料垛空隙中燃烧,但这样的烧嘴布置形式在国内陶瓷隧道窑中较少见。

2.5.2 隧道窑的燃烧设备

由于煤烧隧道窑在我国基本上已被淘汰,因此不作介绍,其燃烧室结构与工作原理可参阅间歇窑中倒焰窑一节,此处仅对燃油烧嘴和燃气烧嘴作一些介绍。

(1)燃油烧嘴

用于陶瓷工业隧道窑的燃油烧嘴功能不要求很多,但要有一定的调节范围。雾化要好,雾滴要小而均匀,与空气混合要好,使火焰喷出短而软,不直接冲刷制品或匣钵,并要求火焰扩散角适当(20°~30°)。当喷油量发生变化时,要求助燃空气能成比例地调节,以维持一定的气氛要求。结构要简单,易于调节,操作方便,噪声较小。目前用得最多的是低压比例调节燃油烧嘴,用一般离心风机就能满足要求,动力消耗也较小。目前,国内陶瓷工业隧道窑的燃油多为轻柴油。

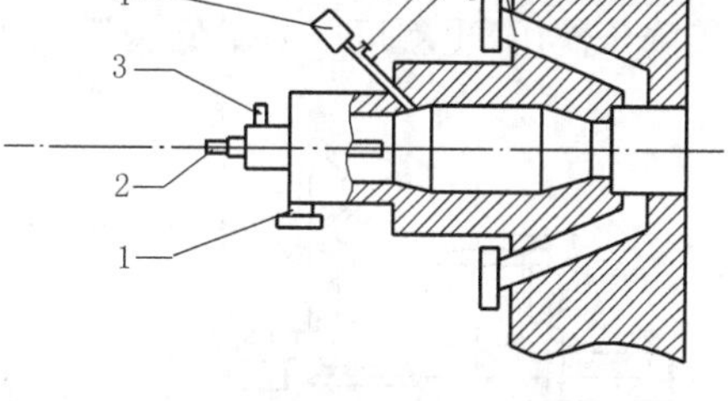

图 2.25 美国 Bickley 公司的重油高速调温烧嘴结构示意图

1—助燃风管;2—重油管;3—雾化风管;4—紫外线火焰监测器;5—点火空气;6—液化石油气管;7—调温风

图 2.25 为美国 Bickley 公司的重油高速调温烧嘴结构示意图,该烧嘴的雾化效果好,火焰喷出速度高,火焰温降小,在低温阶段采用液化石油气点火、燃烧,到达 500℃后改烧重油。

图 2.26 为神雾公司 WDH-TCA 型柴油高速烧嘴安装结构示意图。该烧嘴采用了气泡雾化原理，喷嘴的油孔和气孔尺寸均较大，因而较好地解决了喷嘴堵塞和结焦问题。雾化耗气量小(雾化风介质与燃油的质量流量比小于 0.1)，液雾颗粒度小(<20μm)，且颗粒尺寸分布均匀，燃烧充分，燃烧效率高。

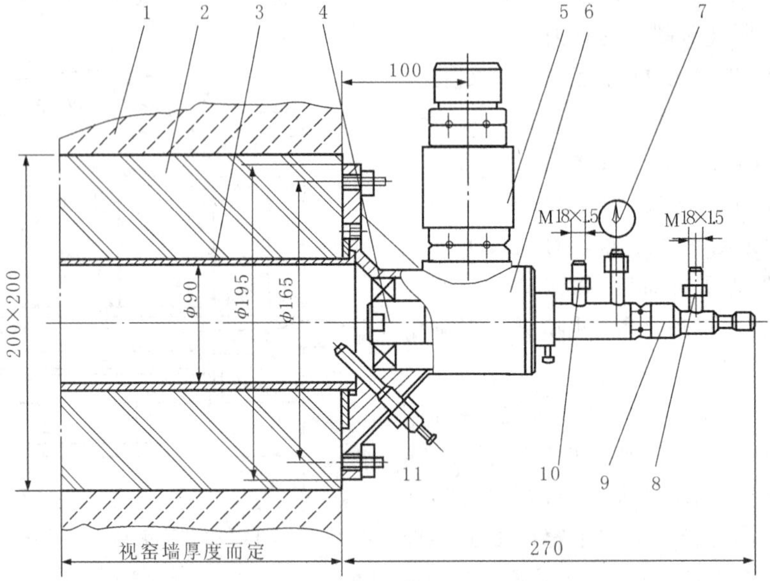

图 2.26　神雾 WDH-TCA 型柴油高速烧嘴安装结构示意图

1—窑墙；2—烧嘴砖；3—烧嘴砖套；4—烧嘴；5—助燃风调节阀；6—配风器；7—油压表；8—油管接头；9—油量调节针形阀；10—压缩空气接头；11—点火电极(或火焰监测器)

(2)燃气烧嘴

陶瓷工业隧道窑的燃气多种多样，各种燃气的成分、性质、压力差别很大，应使用不同的烧嘴。对于发生炉煤气，由于压力不高，一般用短焰烧嘴，短焰烧嘴有一部分燃烧在窑内进行，可使温度均匀。小断面的隧道窑，由于宽度不大，要求短而软的火焰，多用低压涡流式烧嘴，其结构简单，操作方便。对于高压力的天然气、液化石油气，以及宽断面的隧道窑，则要用喷射式无焰烧嘴。如果喷出速度不高，火焰长度上的温度降落大，与初喷火焰接触的制品温度高，与火焰尾部接触的制品温度低，窑内温度不均匀。若采用高速烧嘴，就可克服这个缺点。有时将天然气降压使用，也就可以采用低压涡流式烧嘴。

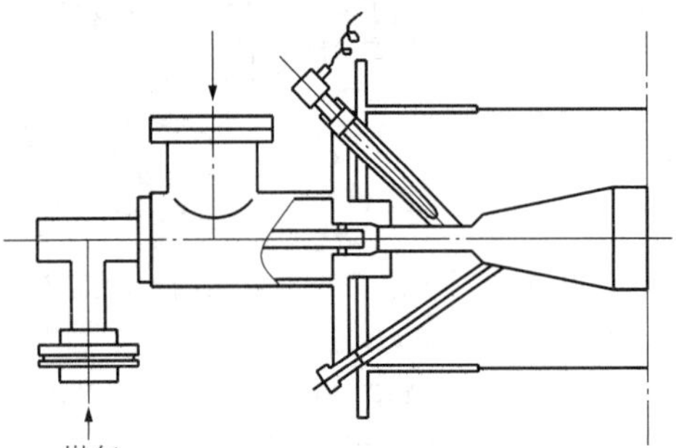

图 2.27　日本东陶公司预混型烧嘴结构示意图

图 2.27 为日本东陶公司的预混型烧嘴结构示意图，烧嘴喷火口为扁长方形，烟气喷速为 31～60m/s。烧嘴使用 125℃空气助燃，烧嘴前空气压力为 1.8～5.4kPa，流量为 63～118m^3/h；烧嘴前燃气压力为 0.4～3.7kPa，流量为 4.8～9.7m^3/h(标态下)。烧嘴的空气系数为1.05～1.20。

图 2.28 为瑞士 Niro 公司的焦炉煤气隧道窑采用的高速烧嘴结构示意图，该烧嘴可在空

气系数为 2.0 的条件下工作。空气系数为 1.0 时，烧嘴的调节比为 8∶1，烧嘴前要求的煤气压力为 0.5～6.0kPa，烟气最大喷速为 70m/s。

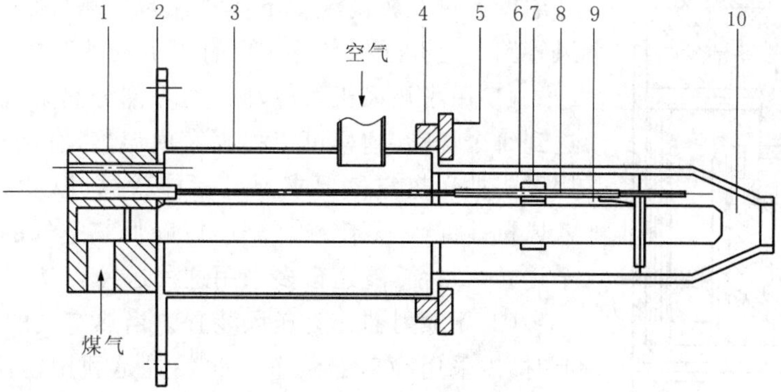

图 2.28 瑞士 Niro 公司的焦炉煤气高速烧嘴结构示意图

1—底座；2、4、5—法兰；3—烧嘴体；6—重结晶 SiC 喷嘴；7—支架；8—火花塞；9—旋流板；10—煤气喷口

图 2.29 为英国 Nu-Way 公司的发生炉煤气高速烧嘴结构示意图，该烧嘴是为天然气设计的，可用城市煤气、液化石油气等高热值煤气，烧嘴燃烧室为重结晶 SiC 质。

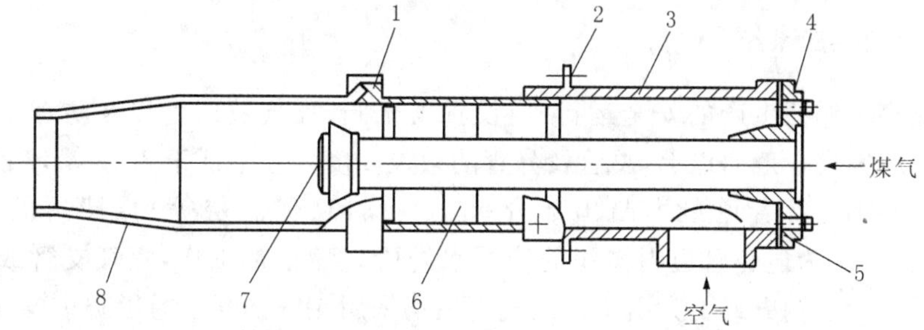

图 2.29 英国 Nu-Way 公司的发生炉煤气高速烧嘴结构示意图

1、2、4—法兰；3—烧嘴；5—底座；6—旋流板；7—煤气喷口；8—重结晶 SiC 烧嘴

图 2.30 为北京工业大学高速调温烧嘴结构示意图，该烧嘴属于预混式高速烧嘴，不易回火，可使用 600℃的预热空气助燃，适合各种煤气，包括净化不良的发生炉煤气和高炉煤气。

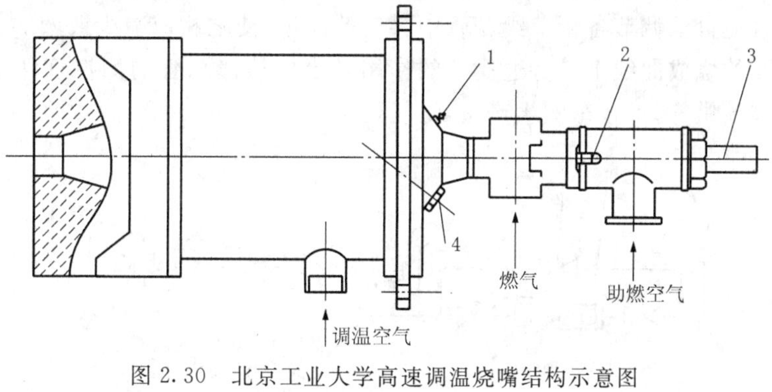

图 2.30 北京工业大学高速调温烧嘴结构示意图

1—空燃比给定器；2—紫外线火焰监视器；3—观察孔；4—电点火器

2.5.3 助燃风送风装置

隧道窑助燃风的送风装置一般情况下选用普通离心通风机。但当烧成温度较高，需要预

热助燃风，或为了节能而利用冷却带抽出热风作助燃空气时，则要考虑用特殊的送风装置。一是此时助燃风温度较高，要考虑送风装置的耐热性能；二是要考虑助燃风在较高温度下体积流量的增加而必须有较大的通风管路。这时送风装置主要有以下两种形式：

(1)用耐热风机将冷却带的一部分热空气抽出，经管道输送到每个烧嘴，这样可以提高窑内温度，有利于节约燃料。采用风机抽送热空气要求温度不能太高，温度高时应在热风进入风机前混入一部分冷空气，以降低热空气的温度，使风机安全运转。目前，隧道窑多采用这种送风装置。

(2)用喷射器作为送风装置。当热空气的温度在500℃以上时，需采用喷射器装置。此装置是利用窑两侧的喷射器喷出高速气流而产生的负压自冷却带吸入热风，热风随高速气流一道经窑两侧气道送到每个烧嘴。抽出的空气温度可达950～1100℃，气道中空气的平均温度在400℃左右。隧道窑烧成带喷射气道的结构如图2.31所示。

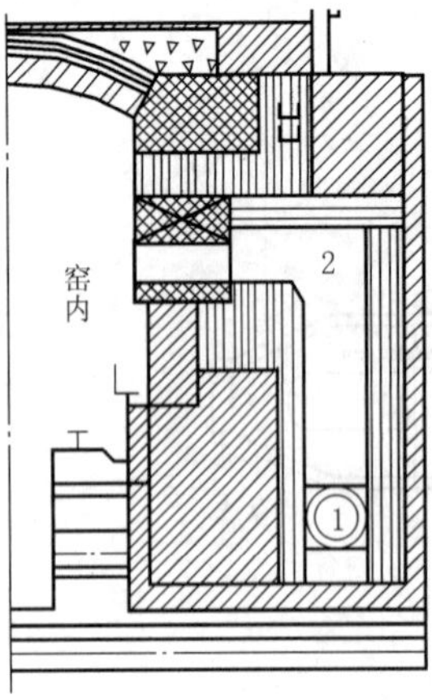

图2.31 隧道窑烧成带喷射气道结构

1—喷射器；2—喷射气道

2.5.4 燃料供应系统

燃气隧道窑为保证生产的安全运行，应设置安全阀、煤气放散管以及防爆装置等安全装置。煤气管道应铺设在地面以上，总管及分管的敷设高度一般不低于2m。沿墙布置的管道距墙边应有一定的距离，管道最大凸出部分(法兰、阀门、保温层等)离墙边的空隙至少为100mm，以便检查。为避免管道内淤积的冷凝水妨碍烧嘴正常工作，煤气支管或分管应分别从煤气分管或总管的侧方或上方引出。煤气管道均采用无缝钢管。为了防止煤气从管道内漏出，在煤气管道的接口处，除必须用法兰连接的地方外(如阀门、烧嘴等管件连接处)，应尽可能采用焊接。图2.32为燃气隧道窑的煤气供应系统示意图。除装有必要的阀门与压力表等测量装置外，安全阀4的作用是当煤气压力降至某定值，或助燃风机出现事故停风或停电等情况时，都能迅速自动切断煤气，以确保生产安全。流量控制阀7的作用是窑内控制点热电偶高于或低于给定值时能自动调节各调节组分管中煤气的流量，使之相应减少或增加，以保证窑内温度场稳定在需要的烧成曲线上。旁通阀3的作用是当要检修总管的测控管件时，打开它可保证继续向窑上烧嘴供气，不致影响生产正常进行。

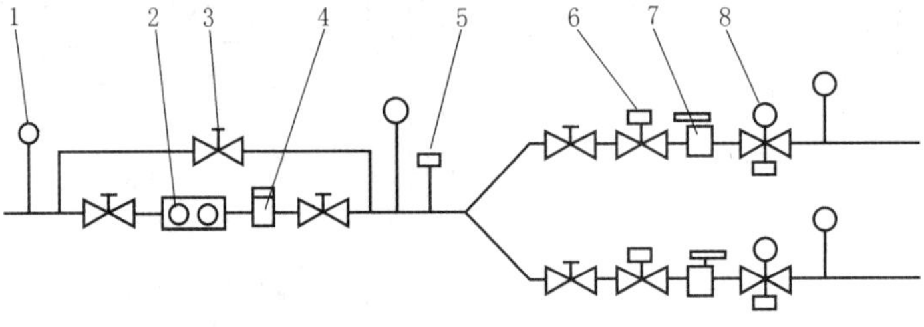

图2.32 燃气隧道窑的煤气供应系统示意图

1—压力表；2—控制开关；3—旁通阀；4—安全阀；5—压力开关；6—调压阀；7—流量控制阀；8—电动控制阀

燃油隧道窑采用油泵供油，而且设计为循环供油系统。循环供油系统按照回油情况有三种：泵后回油的循环供油系统窑前管路相对简单；油嘴回油的循环供油系统消除了一切非循环管段，且烧嘴的油量稳定；支管回油的循环供油系统介于两者之间。图 2.33 为某厂轻柴油隧道窑的供油系统示意图。1 为油罐，一般都备有并行的两个油罐，以充分保证检修时连续供油的需要，油罐可用 3～5mm 厚的钢板焊接制成，容积为 $3m^3$ 左右。轻柴油出工作油罐后流经球阀 2、过滤器 3，再通过齿轮油泵 4 加压后，流经油压表与流量计，接向输油总管。国内燃油隧道窑一般选用 KCB-18.3-2 型齿轮油泵，供油管路一般用镀锌无缝钢管。

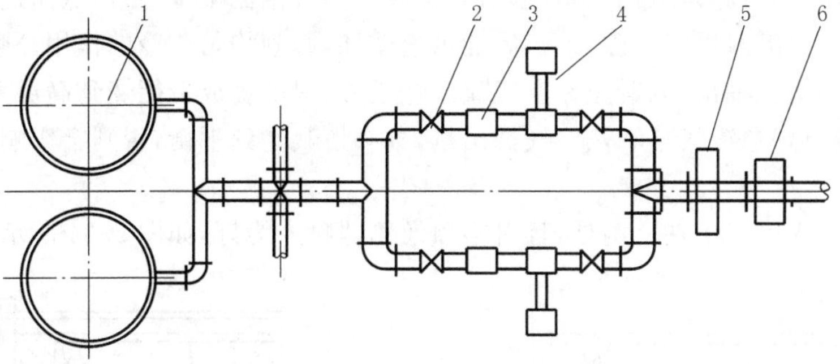

图 2.33 某厂轻柴油隧道窑的供油系统示意图

1—油罐；2—球阀；3—过滤器；4—齿轮油泵；5—油压表；6—流量计

2.5.5 气氛幕

在烧还原气氛时，为使坯体在 900℃ 前充分氧化，还原带前必须有氧化带，因此在气氛改变的地方，950～1050℃ 处设气氛幕——氧化气氛幕，即在该处由窑顶及两侧窑墙喷入热空气，使之与烧成带的含一氧化碳的烟气相遇而燃烧成为氧化气氛。气幕的气体量要足够，应使氧化燃烧室的空气过剩系数在 1.5～2.0 之间，空气不能过多，以免该处温度过低，使氧化反应不完全，引起坯泡。作为氧化气氛幕的空气温度也不能过低，一般是从冷却带内或窑顶二层拱中、间接冷却壁中抽出的热空气，再经烧成带二层拱进一步加热提高温度。要求整个端面气氛均匀，较好地起分隔气氛的作用，窑顶和两侧窑墙都设有喷气孔，上部密些，下部疏些，均以 90°角喷出，如图 2.15 所示。

现代气烧隧道窑转换气幕结构形式多样，如：(1)在窑墙两侧和窑顶各安装一排喷射瓷管，将空气从管中垂直喷入窑内。(2)在窑墙两侧和窑顶各安装一根反应烧结 SiC 管，助燃风从管壁许多小孔中垂直喷入窑内。(3)利用还原段前面的几个上部高速烧嘴，停气调风以燃烧后面流过来的可燃气体——即关闭烧嘴的煤气阀，只鼓入空气，也可达到气氛转化的目的。

2.6 冷却带结构分析

烧好的产品进入冷却带，被冷却后才能出窑，按陶瓷产品冷却工艺要求，可将隧道窑冷却带依次分为急冷、缓冷和快冷三段。而按冷却制品的方式则有直接冷却和间接冷却两种。直接冷却即鼓冷风入窑冷却产品，冷却效果好。某些不宜直接风冷的产品则可采用间接冷却，也可以直接冷却和间接冷却相结合。

2.6.1 急冷段结构

为了缩短烧成时间，提高制品质量，坯体在冷却带700℃以前应急冷。设于冷却带始端的急冷气幕是急冷的最好方法。

急冷气幕结构形式与气氛幕结构形式基本一样，用冷空气从窑墙和窑顶喷入。急冷气幕不但起急冷的作用，同时亦是阻挡气幕，以防止烧成带烟气倒流至冷却带，从而避免产品熏烟。急冷气幕的喷入应对准料垛间间隙，入窑后能迅速循环，起到均匀急冷的作用。喷入的冷空气应在不远的热风抽出孔抽出，以避免冷空气流入烧成带，保证烧成带能烧到高温并维持还原气氛。所以，必须调节好急冷气幕和热空气抽出量，务必使其达到平衡，否则会影响正常操作，并降低产品质量。

急冷气幕的鼓入以集中在一两处，且自窑顶及侧墙喷入为好，如图2.34所示。

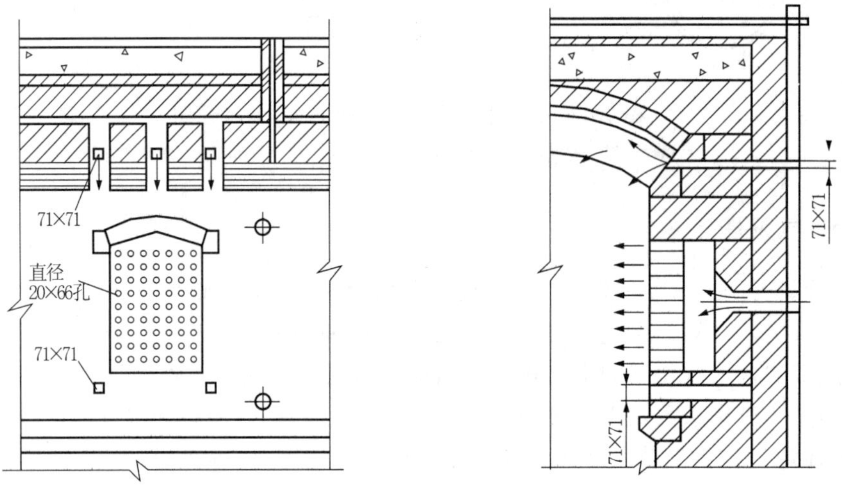

图2.34 窑顶和侧墙急冷气幕

现代陶瓷隧道窑大多都以急冷喷风管代替急冷气幕，在急冷段的窑墙上下部直接插入两排$\phi(60\sim80)$mm的高铝瓷管或耐热钢管，并与急冷风总管通过支管、球阀等管件连接，使窑体结构简单得多。急冷风喷管设置数量一般为每车位上下各设5～6对，上下及两侧墙的布置一般采取错排。急冷风为外界冷风，由专门的高压风机供给，当不设检查坑道时，急冷风机还有一个功能，就是将一部分高压风送往高温段和急冷段的窑墙曲封下，防止因窑内正压热气流下蹿，降低车下温度，保证窑车正常运转。

2.6.2 缓冷段的冷却结构

制品冷却在700～400℃这一阶段，由于产品已刚化，且存在石英的晶型转变，因此须降低冷却速率，故称该段为缓冷段。缓冷的方法通常有热风冷却和间壁冷却，或两者综合运用。

热风冷却是在缓冷段设置抽热风口，通过抽热风机将急冷段和快冷段已被制品加热的热风拉过来对制品进行缓冷，这种冷却系统如图2.35所示。抽热风口的位置视冷却曲线而定，一般从700～400℃每车位一对，设在车台面处，也可设上下两排抽热风口。抽出的热风主要送到干燥室，也可供各气幕使用。有时还将抽出的热风送到烧成带作助燃风使用，以提高烧成带温度。

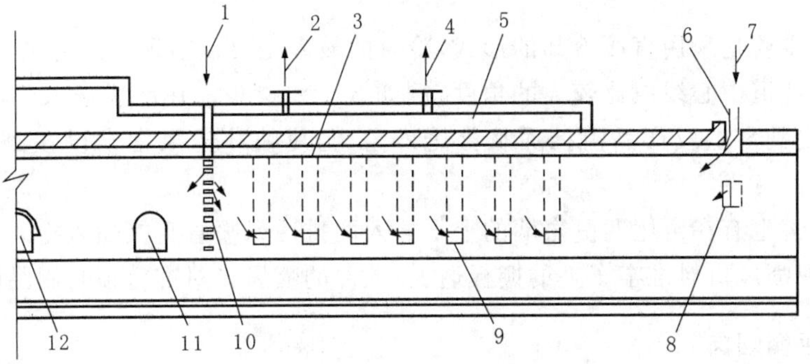

图 2.35 直接冷却的冷却带结构

1—急冷气幕送风；2—抽送去助燃；3—热风道分割闸板；4—抽送去干燥；；5—热风道 6—冷风喷头；7—冷风送入；8—冷风入口；9—热风抽出孔；10—急冷气幕孔；11—事故处理孔；12—燃烧室

但是这种从两端集中鼓入冷风，由中间缓冷段车面位置附近抽走热风的传统方式，广东某厂在实践中觉得不利于制品的冷却，尤其不利于中间料垛制品的冷却，于是把冷却带改成冷风分段流经两侧窑墙夹层后，再从车面附近冷风口喷入窑内，然后从窑顶抽走热风，每个冷风口和热风抽出口都分别设有风闸独立调节，如图 2.36 所示。经改造后，达到了加快制品降温速度和增加余热回收量的效果。

在直接冷却的同时，也可以采用间接冷却的方法。间接冷却法是将冷空气鼓入两侧窑墙空隙夹壁及窑顶双层拱内，并抽出这些热空气作气幕、二次风或干燥之用，如图 2.37 所示。应该用导热性好的碳化硅薄壁作内壁和内拱，以提高冷却效果。还有的窑墙用碳化硅薄壁盒直接砌筑构成间壁，或直接用耐热钢板插入窑墙空隙构成间壁，以不增加窑体厚度，但金属间壁结构一般设置在较低温的部位。

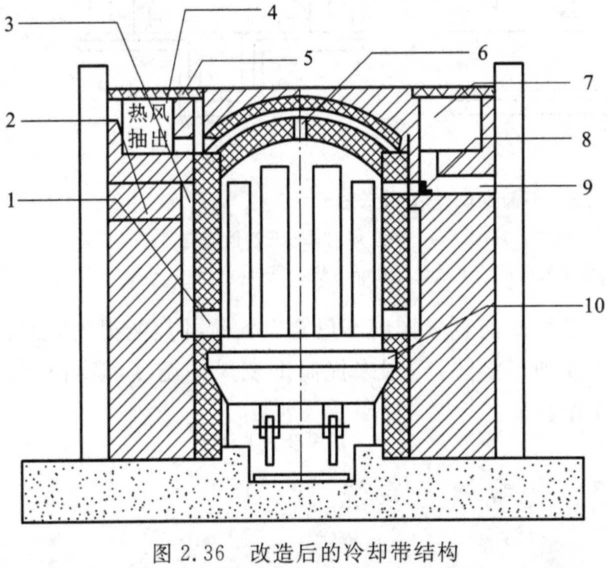

图 2.36 改造后的冷却带结构

1—冷风入窑口；2—进冷风道；3—冷风道；4—热风道；5—热风闸；6—窑顶热风抽出；7—热风道；8—侧墙热风闸；9—热风抽出口；10—窑车

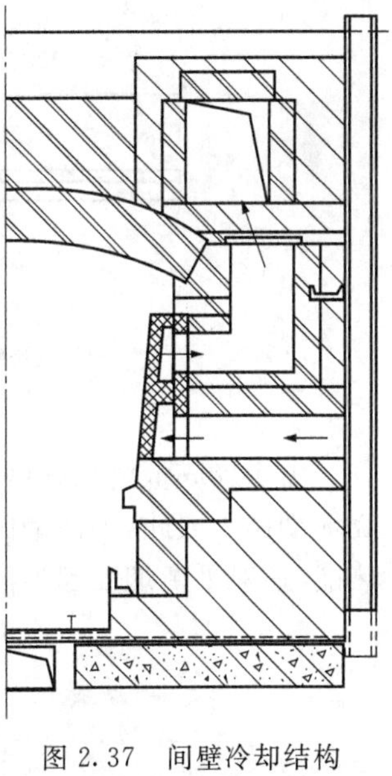

图 2.37 间壁冷却结构

2.6.3 窑尾快冷段结构

窑尾快冷主要是采用直接冷却的形式，冷风的鼓入主要以窑顶鼓入为主，两侧为辅。冷风送入要做成与隧道中心线成比较大的角度，例如 30°～60°角。在冷风送入的前端要有一定空间，以免冷风受到窑拱或产品阻挡而从窑尾外溢，窑尾快冷送风常常设在倒数第二车位（图 2.35）。

现代隧道窑也有在窑尾两侧窑墙的上下插入两排冷风喷管直接喷入冷风使制品达到快冷的效果，下部的喷风口对准窑车上的棚板通道，上部的喷风口对准窑顶与制品间的空间。

2.6.4 平衡烟囱

在实际生产中，烧成带末端烟气压力与急冷气幕风压很难完全一致，这就有可能出现烟气倒流急冷段或急冷风流入烧成带的情况，为此，可在隧道窑烧成带与急冷段之间的窑顶上设置一小烟囱，如图 2.38 所示。该烟囱的作用不是为了排烟，而是解决烧成带与急冷段之间压力不平衡的问题，所以称之为平衡烟囱。平衡烟囱的抽力在烧成带与急冷段之间形成 5～10Pa 的负压，可将来自烧成带的高温烟气与来自急冷段的冷空气一起排空，既避免了由烟气倒流引起的产品熏烟，又防止了由冷空气流入烧成段而造成烧成带温度降低的不良影响。

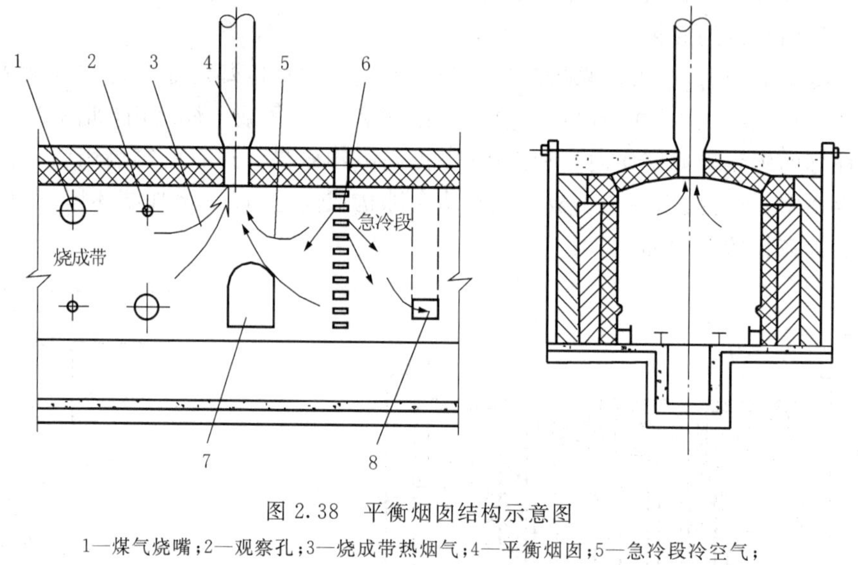

图 2.38 平衡烟囱结构示意图

1—煤气烧嘴；2—观察孔；3—烧成带热烟气；4—平衡烟囱；5—急冷段冷空气；6—急冷阻挡气幕喷风口；7—事故处理孔；8—热抽风口

由于烧成带倒流的烟气温度很高，平衡烟囱直接排出不仅会有大量的热能损失，而且还会烧坏烟囱。因此，平衡烟囱的底部往往要加一换热器，用来提高助燃风的温度，既可充分利用热能，还对平衡烟囱起到一定的保护作用。

2.7 运载输送系统

输送系统包括窑车、推车机、轨道、拖车等，其作用是运载制品从窑头进入隧道窑，依次经预热带、烧成带、冷却带，使制品完成整个烧成过程。

2.7.1 窑车

窑车是隧道窑的重要组成部分。隧道窑运行过程中，窑车状况直接影响着产品的装载量、装烧质量以及能耗情况。窑车由车轮、车架、车衬等构成，如图2.39所示。车架是支撑车衬的平台，多由型钢焊接或铆接制成，也有的是由铸铁制成。车架上的车衬具有耐火隔热性能，可用耐火砖砌筑或耐火混凝土浇筑构成，一般四周及车台面用强度高的耐火砖砌筑，内部则用轻质砖或轻质填充料，以尽量减轻窑车砌体的重量。厚度为10mm的钢制裙板焊接在车架上，裙板插入窑墙内侧的砂封槽中，构成隧道窑的砂封。

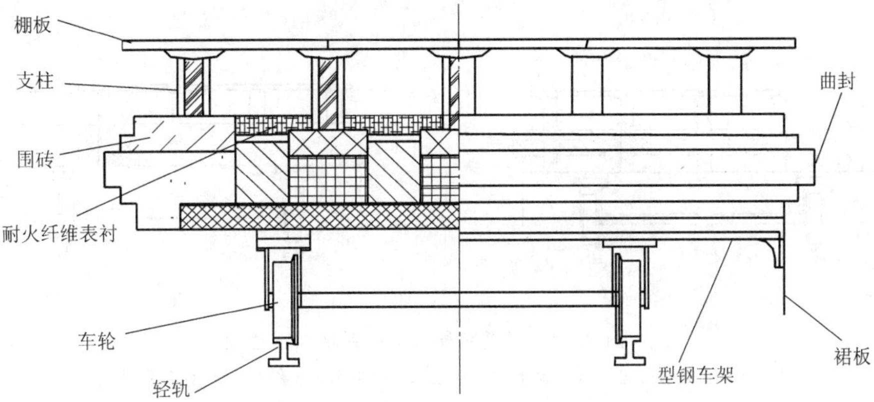

图2.39 窑车结构

窑车在隧道窑内运行时，车台面构成密封的窑底，同时用来运载制品，制品升温的过程中它也要吸热，其蓄(散)热损失占总热支出的10%～25%，而且窑车在下部吸热是造成预热带上下温差的又一个重要原因。轻型化和低蓄热化是窑车发展的方向。

以往的窑车采用重质耐火材料砌筑，现代隧道窑普遍采用轻质节能窑车。现代陶瓷隧道窑的窑车按车衬情况分为三种结构：轻质砖承重型、围砖半承重型和全耐火纤维不承重型。

图2.40(a)、图2.40(b)所示为承重型结构，车衬结构与传统窑车差不多，材料不用重质砖而改用轻质砖，仅在短立柱下面用重质的空心砖(内填耐火纤维)或耐火砖支撑荷重，这种结构虽然已将窑车蓄热减少，但蓄热仍然较多，不够理想。

图2.40(c)所示为围砖半承重型结构，也就是使用长立柱直接将荷重传至金属车架，用耐火纤维填充立柱内空心部分及周围。底面使用一层轻质浇注料，窑车四周用轻质砖作为围砖，其上放置短立柱受部分荷重。这类结构比第一类要好得多，蓄热减少很多。因为有围砖，所以窑车四周坚固不变形。但正因为有围砖，蓄热还不能进一步降低。

图2.40(d)所示为全耐火纤维不承重型结构，其是现代陶瓷隧道窑的窑车发展方向，由于全用长立柱，窑车衬料全为不承重的耐火纤维，蓄热可降至最低。实践表明，用耐火纤维折叠块，四周用烧结耐火纤维制品作为窑车衬料，即使没有围砖，也不会有问题，可以长期使用，而且维修容易。全耐火纤维衬料还不存在因热震而开裂的问题。

20世纪80年代，许多学者都用计算机模拟方法对窑车的加热过程做了研究，其中有两点结论在设计窑车时值得注意：一是窑车的“背衬效应”，即窑车的蓄热主要集中在窑车表面约100mm的表衬材料上；二是窑车的“热桥效应”，即必须注意支柱面积<1/4车表面积，否则大

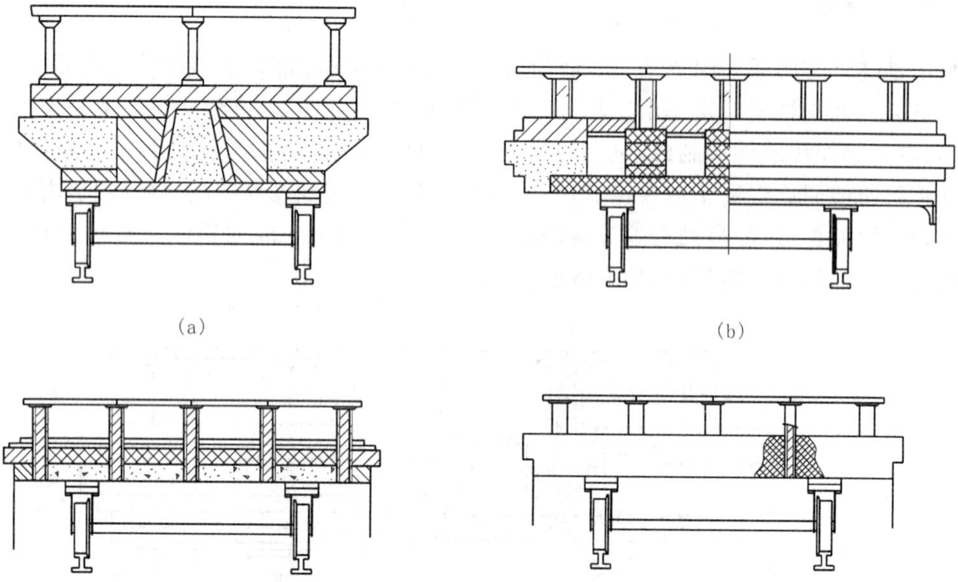

(a)

(b)

(c)

(d)

图 2.40　三类四种窑车衬料结构示意图

(a)承重型结构之一;(b)承重型结构之二;(c)半承重型结构;(d)不承重型结构

部分蓄散热会集中在支柱上。

因为窑车与窑车之间要承受推力,所以前后窑车的车衬相互不能接触,只能靠两车金属车架接触,为了防止窑内高温直接辐射金属车架,并使漏气阻力增加,在前后窑车的车衬之间也做成曲折封闭(可称为车封),如图 2.41 所示。金属车架接触处突出的凹槽中填入石棉绳,以防止上下漏气。

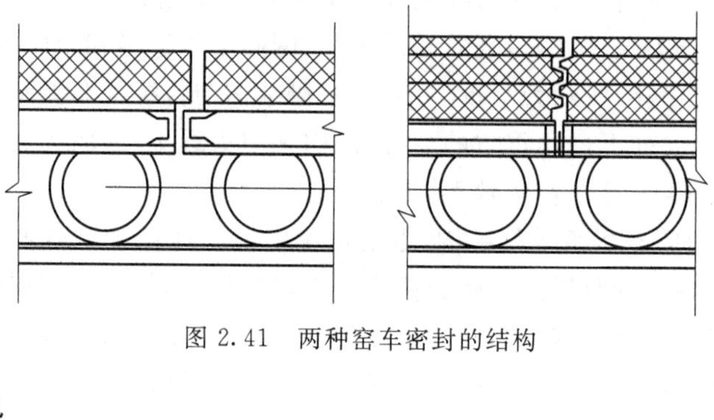

图 2.41　两种窑车密封的结构

2.7.2　推车机

隧道窑常用的推车机有螺旋推车机和液压推车机两种。螺旋推车机结构简单,造价低廉,但体积庞大,功率消耗大,推车不够平稳,推车机的内部零件易损坏,故螺旋推车机已逐渐被淘汰。液压推车机推车平稳,功率消耗小,推车速度便于调节,当发生故障时,窑车运行阻力增大,从而使油液压力升高到某一特定数值时,借助自动控制装置能自动停止推车操作并发出报警信号,从而避免故障的进一步扩大和推车机的损坏。

液压推车机使用的工作介质是液压油,通常又称为油压推车机。油压推车机主要由油泵、油压推杆和复位重锤等部分组成。图 2.42 是具有双作用活塞式推杆的油压推车机示意图。常用油压推车机的规格和主要技术性能如表 2.4 所示。

液压推车机安装时，推杆标高应准确校对，其受力点中心线应与窑车中心线一致。

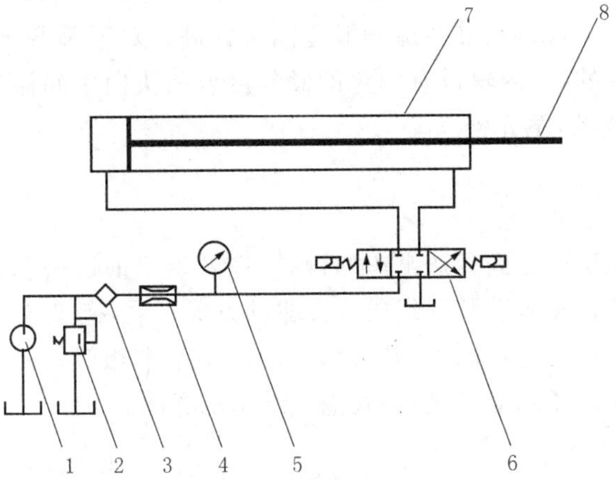

图 2.42 油压推车机示意图

1—油泵；2—溢流阀；3—滤油器；4—可调试节流阀；5—压力表；6—电磁换向阀；7—工作油缸；8—推杆

表 2.4 常用油压推车机的规格和主要技术性能

型号	最大推力(kN)	推车速度(m/min)	推杆最大行程(m)	工作油缸直径(mm)	电动机		
					型号	功率(kW)	转速(r/min)
UYJ	90	0～0.1	2.3	200	JO-21-4	1.1	1410
QC-115	90	0～0.4	2.2	140	JO-22-6	1.1	930
YDG200	157	0～0.1	2.5	200	JO-32-4	3	1430

2.7.3 轨道

隧道窑的轨道包括窑车轨道和拖车轨道。窑内轨道、窑外回车轨道、窑外拖车轨道构成一个回路，使窑车完成窑内烧成、窑外卸车和装车的循环。轨道平面布置如图 2.43 所示。

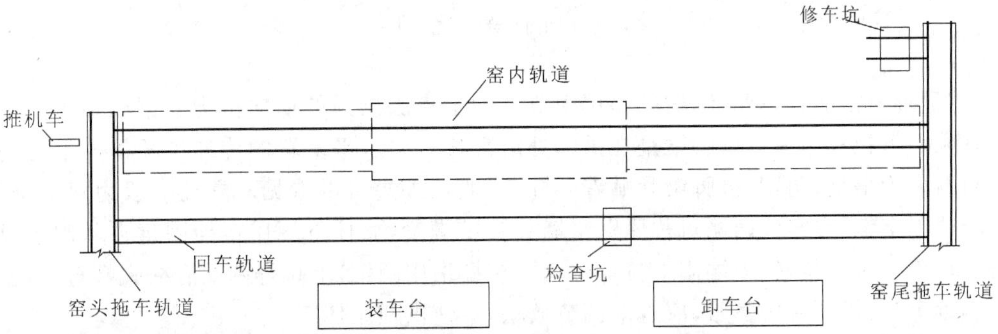

图 2.43 轨道平面布置示意图

陶瓷隧道窑的钢轨规格根据所承受的窑车轮压一般选择 $11^{\#} \sim 24^{\#}$ 轻轨，有的使用耐火材料的隧道窑选择重轨。钢轨用压板固定在轨枕上，窑内轨道的轨枕间距为 1m 左右，回车轨道、修车轨道的轨枕可稀疏一些，如 1.5m 左右。

轨道安装要求平直、稳固，中心线应与窑体及窑车中心线重合，轨距偏差为 0～3mm。钢轨的水平度要有较高的要求，窑内、外轨道一般是同一标高。对于某些窑炉，为了减少推力或使窑车紧挨达到密封的目的，窑内轨道有一定的倾斜度或两头向中间倾斜 20mm 左右。轨道安装后用 C20 砂浆二次浇灌，填充饱满。

2.7.4 拖车

拖车是在互相平行的轨道之间运送窑车的设备，在隧道窑的窑头和窑尾各有一辆。拖车主要由车架、车轮、定位装置和驱动装置组成。按驱动方式不同，拖车分为手推式、手摇式和电动式三种。三种拖车除驱动装置不同外，其余部分的结构基本相似。拖车上窑车轨道的标高及轨距应与窑内轨道相同。图 2.44 是手摇式拖车结构示意图。

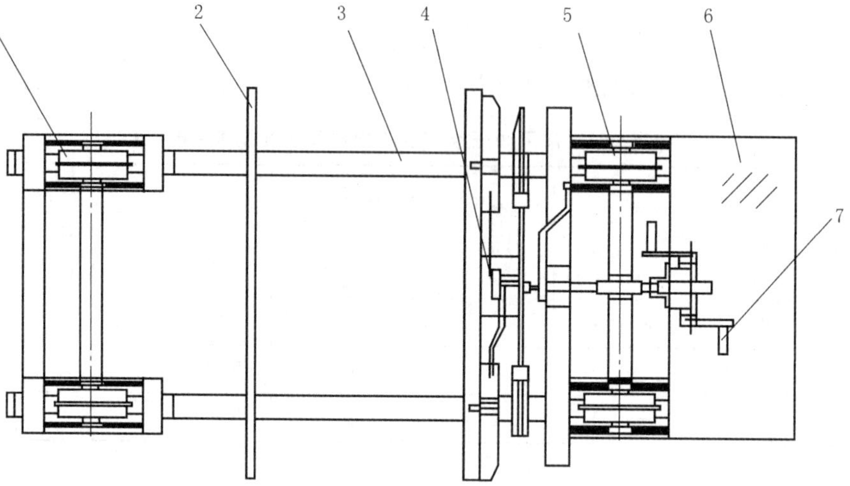

图 2.44 手摇式拖车结构示意图

1—从动车轮；2—窑车轨道；3—车架；4—定位装置；5—主动车轮；6—踏板；7—摇把

2.8 钢架结构

对拱顶隧道窑而言，钢架结构的作用主要是为了克服拱顶的横向推力。钢架结构由拱脚梁、立柱和上下拉杆组成。拱脚梁是在拱脚处沿窑长方向水平安置的传递拱顶横向推力的受力梁，材料多为槽钢、角钢，拱脚梁紧贴着立柱，一般从外边可以看见。立柱一般为双槽钢(缀板相连)或工字钢，在窑墙两侧对称紧贴窑墙夹紧拱脚梁，立柱下端用螺栓固定在基础上或埋在基础里，用下拉杆拉紧，上端用上拉杆拉紧。拉杆采用圆钢，上拉杆两端有松紧螺母，烘窑点火时，温度上升，拱顶有所膨胀，应逐渐调节放松，不使拱顶压坏。

钢架结构的计算包括横向推力的计算、拱角梁的计算、拉杆的计算和立柱的计算。横向推力的计算在 2.3.3 节中已推导出公式，在计算横向推力前必须算出拱半径 R 和拱心角 α，确定拱顶各层材料的厚度 s 及其密度 ρ，确定沿窑长度立柱之间的距离 l，上下拉杆中心线间的距离 h 以及上拉杆至拱心角中心线的距离 d，如图 2.45 所示。

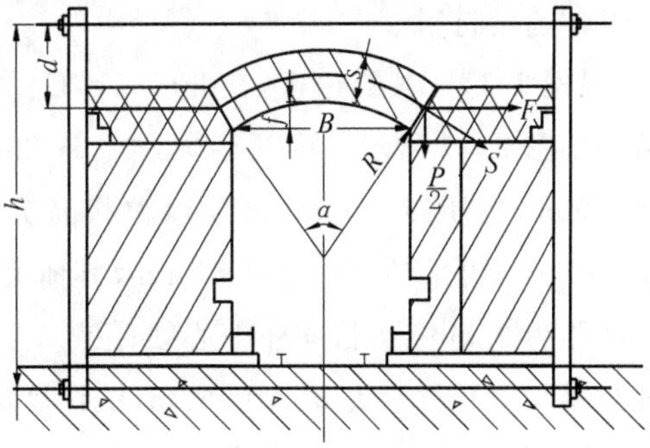

图 2.45 钢架计算示意图

(1)横向推力计算

①两立柱间窑顶所受重力：

$$P=2\pi\left(R+\frac{s}{2}\right)\frac{\alpha}{360^{\circ}}sl\rho g$$

②两立柱间窑顶横向推力：

$$F=K\cdot\frac{P}{2}\cot\frac{\alpha}{2}$$

(2)拱角梁计算

①弯曲力矩：$M_1=\frac{Fl}{8}$

②截面模数：$W_1=\frac{M_1}{[\sigma]}$

式中 $[\sigma]$——材料许用应力，一般选 $[\sigma]=157\times10^6\ \mathrm{N/m^2}$。

③根据 W_1 确定所用材料的规格和数量。

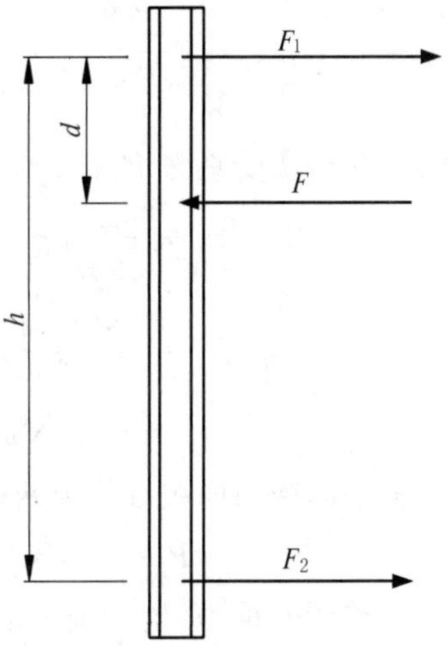

图 2.46 拉杆计算图

(3)上拉杆的计算(图 2.46)

①拉力 F_1：$F_1=\frac{F(h-d)}{h}$

②拉杆截面面积 f_1：$f_1=\frac{F_1}{[\sigma]}$

③拉杆计算直径 d_1：$d_1=\sqrt{\frac{4f_1}{\pi}}$

④选用材料。

(4)下拉杆的计算(图 2.46)

①拉力 F_2：$F_2=\frac{Fd}{h}$

②拉杆截面面积 f_2：$f_2=\frac{F_2}{[\sigma]}$

③拉杆计算直径 d_2：$d_2=\sqrt{\frac{4f_2}{\pi}}$

④选用材料。

(5)立柱的计算

①弯曲力矩 M_2：$M_2=F_1\cdot d$

②截面模数 W_2：$W_2=\frac{M_2}{[\sigma]}$

③选用材料。

【例 2.1】 某隧道窑，在 20～750℃温度范围内，窑顶结构如图 2.47 所示。内衬耐火黏土砖 230mm，耐火泥涂层 10mm，轻质砖 65mm，窑顶以粒状高炉渣填平，拱心处厚 120mm，再平铺一层红砖 53mm，其他尺寸如图所示，立柱间距为 2.5m，上下拉杆中心线距离 h 为 2.15m。上拉杆与拱脚中心线距离 d 为 0.59m，试计算该段钢架结构。

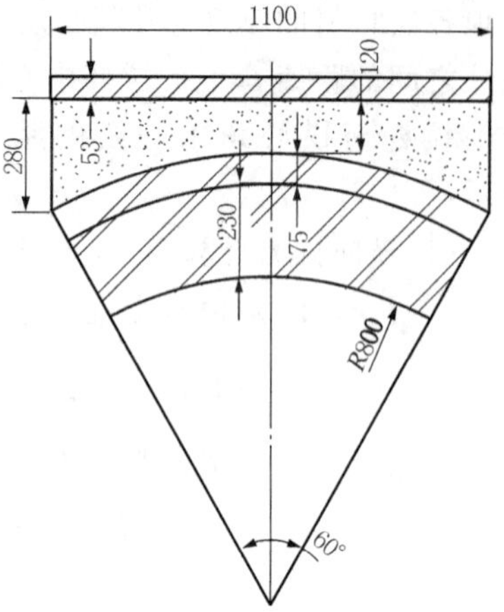

图 2.47　窑顶结构图

【解】 (1)横向推力计算

耐火黏土砖所受重力 P_1：

$$P_1=\frac{2\pi\alpha}{360^\circ}\left(R_1+\frac{s_1}{2}\right)s_1 l\rho_1 g$$

$$=\frac{2\times3.14\times60^\circ}{360^\circ}\times\left(0.8+\frac{0.23}{2}\right)\times0.23\times2.5\times1800\times9.80=9700(\mathrm{N})$$

轻质砖所受重力 P_2：

$$P_2=\frac{2\pi\alpha}{360^\circ}\left(R_2+\frac{s_2}{2}\right)s_2 l\rho_2 g$$

$$=\frac{2\times3.14\times60^\circ}{360^\circ}\times\left(0.8+0.23+\frac{0.075}{2}\right)\times0.075\times2.5\times1000\times9.8$$

$$=2060(\mathrm{N})$$

矿渣的截面面积可作为两个三角形近似计算，则其所受重力 P_3：

$$P_3=0.5\times0.28\times0.55\times2\times2.5\times550\times9.80=2090(\mathrm{N})$$

红砖所受重力：$P_4=0.053\times1.1\times2.5\times1750\times9.80=2520(\mathrm{N})$

所以，两立柱间窑顶所受重力：$P=P_1+P_2+P_3+P_4$

$$=9700+2060+2090+2520=16370(\mathrm{N})$$

横向推力：$F=K\dfrac{P}{2}\cot\dfrac{\alpha}{2}$，取 $K=1.5$。

则

$$F=1.5\times\frac{16370}{2}\cot\frac{60^\circ}{2}=1.5\times\frac{16370}{2}\times1.37=21300(\mathrm{N})$$

(2)拱脚梁

$$M_1=\frac{Fl}{8}=\frac{21300\times2.5}{8}=6640(\mathrm{N\cdot m})$$

$$W_1=\frac{M_1}{[\sigma]}=\frac{6640}{157\times10^6}=42.3\times10^{-6}(\mathrm{m^3})=42.3(\mathrm{cm^3})$$

查《筑炉工手册》，选用 12 号热轧轻型钢，其 $W_x=50.6\mathrm{cm^3}$。

(3)上拉杆

$$F_1=\frac{F(h-d)}{h}=\frac{21300\times(2.15-0.59)}{2.15}=15400(\mathrm{N})$$

$$f_1=\frac{F_1}{[\sigma]}=\frac{15400}{157\times10^6}=0.985\times10^{-4}(\mathrm{m^2})$$

$$d_1=\sqrt{\frac{4f_1}{\pi}}=\sqrt{\frac{4\times 0.985\times 10^{-4}}{3.14}}=1.12\times 10^{-2}(\mathrm{m})=11.2(\mathrm{mm})$$

查《筑炉工手册》，选用 ϕ12mm 热轧圆钢。

(4)下拉杆

$$F_2=\frac{F\cdot d}{h}=\frac{21300\times 0.59}{2.15}=5830(\mathrm{N})$$

$$f_2=\frac{F_2}{[\sigma]}=\frac{5830}{157\times 10^6}=0.372\times 10^{-4}(\mathrm{m}^2)$$

$$d_2=\sqrt{\frac{4f_2}{\pi}}=\sqrt{\frac{4\times 0.372\times 10^{-4}}{3.14}}=0.688\times 10^{-2}(\mathrm{m})=6.88(\mathrm{mm})$$

查《筑炉工手册》，选用 ϕ7mm 热轧圆钢。

(5)立柱

$$M_2=F_1 d=15400\times 0.59=9080(\mathrm{N\cdot m})$$

$$W_2=\frac{M_2}{[\sigma]}=\frac{9080}{157\times 10^6}=58\times 10^{-6}(\mathrm{m}^3)=58(\mathrm{cm}^3)$$

查《筑炉工手册》，选用 14 号热轧轻型工字钢，其 $W_x=81.7\mathrm{cm}^3$。

由于现代隧道窑大量应用轻质耐火隔热材料，隧道窑窑体大为减薄、减轻，大型隧道窑采用吊顶结构的也很多，加固窑体的钢架结构相对简单，主要由方钢、槽钢等型钢加钢板构成窑体的围护结构，其受力计算也简单得多。此类结构可参阅第 3 章辊道窑的有关内容。

2.9 隧道窑基础

窑炉基础十分重要，要承受窑体、轨道、窑车以及窑车上制品和窑具的重力，如果处理不当，可能会造成轨面不平整，还会使窑炉下沉、倾斜、开裂，以致破坏。窑炉基础可用三合土、毛石、砖块或混凝土和钢筋混凝土等做成，现代隧道窑由于窑体较轻，多为砖砌和混凝土(钢筋混凝土)浇筑的基础。

窑炉基础承受的重力加上本身的重力需要地基土壤来承受，一般老土都可以承受这些压力，窑炉基础应安置在老土层上。老土指原地的黏土层、碎石层等，而不是后填的、新填的松软土壤。窑炉基础施工时，一定要将表土、松土挖掉，直至挖到老土。如果挖得过深，应将干净素土或灰土回填，分层夯实。

根据窑炉结构和窑炉基础材料不同，窑炉基础有多种。对于小截面或轻型隧道窑，由于基础承重小，采用灰土垫层窑基即可，如图 2.48 所示，下面为 400～500mm 厚的三七灰土垫层，中间铺 100mm 厚的 C10 混凝土，混凝土之上再砌 250mm 左右厚的砖层作为窑基，轨道用 C15 混凝土浇筑。

图 2.49 所示为砖砌窑炉基础，底层为 100mm 厚的 C10 混凝土，其上再砌 300～400mm 厚的砖层，轨道用 C15 混凝土浇筑。

图 2.50 所示为有检查坑道的砖砌窑炉基础。地下水位高的窑基，四周及底部应用油毡做防水层。需要防水的坑道，四周及底部用厚 200mm 的 C20～C30 钢筋混凝土浇筑箱式基础。

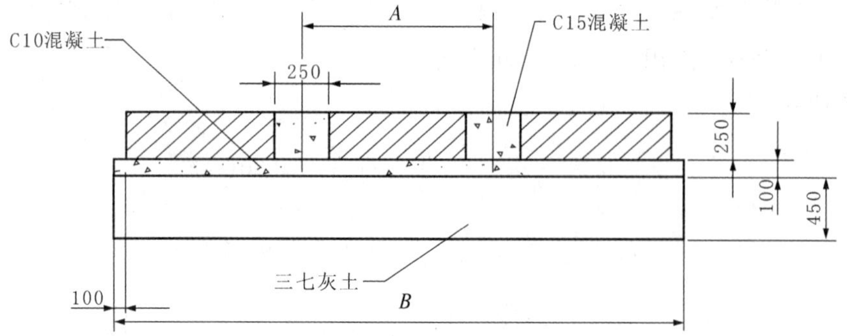

图 2.48　灰土垫层基础

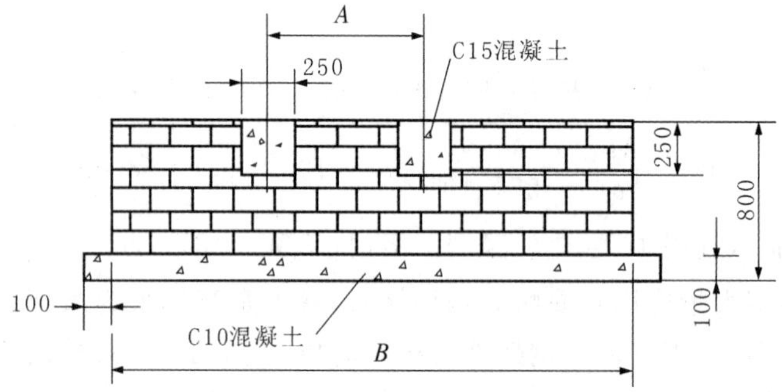

图 2.49　砖砌窑炉基础

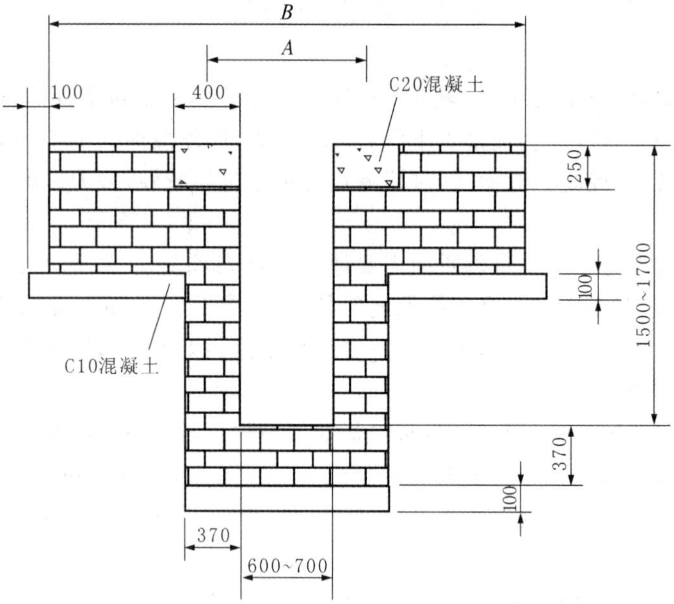

图 2.50　有检查坑道的砖砌窑炉窑基

3 辊 道 窑

3.1 概　　述

辊道窑是近几十年发展起来的新型快烧连续式工业窑炉，在釉面砖、墙地砖、彩釉砖等建筑陶瓷工业生产中已普遍用作主要的烧成设备，近几年正逐步在日用瓷等陶瓷工业中得到应用。

3.1.1 辊道窑的发展简史

辊道窑出现于20世纪20年代，最初是应用于冶金工业；30年代，美国首先将辊道窑试验用于陶瓷烤花工序；40年代，意大利开始研究将辊道窑用于快烧面砖并取得了成功。至60—70年代，国外技术先进国家已普遍使用辊道窑焙烧建筑瓷砖，技术也已相当成熟。另外，国外还研制出焙烧卫生瓷等制品的辊道窑，以及焙烧日用瓷的高温辊道窑，在实际应用中都取得了很大成功。

我国自20世纪70年代才开始在陶瓷工业中研究与推广应用辊道窑，由于当时国内保温材料的材质较差、陶瓷辊棒的长度较短等，主要是应用生产日用烤花的隔焰辊道窑。1973年，沈阳陶瓷厂首先试验成功辊道窑焙烧釉面砖；1974年，山西省闻喜县陶瓷厂建成我国第一条煤烧日用瓷烤花辊道窑；同年，辽宁省海城县陶瓷四厂建成我国第一条烧重油的日用瓷烤花辊道窑。

辊道窑在我国的迅猛发展是从20世纪80年代开始的，经历了从全面引进、消化吸收并翻版建造到独立研制与国产化的发展历程。1982年，广东石湾利华装饰砖厂首家从意大利唯高公司引进FRW2000型辊道窑。据不完全统计，以后的近20年，全国先后从意大利(如WEL-KO、SITI、POPPI、SACMI等公司)、德国(如HEIMSOTH公司)、日本(如TAKASAGO公司)、美国等发达国家引进了500余座各种规格的辊道窑。这些辊道窑为我国设计与建造有自主知识产权的辊道窑提供了很好的样板。首先，不少企业与厂家对引进窑做了大量的消化吸收工作，翻版建造了一批辊道窑，并取得了成功。更重要的是，引进窑的技术为我国自行设计辊道窑提供了很好的借鉴，广东、山东、福建、四川、河北、江西、湖南、东北等地分别根据各地燃料现状、原材料实际状况设计建造了各种类型的辊道窑上千条。至20世纪末，辊道窑的设计与制造已基本实现了国产化，有的还远销国外。

3.1.2 辊道窑的特点

辊道窑采用辊道在窑内输送制品使其完成烧成过程，取消了窑车和匣钵，仅用薄垫板，建筑瓷砖还大多不用垫板，使输送设备的蓄(散)热降至最小；加上辊道窑无曲封、车封、砂封等空隙(辊孔缝隙可用陶瓷棉填充)，因而窑体密封性能较好，减少了漏风，也就大大提高了窑炉的热利用率。

辊道窑属中空窑，窑内阻力小，压降也就小，故窑内正负压都不大；没有了窑车吸热，也没有了车下漏风，加上辊的上下能同时加热，故基本上不存在上下温差；辊道窑一般采用明焰裸烧，传热速率加快，窑内断面温度也均匀，从而大大缩短了烧成时间，保证了快速烧成的实现。

辊道窑机械化、自动化程度高，不仅降低了工人的劳动强度，还保证了产品质量的稳定。而且辊道窑与前后工序连成完整的连续生产线，大大提高了全厂的生产效率。另外，辊道窑占地少、结构简单、建造快(一般不超过三个月)，因而见效快，经济效益高。

总之，辊道窑由于窑内温度场均匀，从而保证了产品质量，也为快烧提供了条件；而辊道窑中空、裸烧的方式使窑内传热速率与传热效率增大，又保证了快烧的实现；而快烧又保证了产量，降低了能耗。以一次烧成釉面砖为例，热耗只有 1500～2500kJ/kg，而隧道窑一般达 5000～9000kJ/kg。所以，辊道窑是当前陶瓷工业中优质、高产、低消耗的先进窑型，在我国各陶瓷企业已得到越来越广泛的应用。

3.2 辊道窑的分带及工作系统

辊道窑属连续性生产式窑炉，如同隧道窑一样，按制品在窑内进行预热、烧成、冷却的三个过程，也可将辊道窑分为三带：预热带、烧成带、冷却带。由于辊道窑外宽尺寸无变化，故辊道窑一般按制品温度来划分：窑头至 900℃左右作为预热带，900℃到制品成瓷温度(包括保温)为烧成带，余下部分为冷却带。也可按烧嘴的布置来确定烧成带，一般将辊上、下同时设有烧嘴的中间部位作为烧成带，两头分别为预热带和冷却带。

辊道窑的工作系统与隧道窑相似，根据制品的烧成工艺合理地布置工作系统是设计结构合理的辊道窑的前提。

图 3.1 所示为气烧明焰焙烧建筑瓷砖辊道窑的工作系统。全窑共 29 节，其中第 1～4 节为排烟段，由上、下各 4 对排烟管分布在窑顶和窑底，由排烟风机 1 抽出来自烧成带的烟气。抽出的烟气一部分排空，一部分送至干燥器供生坯预热干燥。第 5～9 节每节辊下各设有一对烧嘴。第 10～14 节每节辊上、下各设有一对烧嘴，所有烧嘴均采取对侧交错布置。第 15～18 节为高温成瓷区，烧嘴布置较密，每节辊上、下交错设置 2 对烧嘴。煤气由煤气站 2 经煤气总管与支管分别送入各烧嘴，助燃空气则由助燃风机 3 经风管送入烧嘴。第 19～20 节为急冷

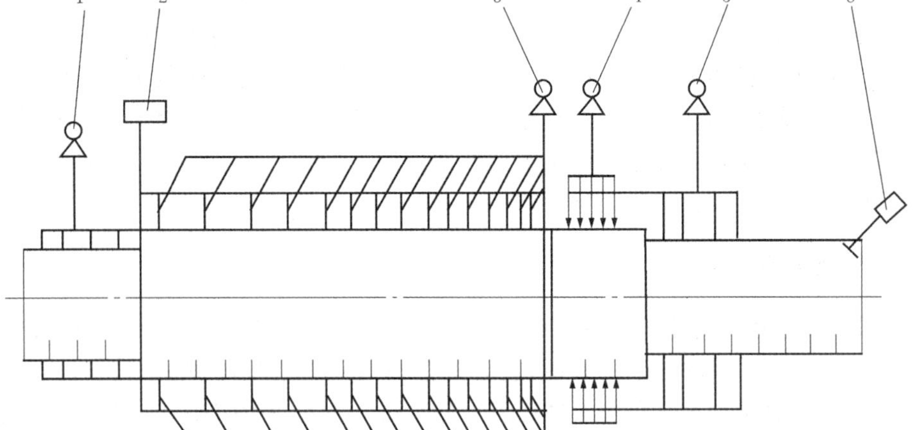

图 3.1 气烧明焰焙烧建筑瓷砖辊道窑工作系统图

1—排烟风机；2—煤气站；3—助燃风机；4—急冷风机；5—抽热风机；6—窑尾冷风扇

段，由急冷风机 4 将冷风由辊上、下的 8 对急冷风管喷入窑内，对制品上下吹风进行急冷。第 21～24 为缓冷段，在第 22～25 节每节窑体上、下都设有抽热风分管，由抽热风机 5 从总管中将进入分管的余热风抽出，与预热带排烟段排出的烟气混合后，作为干燥器的热源。在最后一节窑体上、下各设 3 台窑尾冷风扇 6，对产品吹风强制快冷，使产品出窑温度不致过高。

3.3 辊道窑窑体

辊道窑的窑体由窑墙、窑顶和窑底组成。单层明焰辊道窑结构如图 3.2 所示。辊道窑与隧道窑的不同主要在于，辊道窑是利用窑道中穿过的辊子 1 构成输送制品的工作通道底面，辊道平面以上的窑道称为工作通道，故又有人将辊道窑称为辊底窑。

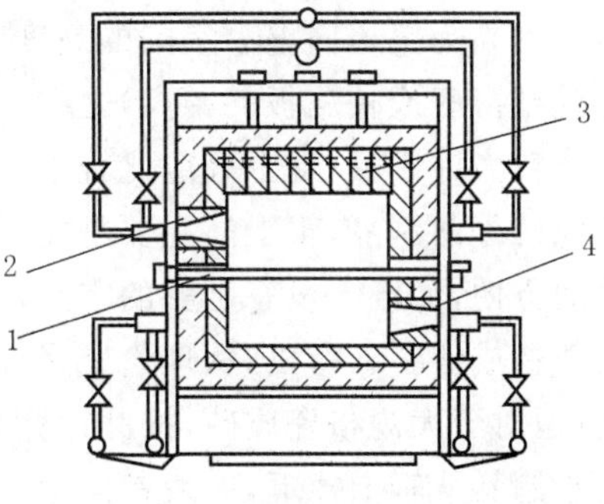

图 3.2 单层明焰辊道窑结构图

1—辊子；2—上部烧嘴；3—吊顶；4—下部烧嘴

3.3.1 窑体主要尺寸

辊道窑窑体主要尺寸的确定取决于产量、窑型、燃料种类及产品规格等，表 3.1 中列出了我国一些辊道窑主要尺寸的数据。以下仅就辊道窑的内宽、内高、窑长的确定原则或计算方法作一简单叙述，详细计算留待第 6 章窑炉设计中去讨论。

表 3.1 我国一些辊道窑主要尺寸数据

窑炉使用厂家	产品	产量 ($\times 10^4 m^2$/年)	使用燃料	烧成温度 (℃)	烧成周期 (min)	窑长 (m)	窑内宽 (m)	烧成带辊上高/辊下高 (mm)	窑炉制造单位
四川威远瓷厂	釉面砖	20	煤烧隔焰	1080	45	42	0.8	150/150	国内自建
景德镇陶瓷厂	墙地砖	45	重油半隔焰	1140	50	70	1.17	250/350	国内自建
景德镇陶瓷厂	瓷质砖	62	柴油明焰	1250	50	66	1.5	—	国内自建
金华金航陶瓷公司	釉面砖	130	柴油明焰	1130	45	90.3	2.3	371/395	国内自建
晋江华达陶瓷厂	墙地砖	50	柴油半隔焰	1150	50	61.56	3.32	200/220	国内自建
石湾东平陶瓷厂	彩釉砖	55	重油半隔焰	1150	50	60.9	1460	297/200	国内自建
石湾银田陶瓷厂	墙地砖	70	柴油明焰	—	60	83.6	1.56	347/340	国内自建
潮州彩釉砖厂	瓷质砖	50	煤气明焰	1250	60	70	1.5	385/431	WELKO
景德镇华峰瓷厂	玻化砖	110	柴油明焰	1250	60	79.2	1.88	355/393	HEIMSOTH 公司
唐山建陶厂	彩釉砖	120	煤气明焰	1250	60	80.8	2.3	740(窑内总高)	POPI 公司
礼陵长城彩釉砖厂	彩釉砖	100	煤气明焰	1200	55	81.88	1.25	195/210	SITI
石湾化工陶瓷厂	釉面马赛克	55	柴油明焰	1205	60	76	2.5	—	TAKASAGO
石湾日用一厂	玻化砖	80	柴油明焰	1235	60	77	1.8	—	POPI
石湾三联陶瓷公司	广场砖	40	液化气明焰	1300	180	64.5	1.2	—	TAKASAGO
石湾彩洲陶瓷厂	卫生洁具	30(万件)	液化气明焰	1250	10.5(hr)	74	1.4	—	MORI
重庆兆峰瓷厂	日用瓷	2.4(万件)	天然气	1420	5.5(hr)	57.7	1.75	400(辊上高)	HEIMSOTH
佛山南庄陶瓷厂	内墙砖	500	煤气明焰	1150	40	160	2.68	440/415	佛山中窑公司
安徽含山瓷业公司	日用瓷	150(万件)	液化气明焰	1350	3.5～7(hr)	76	2.1	804(602)/402	国内自建

(1)窑内宽

窑内宽为窑道内两侧墙间的距离,明焰辊道窑一般为1.5~2m,随着我国辊棒生产与烧嘴技术的进步,我国已有内宽在3m以上的宽体辊道窑。

窑内宽的确定依据:一是产品种类与尺寸;二是辊棒的长度与强度;三是选用的燃料及其燃烧技术。以建筑瓷砖辊道窑为例,砖坯进窑时,砖坯间并不留间隙,只要将瓷砖外形尺寸换算成砖坯尺寸,乘上每排所放砖坯数再加上砖坯离窑内壁的间隙即为窑内宽。砖坯离窑内壁的间隙可取经验数据100~200mm。

(2)窑内高

内高为窑道内整个空间的高度,等于辊上高(辊道中心线至窑顶的距离)与辊下高(辊道中心线至窑底或隔焰板的距离)之和。

对大件制品,辊上高应比辊半径、垫板厚度及最大制品高度(或装载高度)之和要大;对建筑瓷砖等薄制品,辊上高主要是要保证燃烧空间与气流的顺畅。辊下高则主要是保证处理事故的方便,如辊下没有足够的空间,一旦从辊上掉下制品,就要发生阻挡,影响制品正常运行,甚至造成停窑。所以,从理论上来说,对焙烧建筑瓷砖的辊道窑辊下高最好应大于砖对角线长度;但对于大规格瓷质砖,按此计算会造成内高太大,既增大了窑墙散热,也不利于窑内传热。由于制品从辊上掉下,一般都发生了破损,尺寸都比整砖小了,根据砖下落的可能性,辊下高只要大于三倍的辊距就可以了。由于烧成带装有烧嘴,要保证燃烧空间等的需要,一般烧成带内高比预热带前段、冷却带后段要高出200~400mm。

(3)窑长

我国在开始建造辊道窑的初期,由于传动系统不精密、辊子平整度较差,运行中产品容易发生跑偏,故辊道窑都建得较短(30~40m)。随着传动系统与辊子质量的改进,辊道窑的长度一般为80~150m,目前国内自主设计建造的辊道窑有的达到300m以上。

经笔者通过计算机模拟研究,辊道窑焙烧建筑瓷砖时,单位产品热耗随窑长、内宽的增大而降低;但当窑长、内宽增大到一定值后,单位产品热耗的降低也趋于平缓。因此,从提高产量与降低能耗角度来说,辊道窑尽可能建长、建宽,但是,窑过长会产生预热带较大负压和较难保证制品在窑内运行平稳,窑过宽对保证窑内水平温度均匀及对辊子都会有更高要求。综合考虑各种因素,在目前的技术水平下建筑瓷砖辊道窑主要结构尺寸的合理范围为:窑长为80~200m,窑内宽为2.0~3.0m,内高为600~800mm。

3.3.2 窑墙

辊道窑窑墙与所有工业窑炉的窑墙一样,必须具备耐高温、具有一定强度和保温性能好三个基本条件。由于辊子要穿过窑墙,为了提高辊子长度的有效利用率,应对窑墙厚度有更严格的控制。换言之,为了增加辊道窑内有效宽度,应尽量减薄窑墙。因此,辊道窑的窑墙均采用新型高级轻质耐火材料。

目前,烧成温度小于1250℃的辊道窑窑墙厚度一般为300~350mm,窑墙材料一般是内层用115~230mm的高温莫来石轻质高铝砖或高铝聚轻球砖,外层用70~200mm厚高铝纤维毡或硅酸铝纤维毡(即陶瓷棉)。

确定窑墙材料及其厚度时除要遵循2.3.2节中隧道窑窑墙的原则外,还要保证两侧窑墙厚度与窑内宽之和小于所选用的辊子长度。

辊道窑窑墙与一般工业窑另一不同的特点是，孔砖为辊道窑窑墙的特殊构体，为保证辊子正常运转，选择合适的孔砖材料和砌筑方式十分重要。孔砖与窑墙结合主要有两种结构形式：一是由耐热钢托撑上窑墙的结构(图 3.3)；二是由孔砖承载上窑墙的结构(图 3.4)。

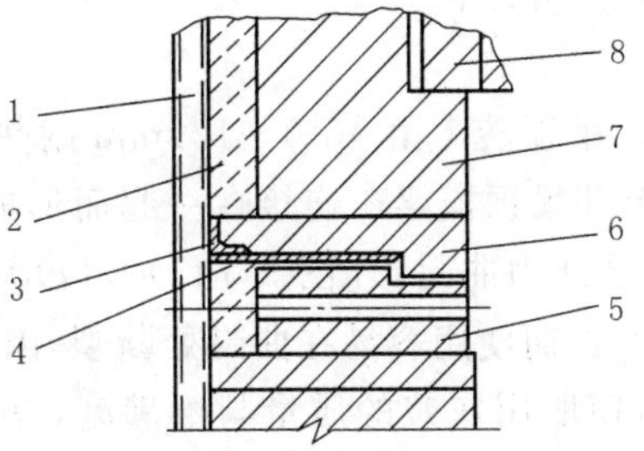

图 3.3 耐热钢托撑上窑墙的结构

1—窑支撑钢架；2—纤维毡；3—角钢；4—耐热扁钢；5—孔砖；6—七字形砖；7—上窑墙；8—吊顶

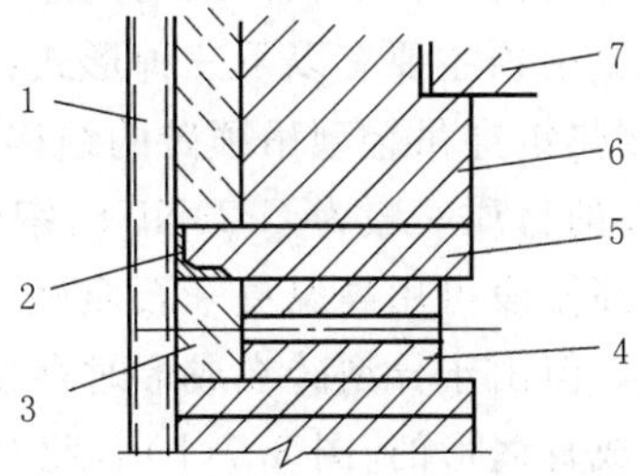

图 3.4 孔砖承载上窑墙的结构

1—窑支撑钢架；2—角钢；3—纤维毡；4—孔砖；5—绝热砖；6—上窑墙；7—吊顶

第一种结构的辊上窑墙支承在焊在钢架结构上的耐热扁钢 4 上，它与辊下窑墙是分割开的，中间插入孔砖 5，然后安装辊子与传动机构。这样，使窑体与传动系统既有机地构成一个整体，又互为独立，不但便于精确安装辊道及其传动机构，而且为正常运转后的维修、调整与更换辊子带来了极大的便利。不足之处是，由于孔砖与窑墙分离，使窑体的气密性减小，另外还增加了钢材的用量，从而也增加了建窑成本。为弥补上窑墙与孔砖间密封性差这一缺陷，上窑墙放在支承钢上的为一块七字形砖，孔砖也做成与其吻合的形状(图 3.3)，构成“曲封”。这种结构的孔砖不起承重作用，因而可采用轻质砖。

第二种结构的辊上窑墙直接砌筑在孔砖上，而孔砖固定在窑体中。其优点是窑墙的气密性比第一种的好，且结构简单、省材料，从而也降低了建窑成本。但这种结构的孔砖在窑墙砌筑好后就不能再移动了，因而对孔砖的尺寸和孔砖的砌筑要求都更严格。当前我国建造的辊道窑大多采用这种结构。

孔砖是辊道窑窑墙的特殊部件，由于加热后随着温度的变化辊子与孔砖会发生相对位移，要保证辊子的正常调位，必须重视孔砖结构形式的设计与砌筑。孔砖厚度一般略小于窑墙的砖体部分厚度，为 115～150mm，以便在窑墙剩余空缺部分用陶瓷棉填充，保证窑墙的密封性。孔砖长度一般应保证每块孔砖不少于 3 孔。孔砖的孔径一般比辊棒外径大 10mm，且做成腰子形，以便于运转时辊子的上下调整。每块孔砖两端还要预留热膨胀与砌筑灰缝的位置(图 3.5)。

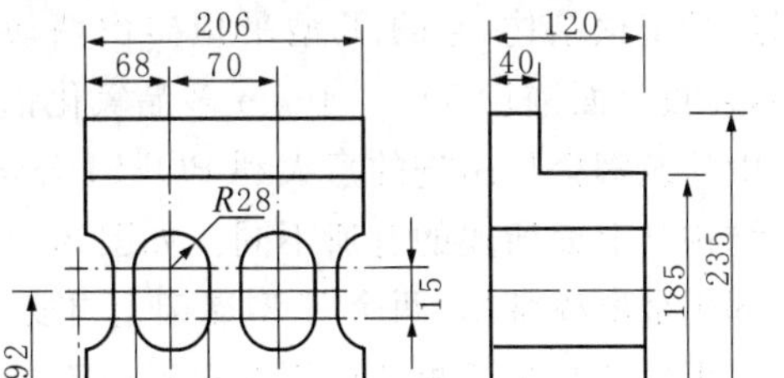

图 3.5 孔砖

3.3.3 窑顶

窑顶支撑在窑墙上，由于处在窑道空间上方，窑内热气体在几何压头的作用下有自然向上运动的趋势，因此，除了必须耐高温、积散热小及具有一定的机械强度外，特别要保证其结构合理，使之不易漏气。另外，辊道窑是轻体窑，为减少窑墙或其支撑结构的负荷，更要采用高强度的轻质耐火材料构筑窑顶。当代明焰辊道窑断面较大，窑顶一般采用吊顶结构形式，少数采用拱顶结构，对内宽小于 800mm 的小断面窑（如试验窑）还可采用大盖板砖结构。拱顶结构已在第 2 章隧道窑中作了较详细的阐述，此处仅对吊顶作一介绍。

辊道窑吊顶主要有以下三种形式：

(1)耐热钢穿吊轻型吊顶砖的结构如图 3.6 所示。吊顶砖 1 由 $\phi(10\sim12)$mm 耐热钢棒 2 穿吊，钢棒的材质一般为 Cr23Ni18，钢棒由挂钩 3 与上部吊顶横梁 4 连接在一起而形成吊顶。吊顶砖在高温段可用高温莫来石质轻质高铝砖，它可设计为曲封形[图 3.7(a)]，以增加窑顶的气密性。但由于异型砖在成形时存在的应力，高温下长期使用容易在曲封处断裂，因此现在也有设计成直缝形的[图 3.7(b)]，此时须注意砌筑吊顶所用灰浆的质量与饱满度，以保证其密封性。吊顶砖上层由陶瓷棉毯或矿渣棉覆盖。这种吊顶结构简单、高温下耐火保温性能好，不仅意大利 WELKO 公司、POPI 公司等的引进窑采用，我国自建的辊道窑吊顶也多采用此种结构形式。

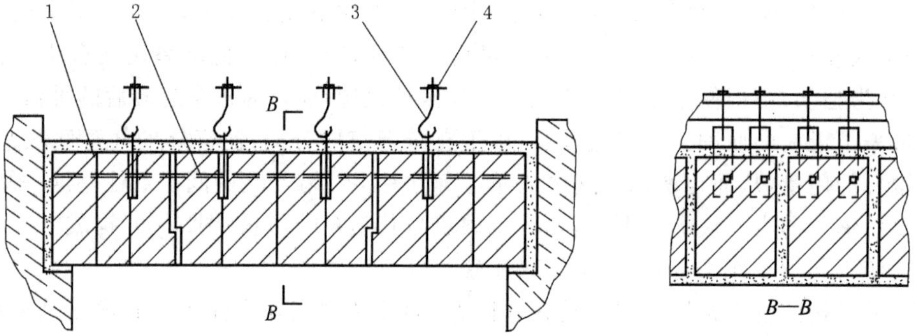

图 3.6　耐热钢穿吊轻型吊顶砖的结构

1—吊顶砖；2—耐热钢棒；3—挂钩；4—吊顶横梁

(2)T 型吊顶砖加薄盖板砖结构之一，如图 3.8 所示。意大利 SITI 公司双层辊道窑就是用这种窑顶结构，它的 T 型吊顶砖由两块砖组成，其结构如图 3.9 所示，空心部分填塞陶瓷棉，盖板上面铺设 50～100mm 多晶氧化铝纤维，上面再铺设 100～150mm 纯硅酸铝纤维。由唐山建筑陶瓷厂引进的意大利 POPPI 公司 TA23 型辊道窑预热带也采用了这种窑顶结构，但其结构与上面所述的有所不同。如图 3.10 所示，由两根金属横梁将 T 型支板砖 2 夹在其中，上部用金属棒穿吊，两个 T 型支架上再安装平薄板 3，上面铺一层陶瓷棉和矿渣棉 7 即可。T 型支板砖 2 与平薄板 3 所用的材料属于堇青石质类型，为减轻重量，它们均较薄，此类吊顶结构多用于窑内温度较低的预热带。

(3)轻型耐火砖夹耐热钢板用高温黏结剂黏合构成组合吊顶砖的结构形式，如图 3.11 所示。我国引进的德国 HEIMSOTH 公司辊道窑的吊顶砖就是用 4 块直形标准砖组合而成(图 3.12)，建筑时只要用吊钩将其钩挂在安装于窑顶钢架结构的横梁（圆钢）上，砌筑安装极其方便。近年来，我国自行设计的辊道窑也大多采用这种吊顶结构，国内辊道窑也有用两块异型砖夹耐热钢板组合成吊顶砖，其吊顶砖与吊顶耐热钢板如图 3.13 所示。吊顶在高温下工作，为保证其高温强度、延长吊顶寿命，必须选择合适的吊顶用金属材料。

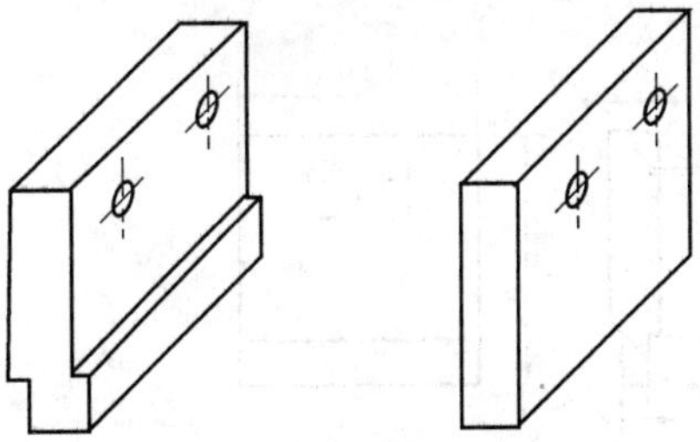

(a)　　　　　　(b)

图 3.7　吊顶砖

(a)曲封形;(b)直缝形

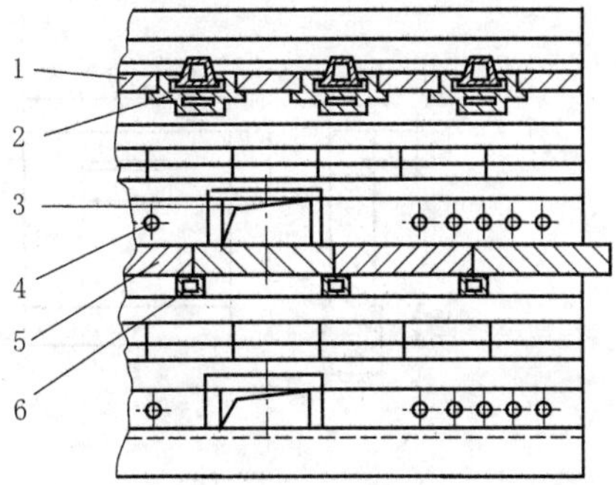

图 3.8　T 型吊顶砖加薄盖板砖结构之一

1—吊顶盖板砖;2—T 型吊顶砖;3—事故处理孔;4—烧嘴孔;5—中间隔板;6—空心横梁

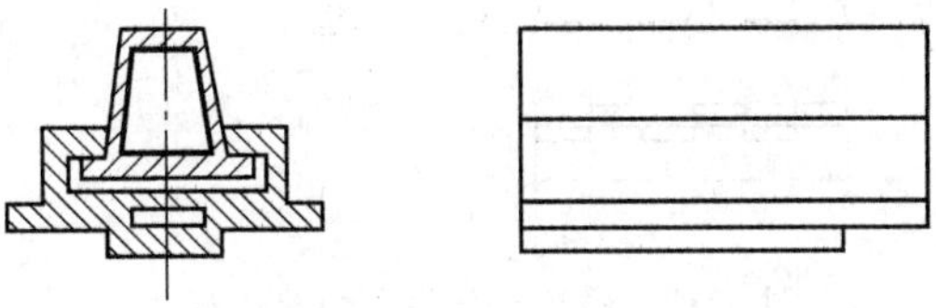

图 3.9　T 型吊顶砖结构

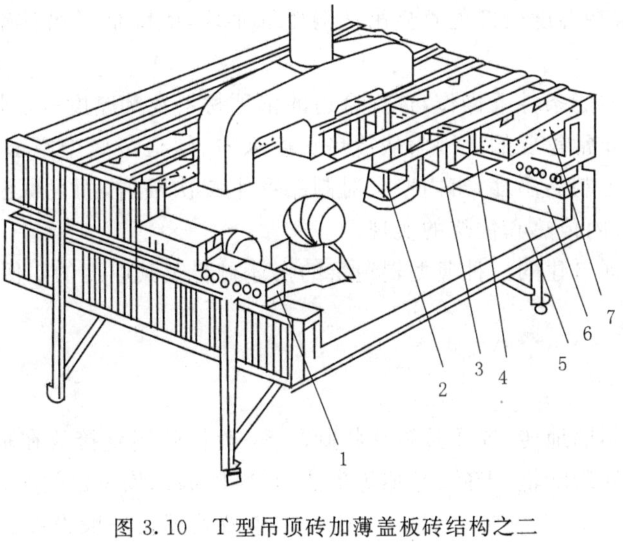

图 3.10　T 型吊顶砖加薄盖板砖结构之二

1—孔砖;2—T 型支板砖;3、4—平薄板;5—窑底;6—窑墙;7—矿渣棉

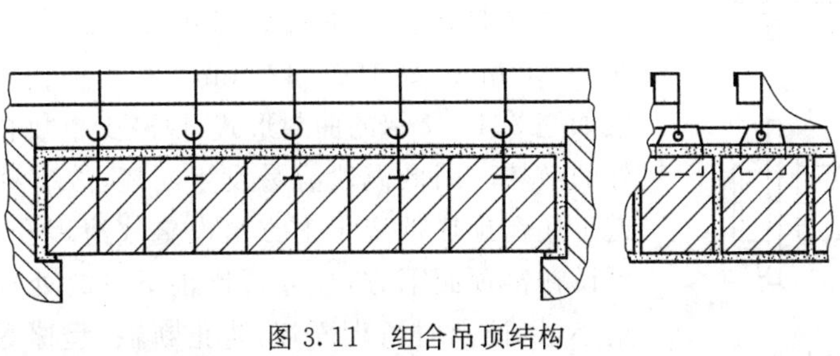

图 3.11　组合吊顶结构

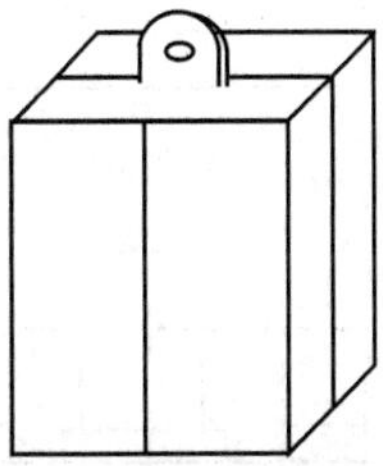

图 3.12　组合吊顶砖

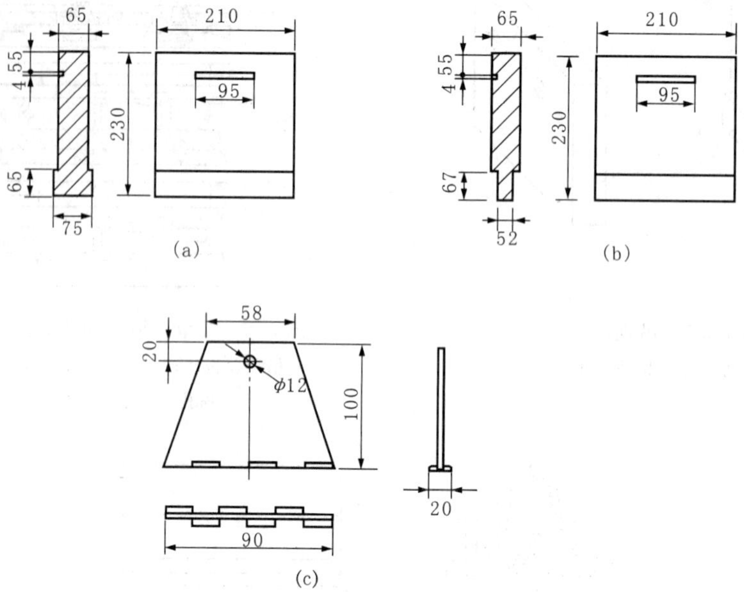

图 3.13　吊顶砖与吊顶耐热钢板

(a)吊顶砖(Ⅰ);(b)吊顶砖(Ⅱ);(c)吊顶耐热钢板

此外,有的辊道窑在温度较低处直接吊挂陶瓷纤维块,既降低了吊挂钢材的压力,又方便了窑炉砌筑。

由于窑顶在较恶劣的条件下操作,选择合适的窑顶材料及其厚度以加强窑顶保温,不管对哪种形式的窑顶都是非常重要的。因为从传热角度来看:辊道窑属中空窑,只要窑体保温好,一般窑内壁温度要高于制品温度,窑内壁会对制品产生二次辐射,而且保温性能越好,这种辐射也越强,这有利于窑内传热和快烧的实现。

表 3.2 列举了我国自建的三种典型辊道窑的窑体材料及其厚度的实例。

3.3.4　其他结构

(1)事故处理孔

辊道窑多用来烧制墙地砖、瓷质砖等片状制品,一般将砖坯直接放在辊子上,常会发生断砖(坯)现象。为便于处理断辊、卡砖、起摞等事故,在窑侧墙每隔一定间距须设置事故处理孔。

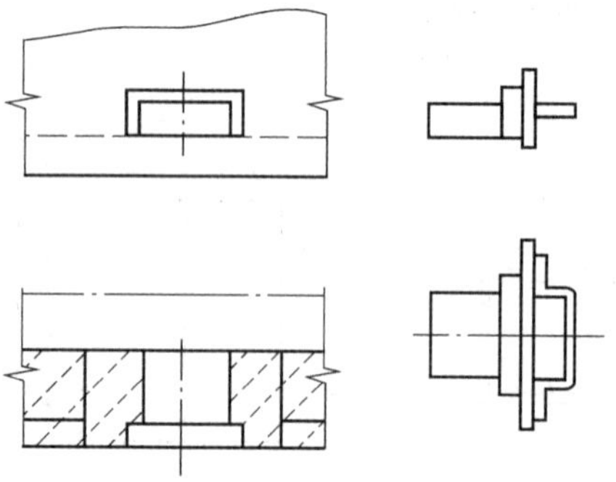

图 3.14　事故处理孔及其塞孔砖

事故处理孔一般设在辊下,且事故处理孔的下孔面应与窑底面平齐,以便于清除落在窑底上的砖坯碎片。事故处理孔尺寸通常为宽 300～450mm、高 120～135mm。孔与塞孔砖做成如图 3.14 所示的曲封形式,以减少事故孔向外的散热。因低温段容易发生断坯,故有些辊道窑还在预热带辊子上方增设事故清理孔,它可设在窑顶面下方,尺寸可比辊下事故处理孔稍小,以便及时清理断坯,防止断辊、起摞等事故的发生。

表 3.2 国内自建三种典型辊道窑的窑体材料及其厚度(mm)

厂家	窑型	预热带			烧成带(含急冷段)			冷却带		
		窑墙	窑顶	窑底	窑墙	窑顶	窑底	窑墙	窑顶	窑底
四川威远瓷厂	煤烧隔焰	黏土耐火砖 115 硅酸铝纤维 70 (火道墙则用硅藻土砖代 180) 红砖 120	黏土耐火砖大盖板 80 硅藻土砖 272	黏土耐火砖 136 轻质黏土砖 204 红砖 120	黏土耐火砖 115 (火道墙加轻质黏土砖 115) 硅酸铝纤维 80 (火道墙为 70) 轻质高铝砖 115	黏土耐火砖大盖板 80 轻质高铝砖 136 硅酸铝纤维 50 硅藻土砖 272	黏土耐火砖 204 轻质黏土砖 340 红砖 240	轻质高铝砖 240	黏土耐火砖大盖板 80 硅藻土砖 340	黏土耐火砖 136 红砖 120
景德镇陶瓷厂	油烧半隔焰	黏土耐火砖 230 (火道墙为 115，另加轻质黏土砖 115) 硅酸铝纤维 70 (火道墙为 130) 外贴钢板 2	轻质黏土砖 270 硅酸铝纤维 250	轻质高铝砖 67 轻质黏土砖 134 硅藻土砖 67	轻质高铝砖 180 (火道墙为高铝砖 115，另加轻质黏土砖 115) 硅酸铝纤维 120 外贴钢板 2	轻质高铝砖 270 硅酸铝纤维 250	高铝砖 67 轻质高铝砖 67 黏土耐火砖 134 硅藻土砖 67	轻质高铝砖 180 硅酸铝纤维 120	轻质高铝砖 270 硅酸铝纤维 200	轻质黏土砖 67 硅藻土砖 134
广东南海瓷厂	气烧明焰	0.8 高铝聚轻球 115 0.8 轻质黏土砖 115 硅酸铝纤维毡 120 外贴钢板 3	0.8 高铝聚轻球 230 硅酸铝纤维毯 20 珍珠岩 30	0.8 高铝聚轻球 67 0.8 轻质黏土砖 268	1.2 莫来石轻质高铝砖 115 0.8 高铝聚轻球 115 高铝纤维毡 20 硅酸铝纤维板 150 外贴钢板 3	1.2 莫来石轻质高铝砖 230 高铝纤维毡 20 硅酸铝纤维毡 50	0.8 高铝聚轻球 134 0.8 轻质黏土砖 204	缓冷区窑体材料同预热带；快冷区窑体用耐热钢板制成盒体，内填充 120 厚硅酸铝纤维		

为加强窑体密封，应尽量少设置事故处理孔，而为了便于处理事故又希望多设置，要想很好地解决这一矛盾，必须合理布置事故处理孔。两侧墙事故处理孔一般均采取交错布置的形式，如图3.15所示。为了能清除窑内任何位置上的事故而不造成“死角”，两相邻事故处理孔间距不应大于事故处理孔对角线延长线与对侧内壁交点连线。

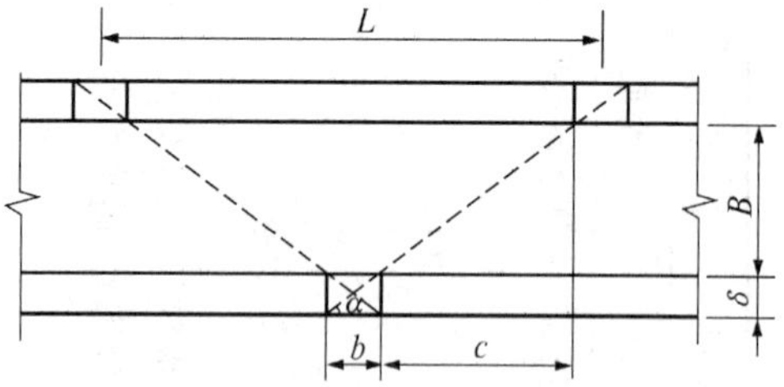

图 3.15　事故处理孔的布置

由图3.15可知：

$$\cot\alpha=\frac{b}{\delta}=\frac{c}{B}$$

所以

$$c=B\cdot\cot\alpha=B\frac{b}{\delta}$$

则有

$$L=2(b+c)=2b\left(1+\frac{B}{\delta}\right)$$

因此，两事故处理孔中心间距 L 应小于或等于 $2b\left(1+\frac{B}{\delta}\right)$。现代建筑瓷砖辊道窑都是采用钢框架预装结构，通常为每两节一对，对面窑墙错开布置。

(2)通道的挡墙与闸板

由于辊道窑属中空窑，工作通道空间大，气流阻力小，难以调节窑内压力制度及温度制度。因此，通常在辊道窑工作通道的某些部位，如辊下砌筑挡墙、辊上插入挡板，缩小该处工作通道面积，以增加气流阻力，便于压力制度与温度制度的调节。

辊下挡墙只要用标准直形砖横砌在窑底横断面上即可，其高度以4～6层砖为宜；辊上挡板可用耐热钢板或硬质高温陶瓷纤维板制成，砌筑窑体时窑顶设上挡板处应留有插挡板的狭缝，两边窑墙也相应地留有凹槽，以便上挡板的插入与上下移动调节(图3.16)。

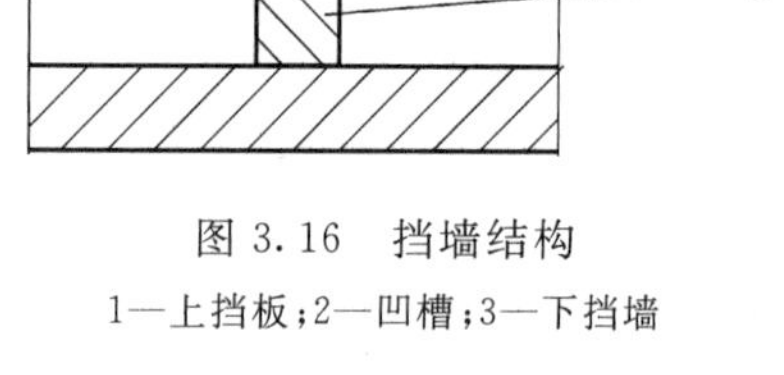

图 3.16　挡墙结构

1—上挡板；2—凹槽；3—下挡墙

挡墙结构在辊道窑中是十分重要的，但在何处设置、设置多少应根据辊道窑的窑体结构、窑内气流工作系统的布置及其窑内温度控制区的安排等具体情况而定。通常为防止预热带、冷却带的冷气流进入高温区，在烧成带工作通道两端必须设有挡墙结构。烧成带与冷却带交界处的上下挡墙起分隔两带的作用，既避免了烧成带烟气倒流，又避免了压力波动时急冷风蹿向烧成带而降低高温区温度；预热带与烧成带交界处的上下挡墙可以增加烟气在高温区的滞留时间，提高烟气热利用率。对明焰辊道窑而言，许多引进窑都将燃烧带每3～4节作为一个温度自动调节区，在每组调节区前后均设挡墙(板)，使窑内各区隔成不同的温度区，便于控制和调节窑内温度，上挡板还能将火焰“压向”砖面，有利于制品加热。在冷却带急冷鼓风两端及抽热风段两端也可设置类似挡墙(或仅设下挡墙)，对调节窑内压力制度可起到良好的作用。由于设置上挡板需在窑顶留有一定间隙，为避免增加窑顶不严密处，上挡板不宜设置太多，下挡墙可比上挡板多设置一些。

由于靠近窑墙两边的气体受沿程摩擦力的影响，流速总比中间的气流速度小，特别是预热带，靠近窑墙两边的气流属明显的层流状态，水平气流速度差异自然造成温度差异；另外，由于窑墙的散热也会使窑墙两边的气流温度比中间偏低；加上燃烧带烧嘴上下设置的差异，容易造成窑内水平方向的温差，从而影响了产品水平方向的均匀受热。因此，设计好挡墙与闸板的高度及形状，以利用窑道闸板和挡墙的空隙来调整气流的上下运动分布，对消除窑内水平温差能取得较好效果，这对宽体窑更显重要。为此，在砌筑窑底部的挡墙时可设置为锯齿开式或八字式，如图 3.17 所示。

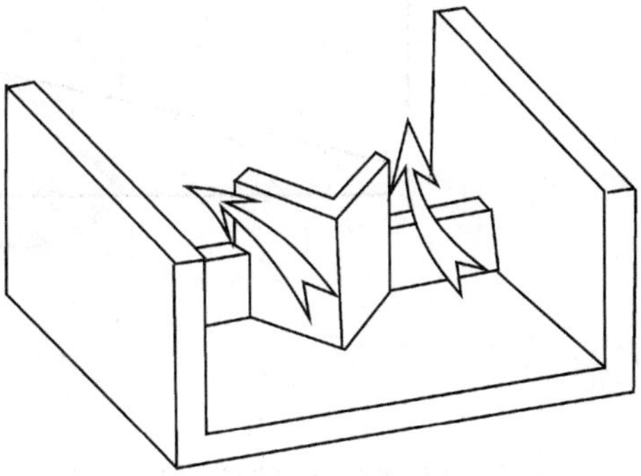

图 3.17　八字式挡墙

也可将闸板设计成在水平方向上可调节的多块组合结构(图 3.18)。当窑墙两边的通道间隙留大些，而将中间通道间隙取小些时，会提高窑墙两边的气体流量，减少中部气体流量，达到加强窑墙两边对制品传热的效果，如图 3.18(a)所示，在宽体窑预热带采用此种形式可减少窑内水平温差。当烧嘴高温区域通道减小，而其他部位截面通道加大时，可以减少烧嘴高温燃烧位置的水平纵向气流速度，减少此位置的产品局部受热较多的情况，使水平方向的产品受热均衡，如图 3.18(b)所示。

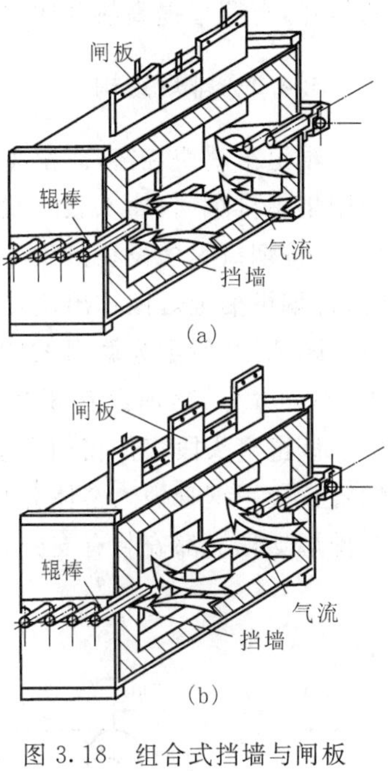

图 3.18　组合式挡墙与闸板

(3)膨胀缝

窑体受热会膨胀，产生很大的热应力，为避免砌体开裂、挤坏，必须重视窑体膨胀缝的留设，不仅窑墙、窑顶等砌体要留设，而且必须注意孔砖间膨胀缝的留设。辊道窑窑体薄，有的为单层砖砌体，故膨胀缝间距较传统隧道窑短且缝宽也较小，一般每隔 2m 左右留设 10～20mm 膨胀缝，内填陶瓷棉或石棉。现代辊道窑多为装配式骨架，一般以 2m 为一节，为保证节间的气密性，窑体膨胀缝应在每节的中部留设。当砌体为多层砖时，各层砖的膨胀缝应注意错缝留设。

(4)测温孔与观察孔

为严密监视及控制窑内温度制度，及时调节烧嘴开度，一般在窑道顶及火道侧墙留设若干处测温孔，以安装热电偶。

测温孔间距一般为 3～5m，高温段布密些，低温段布稀些，在烧成曲线的关键点，如氧化末段、晶型转变点、釉始熔点、成瓷段、急冷结束等部位都应设测温孔。

现代明焰辊道窑为更好地控制窑内温度制度，除窑顶设测温孔外，在辊下侧墙处也设有测温孔，以监视窑内辊上下温差情况。一般高温成瓷区每节设一对，辊上设在窑顶，辊下设在窑侧墙；两侧墙的测温孔应交错布置，以便反映窑断面水平方向的温度分布。除高温区外，一般是按烧嘴控制区 2～3 节设置一对测温孔。

为观察烧嘴燃烧状况，一般都在烧嘴对侧窑墙上设置观察孔，辊上的观察孔设置为斜扩观察孔(图 3.19)，既可观察对面烧嘴的火焰状态，又可观察窑内砖坯的运转情况。

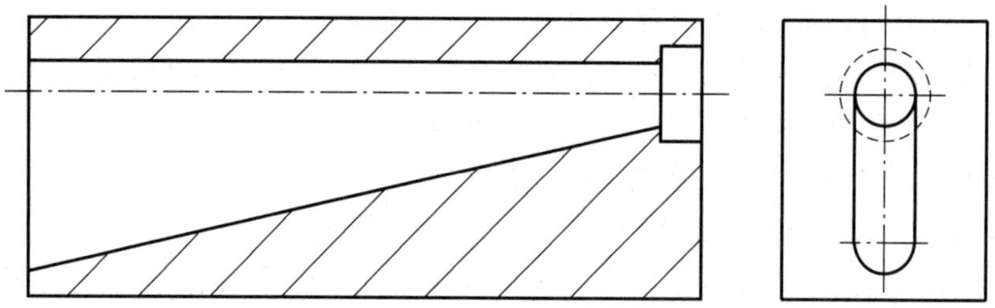

图 3.19　辊上观火孔砖

3.4　预热带结构分析

辊道窑属中空窑，其预热带负压较小；辊道窑多为明焰裸烧，且为辊上下双面加热制品，有利于快烧的实现。因此，设计辊道窑预热带结构时也要为快烧创造条件，即尽可能有利于窑内的传热，有利于提高热利用率。

3.4.1　排烟结构

辊道窑属快烧窑，离窑废烟气温度较高，一般达 250～300℃。为提高热利用率，辊道窑皆采用集中排烟（仅窑头设一处排烟）或准集中排烟（即靠近窑头设置少量排烟口，一般为 2～4 处）。排烟口大多设在窑顶与窑底，烟气自烧成带向预热带流动，至窑头排烟口抽出，经排烟总管、排烟机抽至烟囱排出室外。排烟口可制成圆形，也可制成矩形。

图 3.20 所示为德国 HEIMSOTH 公司 80m 柴油明焰辊道窑排烟段窑体结构图。在距窑头 740mm 处，窑顶设有 3 个 ϕ350mm 的圆形排烟口，窑底设有 2 个 ϕ500mm 的圆形排烟口。由于该窑窑头段窑体仅用 2 层各 50mm 厚的硬质陶瓷纤维板固定在外壳钢板上而构成，故排烟管直接用钢管插入窑体并与外壳钢板焊接而成。烟气自上、下排烟口进入排烟支管，窑顶每个排烟支管上都安装有支闸，用以调节各支管排烟量；窑底由于操作不便，仅在窑底汇总支管

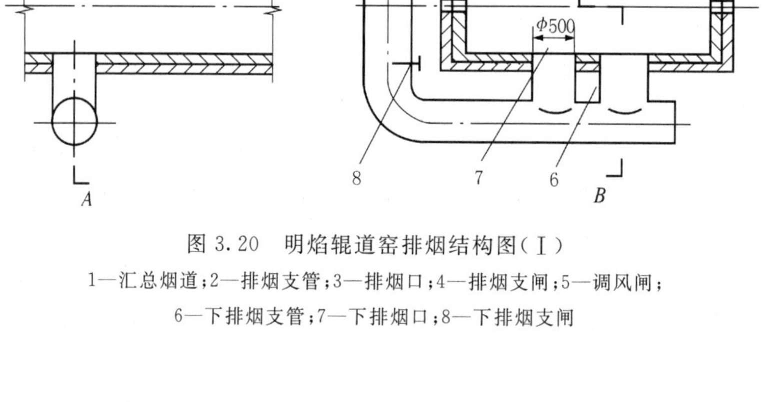

图 3.20　明焰辊道窑排烟结构图（Ⅰ）

1—汇总烟道；2—排烟支管；3—排烟口；4—排烟支闸；5—调风闸；6—下排烟支管；7—下排烟口；8—下排烟支闸

下设有一调节闸板，窑底汇总支烟管从窑一侧向上进入窑顶的总烟气管道，由于辊道窑要考虑到更换辊子的方便，不应将窑底支烟气管道在窑两侧同时向上引入汇总烟道，设在一侧也不能设在更换辊子时辊子抽出的一侧，而应设在辊子传动的主动端一侧。图中调风闸5的作用是当离窑烟气温度过高时，打开它可从其端口放入车间冷空气与热烟气掺和，使进入排烟风机的烟气温度降低，以免烧坏排烟机。

国内自建的明焰辊道窑，很多在窑顶、窑底设置矩形排烟口，排烟口宽与窑内宽相同，长一般为150mm，实际上是砌筑时，窑顶、窑底同时留出150mm宽缝作为排烟口，排烟口由集烟罩与窑体钢架结构相连，如图3.21所示。国内这种窑大多设置3处排烟口，如某厂80m油烧明焰辊道窑在窑头处设1对，在离窑头约6m、8m处再各设1对。总烟气管道4设在窑顶，与排烟机连接。底部排烟口一般用方形的支烟管道接向窑顶的总排烟管，为防止破碎砖坯落入下排烟口而堵塞下部排烟口，在下排烟口上可搁置钢丝网，用以遮挡下落的砖坯。为更有效地防止碎砖坯落入，有的辊道窑将其改进为图3.22所示形式，在窑底排烟口上用扁钢做成支柱2来支撑上面用钢板制成的挡板3，这样烟气既可从挡板与窑底的两边空隙进入排烟口，又有效地阻挡了上部落下的砖坯。国内近些年设计建造的辊道窑一般都比较长，排烟段也自然增长。为了砌筑与调节的方便，很多自建辊道窑将排烟口设在辊上侧墙上，由排烟管道直接从窑内将烟气抽出。

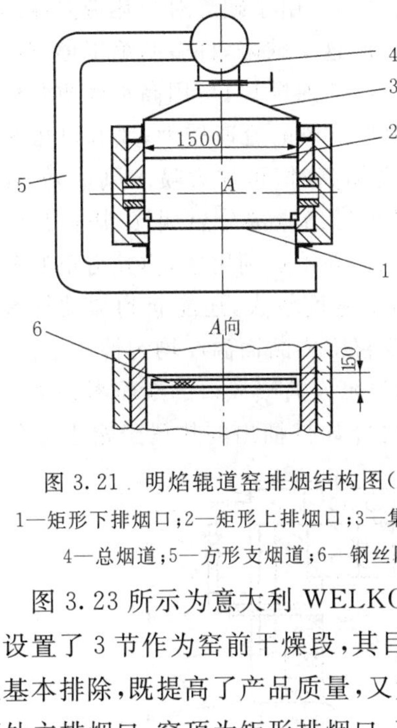

图3.21 明焰辊道窑排烟结构图(Ⅱ)

1—矩形下排烟口；2—矩形上排烟口；3—集烟罩；
4—总烟道；5—方形支烟道；6—钢丝网

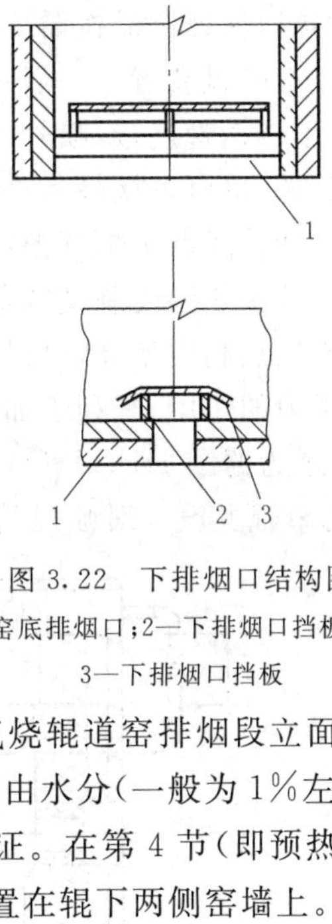

图3.22 下排烟口结构图

1—窑底排烟口；2—下排烟口挡板支柱；
3—下排烟口挡板

图3.23所示为意大利WELKO公司FRW2000型气烧辊道窑排烟段立面图。该窑在窑头设置了3节作为窑前干燥段，其目的是使坯体内残余自由水分(一般为1%左右)在200℃前能基本排除，既提高了产品质量，又为快速烧成提供了保证。在第4节(即预热带首端)，设有两处主排烟口，窑顶为矩形排烟口，下面的排烟口则是设置在辊下两侧窑墙上。烟气从这里排出时温度较高(约400℃)，由主排烟机6抽出经换热器4与空气热交换后，一部分打入窑前干燥带末端的进风管道2，该处窑顶、窑底各有一全窑宽的热风进口，热烟气从该热风进口进入窑前干燥带加热入窑的坯体；另一部分直接经排烟管3排入铁皮烟囱。窑前干燥带首节设有上、下排烟口，由副排烟机8抽出，通过管道7进入烟囱。这种结构降低了排烟温度，提高了热利用率；同时也避免了窑头温度过高而造成产品缺陷。这种设置窑头段的辊道窑，结构过于复杂，国内近些年自行设计建造的辊道窑基本没有采用这种结构了。

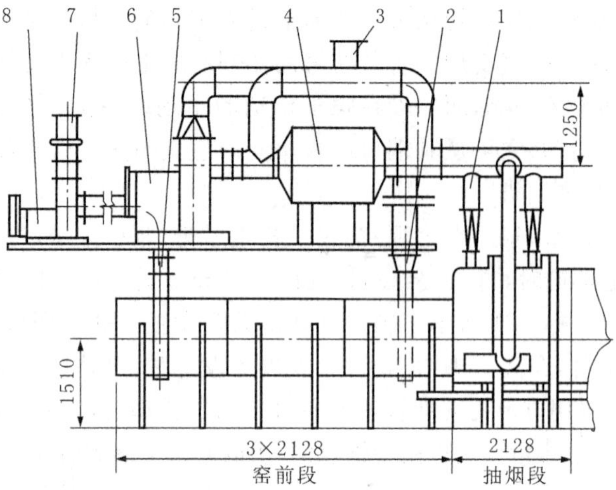

图 3.23　FRW2000 型气烧辊道窑排烟段立面图

1—主排烟管；2—进风管道；3—排烟管；4—换热器；5—副排烟管；6—主排烟机；7—管道；8—副排烟机

3.4.2　辊上喷风装置

辊道窑采用集中排烟方式，无疑大大提高了热利用率。但是，由于缺乏对预热带温度的调节手段，有时就难以保证制品按需要的烧成曲线升温。为克服这一缺陷，许多明焰辊道窑都在预热带辊上设置有喷风装置。一般在排烟段后每节辊上设 3～4 对喷风口，用高铝瓷质管作喷风管，并与窑外不锈钢管连接，喷管内径不大于 50mm，可使喷出风的流速较大，风源可用来自冷却带抽出的热风，也可直接鼓入外界自然风。当窑头温度偏高时，可加大喷入风量，低温空气与高温烟气掺和就降低了烟气温度。它与分散排烟靠过早排出一部分热烟气、牺牲其中可利用的热能来调节预热温度制度的负调节方式相比，明显地提高了热利用率，称其为正调节方式。这种结构不仅热利用率高，可以调节窑温，而且由于喷出速度较大，还能起到搅动气流和增大上部气流阻力的作用，有利于加强预热带对流传热与改善窑内断面温度均匀性。

图 3.24 所示为德国 HEIMSOTH 公司 80m 辊道窑预热带设有喷风口的断面图。该窑第 3～9 节窑体，每节辊上设 3 对喷风管，两对侧为错排。来自冷却带抽出的热风经窑上空气方

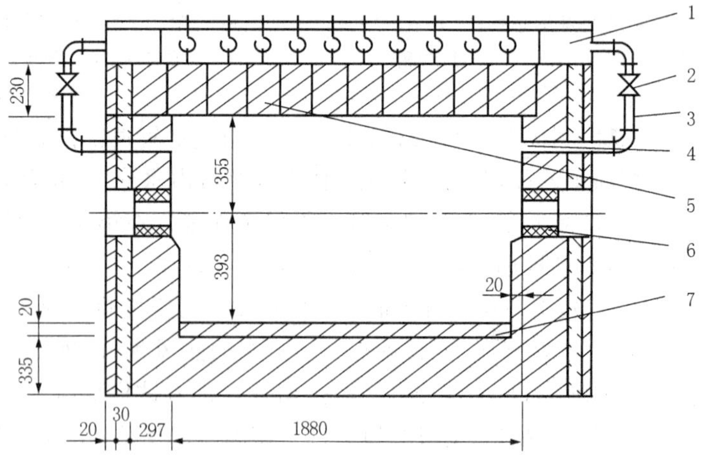

图 3.24　明焰辊道窑预热带喷风口断面图

1—空气方管；2—球阀；3—喷风管；4—喷风口；5—吊顶；6—孔砖；7—底板

管 1 进入喷风管 3，并由喷风口 4 喷入窑内，其喷风量大小可由球阀 2 调节。

对建筑瓷砖辊道窑一般不设置窑头封闭气幕，而采用封闭窑头的方式，即在窑头钢板上仅留出一条窄缝进砖坯，但也有少数设置窑头封闭气幕的，如意大利波比(POPI)公司 TA23 型辊道窑，在第 2 节上设有排烟风机，该风机将窑内的烟气从窑顶部和底部抽出，一部分烟气送入第 1 节窑内作为窑头封闭气幕，并提高窑头温度；另一部分排空或抽作余热利用。对高窑道的辊道窑(如烧卫生瓷的辊道窑)，则一定要设置窑头封闭气幕。在建筑陶瓷工业领域，辊道窑上均不设置气氛气幕，主要是因为全窑是氧化气氛，不存在气氛转化。

3.4.3 辊下加热装置

为调节预热带升温制度，除上述采用调温喷风嘴的方式外，还可在辊下设烧嘴。主要有两种设置形式，一种是在预热带后段辊上设置喷风管，辊下设置调温烧嘴。如前述德国 HEIMSOTH 公司 80m 油烧辊道窑，在第 6～9 节每节辊上除设置了 3 支喷风管外，每节在辊下还设有 3 支烧嘴，上下对侧均错排。这样，在预热带后段就能灵活地调节窑道内的温度制度，使之适应所要焙烧的各种产品的烧成工艺要求。国内自建的明焰辊道窑，不少采用了该窑预热带的结构形式。另一种就是除窑头几节排烟段外的其余预热带区域全部装有烧嘴，例如意大利 WELKO 公司 FRW2000 型辊道窑，除 3 节窑前干燥带与第 4 节作排烟段外，其余每节窑体分别在两侧墙各设置 4 个烧嘴，上下方及对侧均为错排，在同一断面上，一侧辊上设有烧嘴，另一侧则在辊下设有烧嘴，在断面上形成气体循环，有利于断面温度均匀。当然，预热带的烧嘴在使用上与烧成带有所不同，许多厂家在实际使用时往往未启用预热带前端的烧嘴或仅开风管(尤其是上部烧嘴)，实际上也起到了喷风降温的作用。

3.5 烧成带结构分析

明焰辊道窑一般多采用小流量多烧嘴系统，辊道上下方及对侧均交错布置烧嘴，这样便于窑温度制度的调节，还有利于窑内热气流的强烈扰动与循环，改善了窑内断面温度的均匀性。

3.5.1 烧嘴的布置

辊道窑烧嘴布置一般较密，同侧两烧嘴间距为 1～2m，由于几何压头的作用，热气体有自然上升趋势，故一般下部烧嘴安排得比上部较多。有的辊道窑安装时即使上下一样多，在实际使用时一般下部点燃的也多于上部。

烧嘴的布置方式从一侧外观来看主要有品字形和平行四边形两种，这里以几座典型的明焰辊道窑为例，具体讲述烧嘴的布置情况。

前述引进的德国 HEIMSOTH 公司的 80m 烧轻柴油明焰辊道窑，自第 10～21 节每节布置有 3 对烧嘴：一侧辊上 1 支、辊下 2 支，另一侧则辊上 2 支、辊下 1 支，下一节则两侧对调布置，如图 3.25 所示(图中只给出了烧成带相邻两节的外形图)。从图中可以看出，烧嘴排列成等距斜平行线，十字线为本侧可见的观察孔，正好是对侧窑墙上安装有烧嘴，两侧烧嘴连线正好均匀地交错，属平行四边形。这种烧嘴布置的特点是：上下、对侧均交错布置，但同一窑横断面上只有一个烧嘴。因而沿窑长方向上火焰间的间距很小(仅 366mm)，其优点是有利于窑长方向上的温度调节。目前国内通过消化吸收自行设计建造的油烧明焰辊道窑大都采用这种烧嘴的布置方式。

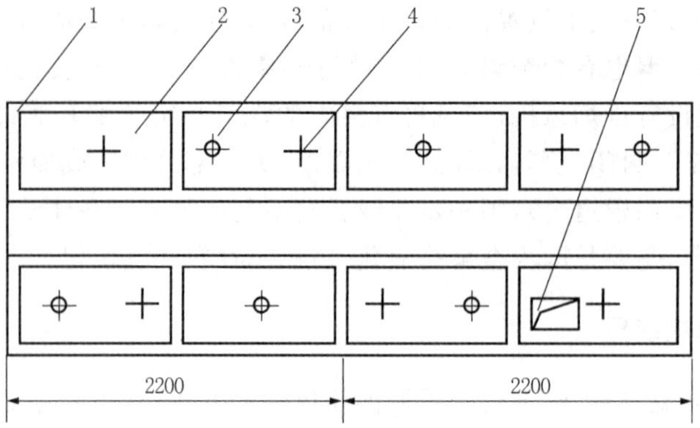

图 3.25　明焰辊道窑烧嘴布置示意图

1—方钢框架；2—外侧钢板；3—可见侧烧嘴；4—观察孔（对侧为烧嘴）；5—事故处理孔

品字形布置烧嘴的方式如国内引进的意大利 WELKO 公司 FRW2000 型气烧辊道窑，在燃烧带每节上下交错设置 2 对烧嘴，其特点是在同一窑横断面上有 2 个烧嘴，即一侧设在辊上，另一侧设在辊下；上下、对侧均交错布置，在同一侧外观看烧嘴呈正品字形排布（可参看图 3.27）。又如唐山建筑陶瓷厂引进的意大利 POPI 公司 TA23 型 68.8m 气烧辊道窑在预热带辊下有 4 对烧嘴，分布在第 7、8、9、11 节各节的辊子下部；在第 13～24 节的烧成带，每节辊下布置有 1 对烧嘴、每 2 节辊上布置有 1 对烧嘴，共设置 18 对烧嘴，其特点是同侧窑墙烧嘴呈品字形排布，如图 3.26 所示。

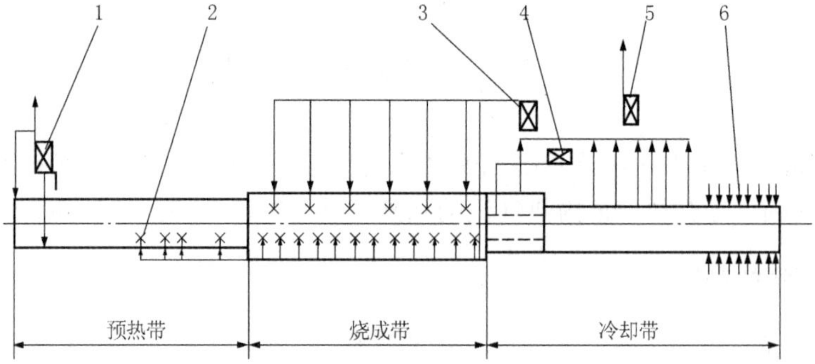

图 3.26　TA23 型辊道窑工作系统示意图

1—排烟风机；2—烧嘴；3—助燃风机；4—急冷风机；5—抽热风机；6—轴流风机

3.5.2　管路布置

辊道窑上助燃空气、燃气（油）管道设计应符合便于操作、安全、阻力损失小、便于施工制作和经济合算的原则。每条管路系统都要能单独调节控制。管路布置时应注意尽量使管线要短、流向要顺、每个烧嘴前压力要尽可能相等。为了防止煤气从管道内漏出，在煤气管道的接合处，除必须用法兰连接的地方外（如阀门、烧嘴等管件连接处），应尽可能采用焊接。这一管路布置原则，不仅适用于辊道窑，对隧道窑、梭式窑等也应如此。

气烧辊道窑的煤气总管一般安装在窑顶上方。图 3.27 所示为意大利 WELKO 公司 FRW2000 型辊道窑烧成带燃烧系统管道布置示意图。煤气由煤气总管 1 经煤气直支管 4 流向烧嘴，助燃空气由空气总管 2 经空气直支管 3 流入作钢架结构的空心方管 5 后，再由软管通向烧嘴 6。这里由钢架空心方管兼作空气支管，既节省了材料，又避免了布置过多的空气支管，使外形整洁美观。

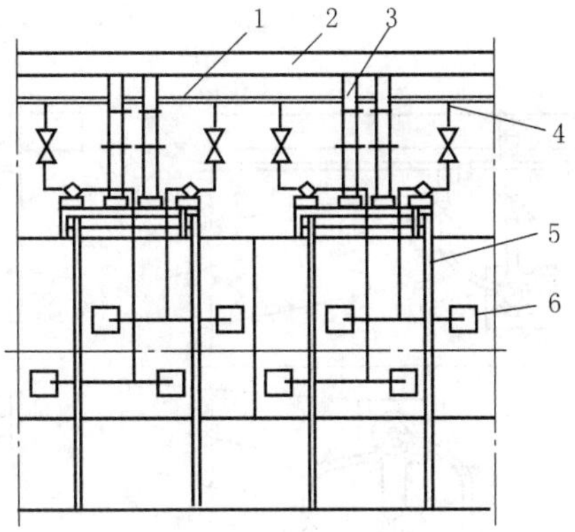

图 3.27 FRW2000 型辊道窑烧成带燃烧系统管路布置图

1—煤气总管；2—空气总管；3—空气直支管；4—煤气直支管；5—钢架空心方管兼作空气支管；6—烧嘴

油烧明焰辊道窑的供油总管一般安装在窑侧地面上。图 3.28 所示为德国 HEIMSOTH 公司 80m 轻柴油明焰辊道窑烧成带燃烧系统管道示意图。输油总管 1 为 $\phi 56 \times 3$(mm)的无缝钢管，安置于窑侧地面上；辊上下每 3 只烧嘴共用一个支管系统。轻柴油由输油总管 1 经球阀 12 与过滤器 11 流经油支管 13 后由油路软管 2 进入烧嘴 3。为给对侧窑体烧嘴供油，窑体上下有横贯窑体的油路横支管 7 将轻柴油分别供给对侧窑墙辊上下烧嘴的油支管。油支管一般采用公称直径为 10～15mm 的镀锌无缝钢管。助燃风总管 5 是采用置入窑体四角的方管(图中虚线部分，可参看图 3.28)，助燃风直接由总管 5 经支管 4 与球阀进入烧嘴。由于柴油燃烧时还需雾化，故窑上方设有雾化风总管 6，它为 $\phi 100 \times 4$(mm)的无缝钢管，雾化风经支管 8 分别进入各烧嘴。

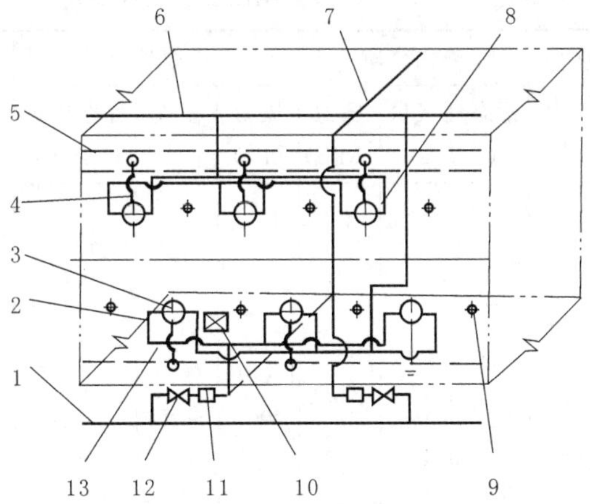

图 3.28 轻柴油明焰辊道窑烧成带燃烧系统管路布置图

1—输油总管；2—油路软管；3—烧嘴；4—助燃风支管；5—助燃风总管；6—雾化风总管；7—油路横支管；8—雾化风支管；9—观察孔；10—事故处理孔；11—过滤器；12—球阀；13—油支管

国内外不少明焰辊道窑的助燃空气总管采用方钢管，布置在窑体四角，使一侧与窑侧面平齐，并替代了部分窑侧钢板结构，既节约了钢材又使辊道窑整体结构紧凑，如图 3.29 所示。也有辊道窑在窑体内四角布置圆钢管作助燃风总管，其缺点是不利于窑体砌筑，但具有便于制作及气体流动阻力较小的优点。

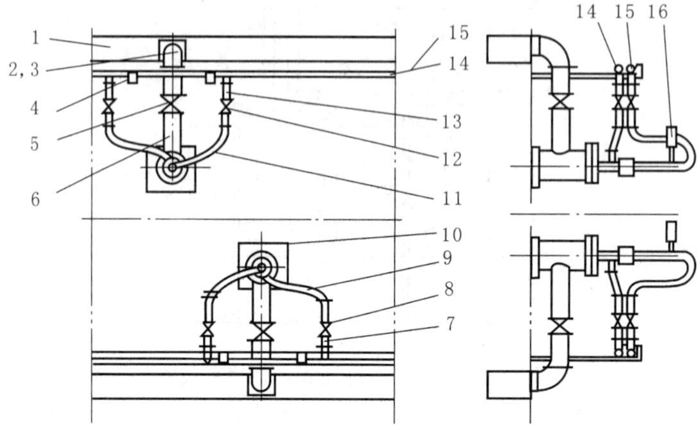

图 3.29 烧嘴及其管路系统安装图

1—方形助燃风总管；2—助燃风支管；3—弯头；4—分管托架；5—球阀；6、11—软管；7—雾化风直支管；8—雾化风球阀；9—雾化风软管；10—烧嘴；12—油支管球阀；13—垂直油支管；14—雾化风分管；15—油分管；16—油压表

3.5.3 烧嘴的选用与安装

现代辊道窑均使用煤气、轻柴油等洁净燃料，多采用小流量的中、高速烧嘴，直接安装在窑体上与烧嘴砖连接。表 3.3 和表 3.4 分别为北京神雾公司生产的燃油和燃气的中、高速烧嘴技术参数，用户可根据实际需要选用。

表 3.3 WDH-TCA 型柴油烧嘴技术参数

型号 WDH	流量 (kg/h)	热负荷 (kJ/h)	燃油压力 (MPa)	雾化介质 标态耗气量 (m^3/kg)	雾化介质 压力 (MPa)	助燃空气 压力 (Pa)	助燃空气 温度 (℃)	助燃空气 标态风量 (m^3/h)	流量调节比	火焰长度 (mm)	火焰锥角 (°)	炉膛温度 (℃)
TCA1	1	42	>0.15	>0.5	>0.2	1500～3000	常温～350	12	1∶4	300～1200	70±	1800±
TCA2	2	84		>0.5				24				
TCA4	4	168		>0.5				48				
TCA6	6	252		>0.4				72				
TCA8	8	336		>0.4				96				
TCA10	10	420		>0.4				120				
TCA20	20	840		>0.25				240				

表 3.4 WDH-TCC 型燃气烧嘴技术参数

型号	热负荷 (kJ/h)	燃气(压力 1000Pa～0.2MPa)					助燃空气			流量调节比	火焰长度(mm)	火焰锥角(°)	炉膛温度(℃)
		标态流量(m^3/h)					压力(Pa)	温度(℃)	标态风量(m^3/h)				
WDH		发生炉煤气	混合煤气	焦炉煤气	天然气	液化气							
TCC1	42	10	5	2.5	1.2	0.5	1500～3500	常温～350	12	1∶6	200～1000	70±	1800±
TCC2	84	20	10	5	2.4	1			24				
TCC4	168	40	20	10	4.8	2			48				
TCC6	252	60	30	15	7.2	3			72				
TCC8	336	80	40	20	9.6	4			96				
TCC10	420	100	50	25	12	5			120				
TCC20	840	200	100	50	24	10			240				

图 3.29 所示为典型的明焰辊道窑烧嘴及其管路系统安装外形图。烧嘴通过安装法兰盘用螺栓连接到窑体钢架结构上(通常钢架结构上焊有带孔方钢板或圆钢板,钢板上焊有相应的螺栓),烧嘴上的油(或煤气)、助燃风、雾化风入口分别用软管与它们的支管连接。如图 3.29 所示,方形助燃风总管 1 上直接焊有助燃风支管 2,它一般为较短的公称直径为 32mm 的镀锌钢管,通过弯头 3 采用螺丝连接方式经过渡管与球阀 5 相连,再由软管 6 通向烧嘴入口;雾化风则由雾化风分管 14 雾化风经直支管 7 与球阀 8,再由雾化风软管 9 通向烧嘴的雾化风入口;轻柴油是从油分管 15 经垂直油支管 13 与油支管球阀 12 流向软管 11,进入装有油压表的烧嘴入口。雾化风分管与油分管一般可用公称直径为 10mm 的镀锌钢管,并列搁置在分管托架 4 上,托架由扁钢制成,焊接在窑体钢架上。

图 3.30 所示为烧嘴与窑体连接安装图,1 为周边用结晶纤维或高铝纤维填塞后装入的带孔方形烧嘴砖,一般由刚玉质高铝砖或莫来石质高铝砖制成。

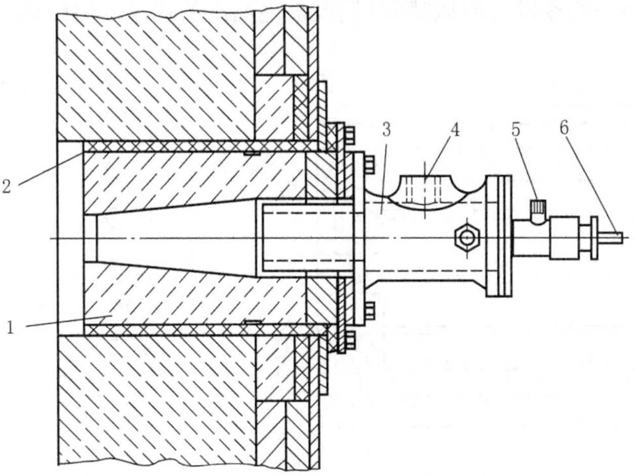

图 3.30 烧嘴与窑体连接安装图

1—烧嘴砖;2—陶瓷纤维;3—烧嘴;4—助燃风进口;5—雾化风进口;6—燃油进口

3.6 冷却带结构分析

制品在冷却带有晶体成长、转化的过程，并且冷却出窑，是整个烧成过程最后的一个环节。从热交换的角度来看，冷却带实质上是一个余热回收设备，它利用制品在冷却过程中所放出的热量来加热空气，余热风可供干燥或助燃风之用，以达到节能的目的。辊道窑的冷却带也和隧道窑一样，可分为急冷段、缓冷段和快冷段，下面分别叙述其窑体结构与通风系统。

3.6.1 急冷段结构

从烧成最高温度至800℃以前，制品中由于液相的存在而具有塑性，此时可以进行急冷，最好的办法是直接吹风冷却。建筑瓷砖辊道窑急冷段应用最广的直接风冷是在辊子上下设置横贯窑断面的冷风喷管，如图3.31所示。每根喷管上均匀地开有圆形或狭缝式出风口(图3.32)，对着制品上下均匀地喷冷风，达到急冷效果。由于急冷段温度高，横穿入窑的冷风管须用耐热钢制成，管径为ϕ(40～60)mm。一般设置在冷却带首端3～4节，每节可设4～6对，辊上下冷风喷管可排在同一断面，也可不排在同一断面，图3.31即为上下错排。

3.6.2 缓冷段结构

制品冷却到700～500℃范围时，是产生冷裂的危险区，应严格控制该段冷却降温速率。为达到缓冷目的，一般采用热风冷却制品的办法。大多数辊道窑在该段设有3～6处抽热风口，使从急冷段与窑尾快冷段过来的热风流经制品，让制品慢速均匀地冷却。

意大利WELKO公司FRW2000型辊道窑，在缓冷段3节的每节窑顶、窑底设有矩形抽热风口，砌体结构类似排烟口(参见3.4.1节)，由余热风机将窑内热风抽出，送至窑下辊道干燥器作干燥介质。意大利POPI公司TA23型辊道窑则在缓冷段第30～35节窑的顶部设置了共6个抽热风口。德国HEIMSOTH公司80m油烧明焰辊道窑在长11m的缓冷带没有设置抽热风口，而将抽热风口设置在窑尾，以此将来自急冷段的热风流经缓冷段来冷却制品；而且在该段辊上设有10根如急冷段的冷风喷管(鼓入窑尾抽出的热风)，用以调节该段的冷却制度。

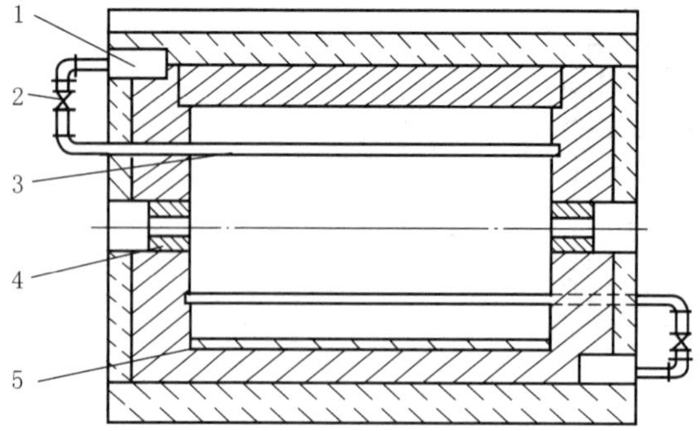

图3.31 急冷段冷风喷管断面图

1—空气方管；2—球阀；3—冷风喷管；4—孔砖；5—窑底垫板

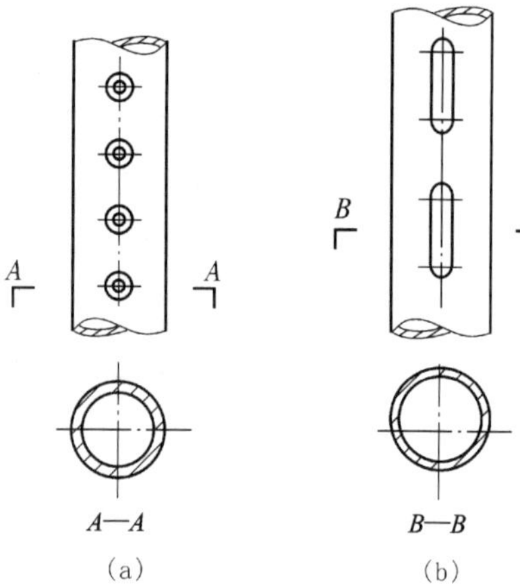

图3.32 冷风喷管喷风口

(a)圆形出风口；(b)狭缝式出风口

缓冷的另一种方式是间接冷却，间接冷却可采用间壁或换热管。意大利 SACMI 公司 105m 柴油明焰辊道窑在缓冷段(第 36～41 节)每节辊上共装 18 根换热管，换热管一端敞开作吸风口，另一端接抽热风管，通向余热风机，如图 3.33 所示。从窑顶看，这 18 根换热风管的吸风口 2 与抽热风管 4 为两侧交错相间排列，插入窑体的换热风管 1 为 ϕ30mm 的耐热无缝钢管，抽热风管由钢丝软管制成。由余热风机从换热风管的吸风口吸入冷风，经横穿窑内的管子换热后变成热风抽出，这种结构称管壁换热，也属间壁冷却的一类。换热风管便于温度制度的调节，使制品冷却均匀，但结构较为复杂。目前国内自建的辊道窑类似结构一般将换热风管改为直接用耐热钢管从窑墙进入(即窑内间壁冷却管直通窑墙外壁，吸风口直接与外界相通)，抽热风口从另一侧窑墙外通向总抽热风管，相邻两根换热管分别从两侧墙交错从窑墙进入，以保证窑长方向的换热均匀，参见图 3.34。由于未采用钢丝软管，不仅降低了造价，而且方便窑炉建造与操作调节。

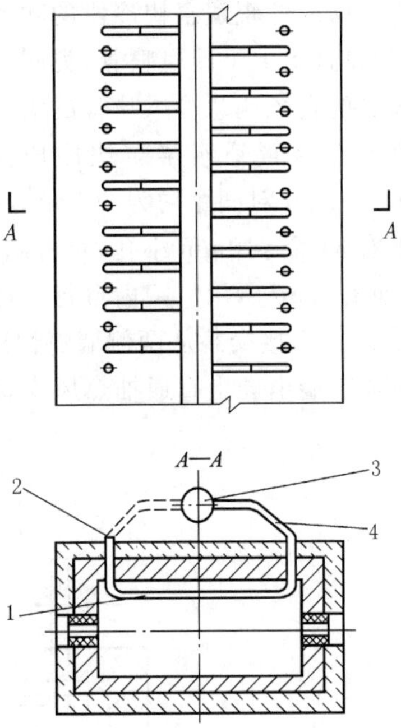

图 3.33 缓冷段换热风管

1—换热风管；2—吸风口；
3—余热风汇总管；4—抽热风管

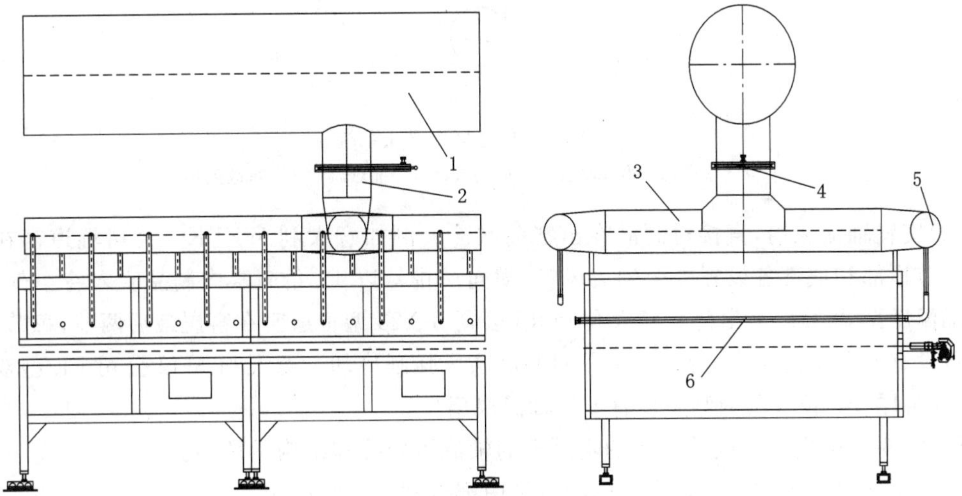

图 3.34 带间冷管换热结构示意图

1—余热主管；2—连接管；3—换热连接管；4—闸板；5—换热水平管；6—窑内换热管

3.6.3 窑尾快冷段结构

制品冷却至 500℃以后，可以进行快速冷却。但由于制品温度较低，使传热动力温差小，即使允许快冷也不容易达到。而此段冷却也很重要，若达不到快冷的目的，使出窑产品温度大于 80℃时，即使在窑内没有开裂，也会因出窑温度过高而在出窑后炸裂。故要加强该段的吹风冷却。国内外辊道窑快冷段的吹风冷却形式主要有以下两种：

(1)设置辊上下冷风喷管，类同于急冷段的横贯窑断面的急冷风喷管结构(图 3.31)，只是通常喷管的直径比急冷风喷管的大些。有的在该段还设有抽热风口，例如德国 HEIMSOTH 公司 80m 油烧辊道窑窑尾快冷段共长 11m，辊上下布有 22 对冷风喷管，前 16 对间距为 550mm，窑尾 6 对间距约为 200mm，快冷段的冷风喷管较急冷段的稍粗，直径约为 ϕ80mm，每根管上有 34 个 ϕ10mm 小孔，对着制品吹冷。此外，该窑在快冷段窑顶、窑底还设有 3 处抽热风口，如图 3.35 所示。国内自行设计建造的辊道窑为了砌筑方便，大多采用急冷风管形式(参见图 3.31)，直接交替从两侧墙将快冷风管插入(封闭端顶在对侧窑墙的浅凹槽中)，抽风端则从窑顶或窑墙出向上直通抽热风支管，再进入抽热风总管。

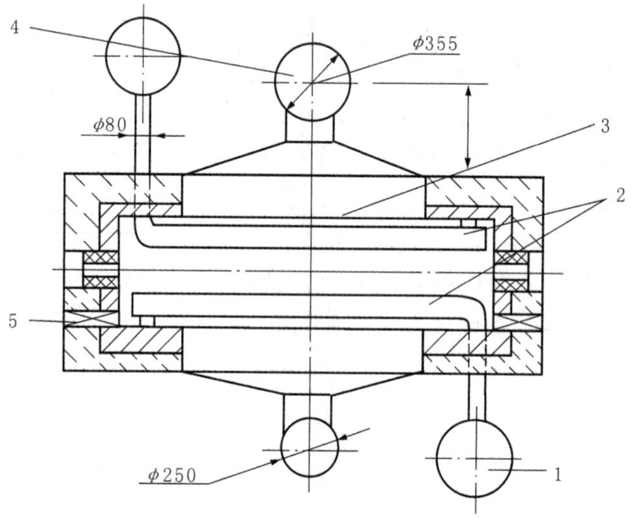

图 3.35 窑尾快冷通风系统

1—空气管道；2—冷风喷管；3—抽热风口；4—抽热风管；5—事故处理孔

(2)安置轴流风扇，直接对制品在出窑前吹冷。例如意大利 WELKO 公司辊道窑在窑尾最后一节顶部和底部各设置 3 个轴流风扇(横向一排)，以 45°角向窑内制品吹入冷空气，以保证制品温度至 80℃以下出窑。意大利 POPI 公司 TA23 型辊道窑在窑尾最后两节，每节窑顶、窑底各设有 4 台轴流风扇，分别从上下对制品吹风强制冷却。意大利 SITI 公司 FL 型双层辊道窑，在窑尾 5m 长区段两侧共设有 8 对轴流风扇。

图 3.36 为国内自行设计建造的辊道窑的轴流风扇冷却结构示意图。

以上两种快冷形式在国内自建的辊道窑中都得到了广泛应用。

(3)空窑节。有的辊道窑在快冷段首端窑体空出约 1m 长，如意大利 SITI 公司 FIN 型辊道窑，在窑尾倒数第 4 节空出半节窑体，然后在其后的窑尾侧墙辊上下装有轴流风扇。空窑段可起到两个作用：一是敞开后有利于制品快冷；二是可起到平衡冷却带窑内压力的作用。因窑体敞开即与大气相通，等于将原窑尾处的零压面移至此处，使窑内冷却带抽热风口负压不致太大，而使烧成带与冷却带交界处容易达到零压或很小的正压，烟气不会蹿向冷却带，最多只有少量急冷段的热风流向烧成带作二次助燃风。由于国内当前自行设计建造的辊道窑都较长，因此这种空窑节的结构目前也得到了广泛应用。

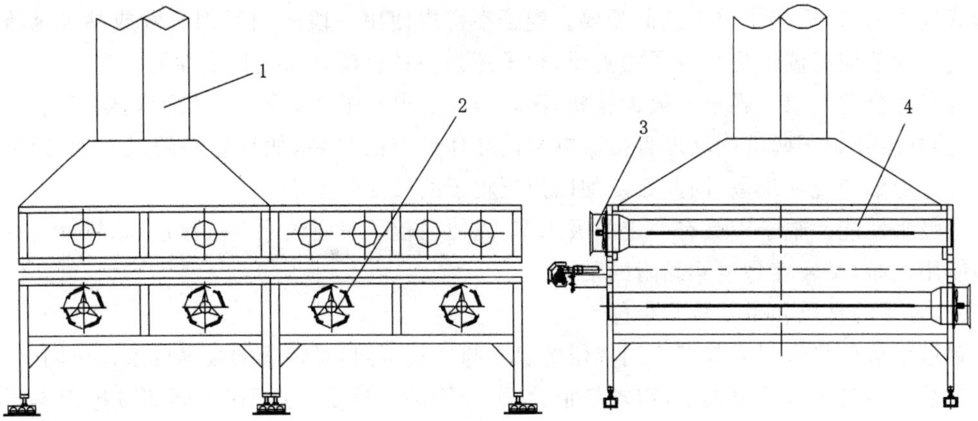

图 3.36 轴流风扇冷却结构示意图

1—排空管(抽热管);2—辊下轴流风扇;3—辊上轴流风扇;4—窑内冷风管

3.7 辊道窑的传动系统

辊道窑是由一系列平行排列且间距相同的辊子在窑内构成辊道,每根辊子均横穿窑墙支承在窑墙两侧,由机械传动系统实现辊子的同向转动,制品放在辊道上,按预定的速度由预热带向烧成带、冷却带移动,完成烧成工艺。因此,辊道及其传动系统也是辊道窑的关键组成部分。

3.7.1 辊子

辊子是组成辊道窑的基本部分,辊子在辊道窑内不断转动,承受制品的重量,同时经受高温作用,其质量好坏影响到辊道窑的运行精度,从而直接影响到制品质量。因此,要求辊子性能好、能满足使用需求、成本低。

(1)对辊子的性能要求

由于某种原因辊子不能正常工作时称为失效。辊子失效的主要表现是:断裂,塑性变形,过大的弹性变形,工作表面过度磨损或损伤,窑内高温环境下产生的蠕变及腐蚀气氛的影响。为了使辊子在预定的使用期限内可靠地工作,辊子应满足下列要求:

①强度。强度是衡量辊子抵抗破坏的能力,是保证辊子正常工作的最基本要求。当辊子强度不足时,就会发生塑性变形甚至断裂。为了保证辊子有足够的强度,要求辊子的工作应力不得超过许用应力。一般国内 Al_2O_3 陶瓷辊的许用应力不小于 45MPa。

②刚度。刚度是衡量辊子抵抗弹性变形的能力。辊子刚度不足时,会产生不允许的弹性变形,形成载荷集中,影响辊子的正常工作。

③耐磨性。耐磨性是指辊子抵抗磨损的能力。连续运转的辊子依靠辊子与制品间的摩擦力推动制品沿辊道前进,由于辊子与制品不断摩擦,辊子表面物质不断损失,这种现象称为磨损。磨损会逐渐改变辊子的尺寸和表面形状,从而影响制品的质量,因此,要求辊子应具有良好的耐磨性。

④耐热性。辊子的耐热性能指辊子抗氧化、热变形及蠕变的能力,是辊子使用寿命的主要指标之一。辊子在高温下工作时,强度将会削弱,同时出现蠕变,变形加大,而且窑内燃烧产物含有大量游离氧和一氧化碳,因而要求辊子在高温和燃烧产物作用时具有良好的抗氧化、热变

形和蠕变能力，以适应烧成工艺的需要。辊子在窑内使用一段时间后因失效或粘上釉渣时必须更换。为适应高温下更换辊子的需要，辊子还必须具有良好的抗热震性能。

⑤尺寸公差要求。辊子一般为管状，壁较薄。要求辊子直而圆，尺寸准确，辊子的直线度、圆度、圆柱度及辊子两端同轴度直接影响窑内坯体运行的平稳，如果它们的误差大，则易引起窑内坯体走偏和叠坯现象，因此必须加以控制辊子的尺寸公差。

⑥吸水性能。辊子应具有一定的吸水率，以便在辊子表面预涂一层涂层，这样既可提高辊子的使用寿命，又较容易清除黏附的釉层。

(2)辊子的材质和主要技术指标

辊道窑从预热带到冷却带不同部位的温度与气氛不同，对辊子的技术要求也不同，一条辊道窑有数百根甚至数千根辊子，需求量很大，可选用同一材质，也可在不同部位选用不同材质的辊子，使各部分要求分别得到满足。

辊子的材质主要有两大类：一类是金属材料，另一类是非金属材料。

选用金属材料制作辊子时，可直接选用管材，然后根据辊子连接要求对辊子两端进行加工，金属辊子的工作表面一般不加工，制作工艺简单。常用的金属辊子有电焊钢管、普通无缝钢管和耐热合金钢管等，其主要技术指标与规格见表3.5。选用金属辊子时，还应注意高温气体腐蚀、热膨胀、高温摩擦、变形及蠕变等问题。

表3.5 常用金属辊子的主要技术指标

种类			规格(外径)(mm)	外径允许偏差(mm)		常用材料	特性及应用范围
				普通级	高级		
铝合金辊			21～34	±0.2		LF	耐腐蚀性好，可在350℃下工作
			36～50	±0.3			
电焊钢管	普通电焊钢管		21～30	±0.5	±0.25	A_3F	具有一定机械性能，价格便宜，热稳定性较差，常用于窑头及窑尾输送段
			31～40	±0.5	±0.3		
			41～51	±0.5	±0.35		
	低压液体输送用钢管		17～48	±0.5		B_3F	
普通无缝钢管	冷轧无缝钢管		≤30	±0.4	±0.2	10	如20钢，使用温度在450℃以下，非腐蚀介质气氛中，常用于预热带前段及冷却带后段
			>30～50	±0.45	±0.3	20	
	热轧无缝钢管		<159	+1.25% −1%	±1%	45	
耐热合金管	不锈钢无缝钢管	冷轧钢管	>10～30	±0.4	±0.2	1Cr18Ni9Ti 0Cr18Ni9	耐酸，在600℃以下耐热，在1000℃以下不起皮，常用于预热带后段及冷却带前段
			>30～50	±0.45	±0.3		
		热轧钢管	≤140	±1.5	±1.25%		
	耐热钢管		>10～30	±0.4	±0.2	1Cr25Ni20Si2	抗氧化温度可达1200℃，但价格昂贵
			>30～50	±0.45	±0.3	GH1140 GH3030 GH3039	850℃以下适用

常用的非金属辊子多采用瓷质空心棒，即陶瓷辊。陶瓷辊比较脆，在满足使用要求的同时，应充分考虑辊子制造工艺和经济性要求。常用陶瓷辊材质试验结果见表3.6。

表3.6 常用陶瓷辊材质试验结果

材质名称	规格（mm）	试验温度（℃）	试验时间（d）	试验结果
碳化硅管	ϕ35×1300 壁厚4～5	1300～1350	30	有氧化现象
	ϕ25×1300 壁厚3～4			
碳化硅管（表面有涂层，涂料采用95%氧化锆和5%五氧化二钒）	ϕ35×1300 壁厚4～5	1300～1500	30	涂层易掉，有掉皮、氧化现象
	ϕ25×1300 壁厚3～4			
刚玉管	ϕ25×1200 壁厚3	1300～1500	30	无异常现象
85% Al_2O_3 瓷管	ϕ35×1350 壁厚3～5	1300以下	30	良好，无弯曲现象
		1300～1360	30	有变色和稍弯曲现象

从表3.6可以看出，使用温度在1300℃以下时，选用 Al_2O_3 瓷质陶瓷辊可满足要求，国外瓷辊的性能指标见表3.7，我国最早成功研制高铝瓷辊棒的佛山市陶瓷研究所生产的陶瓷辊棒的理化性能指标见表3.8。

表3.7 国外瓷辊的性能指标

性能名称	单位	性能指标				
		FCRI	ICRA PYROXAL	HALDENWANGER		
				sillimantin60	sillimantin65	sillimantin 60NG
氧化铝含量	%	75～76	73～75	72～74	78～80	73～75
形位公差 直线度	%	≤0.1				
形位公差 圆度	mm	≤0.3				
体积密度	kg/m^3	<2587	2400～2500	2350～2400	2430～2480	2700
吸水率	%	<10	9～10	10～12	10～12	5
抗弯强度	MPa	≥45	42～44	30～35	30～40	50
线膨胀系数（25～1000℃）	1/℃	$<6.2\times10^{-6}$	5.71×10^{-6}	5.8×10^{-6}	6×10^{-6}	5.7×10^{-6}
耐急冷急热性能		经1350℃至室温急冷急热循环5次不出现裂纹		经1200℃至室温急冷急热循环10～12次不出现裂纹		经1200℃至室温急冷急热循环6～8次不出现裂纹
荷重软化温度	℃	>1500				
开口气孔率	%		22～24	22～26	23～26	12～16
弹性模量	GPa			60～70	70～80	90～100

表 3.8 佛山市陶瓷研究所生产的陶瓷辊棒的理化性能指标

性能名称	单位	性能指标
氧化铝含量	%	75～76
规格尺寸	mm	长度 3000±3，直径 ϕ(40±0.5)
变形	%	直线度≤0.1，圆度≤0.3
吸水率	%	<10
抗弯强度	MPa	≥45
抗热震性能		经 1350℃至室温急冷急热循环 5 次不出现裂纹
线膨胀系数	1/℃	$<6.2\times10^{-6}$(从 25℃至 1000℃)
高温荷重软化温度	℃	≥1500
耐火度	℃	≥1750

烧成温度达 1300℃以上一般采用结晶碳化硅材质制作辊子，如重结晶碳化硅辊子在氧化气氛中可用至 1600℃，但价格昂贵。德国生产的渗硅碳化硅辊子可用于 1300～1350℃，属于反应烧结的碳化硅，价格较低。碳化硅辊子的性能指标见表 3.9。

表 3.9 碳化硅辊子的性能指标

性能名称	单位	ICRA(重结晶碳化硅)	Norton Crystar	SiSiC(渗硅碳化硅)
SiC 含量	%	99	99	Si 8%～12%，其余为 SiC
体积密度	kg/m^3	2.6	2.6	≥3.0
吸水率	%	7～8		
开口气孔率	%	18	16	0
抗弯强度	MPa	100～120	20℃，100；1250℃，120	≥300
线膨胀系数(20～1500℃)	1/℃	4.6×10^{-6}	4.8×10^{-6}	4.5×10^{-6}
最高使用温度	℃	1600 氧化	1600 氧化	1300～1350

(3)国产陶瓷辊的规格、检测与使用

陶瓷辊的规格、尺寸需根据辊子的材质、生产工艺、辊子支撑的制品重量与大小尺寸、制品的烧成工艺、窑体的结构等来确定。辊子一般制成空心管状，壁较薄，这样辊子在承受高温时其温度应力差可减小，抗弯强度提高，但管壁薄、成型困难，因此，应当选择合理的壁厚，考虑综合因素影响，当辊子需承受较大的制品载荷时，应考虑选择直径较大的辊子。

为适应常用辊道窑使用需要，陶瓷辊的规格尺寸日趋完善，可供直接选用，见表 3.10。陶瓷辊两端结构则视辊子联接要求而定，最简单的是将购来的辊子直接与联接部分联接，或切割到规定长度后与联接部分联接，但也有必须对辊子两端进行磨削加工或钻孔加工的设计，陶瓷辊的工作外表面一般不加工。

陶瓷辊的检测主要有两个方面的内容，即外形质量检测与内在性能质量检测。

表 3.10 常用陶瓷辊的主要规格

直径(外径)(mm)	长度系列(mm)
ϕ25	1500,1600,1700,1800,1900,2275,2330
ϕ27	1600,1800,2030,2100,2380,2400,2500,2630
ϕ30	1800,1900,2000,2100,2200,2275,2320,2360,2400,2500,2600
ϕ31	2030,2265,2400,2630
ϕ33.7	1150,1350,1450,1600,1800,2000,2230,2300,2360,2440,2460,2500,2600,2700
ϕ35	2000,2339,2450
ϕ40	1200,1500,1800,1960,2000,2100,2200,2320,2380,2400,2510,2600,2660,2740,2930,3000,3230
ϕ42	2480,2600,2900,2930,3000,3240
ϕ45	2680,2880,2980,3100,3250

外形质量检测的内容主要是辊子的尺寸公差和形位公差，根据目前辊子的生产和使用情况来看，辊子常用外径为 25～45mm；尺寸公差控制范围为±0.5mm；长度为 1200～3300mm；壁厚为 3～5mm；直线误差规定为辊子长度的 0.1%之内；圆度误差不大于 0.3mm；辊子两端同轴度不超过 0.5mm/m；圆锥度公差以前无要求，现控制在 1mm 范围内。辊子的尺寸公差和形位公差直接影响窑内坯体运行的平稳度，如果误差大，影响制品表面平整，并易引起坯体走偏或叠坯现象，因此，高质量的辊道窑对辊子的公差要求也愈来愈严格。

3.7.2 辊子的联接形式

辊子是易损件，为了不影响辊道窑的正常工作，辊子联接要牢固、可靠，更换辊子必须方便、快捷，常用的联接形式主要有以下四种。

(1)螺母式联接

螺母式联接如图 3.37 所示。辊子 1 插入接头 3 的内孔，接头 3 外表面加工成圆锥管螺纹，沿圆周均匀分布 3～4 条纵向槽，通过弹性销 4 与轴 9 联接，拧紧管螺母 2 时，接头 3 的内径变小从而将辊子夹紧，接头纵向槽部分截面应尽量薄，使之具有弹性。这种联接形式结构简单，对中性好，但接头 3 内径调节范围小，对辊子外径尺寸要求较严格。

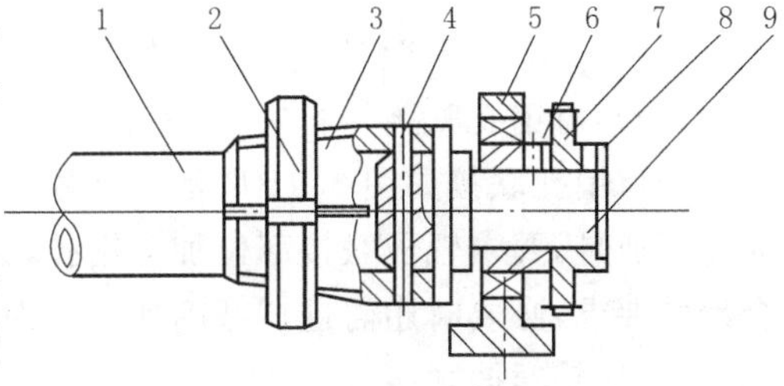

图 3.37 螺母式联接

1—辊子；2—管螺母；3—圆锥管螺纹接头；4—弹性销；5—轴承座；6—紧固螺钉；7—链轮；8—紧固螺钉；9—轴

图 3.38 为加楔块的螺母式联接。联接螺纹为普通细牙螺纹，辊子 1 插入锥套 3 的内孔中，锥套 3 为外锥式轴套，沿纵向加工一条通槽，因此锥套具有弹性，接头 4 内表面锥度与锥套 3 相配合，拧紧螺母 2 时使锥套轴向移动，利用锥面变化半径作用使锥套弹性变形，从而将辊子夹紧。这种联接方式对辊子直径变化适应性较强，夹紧力大。

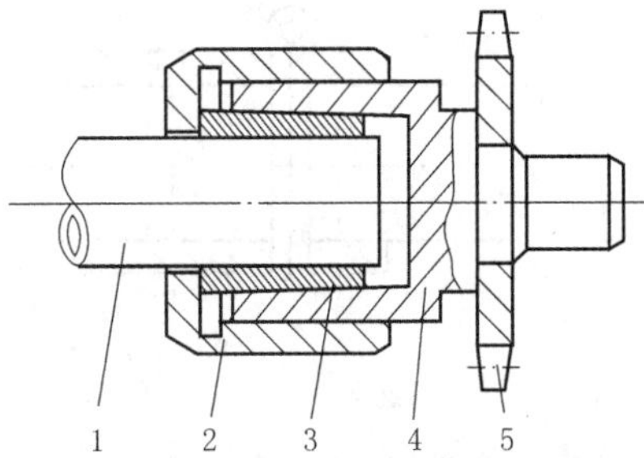

图 3.38 加楔块的螺母式联接

1—辊子；2—螺母；3—锥套；4—接头；5—传动齿轮

螺母式联接虽具有联接牢固的优点，但更换辊子时须使辊子与接头分离，这给生产中更换辊子带来不便，因而在目前大型建陶工业辊道窑中很少应用，一般只用于日用瓷烤花辊道窑、小型建陶工业辊道窑或辊道实验窑中。

(2)弹簧夹紧式联接

弹簧夹紧式联接如图 3.39 所示。套环式接头 2 与辊子联接的一端相距 180°分布两条纵向通槽，辊子插入后拧紧螺钉 3 即可夹紧辊子；弹簧片 4 一端固定在轴 6 上，另一端夹入套环接头中部的凹槽中。因此，通过套环式接头 2、螺钉 3 及弹簧片 4 就将辊子 1 与轴 6 联接起来了。这种联接方式对更换辊子非常方便，更换辊子时只需将弹簧片拧起脱离凹槽，便使辊子连同套环接头与轴分离，并从窑的另一侧取走。它是目前辊道窑中使用最广泛的一种联接形式，其缺陷是当辊子与套环接头内径尺寸相差较大时，对中性较差。

图 3.40 为弹簧卡片夹紧式接头。接头 2 内装有弹簧卡片 1，安装时只需将辊子插入弹簧卡片内即可，因而对更换辊子甚是方便。而且，由于辊子通过弹簧卡片与接头联接，故辊子中心位置可在一定范围内靠重力作用自行调整。

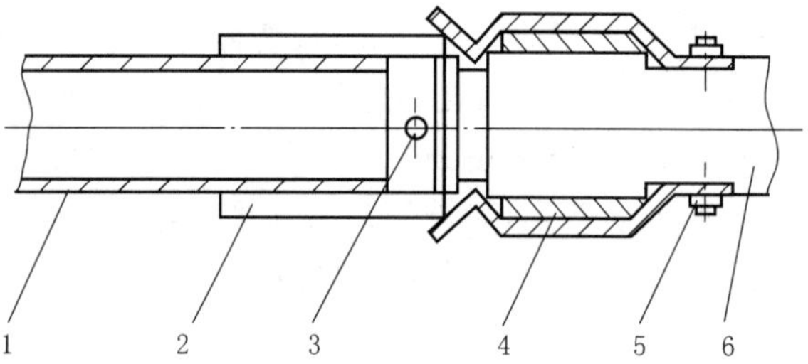

图 3.39 弹簧夹紧式联接

1—辊子；2—套环式接头；3—螺钉；4—弹簧片；5—螺钉；6—轴

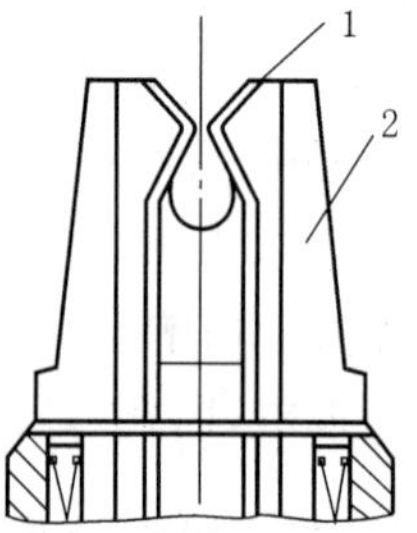

图 3.40 弹簧夹紧式接头

1—弹簧卡片；2—接头

(3)开口销孔联接

开口销孔联接如图 3.41 所示。这种联接方式简单，只需将开口销穿过辊子与接头的销孔即可。但是，要求辊子联接部位加工销孔，为使其安装对中，辊子联接处必须满足与接头的配合尺寸要求，必要时还需进行磨削加工。因此，开口销孔联接一般用于金属辊棒的联接。

(4)托轮摩擦联接

托轮摩擦联接是将辊子依靠自重与制品的重量自由地放置在间距相等的托轮上，利用辊子与托轮之间的摩擦力带动辊子转动，如图 3.42 所示。由于摩擦传动过程中会产生“打滑”，因此辊子与托轮转动的同步性较差，通常用于辊子的被动端。

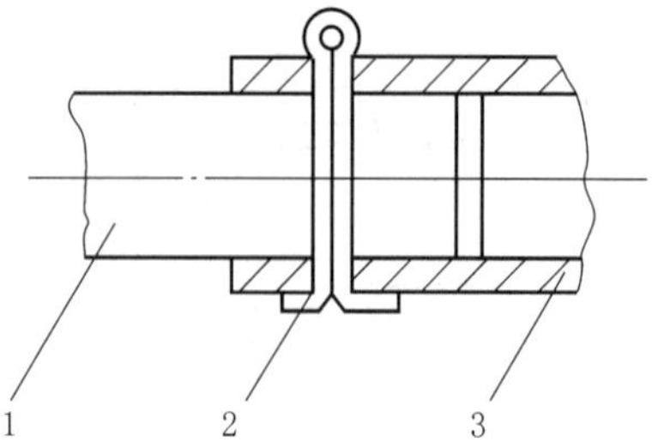

图 3.41 开口销孔联接

1—辊子；2—开口销；3—接头

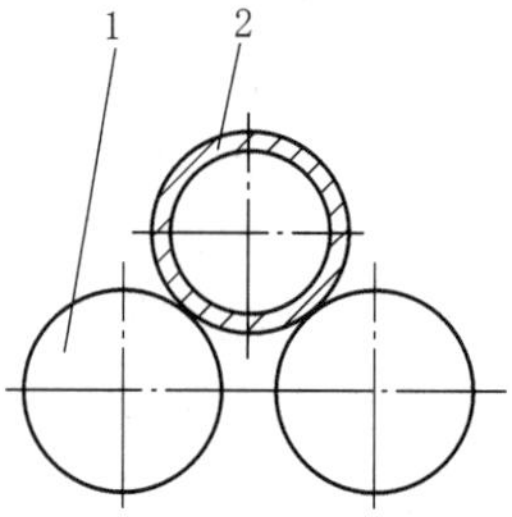

图 3.42 托轮摩擦联接

1—托轮；2—辊子

3.7.3 辊子的支承

为了保证辊道的正常工作，确定辊子的支承形式时应考虑的因素主要有以下四个方面的内容：

①辊道安装的水平高度应在一定范围内可以调节，以保证制品在辊道上平稳传送。

②辊子与孔砖之间应密封良好，辊子转动要灵活。

③考虑到窑体钢架安装的积累误差，辊子的支承及与支承联接的传动系统的安装位置应在一定范围内可以调节。

④为防止辊子在高温时因尺寸变化而被卡住，辊子的支承应具备自适应功能。

辊子横穿窑墙并支承在窑墙两侧支承点上，其中一端为传动端，与传动系统联接，另一端为被动端。常用的辊子支承方式有双支点固定支承、双支点托轮支承和双支点混合支承 3 种，前两种方式更换辊子不方便，运行精度差，现代辊道窑已不采用，而是采用双支点混合支承。

双支点混合支承如图 3.43 所示。主动传动端通过接头固定联接在支承上，而被动端则由托轮支承，因此，这种支承形式既具有双支点固定支承的优点，又具有双支点托轮支承的优点，是一种比较理想的联接形式。

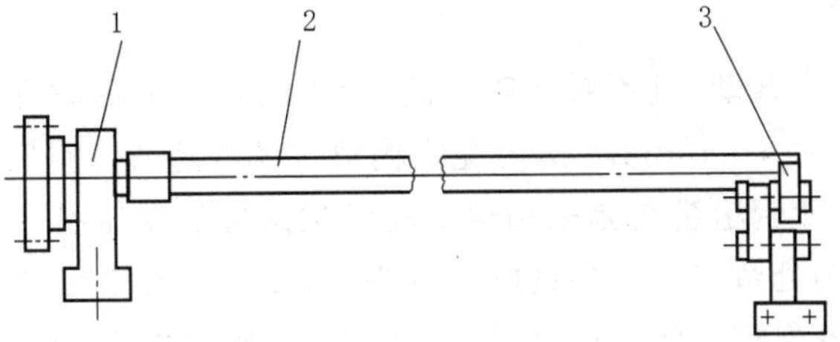

图 3.43 双支点混合支承示意图

1—传动端固定接头组件；2—辊子；3—被动端托轮支承组件

图 3.44 所示为夹套式主动边传动安装件示意图，图 3.45 所示为被动边支撑安装件示意图，图 3.46 所示为被动边辊棒支承示意图。这种连接方式对更换辊棒非常方便，由于卡簧具有一定的弹性，在不需要更换卡簧的情况下，辊棒可以自由取下和安装，是目前应用最广的方式。

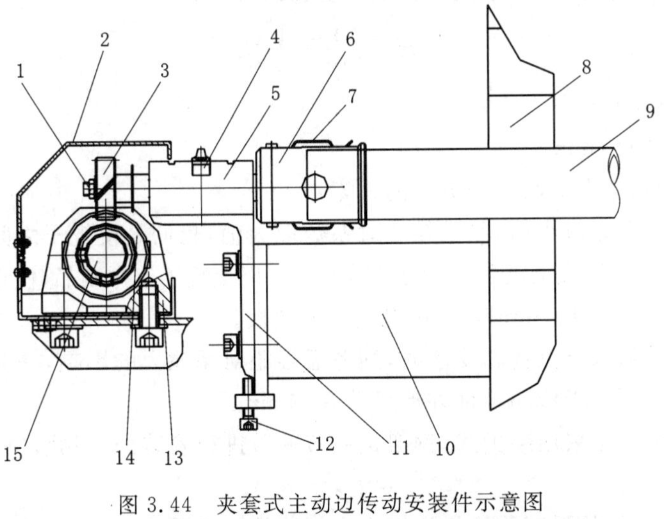

图 3.44 夹套式主动边传动安装件示意图

1—紧固螺母；2—油盒盖；3—从动斜齿轮；4—黄油嘴；5—铝座；6—辊棒套；7—卡簧；8—窑架；9—辊棒；10—大角码；11—大角钢；12—调节螺栓；13—传动轴固定轴承座；14—主传动斜齿轮；15—传动轴

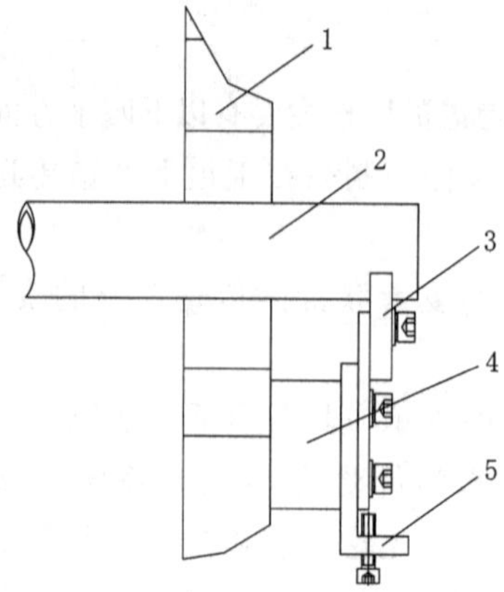

图 3.45　被动边支撑安装件示意图

1—窑炉框架；2—辊棒；3—托辊；4—小角码；5—调节螺栓

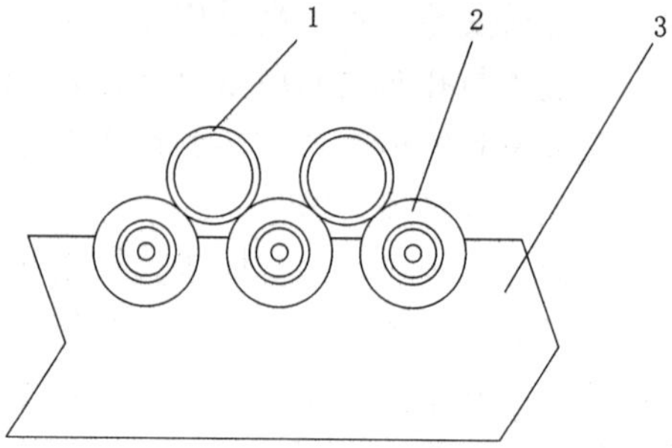

图 3.46　被动边辊棒支承示意图

1—辊棒；2—托辊；3—支承板

3.7.4　辊孔的密封

为了使辊子能够自由转动，且不被孔砖卡住，辊子与孔砖上的辊孔之间留有一定间隙，一般辊孔孔径比辊子外径大 5～10mm。为避免窑内热气体外逸或冷空气进入窑内，必须注意辊孔的密封。现代建陶工业辊道窑都是采用填塞陶瓷棉的办法对辊孔密封，即用厚度比窑墙厚度小的孔砖砌筑，使孔砖处留出一定厚度的窑墙空间，安装好辊棒后在此空间塞满陶瓷棉。这种密封方法简单有效，既保证了辊子转动灵活，又起到了密封作用，还加强了此处的保温，因而得到了普遍应用。

3.7.5　辊距

辊距即相邻两根辊子的中心距，确定辊距的主要依据是制品或垫板的长度、辊子直径以及制品在辊道上移动的平稳性，一般用下面的经验公式计算：

$$H=\left(\frac{1}{3}\sim\frac{1}{5}\right)L$$

式中　H——辊距，mm；

L——制品长度，mm。

确定辊距范围须考虑下面几个方面的因素：

(1)制品较大时系数取小值，制品较小时系数取大值，目的是使辊子之间有较大空隙，以便热量容易通过。必须确保辊道正常运行时始终有 3 根以上辊子支撑制品，使辊道正常平稳运行。

(2)当制品长度小于 100mm 时须在辊道上加垫板。

(3)如果辊子采取双支点托轮支承时，须考虑辊距对摩擦力的影响，一般辊距取较大值。

(4)最小辊距必须大于传动零件外形尺寸 3～5mm。

(5)由于辊道窑大多采用装配式，钢架是一节一节进行安装的，因此，每节钢架的长度必须是辊距的整数倍。

(6)在高温下，辊子的强度要能承担辊上全部制品的重量。

当代大规格瓷砖的尺寸已达 1～3m，若按上式计算则辊距必定很大，即此时制品下面的辊子数量过少，不足以支撑其上部制品的重量。因此，辊距还应根据不同产品及生产实际需要来定。

3.7.6 传动方案的分析与比较

辊道窑的辊道传动系统一般由电动机、减速器、链传动(齿轮传动或蜗杆传动)组成。由于辊子的转速比较低，须采取多级传动，而且要满足平行排列辊子的同向转动要求。应根据辊道窑生产工艺要求及技术经济指标，选择并确定辊道窑传动方案。按驱动辊子转动的传动机构形式来划分，可分为链传动和齿轮传动两大类。若以整条辊道窑传动布局来分类，又可分为整体传动、分段带动统一传动和分段传动三种。整体传动指的是电机经减速后通过一级链传动(或齿轮传动)带动全部辊子运转；分段带动统一传动是将辊道分成若干段，每段配置一套相同的传动装置，由一个动力部分(电动机)驱动，并将运动分配至各段；分段传动是将辊道分成若干段，每段传动系统都配置一个动力部分(电动机)及一套传动装置，各段之间的运动都是独立的。

(1)链传动

链传动由主动链轮、从动链轮和一条闭合链条组成，通过链轮轮齿与链条链节相啮合来传递两个或多个平行轴间的运动和动力。辊子采取链传动的特点是结构简单、成本低，但由于链传动的多边形效应，瞬时传动比周期性变化给传动带来运动的不均匀性和附加一定的动载荷，从而影响到辊子转动的平稳性，因此，在链传动设计中应尽量选择较小的链节距，增加链轮齿数，限制链轮转速，链轮的尺寸与链节距及链齿数有关，当链节距一定时，链齿数不宜过少，过少时传动的多边形效应显著，过多时链轮尺寸加大又受辊距的限制，设计时还必须考虑链条的张紧装置。辊道窑传动系统中链条通常选用滚子链，常用的三种链传动形式介绍如下：

①整体传动

如图 3.47 所示，电动机 4 经带传动 3 和减速器 2 带动窑两侧链传动，辊子的主动、被动端交错放置，也有的链传动只布置在窑一侧，另一侧为被动端。整体传动中所有的辊子均由一根环形链条带动传动，中心距大，链节数多，传动时易颤动，影响传动平稳性。国内外绝大多数辊道窑已不采用整体传动形式，链条的张紧装置采用调整中心距的方法来实现。

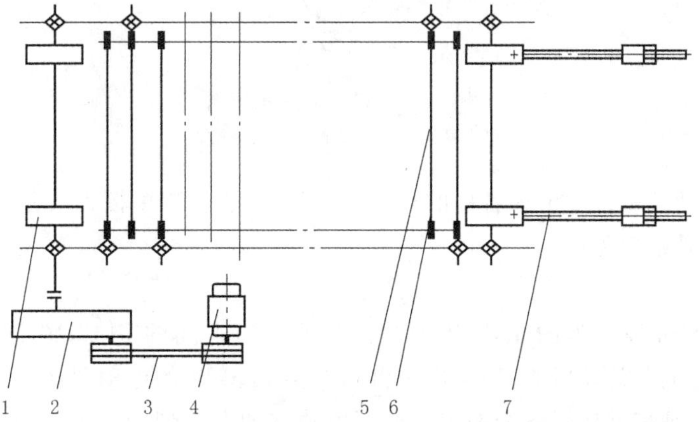

图 3.47 整体传动示意图

1—支承座；2—减速器；3—带传动；4—电动机；5—辊子；6—固定联接及支承装置；7—张紧装置

②分段带动统一传动

图 3.48 为分段带动统一传动链传动系统示意图。国内外链传动辊道窑大多采用分段带动统一传动方案，如意大利 WELKO 公司的 FRW2000 型辊道窑及国内由此消化吸收而自建的辊道窑就是采用这种传动方案。如图 3.48 所示，全窑由一台电机 3 经减速器 4 由链传动带动主轴运转，主轴 8 由若干轴经若干轮胎联轴器联接沿窑长分布，主轴上安装若干链轮，数量由窑的分段数目而定，经链传动将主传动分配至各段，每一段都配有一台小型蜗杆减速器 6 及链传动装置。考虑到电机出故障时检修方便，设计时设置一台同型号电机备用；另考虑我国用电出现的停电现象，还应设置一台直流电机 7 以便急用。为方便转换电机操作，减速器输出端与链轮之间选用超越离合器 5，它可根据电机轴的运动状态自动离合，这样，正常工作时，虽然三套电机减速系统都通过链传动与主轴 8 联接，但其中只有一套工作，其余两套自动处于分离状态，更换电机时，只要启动另一套，而不需临时进行安装。

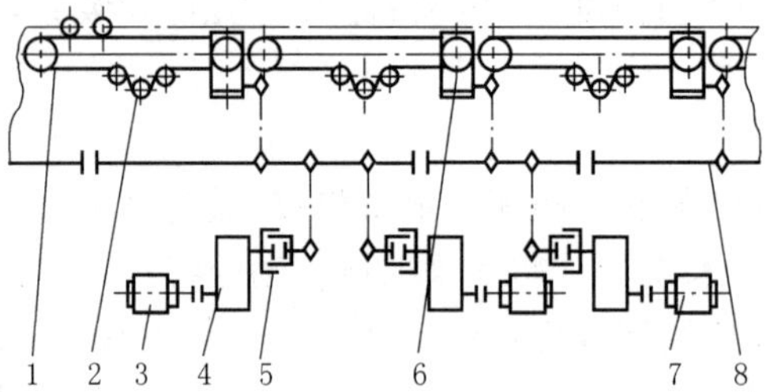

图 3.48　分段带动统一传动链传动系统示意图

1—链传动；2—张紧轮；3—电机；4—减速器；5—超越离合器；6—蜗杆减速器；7—直流电机；8—主轴

链条张紧示意图见图 3.49，张紧轮 2 通过调节螺丝 3 可以在支架腰形槽内上下移动，从而张紧链轮。

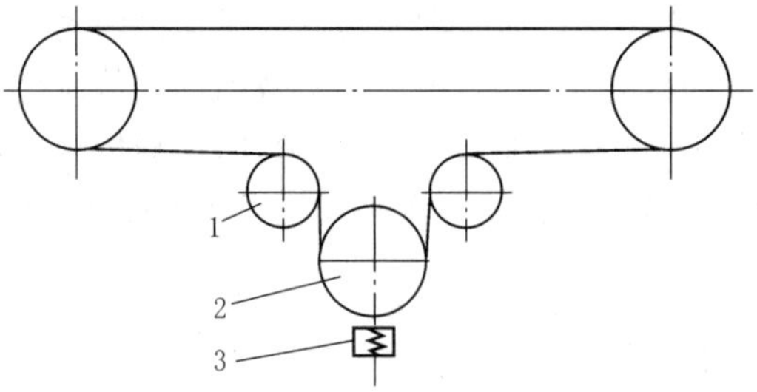

图 3.49　链条张紧示意图

1—导轮；2—张紧轮；3—调节螺丝

采用分段带动统一传动形式各段的转速可以统一，也可以由慢到快分配不同的转速，以减少制品的碰撞和黏结现象。

③分段传动

分段传动系统示意图如图 3.50 所示。意大利 SITI 公司的 FL 型辊道窑传动系统即采用分段传动，该窑分七个传动段，每段均由一台功率为 0.5kW 的电动机经减速器由链传动带动该段辊子转动，这种传动形式各段的传送速度可独立调节。带动辊子转动的这一级链传动的平稳性直接影响到产品质量，由于每段链传动中心距较大，为便于安装，并防止链条垂度过大而引起的啮合不良，须采用张紧轮，张紧轮设在链条较松的一边。在选择链传动结构形式时一般多采用单排链，当制品较大需提高承载能力和传动平稳性，而链节距又不宜增大时，也可选用双排链，但成本较高。

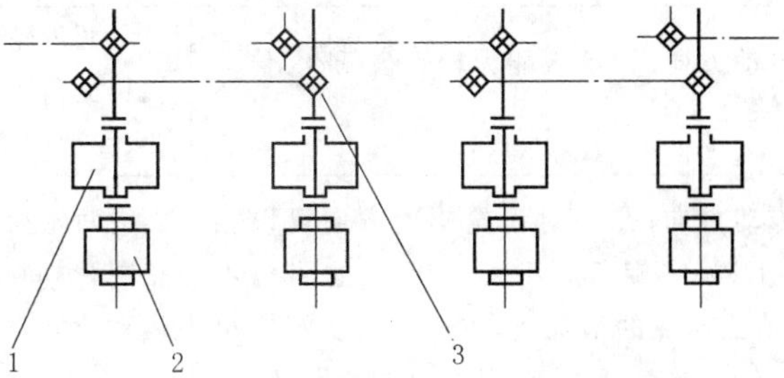

图 3.50 分段传动系统示意图

1—减速器；2—电机；3—链传动

图 3.51 为分段传动双链传动示意图。相邻的链轮安装不在一条线上而分别用两条单排链带动。这种安装的特点是：两相邻辊子的链轮互相错开，辊间距可以缩小，因而特别适用于较小制品的辊道窑。

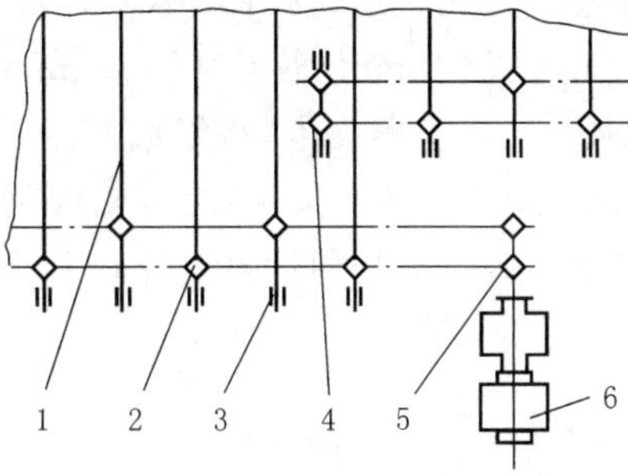

图 3.51 分段传动双链传动示意图

1—辊子；2—链传动；3—轴承；4—从动双链；

5—主动双链；6—电机与减速装置

(2)齿轮传动

齿轮传动依靠轮齿啮合来传递运动和动力，传动可靠、平稳、效率高，传动比恒定，现已在辊道窑中得到广泛应用。常用的有螺旋齿轮传动、圆柱齿轮传动、圆锥齿轮传动三种，其特点见表 3.11。

表 3.11 常用齿轮传动特点和应用

名称		特点	应用
外啮合圆柱齿轮传动	直齿	①改变转动方向；②传动轴互相平行；③制造方便，价格合理	用于辊道窑传动系统，只能改变转动方向而不改变传动方向
	斜齿	①改变转动方向；②承载能力较直齿高；③一对齿轮螺旋角大小相等、方向相反；④在载荷及材料相同时，中心距比直齿小；⑤重合度大，传动平稳性优于直齿；⑥轴向力较大；⑦传动轴互相平行；⑧在传动比不变时，可通过改变螺旋角来获得不同的中心距	用于辊道窑传动系统，只能改变转动方向而不改变传动方向

续表 3.11

名称	特点	应用
直齿圆锥齿轮传动	①改变传动方向；②承载能力较直齿低；③传动轴相交	①两齿轮锥度相等且均为45°，传动轴相交角为90°，可满足辊道窑传动需要；②加工工艺复杂，成本高
螺旋齿轮传动（又称交错轴斜齿轮传动）	①改变传动方向；②一对齿轮螺旋方向可以相同，也可以不同，螺旋角大小可以相等，也可以不等；③在传动比不变的情况下，可通过改变螺旋角来改变两轮分度圆直径大小，以满足中心距要求；④传动轴空间交错	①两轮螺旋角相等且均为45°，旋向相同，空间交错90°时，可满足辊道窑运动分配并改变传动方向需要，应用广泛；②与圆锥齿轮相比，螺旋齿轮易于加工，成本低

在设计齿轮尺寸时应注意：带动辊子运动的齿轮外形尺寸必须小于辊距，齿轮传动的强度计算可查阅机械设计手册。常用的三种齿轮传动形式介绍如下：

①整体传动

整体传动布局一般用于短窑和实验室用辊道窑。图3.52为实验室用小型辊道窑螺旋齿轮传动示意图，该实验窑窑长600mm，辊距45mm，辊子直径ϕ25mm。电机经蜗杆减速器减速后带动主轴运转，主轴上按辊距要求安装若干螺旋齿轮，组成若干对螺旋齿轮传动；辊子与每对齿轮的输出端通过接头联接，从而带动辊子运转。螺旋齿轮螺旋角45°，右旋，该窑选用调速电机，辊子转速变化范围大，以满足试验需要。通过自动控制系统自动换向以实现制品在窑内往复运动。该设计已获国家专利。

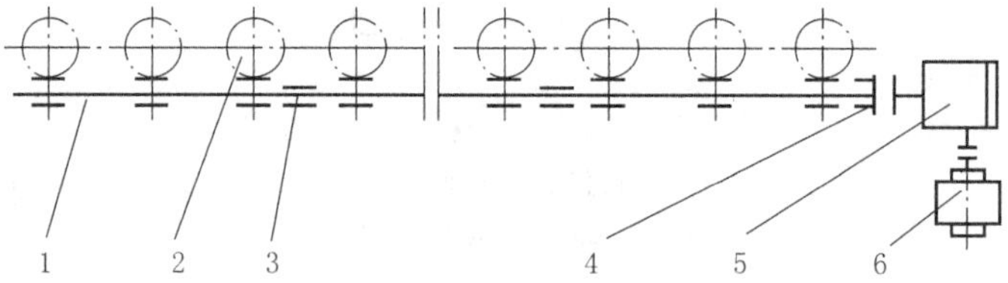

图3.52　实验室用小型辊道窑螺旋齿轮传动示意图

1—主轴；2—螺旋齿轮传动；3—轴承；4—联轴器；5—蜗杆减速器；6—电动机

②分段带动统一传动

图3.53为分段带动统一传动的圆柱齿轮传动示意图。全窑分成若干传动段，电动机8经减速器7通过链传动6带动传动主轴5运转，传动主轴5根据窑的段数安装若干链轮，通过链传动9将运动分配至各段，每段都配置一台蜗杆减速器3，齿轮采用直齿或斜齿，齿轮短轴2上每段交接处仅安装1件齿轮，其余安装2件齿轮，相邻两齿轮相啮合。为使每根与齿轮相联接的辊子均获同向转动，齿轮短轴上两件齿轮安装形式是不同的，其中一件固定安装，另一件不固定安装，这两种安装的齿轮沿窑长方向相间配置，图中有“×”记号处为固定安装，没有记号为不固定安装，其传动布局见图3.54。分配轴上安装2件分配齿轮，通过2件过渡齿轮分别与固定齿轮A和D啮合，齿轮A通过不固定齿轮B带动齿轮C运转，而齿轮B则由齿轮D通过齿轮C的过渡齿轮带动；这样，分配齿轮通过过渡齿轮带动与所有齿轮相联的每根辊子都获得了同向转动。

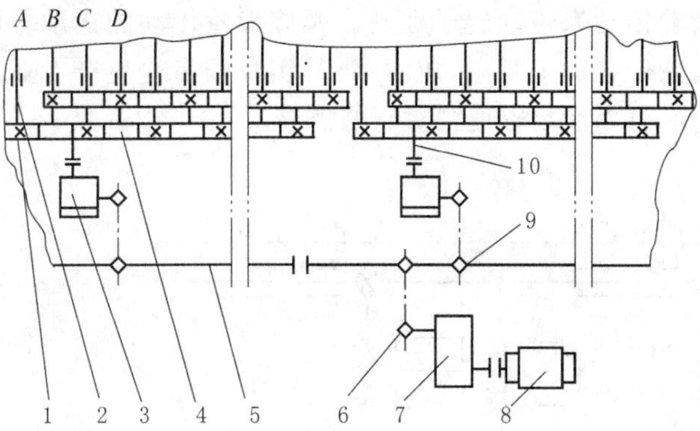

图 3.53 分段带动统一传动的圆柱齿轮传动示意图

1—固定齿轮；2—齿轮短轴；3—蜗杆减速器；4—不固定齿轮；
5—传动主轴；6—链传动；7—减速器；8—电动机；9—链传动；10—分配轴

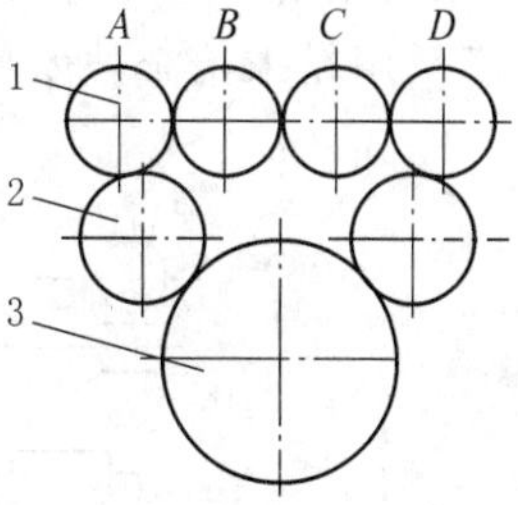

图 3.54 圆柱齿轮传动布局示意图

1—分配齿轮；2—过渡齿轮；3—齿轮

③分段传动

齿轮传动的辊道窑多数采用分段传动。例如，唐山建陶厂从意大利 POPI 公司引进的 TA23 型辊道窑，该窑采用直齿轮传动形式，全窑的传动分为两段，前段由 18 节窑组成，设一台电机和减速器，后段由 21 节窑组成，也设置一台电机和一台减速器，两段传动主轴之间用电磁离合器联接，其传动示意如图 3.55 所示。

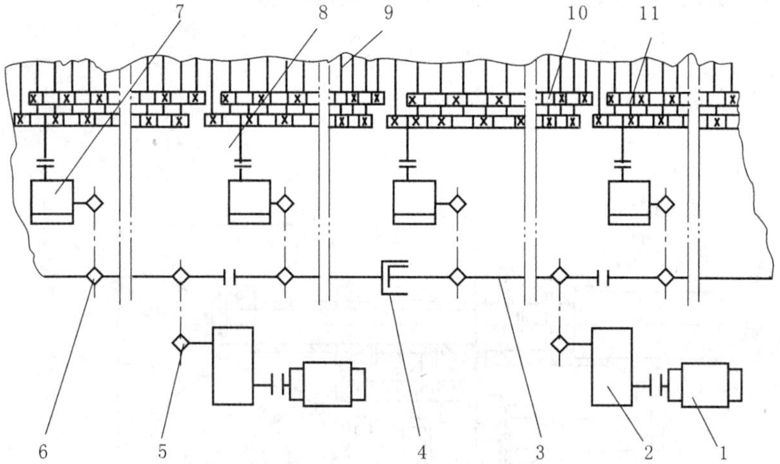

图 3.55 齿轮传动示意图

1—电动机；2、7—减速器；3—传动主轴；4—电磁离合器；
5、6—链传动；8—分配轴；9—齿轮短轴；10—固定齿轮；11—不固定齿轮

窑在正常运转时，电磁离合器处于分离状态，前后两段电机同时工作，其速度可各自调节，后段速度比前段速度快些，以防止制品在窑内起摞。在运行过程中，当一台电机出现故障时，离合器自动吸合，由另一台电机带动整条窑继续运转，该系统还设置一台直流电机以备停电时急用，这时分段传动变为分段带动统一传动的形式。这种将窑体传动系统分成两段的优点在于，当窑内出现故障时可分别处理，特别是当前段出现故障时，后段仍可正常工作，并将窑内制品送出以减少损失。

我国现有辊道窑中应用最广泛的是螺旋齿轮传动，由于螺旋齿轮传动可用来传递空间两交错轴之间的运动，因此，无须选用蜗杆减速器来改变传动方向。如图 3.56 所示，窑长方向按

辊距要求安装若干个齿轮，通过螺旋齿轮传动来带动辊子运转。螺旋齿轮传动的运动分配级数少，结构紧凑。构成螺旋齿轮的斜齿轮似乎加工复杂，成本高，其实我国齿轮生产专业厂家已广泛采用粉末冶金技术使其成本降低，可以满足辊道窑对它的需求。

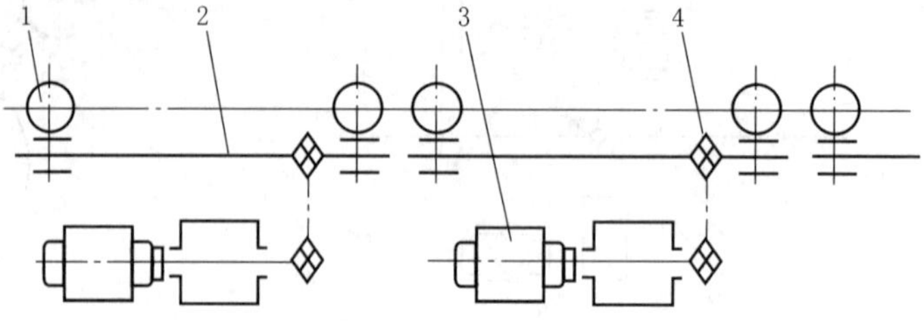

图 3.56　螺旋齿轮传动示意图

1—螺旋齿轮传动；2—传动轴；3—电机及减速器；4—链传动

图 3.57 为螺旋齿轮传动安装结构图。辊子 1 由套筒式接头（或弹簧夹紧式接头）2 与小齿轮轴 5 联接，并通过轴承座支架 19、联接板 22、联接架 23 固定在窑体机架上，轴承座支架 19 上安装的联接部分均加工成腰形槽，通过调节螺钉可实现轴承座支架 19 及轴承座 15 与轴承座 7 的位置调节，从而实现该传动系统的前后、左右、上下位置的调节；大齿轮 18 与小齿轮 10 分别通过轴与轴承座安装在轴承座支架 19 上；大齿轮 18 与轴的固定采用螺钉联接，由于螺旋齿轮传动两相啮合的轮齿为点接触，相对滑动速度大，磨损增加，因此，必须有良好的润滑。该油箱上盖采取铰链式，拧起上盖就能观察齿轮的运动状态。

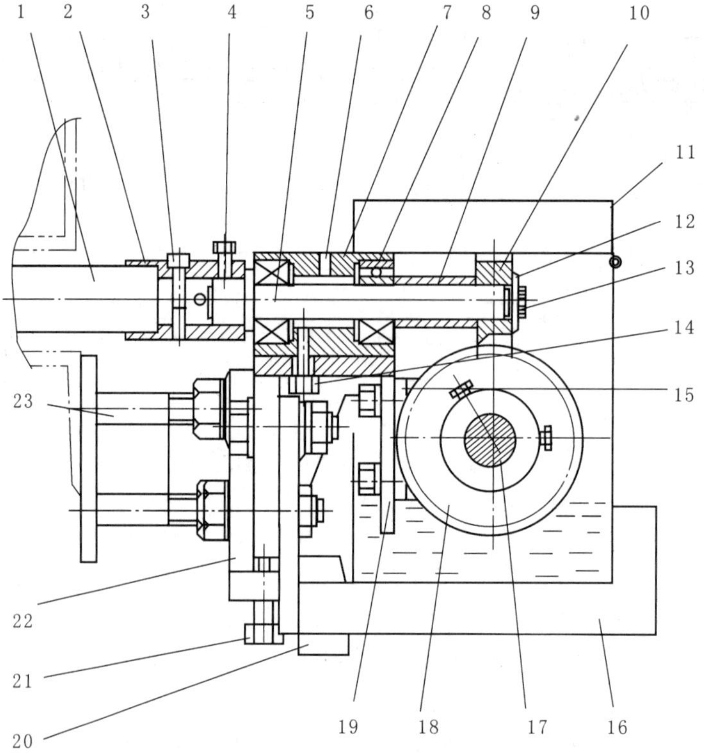

图 3.57　螺旋齿轮传动安装结构图

1—辊子；2—套筒式接头；3—螺钉；4、13、14—螺栓；5—小齿轮轴；6—油杯；7、15—轴承座；8—轴承；9—隔圈；10—小齿轮；11—油箱；12—挡圈；16—油箱托架；17—主轴；18—大齿轮；19—轴承座支架；20—油箱挡铁；21—调节螺栓；22—联接板；23—联接架

图 3.57 中轴承座 7 为方形，用螺栓 14 固定在轴承座支架 19 上。此轴承座数量多，加工安装精度要求高，为减少积累误差并提高工效，很多厂家已将其单件单孔生产改为单件多孔生产，一组一般取 4～5 个轴承座为一件加工比较合适。

由于分段传动时每段较长（为 6～10m），因此，每段齿轮轴由若干节组成，轴与轴之间的联接尺寸受辊距及安装尺寸限制，常采用双排链联轴器，其结构如图 3.58 所示。为了提高传动平稳性，也有采用齿式联轴器的，图 3.59 为齿式联接结构图。这两种联轴器都能不同程度地适应安装误差和相对位移。双排链联轴器结构简单，制造、维修方便，自重轻，而齿式联轴器工作可靠，补偿两轴相对位移性能好，但制造困难。

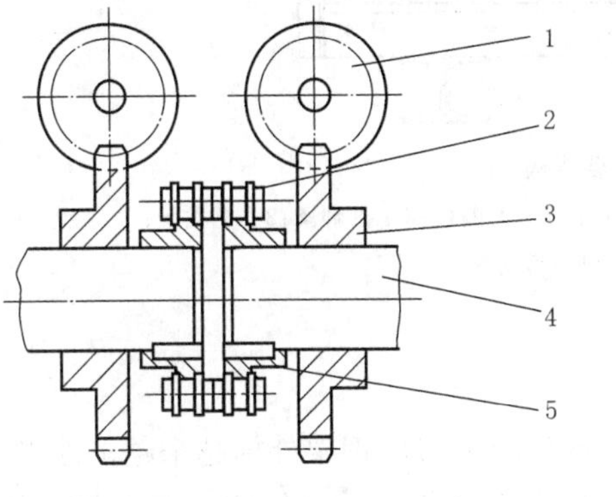

图 3.58 双排链联接结构图

1—小齿轮；2—双排链；3—大齿轮；4—传动轴；5—链轮

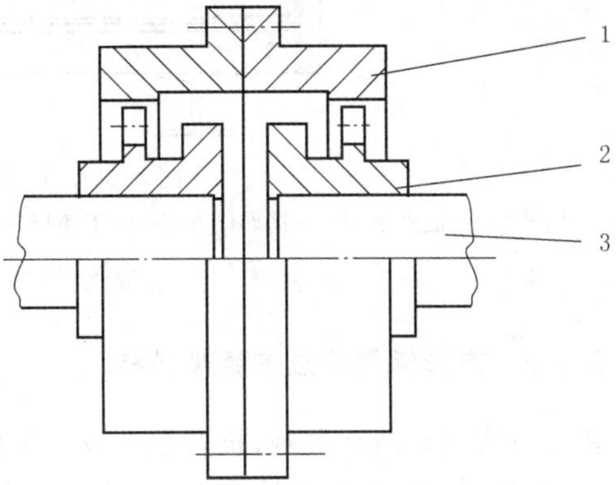

图 3.59 齿式联接结构图

1—内啮合齿轮；2—外啮合齿轮；3—传动轴

3.8 辊道窑的钢架结构

辊道窑钢架结构起着加固窑体的作用，而钢架本身又是传动系统的机身。辊道窑的钢架结构分为整体式和装配式两大类，现代明焰辊道窑多采用金属框架装配式钢架结构，其优点是：①窑体分段按模数设计，实现了辊道窑设计制造的标准化；②选用不同的段数可以十分灵活地组成各种窑炉，形成同型号多种生产能力的辊道窑系列；③便于窑炉专业生产厂家标准化生产而降低成本，既保证了质量，又大大减少了现场施工时间，加快了窑炉建筑与安装进度。

3.8.1 角钢、槽钢构成的钢架结构

如图 3.60 所示，窑框架以角钢、槽钢焊接而成。该窑侧立柱 4 采用 6.3 号热轧等边角钢，上面开有 6 个小圆孔，用于相邻两节间的螺栓联接；两端底框架 1 采用 12 号热轧普通槽钢，每端也开有 5 个便于节间螺栓联接的小圆孔；底框架上置有 3 根由 6 号槽钢构成的底横梁 10，其上搁置底板 9，底板材料为 4mm 厚的花纹钢板；上拉梁 8 用 5 号等边角钢直接焊在侧立柱上；上侧板 5 与下侧板 3 均由 2mm 厚钢板冲压而成，上下安置的助燃风方形管道 2 由 4mm 厚钢板制成，它的一侧同时也起到了侧板的作用，侧板与空气方管均焊接在侧立柱上。该窑烧成带脚支撑 11 由 2 根 12 号槽钢对焊搁置在水泥地基上，而对其他部分则由 2 根槽钢反向对焊成方管形，直立置于底框架 1 下。该窑采用拱顶，其拱脚梁 6 为 14 号槽钢。

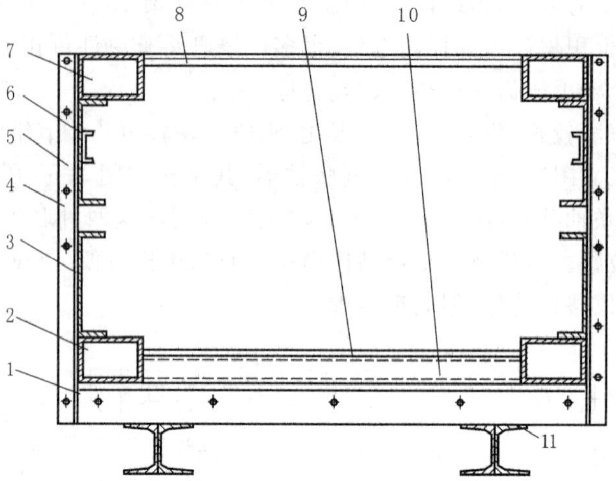

图 3.60　辊道窑钢架结构(Ⅰ)

1—底框架;2、7—助燃风方管;3—下侧板;4—侧立柱;5—上侧板;6—拱脚梁;8—上拉梁;9—底板;10—底横梁;11—脚支撑

3.8.2　方形钢管构成的钢架结构

由于方形钢管造型美观、抗弯强度较大等优点,现代辊道窑的钢架外框越来越多地采用冷拔无缝方形钢管作外框,上述由角钢、槽钢构成的外框钢架结构目前在国内已基本被淘汰,而采用图 3.61 所示的方钢作辊道窑的外侧钢架结构。图 3.61 中立柱、上下侧梁、下横梁、底侧梁等均采用 60×4(mm)的方形钢管焊接而成。在一节窑体钢架中,每侧共有 3 根立柱,两端的立柱上开有供 M8 螺栓节间联接的 4 个小孔。下横梁 11 每节共 3 根,焊在底侧梁 12 上,下横梁 11 上焊有 50×50(mm)的等边角钢作底框架 10,以便在其上搁置底板 9。上下侧板可用 2～3mm 钢板冲压制成。吊顶梁 1 采用 56×56×5(mm)的等边角钢。

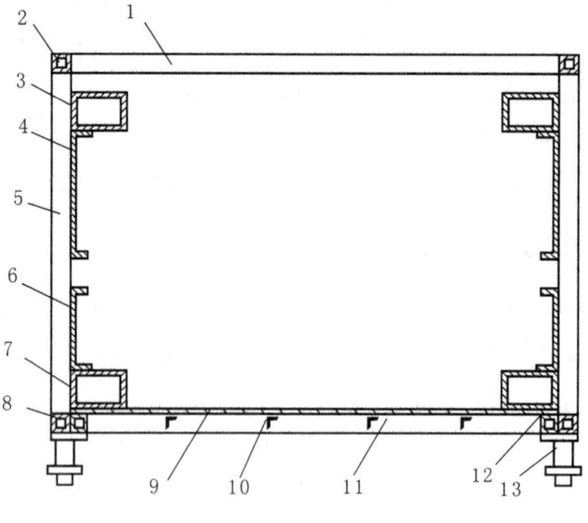

图 3.61　辊道窑钢架结构(Ⅱ)

1—吊顶梁;2—上侧梁;3、7—助燃风方管;4—上侧板;5—立柱;6—下侧板;8—下侧梁;9—底板;10—底框架;11—下横梁;12—底侧梁;13—底支撑

该窑底支撑采用可调节的方式，其结构如图 3.62 所示。规格为 120×120×12(mm)的厚钢板 2 焊在窑底框架上，脚柱 3 为 2 块 8 号槽钢对焊在一起构成，4 是规格为 120×120×20(mm)的厚钢板，该厚钢板中心开有 M30 的螺孔，它与调节螺栓 5 配合可调节底支撑高度。脚支撑放在平嵌入基础 7 的扁钢中。

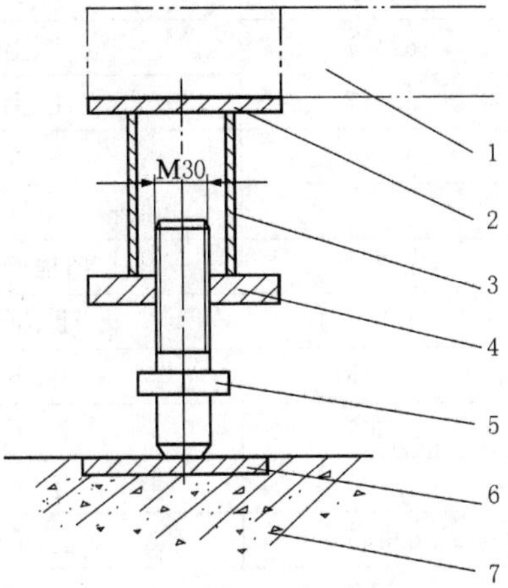

图 3.62　窑底支撑结构

1—窑体底框架；2、4—厚钢板；3—脚柱；5—调节螺栓；6—扁钢；7—基础

我国目前外侧钢结构不仅流行采用方钢结构，且上、下立柱采用分断的钢架结构，图 3.63 即为国内自建的大型建筑瓷砖辊道窑烧成带的外侧钢架结构图。表 3-12 为我国目前自建的辊道窑外侧钢架结构常用的钢材列表。

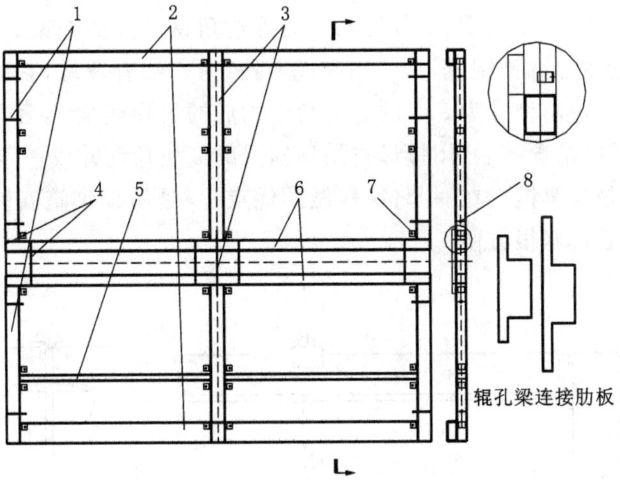

图 3.63　烧成带拱顶窑高箱侧扇图

1—边立柱；2—上、下连接梁；3—中立柱；4—辊孔梁连接肋板；

5—挡棉梁；6—辊孔梁；7—面板挂耳；8—连接孔

表 3.12　外侧常用钢材

材料名称	规格型号(mm)	理论重量(kg/m)	使用部位	说明
矩形管	50×30×3	3.6	辊孔梁、挡棉梁	
	40×40×3	3.6	辊孔梁	
	50×50×3	4.44	辊孔梁	
	70×50×3	5.187	立柱、上下连接梁	
	80×40×3	5.187	立柱、上下连接梁	
	80×60×3		立柱	拱顶
	60×40×3		低箱上下连接梁、辊孔梁	拱顶
角铁	∠30×30×3	1.373	挡棉梁,托砖条	
	∠70×70×4	4.372	上、下连接梁	
	∠75×75×5	5.818	上、下连接梁	
	∠70×45×5	5.609	上、下连接梁	
	∠75×50×5	6.125	上、下连接梁	
	∠80×50×5	6.375	上、下连接梁	
工字钢	工 120×74×5	13.987	辊孔梁连接件	
	工 140×88×6	20.513	辊孔梁连接件	
面板挂耳			安装面板	
成套螺杆	M12×L		箱体间连接	
扁钢	δ(6～8)		辊孔梁连接件	
凸形板			拱顶侧扇辊孔梁连接件	

吊顶钢架结构如图 3.64 所示,型号为 6.3 的等边角钢制成的托梁 2 焊接在侧立柱 1 上,吊顶钩 6 由 ϕ5mm 的耐热圆钢制成,其一端制成弯钩,另一端有螺母,它通过吊顶砖夹板 7 将吊顶砖 8 吊起,穿过 2 块由型号为 5.8 的等边角钢构成的吊顶横梁 3,套上夹板 4 后用紧固螺母 5 拧紧。安装好一排吊顶砖后,用螺母将吊顶横梁的 2 块角钢并成一体,吊顶横梁是活动地放在托梁 2 上,而不是与窑框焊在一起,这样做的优点:一是吊顶砌筑安装时在长度方向上有调整的余地,二是日后检修很方便。

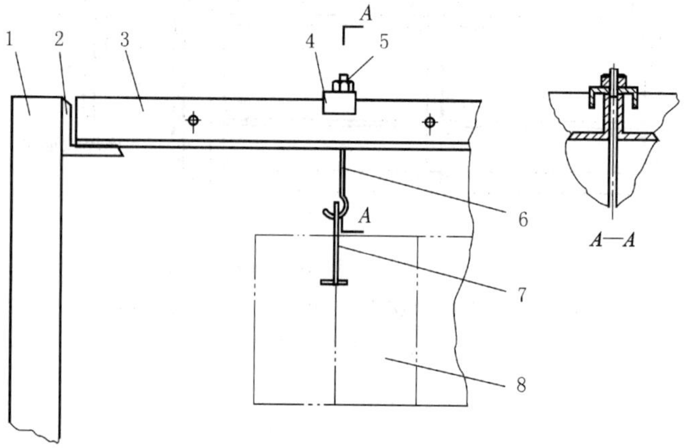

图 3.64　吊顶钢架结构

1—侧立柱;2—托梁;3—吊顶横梁;4—夹板;5—紧固螺母;6—吊顶钩;7—吊顶砖夹板;8—吊顶砖

3.9 日用瓷辊道窑

辊道窑在我国日用瓷工业中应用起步虽然较早,但主要是用于烤花或彩烧,烧成温度较低,而且主要是隔焰辊道窑。自从1994年重庆兆峰瓷厂引进德国以天然气为燃料烧制日用细瓷的高温辊道窑以来,国内高温辊道窑在近十余年来得到了较大发展,其原因:一是有了设计、制造辊道窑的材料、设备和技术条件;二是辊道窑在热工性能方面表现出的温度均匀、烧成周期短、能耗低、产量大等优越性。

3.9.1 高温日用瓷辊道窑的特点

日用瓷生产与陶瓷砖不同:一是器型较复杂,因此须在辊上加垫板,制品放在垫板上才能进窑内烧成,为了提高产量一般还是多层制品装载,这就需要窑具;二是由于装载方式的不同,窑体尺寸也与陶瓷砖辊道窑有所区别,例如多层制品装载使辊上高一般高于辊下高;三是烧成温度一般较陶瓷砖高,这对窑体材料及辊棒材料的要求也就不同,尤其是高温段的辊棒要求更高;四是日用瓷烧成对气氛在不同阶段有不同的要求,因此其燃烧系统及其控制和通风系统与全窑氧化气氛的陶瓷砖辊道窑有所不同。

3.9.2 窑体结构与砌筑材料

日用瓷辊道窑的窑体结构大致与建陶辊道窑相同,一般也是分单元制作,2~2.2m为一个基本单元,先用结构方钢制造窑的框体,再在上面砌筑窑体。图3.65为某高温日用瓷辊道窑烧成带结构示意图。从图中可以看出,由于辊上装载制品(该窑有效装载高度为350mm),而上部烧嘴安装高于其装载高度,可避免喷出的燃烧产物直接冲刷制品,因此,辊上高明显高于辊下高。该窑辊上下烧嘴对侧错排,在同一断面造成烟气绕制品循环,有利于断面温度的均匀;每个烧嘴的对侧设有观火孔,便于观察烧嘴的燃烧状态。此外,该窑的助燃风支管安装在窑体四角,使窑体结构紧凑、美观。

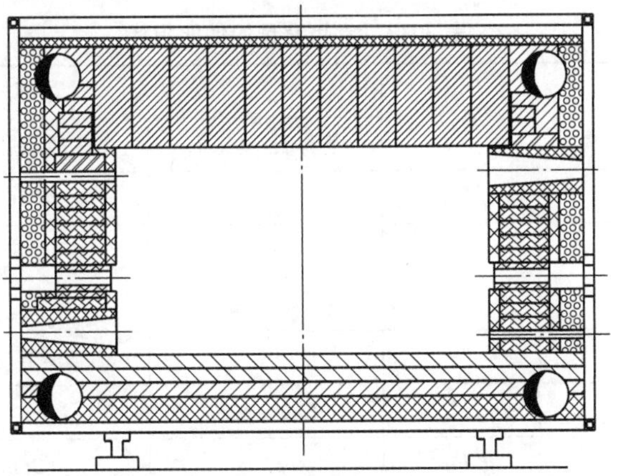

图3.65 某高温日用瓷辊道窑烧成带结构示意图

对焙烧日用瓷的高温辊道窑,由于其烧成温度比建筑瓷高,还要用还原气氛烧成,因而对筑炉耐火材料的要求就更高，均采用新型高温轻质耐火材料砌筑。在国内耐火材料科研单位与生产厂家的努力下已开发出一批新型耐火隔热材料，可以适应高温辊道窑的筑炉要求。例如，由洛阳耐火材料研究所开发的氧化铝空心球砖就是一种新型高级耐火材料，它高温绝热性能好、抗腐蚀性强、强度高（耐压强度高达 10～16MPa），而体积密度只有（1.1～1.3）$\times 10^3$ kg/m^3，使用温度高达 1600～1700℃，是日用瓷辊道窑烧成带高温段内层窑体与吊顶砖的理想耐火材料。虽然其价格较高，但由于上述优良的使用性能，加之用量也并不多，以烧成带高温区 15m×1.5m×1.0m（长×内宽×内高）尺寸计算，包括吊顶砖总共用量也不过 12m^3，即 14t 左右。因此，氧化铝空心球砖是国内设计制造高温辊道窑高温火焰区理想的内衬耐火材料。次一级的高温辊道窑内衬材料当属高温莫来石质轻质耐火材料，它也具有强度较高且耐高温、隔热性能好等性能，最高烧成温度不超过 1350℃的高温辊道窑也可采用密度较大的优质高温莫来石质轻质砖（如 JM30、JM28）作其内衬材料。为了减薄窑墙，在砖砌体与外围钢板间均采用陶瓷纤维作隔热保温材料，根据不同的温度段可以分别使用普通硅酸铝纤维、高纯硅酸铝纤维、高铝纤维等陶瓷纤维。有的高温辊道窑在高温段的内层砖上贴一层 30～50mm 可耐高温的多晶纤维毡，并在其上涂饰红外线高温 PT-665F（水性）涂料，既可保护内衬材料，延长其使用寿命，又可增大窑内壁对制品的辐射传热，有利于节能。

由于日用瓷辊道窑烧成时需用垫板，承重较大，对辊棒材质的要求较陶瓷砖的辊道窑高，辊径也要大点，一般选用 ϕ(40～60) mm（视装载重量而定）的优质高铝辊棒；在高温区还要采用重结晶碳化硅（R-SiC）辊棒；当烧成温度不超过 1350℃时，也可用渗硅碳化硅（SiSiC）辊棒，它属于不反应烧结的碳化硅，价格较低些。

3.9.3 窑具的选择

日用瓷辊道窑窑具一般包括垫板、棚板和支柱等，主要是对制品起承载的作用，并通过辊道的传动输送制品在窑内运行，完成产品在窑内的烧结过程。因此，窑具质量对烧成制品的质量和生产成本有着直接的影响。日用瓷辊道窑的窑具大多采用重结晶碳化硅组合窑具，或氧化物结合碳化硅底板与堇青石-莫来石棚板组合窑具。表 3.13 列出了目前市场上常用的三大系列窑具的性能指标。

表 3.13 常用窑具的性能指标

项目		单位	指标		
			堇青石-莫来石	普通碳化硅	重结晶碳化硅
化学成分	SiC	%		≥86	99
	SiO_2	%	47～52	≥5	—
	Al_2O_3	%	38～40	—	—
	Fe_2O_3	%	—	≤1.0	—
	Mg	%	6.0～6.5	—	—
体积密度		g/cm^3	2.0	≥2.55	2.60～2.70
气孔率		%	22～26	≤18	<16
常温抗折强度(20℃)		MPa	12～15	≥25	80～90

续表 3.13

项目	单位	指标		
		堇青石-莫来石	普通碳化硅	重结晶碳化硅
高温抗折强度(1400℃)	MPa	9～12	≥20	90～100
荷重软化温度	℃	1420	—	—
线膨胀系数	$\times 10^{-6}$℃$^{-1}$	2.4～2.5		4.7
导热系数(1000℃)	W/(m·℃)	3.83	8.47～10.56	23
最高工作温度	℃	1250～1350	1400	≥1600

莫来石系列窑具由于具有荷重软化点，在高温使用过程中，产品会逐渐软化、变形，在多次循环使用中也会逐渐开裂，从而影响烧成产品的质量。普通碳化硅系列窑具中碱金属及碱土金属等杂质含量相对较高，1100～1150℃时会发生反应，引起掉渣和膨胀，高温下也易于变形。重结晶碳化硅系列窑具则具有良好的导热性能、较高的常温及高温抗折强度，且高温下不变形，是三大窑具系列中最具优势的窑具。当然，重结晶碳化硅窑具目前价格也最贵，目前的窑具大多是以氧化物结合碳化硅为垫板，以堇青石-莫来石为棚板，各层之间以堇青石-莫来石为支柱搭接组合而成，窑具使用寿命为 180～400 次，2 个月左右；而重结晶碳化硅组合窑具使用寿命可达 1 年以上，是普通组合窑具的 8 倍左右，而且由于其承载力强，板的厚度薄(为普通窑具板厚的 1/2)，具有体积小、自重轻的特点，加上导热系数大，因而传热快、蓄热小，综合考虑使用寿命与节能等方面，重结晶碳化硅窑具仍是最有应用前景的。

3.9.4 工作系统布置

高温日用瓷辊道窑的工作系统大体上与建筑砖辊道窑相同，如图 3.66 所示，该窑长度为 80m，共分 40 节，每节为 2m。其中第 1～14 节为预热带，第 15～30 节为烧成带，第 31～40 节为冷却带。在窑头设有封闭气幕 1，鼓入从冷却带来的热风，以减少窑外冷风的漏入；紧接着在预热带前部设有排烟系统，由排烟风机 2 将窑内烟气排出窑外。在预热带的辊上设有喷风

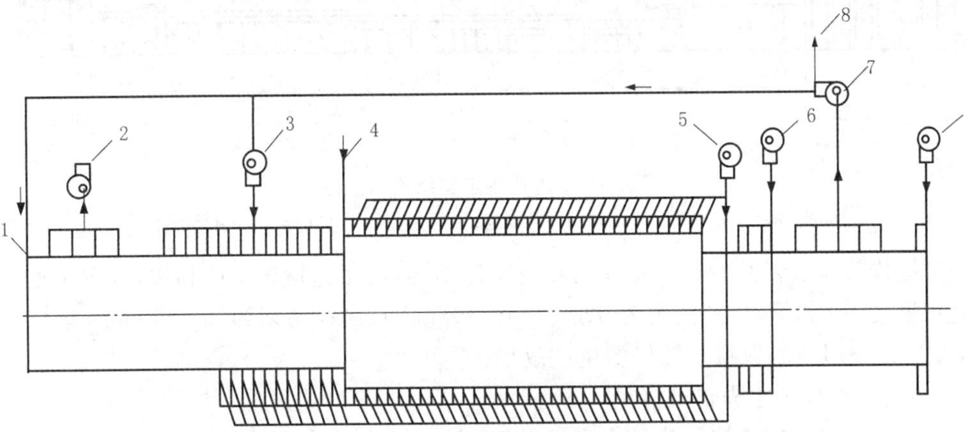

图 3.66 高温日用瓷辊道窑工作系统示意图

1—窑头封闭气幕；2—排烟风机；3—预热带辊上喷风风机；4—燃气供应系统；5—助燃风机；6—急冷风机；7—抽热风机；8—余热风送干燥；9—窑尾冷却风机

管，由风机 3 鼓入冷风或来自冷却带的热风，一是可以起到搅动气幕的作用，二是可以协助调节预热带中后部的窑内温度；而在预热带后部辊下设有调温烧嘴，为进一步减小上下温差创造了条件。烧成带辊上下均设有烧嘴，所有烧嘴均由燃气供应系统 4 和助燃风机 5 供给燃气与助燃空气，通过执行器来控制进入烧嘴的助燃风量，助燃风通过空/燃比例阀进行燃气量的控制，使窑内温度和气氛达到预定要求。急冷段与窑尾分别设有急冷风机 6 和窑尾冷却风机 9，以鼓入冷风直接冷却制品。在缓冷段设有若干抽热风口，由抽热风机 7 将窑内余热风抽出，一部分送作气幕风，另一部分送作干燥湿坯体用。

3.9.5 日用瓷辊道窑实例

日用瓷辊道窑根据使用温度的不同大致可以分为三类：低温辊道窑，主要作烤花用，温度为 800℃左右；中高温辊道窑，可用作焙烧炻器或釉中彩的彩烧，温度为 1250℃左右；高温辊道窑，用作日用瓷的一次烧成或二次烧成的釉烧，最高烧成温度为 1350～1400℃。

(1)烤花辊道窑

图 3.67 为海城陶瓷四厂于 1974 年建成的我国第一条日用瓷烤花辊道窑结构示意图，窑总长 20.75m(预热带 8m，烤花带 4m，冷却带 8.75m)，后经改造，预热带由 8m 增为 13m，以利于充分排除挥发物，窑总长改造后为 25.75m。该窑内宽为 500mm，辊上有效高为 150mm。该窑是单通道隔焰式辊道窑，以重油为燃料，在预热带和烧成带上下均设有火道，下火道长 12.65m，火道底面自烤花带至窑头台阶式设置，使火道截面面积逐渐减小；上火道长 9m；烟气流经火道加热制品后由窑头设置的烟囱排出室外。在距窑头 4～7m 的一段内，分散设置了 5 个挥发物排出口，烤花挥发物经排出口汇总到排气管 2 排出室外。

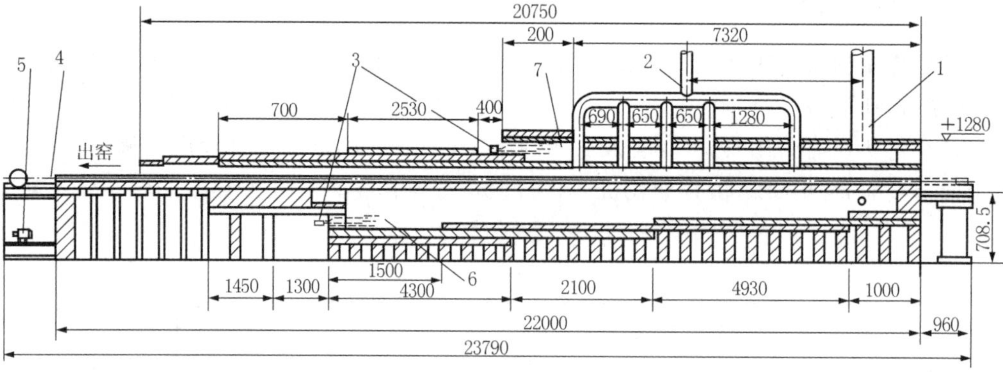

图 3.67 烤花辊道窑结构示意图

1—烟囱；2—排气管；3—烧嘴；4—传动链；5—电机；6—主燃烧室；7—辅助燃烧室

该窑结构简单、占地面积小，窑头与贴花工序相连，窑尾与检选工序相接，实现了连续化生产。烤花温度为 850℃，生产能力为 625 件/h(310kg/h)，烤花周期为 23～60min，单位制品热耗为 400×4.18kJ/kg，取得了较好的生产效果。

(2)中高温快烧釉中彩辊道窑

该窑为第一条国产高温快烧釉中彩辊道窑，于 1997 年在邯郸第四陶瓷厂投入生产运行。

①基本技术参数

窑长：85m，其中预热带长 10m，占总长的 11.8%；彩烤带长 30m，占总长的 35.3%；冷却带长 25m，占总长的 29.4%。

窑的有效截面面积：0.26m^2。

辊棒：根据温度段不同分别采用钢管、高铝质瓷辊和 SiC 辊；辊棒尺寸为 $\phi45\times2440$(mm)；辊中心距为 88mm。

燃料：洁净轻柴油。

烧嘴：北京神雾公司生产的 WDH 系列产品，烧嘴个数为 54。

产品：20 头色釉炻器，0.375kg/件；10^7 件/年。

最高使用温度：1280℃。

单位产品热耗：6230.76kJ/kg(实测)。

②窑体材料与结构

窑体材料选用隔热性能好、质轻、导热系数小和热稳定性能好、优质的耐高温莫来石砖、优质陶瓷纤维毯以及超轻质硅钙板等。该窑体采用方钢框架，装饰钢板加固，全轻质组装式结构。

③窑具

选用抗热震性能优良的堇青石-莫来石薄板组合成垫板与棚板作为装载产品的窑具(可装 2 层)；采用明焰裸烧技术。

④工作系统

全窑共设置有排烟风机、余热风机、助燃风机、急冷风机、冷却风机若干台，并安装有减震消声系统，其中，助燃风机设置有过滤装置，排烟风机和助燃风机均装有变频器。预热带除排烟系统外，还装有用热气体搅动的气幕，使窑内热气产生湍流，均匀了预热带温度气氛，为缩短烧成周期、实现快速烧成创造了条件。在预热带下部和烧成带辊上、下合理布置烧嘴共 54 个，布置有烧嘴的部分占窑体总长的 46%，这种设置可有意拉长氧化分解带和适当提高温度，为产品加快氧化分解和排净有机物等杂质创造了条件。该窑在急冷段还装有预热空气炉，一方面有助于产品急冷，确保釉面光亮，另一方面可把预热的热空气供给燃烧器助燃以及作为预热带搅动气幕的热风源。

经运行证明，该窑生产出的釉中彩强化瓷产品花面光亮润泽，色彩清晰纯正，无铅镉溶出，产品配套率高，质量好，合格率达 99.5%。经测定，该窑热效率达到 22.80%，节能效果明显，加上窑具使用寿命加长，按年产 1000 万件色釉炻器为例，将辊道窑烧成与过去用隧道窑烧成比，每年可节省成本 97.2 万元，经济效益可观。

(3)高温宽体日用瓷辊道窑

安徽含山瓷业有限公司 2005 年自主开发，新建了一条高温宽体日用瓷辊道窑，现介绍如下：

①基本技术参数

窑长：76m；其中预热带长 16m，占总长的 21%；烧成带(布置有烧嘴的燃烧带)长 30m，占总长的 39.5%；冷却带长 30m，占总长的 39.5%。

窑内宽：2100mm。

装载宽度：1800mm。

装载高度：350mm。

辊棒：高铝质辊棒(其中烧成带高温段用碳化硅辊棒)，辊棒尺寸为 $\phi60\times3100$(mm)，辊中心距为 87mm。

燃料种类：石油液化气。

烧成温度：1350℃。

烧成气氛：氧化气氛或弱还原气氛。

烧成周期：3.5～7h 可调。

产量：年产 1500 万件日用瓷。

棚板规格：450mm×450mm。

烧嘴数量：78 对。

②窑体材料与结构

窑体以 2m 为一个基本单元节，用 A3 结构方钢制造窑体框架（烧成带高温段用工字钢单独制作）。用高强珍珠岩粉和高温水泥按比例混合后铺设窑底砖，窑墙内衬按不同温度分段分别用 230mm 长的黏土轻质砖、高铝聚轻砖、轻质莫来石砖砌筑，外层用硅酸铝纤维等填充（为加强烧成带保温，其每侧窑墙增加 100mm 的纤维材料）。窑顶用不同高度高铝聚轻砖、轻质莫来石砖进行吊顶的砌筑，顶上铺以硅酸铝纤维棉，纤维棉上再铺上珍珠岩粉进行保温。为防止烧嘴位置过低而使火焰喷溅到制品的表面，烧成带辊上高比预热带和冷却带高出 200～400mm。此外，烧成带第 9～18 节为低温段（650～950℃），窑顶采用吊顶结构（参见图 3.64）；第 19～23 节为高温段，该段窑顶采用拱顶结构，如图 3.68 所示。窑上部采用弧形拱顶，一方面加大了燃烧空间，使液化气充分进行燃烧，同时也提高了高温段烧嘴的安装高度，使火焰不喷溅到坯体表面，以保证坯体的正常烧结瓷化。在烧成带低温段下部烧嘴之间不设挡火墙，以防止形成温谷，造成坯体的氧化不彻底。由于坯体在高温阶段要继续氧化分解，并瓷化和釉层玻化，此阶段每节窑体辊下部设有挡火墙，以使窑内温度均衡上升，同时挡火墙内的蓄热量增大，可以减少窑内温度的波动。

③工作系统

在预热带底部每节设有一排排烟孔（共 8 排），每排为 3 个小孔，每个小孔单独设立调节闸阀，以利于调节坯体的均匀受热（图 3.69）；上部除窑头处设有排烟孔外，其余部位则不设置排烟孔，窑头的排烟孔同时起着窑头封闭气幕的作用。

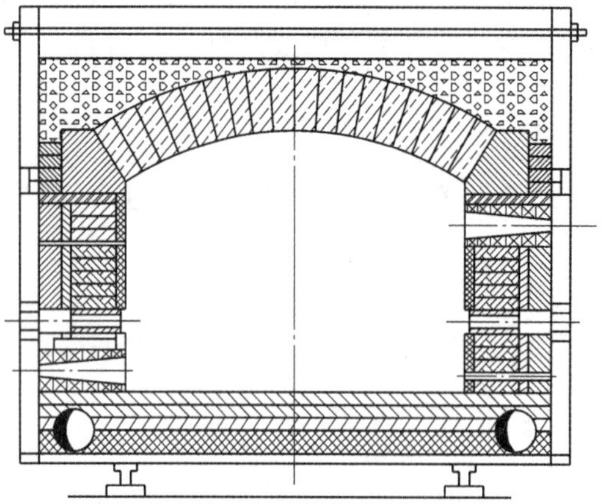

图 3.68　烧成带高温段结构示意图

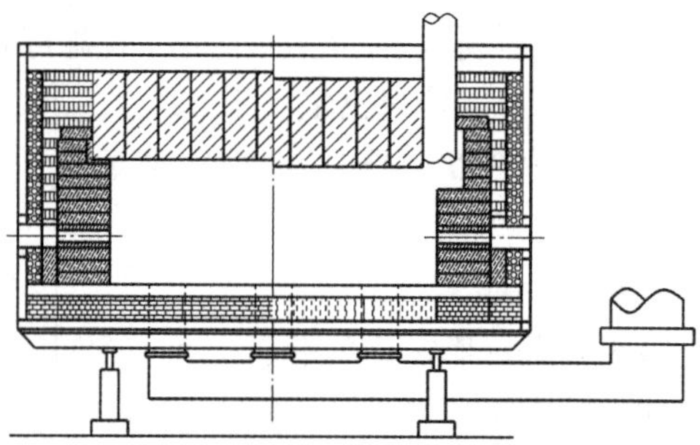

图 3.69　预热带结构示意图

从液化气站送来的液化气经气化后由总管道送入烧成车间内，用调压阀调压后经电磁总阀送到窑上的供气总管，窑上的供气管道末端设有手动放散阀和电动放散阀，可以对管道进行排空处理。烧成带共安装有78对烧嘴，单边每3个烧嘴为1个调节单元，各调节单元所用的燃气分别由窑上的液化气管道经手动阀和电动执行器及蝶阀送入烧嘴，烧嘴前仍设有手动球阀，能单独关闭单个烧嘴。烧嘴采用进口液化气烧嘴，液化气与助燃空气经调节后喷入燃烧室进行燃烧。

在冷却带急冷段(第24～26节)，每节辊上下都设有急冷风喷入口，急冷风机将窑外冷风分上下两个口同时喷入窑内，使制品均匀冷却，同时将抽热风口与急冷风口交替砌筑，以便及时抽出余热，使急冷的效果达到最佳。在窑尾快冷段也设有冷风喷入口，由设在窑尾的冷却风机将窑外冷风鼓入窑内，加快制品的冷却。

通风系统窑头的排烟主管道设计直径为600mm，支管道直径为300mm；冷却带的抽热风主管道直径为700mm，支管道直径为300mm(窑头排烟主管道、抽热风主管道的末端均设有调风孔，以利于烟气和余热气体的温度调节，防止温度过高烧坏风机)。助燃风主管道直径为300mm；急冷风主管道直径为300mm，支管道直径为50mm；窑尾冷却风主管道直径为300mm。助燃风管道和急冷风管道用厚度为1mm的不锈钢板制作，其他管道用厚度为4mm的A3钢板制作。

该窑传动系统采用45°斜齿轮分段传动，主动力为10台0.75kW无级变速电动机，通过链轮带动大斜齿轮轴，大斜齿轮轴带动小斜齿轮，从而驱动辊棒进行运转。主传动10台电机采用变频器进行变频调速控制，对变频器的频率调节使电动机的输入频率发生改变，从而改变电机的转速，以此调节辊棒运转的速度。该主传动部分运行平稳，并能实现正、反转和打摆等运转，十分易于调节。

4 间 歇 窑

4.1 概 述

按窑炉的操作来分，陶瓷工业窑炉可分为连续窑和间歇窑两大类。与连续窑相比较，间歇窑仍具有很多优点：一是窑的容积可大可小，容易随着被焙烧制品的工艺要求变更烧成制度，在生产中灵活性大，多适用于品种多、规格和规模不大的工厂生产或研究单位做试验；二是窑内上下温度分布比较均匀，可以烧出优质产品。此外，它可适应周末或节假日停窑休息，而且它还具有窑炉造价较低、占地少、基建投资少、时间短、见效快等优点。倒焰窑是我国陶瓷工业中最常用的传统间歇式火焰窑炉，但是传统的倒焰窑产量低，单位制品燃料消耗量大，而且装、出窑劳动条件差、强度大。随着我国生产的发展及科学技术的进步，现代新型间歇操作的陶瓷窑炉也得到蓬勃发展，其中梭式窑和罩式窑是现代间歇式窑炉的典型代表，已广泛应用于各种陶瓷工业生产中。现代间歇式窑炉的操作条件与隧道窑相似，工人在窑外装卸制品，劳动条件好；窑炉的烧成和冷却过程可以实现自动控制，能确保烧成质量。因此，现代新型间歇窑已基本取代了旧式的倒焰窑，它与现代隧道窑、辊道窑一起在我国陶瓷工业中发挥着重要作用。

应该指出，与连续窑相比，随着制品的加热与冷却，整座间歇操作窑炉的温度要随之变化，必然产生窑体蓄热损失。此外，间歇操作窑炉排烟温度高，烟气的热量难以得到充分的利用，排烟热损失大，增加了产品的燃料消耗量。针对这两方面的缺陷：一是现代间歇窑采用耐高温的轻质耐火砖或耐火纤维制品作内衬，大幅度地降低了窑体的蓄热量，便于快速烧成和冷却，并显著降低窑体的散热损失；二是采用换热装置充分利用烟气余热来预热助燃风，提高燃烧效率与窑炉热效率。此外，现代间歇窑普遍采用调温高速烧嘴，明显地改善了窑内温度和气氛的均匀性，强化了窑内传热，缩短了制品的烧成时间，并可使窑炉的断面成倍地加宽，有利于增大每台窑的生产能力，对降低基建投资和操作运行费用、降低窑体蓄热与散热损失等都有明显的好处。因此，新型现代间歇窑在经济、技术指标上已接近现代化的连续性窑炉。

本章重点介绍梭式窑和罩式窑这两种现代化的间歇窑，但为了对间歇窑的发展过程有较深刻的理解，在介绍现代间歇窑之前，对传统的倒焰窑的结构与工作原理也作一简要介绍。

4.2 倒 焰 窑

倒焰窑是由升焰窑、馒头窑发展而来的，我国北方在 20 世纪初已采用了倒焰窑烧成瓷器，倒焰窑是我国陶瓷工业中使用较久、较广的一种间歇式火焰窑，它的特殊的烟气流动形式与工作流程对现代陶瓷窑炉的设计至今仍有一定的参考价值。

4.2.1 倒焰窑的工作流程与窑体结构

倒焰窑大多用煤作燃料，在 20 世纪 70—80 年代我国也建造了不少以重油为燃料的倒焰窑，但它们的工作流程大致相同。图 4.1 所示为煤烧倒焰窑的工作流程，将煤加进燃烧室 2 的炉栅上，一次空气由灰坑 3 穿过炉栅，经过煤层与煤进行燃烧。燃烧产物自挡火墙 7 和窑墙 8 所围成的喷火口 10 至窑顶经过窑内制品倒流至窑底，由窑底吸火孔 4、支烟道 5 及主烟道 6 流向烟囱排出。在火焰流经制品时，其热量以对流和辐射的方式传给制品。因为火焰在窑内是自窑顶倒向窑底流动的，所以称为倒焰窑。

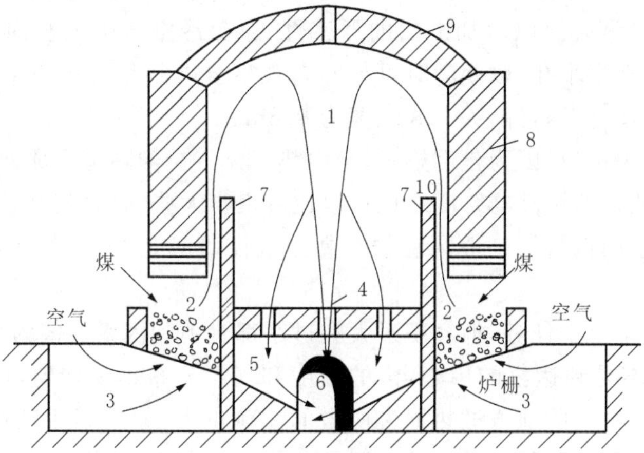

图 4.1　倒焰窑工作流程示意图

1—窑室；2—燃烧室；3—灰坑；4—窑底吸火孔；5—支烟道；6—主烟道；
7—挡火墙；8—窑墙；9—窑顶；10—喷火口

这种倒焰的工作流程是符合分散垂直气流法则的。升温时窑内烟气自上而下分流，逐渐放出热量，本身温度降低，密度逐渐增加。当火焰流经需要较多热量的地方时，冷得快些，密度增加得也快，也就容易下沉，向下流动的速度变快。这样，流过这些需要多供热量的地方的热气体（火焰）就多些，使全窑在水平截面上的温度趋向均匀。冷窑时，打开窑顶天窗孔，冷空气自窑底部进入，自下向上分流，同理可使全窑制品在水平截面上冷却趋向均匀。现代梭式窑等也基本是按这一法则设计建造的。

倒焰窑的结构包括三个主要部分：窑体、燃烧设备和通风设备。倒焰窑从外形分有圆形和矩形两种。圆窑具有很多优点：一是窑内水平温度较方窑均匀，因为火箱依圆周平均分布，窑内没有死角，且每个火箱控制的加热面积为扇形，近火箱处是窑底圆的外围，面积大，而远离火箱向窑中心面积渐趋于零，这符合热量分布条件，使窑中心与四周的温度差很小；二是窑室容积在相同的条件下，圆窑比矩形窑有较少的窑墙侧面积及较少的砌筑砖体积，因此，圆窑窑体向外界散失和积聚的热量比矩形窑的少，即单位制品的燃料消耗量相应较少。但圆窑的直径增至很大时，增加了每个火箱所控制的加热范围，因而增加了窑内横截面上的温度差；另外，圆窑砌筑要用大量的异型砖，尤其窑顶是一个球缺，其形状复杂，砌筑更为困难。因此，圆窑不宜容积过大，也不宜容积过小；而矩形窑可以维持窑的宽度不变，通过加长窑的长度来增大窑的容积，以保证每个火箱所控制的加热面积不变。所以，容积为 $100m^3$ 以上的窑多为矩形，由于砌筑上的原因，容积不大的窑也多为矩形。

倒焰窑的窑墙、窑顶作用和它们应具备的条件与隧道窑一样，这里不再叙述。但倒焰窑是间歇式操作的窑炉，在长时间的焙烧中，窑墙、窑顶同时被加热，砌体所积聚之热往往超过外表面向外界散失之热数倍，可达到总热消耗量的10%～15%；当制品冷却时，砌体所积聚之热大部分又传给窑室，使制品的冷却受到阻碍。传统倒焰窑窑墙的总厚度为0.8～1.2m，其中内层黏土质耐火砖厚一块半砖长，即345mm；外层红砖厚两块砖长，即490mm；中间为轻质砖，为115～345mm。窑顶的厚度比窑墙薄些，以减轻对窑墙的荷重和横向推力，总厚度为0.3m左右，并且窑顶上无须像隧道窑那样铺平，可沿拱做成弧形。

倒焰窑的侧墙上备有一个或两个窑门，由此进窑装、卸制品。在每次装完窑后，砌两层耐火砖封闭窑门，门外涂以耐火泥以增加窑门的严密性，避免冷空气吸入窑内和减少向外散热量。在封闭窑门时应留观察小孔，以便随时可打开它观察窑内制品的焙烧情况。窑门的大小应足以使操作人员自由通过，通常高为1.8m、宽为0.8m。

倒焰窑的窑顶一般为拱顶，因为是倒焰式，窑内热气体不会像隧道窑那样集中在窑的顶部而造成大的上下温差，故窑的拱高与跨度之比可以比隧道窑大些，有时甚至是半圆拱以减少窑顶的横向推力，节省箍窑的钢材。一般圆窑的拱高为直径的1/6～1/4，矩形窑的拱高为宽度的1/3～1/2。

倒焰窑的容积取决于生产任务，但容积过大和过小都有不利因素。窑的容积过大时，虽然产量增大，但由于火焰不易到达窑的中心，窑的温度和气氛分布不易均匀，可能使废品增加。窑的容积过小时，其开设窑门的地方散热损失所占的比例也大，如果不注意严密封闭窑门，也可能引起窑内的温度和气氛更不均匀，且单位制品所负担的窑体蓄(散)热也增加了。所以，应综合考虑生产规模、产品对温度和气氛的均匀性要求、劳动组织等条件来确定窑的容积。通常圆窑最大容积在100m^3左右，即窑的高度约4m，直径约6m。矩形窑可比圆窑的容积大，这是因为火箱设于窑的两侧，窑的长度可大些，其长度与宽度之比一般为1.0～2.5，故窑的容积可达200m^3，甚至更大。

4.2.2 倒焰窑的燃烧设备

倒焰窑的燃烧设备一般由燃烧室、挡火墙与喷火口组成。

烧煤和烧油的倒焰窑都需要设置燃烧室，只是烧油的燃烧室不要炉栅和灰坑，在加煤口上安装油烧嘴即可。燃烧室的大小可根据每小时最大燃料消耗量来计算，但计算很烦琐，而且算出的结果也未必准确。因此，往往是直接采用生产经验数据，即根据每10m^3窑的容积应具有多少平方米炉栅面积，或是炉栅面积为窑底面积的百分比来决定(表4.1)。

表4.1 倒焰窑的主要结构经验数据

窑的容积(m^3)	每10m^3窑容积具有的面积(m^2)			炉栅总面积占窑底面积(%)	吸火孔总面积占窑底面积(%)	喷火口面积占炉栅面积(%)
	炉栅	吸火孔	主烟道			
>100	0.5～1.0	0.05～0.15	0.06～0.15	15～25	1.5～5	20～25
<100	1.0～1.5	0.10～0.20	0.15～0.25	25～35	3.0～7	20～25

目前，倒焰窑一般使用烟煤作燃料，采用阶梯状炉栅或稍向窑内倾斜15°的梁状炉栅两种。使用阶梯状炉栅操作容易掌握，也不易漏煤，尤其适用于烧细颗粒煤；使用梁状炉栅则清灰方便。因为助燃所需的一次空气是由灰坑穿过炉栅与煤进行燃烧的，所以炉栅上应有一定的通风面积。通风面积太小，不易通风，阻力大，也不易清灰；通风面积太大，则易漏煤，造成机

械不完全燃烧的损失，经验数据为通风面积占炉栅总面积的25%～30%。燃烧所需的一次空气可采用自然通风，也可以封闭灰坑门用风机鼓风。

挡火墙的设置在倒焰窑中具有很大意义，其作用是使火焰具有一定的方向和流速，合理地送至窑内，且能防止一部分煤灰入窑玷污制品。挡火墙的高低严重影响窑内上下温差。挡火墙太低，则火焰大部分到不了窑顶，而直接进入窑的下部，使窑的上部温度低，下部温度高。反之，挡火墙太高，则把火焰全部送至窑顶，甚至集中在窑的最顶点，只靠火焰由顶部向下流动时把热量传给制品，又造成上下温差大，上部制品过烧，下部制品生烧。所以，合理地设计挡火墙的高低，可使大部分火焰送到窑顶，小部分直接进入窑的下部。有的还在挡火墙上开几个小通孔，用以调节窑的上下温差。挡火墙一般比窑底高出0.5～1.0m，对于容积大的窑的挡火墙应取高些，小窑则取低些。并且应根据窑的实际操作情况，即窑内上下温度分布情况调整挡火墙的高度。

喷火口为挡火墙与火箱上面的窑墙之间的长方形截面空间，喷火口的截面面积过大，则火焰喷出速度小，使火焰喷出无力，不能到达窑顶和窑的中心，造成窑上部温度低、下部温度高，且占据窑内容积过多，减少制品的装载量。但是，喷火口也不能太小，以免火焰喷出时阻力太大，喷出困难，容易把燃烧室耐火砖及炉栅烧坏，且易造成窑内下部制品生烧的现象。一般喷火口截面面积为炉栅水平面的1/5～1/4。

4.2.3 倒焰窑的排烟通风系统

倒焰窑的排烟通风系统包括窑底吸火孔、支烟道、主烟道和烟囱。

倒焰窑吸火孔的作用相当于隧道窑排烟口的作用。倒焰窑是倒焰的，由窑底排烟，故吸火孔设在窑底。吸火孔总面积的大小和分布情况，对窑的操作控制和窑内水平截面上的温度均匀性关系极大。如果吸火孔总面积太大，不易使火焰在焰内停留一段时间，火焰一经喷火口喷出，很快就由吸火孔跑掉，不能充分地把热量传给制品，烟气离窑温度过高，热利用率差，燃料消耗量大。并且烧窑不易控制，加煤量多一些，窑内温度就很快上升，加煤量少一些，窑内温度马上往下降。而吸火孔总面积太小，则排烟阻力大，这样就限制了每小时燃料的燃烧量，窑内甚至无法升温。根据实践经验，吸火孔总面积为窑底的3%～7%较适宜。容积大的窑选小些的数据，容积小的窑取大些的数据，另外，为了操作方便，吸火孔面积宜选大些好，以防在烧窑过程中出现吸火孔变形、部分堵塞等使面积变小。若原设计吸火孔面积过大，可以在装窑时用垫脚砖适当堵住一点。

一般来说，吸火孔是均匀地分布在窑底上，但为了使窑内水平截面上的温度均匀，要注意在烟气不易到达的地方，如远离烟囱的一端、窑的角落处等，以及散热较大的地方，如靠近窑门处等，吸火孔应布设多些或大些。因为吸火孔分布多些或大些的地方，就容易多流过一些火焰，放出热量也就多些，使那里的制品容易升温。

吸火孔多是圆形孔，以免产生局部回流现象，每个孔的直径一般为60～100mm，但是要设计异型砖砌筑窑底。也可用标准直形砖砌筑窑底，按需要留出矩形的吸火孔。

支烟道分布在窑底吸火孔的下面，起连接吸火孔和主烟道的作用，而主烟道则是连接支烟道和烟囱的。为使烟囱对窑内各吸火孔的抽力基本相同，也就是使窑内温度分布均匀，支烟道多做成蜘蛛网式或“非”字形，窑底中心有一垂直烟道和主烟道相连[图4.2(b)、图4.2(c)]，但其结构复杂，地基较深，还要注意地下水。矩形窑支烟道多做成“非”字形，主烟道两端相通，汇合后进入烟囱，见图4.2(a)。

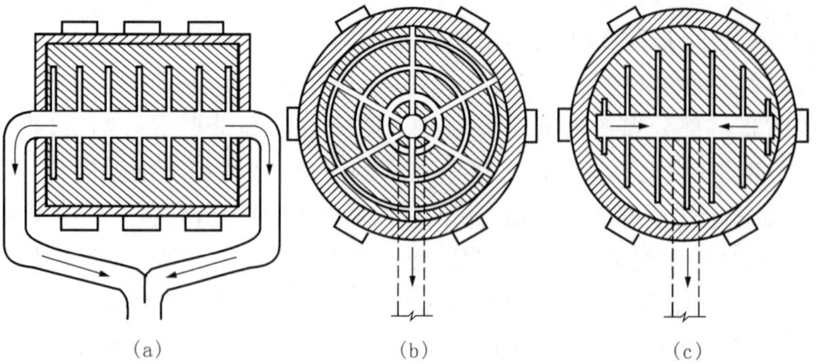

图 4.2　倒焰窑支烟道的分布

在设计烟道时，要求烟道阻力尽可能小，使阻力主要产生在窑底的吸火孔上，有利于主烟道上的闸板对窑内抽力大小的控制。所以，支烟道的总横截面面积原则上要比吸火孔的总面积大些，至少也要相等。这样，烟气一经窑底吸火孔排出，就能迅速流向烟囱排出。

主烟道是连接支烟道和烟囱的烟气通道，其作用是汇集烟气并流经烟囱将烟气排出室外。主烟道的横截面面积原则上比支烟道总截面面积大些或相等，还应考虑便于清理烟道的积灰以及离烟囱的远近来确定主烟道的截面大小。主烟道截面的高度一般大于宽度，有利于烟道上闸板的控制排烟。主烟道的长度一般不要超过 10m，否则烟气在主烟道里温度降低得太多，减少了烟囱的抽力，且增加建筑费用。主烟道上的闸板安设位置不宜紧靠烟囱，以使烟气在闸板至烟囱底部有一段较稳定的流动，不至于因闸板的少许变化而引起窑内压力的较大波动。

倒焰窑一般靠烟囱自然通风排烟，烟囱的高度直接影响其抽力，可以通过气体力学理论计算烟囱高度。为便于操作，一般是两座窑共用一个烟囱，将烟囱设在两窑主烟道汇合处，各自都设有烟道闸板。当这座窑为冷窑不用烟囱时，就烧那座窑。这样不但彼此不受影响，反而使烟囱长期处于热的状态，克服了烧窑在低温阶段烟囱抽力不足的缺陷，有利于烧窑操作，并且节省了建筑费用。这样设计的烟囱，实际上等于一座窑使用，不必考虑烟囱加高加大的问题。

4.3　梭　式　窑

梭式窑是一种现代化的间歇窑，其结构相当于在隧道窑烧成带的基础上加上了排烟系统与冷却通风系统。梭式窑主要由窑室和窑车两大部分组成，坯件码放在窑车棚架上，推进窑室内进行烧制，在烧成并冷却之后，将窑车和制品拉出窑室外卸车，它的装窑、出窑与隧道窑相似，都在窑外进行。每次烧成，窑车在窑内进出来回运动一次，窑车运动时犹如织布机上的梭子，故称为梭式窑(shuttle kiln)。大多数梭式窑只开一个窑门进出制品，像抽屉进出一样，在陶瓷行业中又称它为抽屉窑或台车窑。

由于梭式窑是间歇生产，因而其生产方式和时间安排灵活，容易与中、小批量的间歇成型和间歇干燥的生产方式配合，便于统一休假，并可减免干扰工作人员生活规律的晚班，组织合理，很受广大职工的欢迎。此外，梭式窑结构紧凑，占地面积小，所以投资小；其容积可大可小，对产品适应性强,能适应不同尺寸、形状和材质制品的烧成。因此,它既可用作生产的主要烧成设备,特别适合小批量、多品种的生产,满足市场多样化的需求,又可作为辅助烧成设备,例如产品的重烧和新产品的试生产使用。

梭式窑的热耗比辊道窑和隧道窑高一些。随着轻质耐火砖,特别是耐火纤维技术的发展,燃烧技术和余热利用技术以及窑炉设计水平的提高,梭式窑向节能化和大型化发展,其热耗也在逐渐下降,并优于一些隧道窑。因此,对于中、小批量陶瓷的生产来说,高效节能梭式窑应该是一种合理的窑型。目前,它已广泛应用于我国卫生瓷、艺术瓷、日用瓷等陶瓷企业生产中。

4.3.1 窑室

梭式窑窑室要从室温迅速升至1000多摄氏度,并在高温下保持一段时间,然后再急速冷却至600~700℃,随后冷却至产品出窑。窑室要经受高温以及在高温下炉尘、炉气、坯体与釉料的低熔挥发物的侵蚀作用,还要经受频繁的急速加热与冷却的热胀冷缩作用,工作条件相当恶劣。因此,组成窑室的窑墙、窑顶、棚架、台车面等部分所用的材料、结构形式和尺寸等,都必须适应上述特点,以保证窑炉正常工作。

梭式窑的窑室由窑墙、窑顶、窑门及窑车组成。窑车之间以及窑车与窑墙之间像隧道窑一样也设有曲封和砂封,由于窑车进入梭式窑以后在整个烧成过程中是不运动的,因而其曲封间隙可比隧道窑的小些,有些大型梭式窑在进车后用油压推动密封件来代替砂封,进一步保证了窑室的密封性。图4.3为一般梭式窑结构示意图。

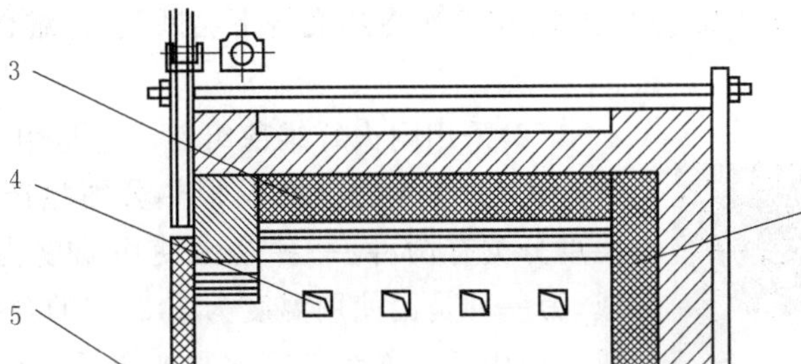

图4.3 一般梭式窑结构示意图

1—窑室;2—窑墙;3—窑顶;4—烧嘴;5—升降式窑门;6—支烟道;7—窑车;8—轨道

梭式窑的窑墙是指窑室四周的围墙。它可用耐温度急变性较好的轻质耐火砖或轻质浇注料砌筑,外部用硅酸铝纤维制品、硅酸钙板、岩棉等隔热,内面还可粘贴50mm左右的高温耐火纤维，以减少蓄热、散热，并延长轻质砖或浇注料的使用寿命。为提高窑炉强度和气密性，窑墙外常包以 3mm 左右厚的钢板。

烧嘴一般安设在两侧窑墙上，并视窑的高矮设置 1～3 排烧嘴，因此，窑墙上装有烧嘴砖和观火孔砖，并设有冷却喷风管口、测温孔及测压孔等。孔洞的设置应注意不使它们影响窑墙的砌砖强度和密封性。为防止砌砖破坏，窑墙应尽可能避免直接承受附加载荷，窑门、管道、换热器等应设在钢架上。在强度较低的轻质耐火砖和耐火纤维制造的窑墙上，也不应放置质量较大的烧嘴砖等，它们应由钢架来承重。

梭式窑的窑顶按其结构形式可分为拱顶和吊顶两种。

拱顶是用楔形砖砌成的，拱顶的拱角一般为 60°～180°，60°的拱顶采用得较多。拱顶的材料常用强度大的轻质高铝砖，拱顶上面采用硅酸铝纤维、岩棉等轻质材料。在拱顶砖的内面可以贴上 50mm 左右的耐高温耐火纤维，以减少蓄热、散热，并可延长轻质砖拱顶的使用寿命。

断面较宽的现代梭式窑常采用平吊顶。平吊顶是由异型砖构成的，异型砖用吊杆单独或者成组地吊在窑炉的钢梁上。吊顶砖的材料常用轻质耐火砖，吊顶砖外面常用硅酸铝纤维等轻质耐火材料覆盖。

由于重质耐火材料的蓄热量很大，现代梭式窑大量使用隔热性好、体积密度小、蓄热量小的耐火纤维。耐火纤维窑墙和窑顶的结构主要有三种：

(1)用陶瓷杆锚固多层不同材质的耐火纤维毯。烧成温度高的窑采用氧化铝纤维、莫来石纤维、含锆纤维、高铝纤维；烧成温度较低的窑采用普通硅酸铝纤维，甚至岩棉毯，这样的结构经济合理。但陶瓷杆锚固件是重质材料，蓄热多，还是传热的良导体，因此增大了蓄热和散热损失。另外，如果陶瓷杆的品质不过关，在多次冷热交替下会断裂，纤维毯就会脱落，这种结构现已日趋减少使用。

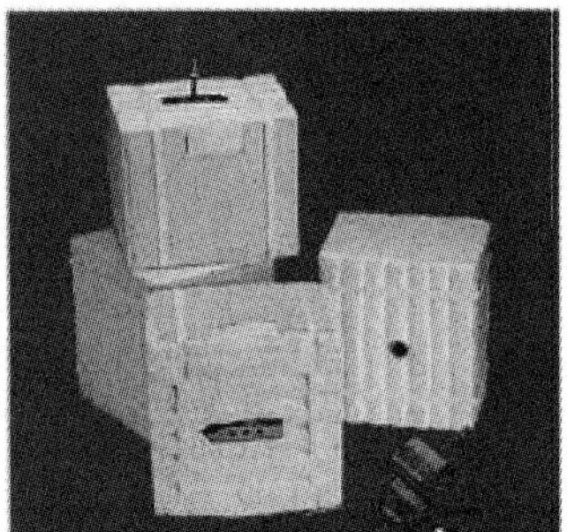

图 4.4　耐火纤维组件

(2)采用耐火纤维毯组件。它是用耐火纤维毯做成 Z 形折叠块，图 4.4 为上海摩根热公司生产的耐火纤维组件，按温度分类有两种：一种是由使用温度为 1260℃的赛拉毯构成，另一种是由使用温度为 1425℃的含锆(或铬)的赛拉毯构成。使用纤维毯组件简化和加快了炉衬的安装施工，并带来一系列明显的炉窑操作上的便利。在冷端用轻型耐热钢架夹紧并锚固耐火纤维组件块，组件固定于炉壳上以后，去掉包扎带，组件膨胀并相互挤紧形成一个无缝隙的整体隔热衬，所有金属件因处在炉衬的冷面而不承受高温。由于纤维毯组件施工方便、使用可靠，所以它是目前全纤维炉衬的主流结构，应用广泛。

(3)带堇青石-莫来石护瓦，用陶瓷杆锚固多层不同材质的耐火纤维毯或 Z 形折叠块。护瓦具有保护耐火纤维免遭冲刷及侵蚀作用，但其本身是重质材料，处于窑墙的热面，加上陶瓷杆锚固件的蓄热、导热作用，其蓄、散热量会比结构(2)高，并使造价与施工难度增加。目前仅在少数窑上使用。

梭式窑可在窑室长度方向上的两端设置窑门，制品烧好并冷却至一定温度后用窑车从窑室的另一端窑门推出，接着把另外已装好制品的窑车推入窑室内；或者同时从两端的窑门推入、拉出窑车。但为了保证窑体密封性，现代梭式窑一般只在一端设置窑门，码装好制品的窑车从这一窑门推入窑室内，待制品烧成并冷却至一定温度后仍从这个窑门拉出，窑车的运动就像书桌里的抽屉一样在窑内来回移动，所以，又有人将梭式窑称作抽屉窑。

现代陶瓷梭式窑的窑门一般先用型钢和钢板焊接构成窑门框架，然后在其内侧衬有耐火纤维或轻质耐火砖，组成窑门部件。图 4.5 为 2.5m^3 液化气梭式窑窑门部装结构图。窑门框的窑内一侧的温度要比窑外一侧的温度高许多，因此，窑门框通常用耐热铸铁或耐热钢制造，且留出不均匀膨胀的余地。

窑门应与窑门口砌体、窑车端面紧密接触，以减少冷空气的吸入或热烟气的漏出以及热辐射的损失，常用耐火纤维进行密封，采用机械压紧、气动压紧和液压压紧都可达到密封的目的。其中用人工操作机械压紧，方法简单可靠，投资少；气动压紧和液压压紧虽然投资较多，较为复杂，但能实现自动操作。

窑门的开闭运动方式有垂直或倾斜升降、一侧开闭或做成窑门车等多种方式。尺寸不大、重量轻的侧开窑门或窑门车用人工即可开闭；尺寸和重量较大的应采用电机、气动或液压作为动力。

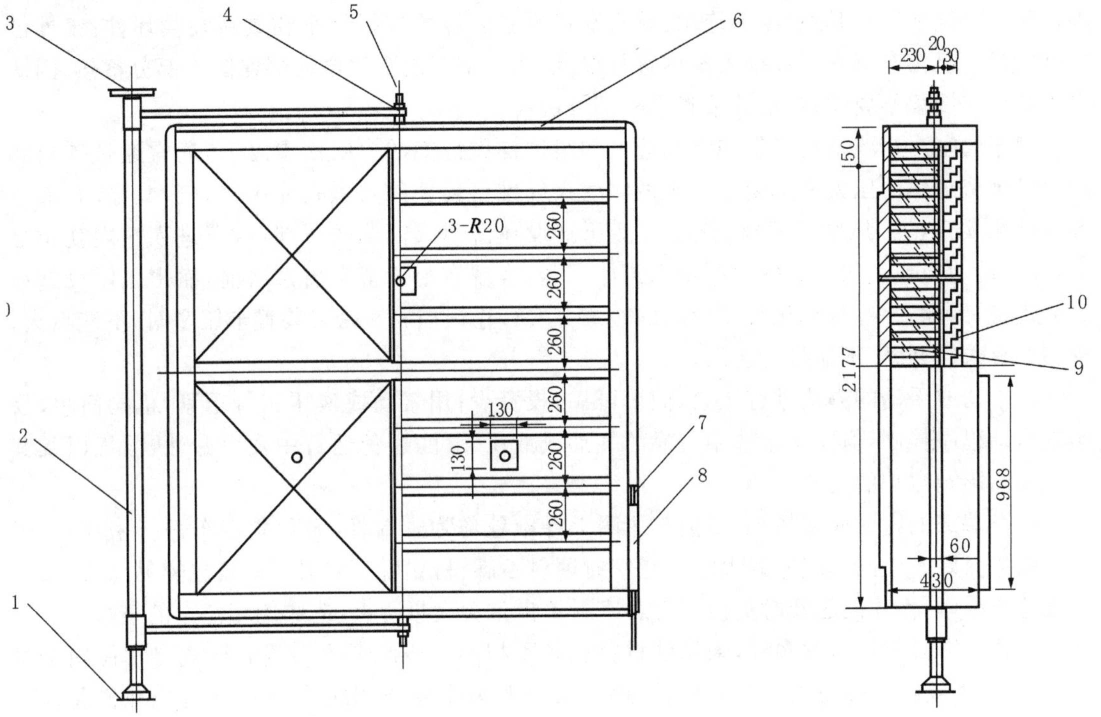

图 4.5　2.5m^3 液化气梭式窑窑门部装结构图

1—堵头支座；2—窑门支架；3—轴承座；4—螺母；5—支撑螺杆；6—窑门框架；7—门闩；8—门闩套图；9—轻质耐火砖与纤维棉内衬；10—高温陶瓷纤维内贴

为使窑墙、窑顶坚固，并能在操作情况下保持其形状，梭式窑须设立钢构架。钢构架的作用是：

(1)加固窑体的轻质耐火材料构件、砌体，承受窑炉拱顶的横向推力或窑炉吊顶的全部重量，并把它们的作用力传给窑炉基础。

(2)构成窑炉骨架，在它上面安置窑炉全套附属设备，如窑门框、烧嘴、管道、仪表及电缆等。

(3)抵抗轻质耐火材料构件、砌体的高温膨胀，防止窑体产生变形。钢立柱是钢构架的主体，它用地脚螺栓固定在钢筋混凝土基础上。为了使窑炉的钢架成为牢固的整体，钢立柱之间须用角钢或槽钢焊接在一起，此时窑炉的各部分砌砖必须留有膨胀缝并夹有衬垫物，以保证砌体的外形尺寸不发生大的变化。现场组装梭式窑就是将钢构架分段做成便于运输的牢固构件，窑衬、管道、轨道等已预先装配，到现场后只需进行简单的连接安装工作，即可进行调试并交付使用。

窑车运行轨道由窑内轨道、窑外拖车轨道、窑外停车轨道和装车轨道等组成。现代梭式窑采用轻质窑车，装载重量也较轻，一般采用轻轨。

4.3.2 窑车

窑车用来运载制品，窑车的台面在窑内构成密封的窑底，梭式窑窑车结构与隧道窑的基本相同，但梭式窑窑车一般比隧道窑的要大，而且密封方式有所不同。窑车装载着坯件被推入窑内，经预热、烧成、冷却后由窑内拖出，待产品接近室温即可进行卸车和重新装载坯件；窑外已装好的另一组窑车可立即被推入窑内进行烧制，由于窑车出窑后窑体仍保留一部分蓄热，因此升温比传统倒焰窑要快些，也就节省了一部分能耗。

窑车的密封措施是直接影响窑车运行和窑炉操作性能的主要因素之一，通常通过砂封和耐火纤维密封体的压紧来实现。窑车两侧耐火纤维密封体的压紧是靠手动、气动、电动、液压等方法来实现的。压紧的机械、汽缸或液压缸设在窑门或窑墙的下部，窑车进入窑内就位之后，才启动动力或用人工将耐火纤维密封体压紧，实现密封。窑车出窑之前，撤出压紧设施后方能出窑，因此，一些自动化程度较高的梭式窑实行连锁控制。密封装置未压紧时，不能点火；密封装置未松开时，不能打开窑门。

用电动或手动的方法进行压紧，简单可靠，投资少；用气动或液压实行压紧，机构简单，易实现自动程序控制，但要注意选用可靠的气动或液压元件，避免运行中发生漏油、漏气以及其他故障而影响窑炉的运转。

窑车端部的密封面积较小，目前多用耐火纤维毯作为密封件，靠顶紧窑车进行密封，一般密封效果尚好。但当车端的耐火纤维毯密封填料不满、粉化脱落或对压不良也容易蹿火，故应加强检查维修，发现问题及时更换，不然，密封不良就会大量蹿火，造成烧坏窑车的事故发生。

梭式窑窑具结构多种多样，采用的材料也各不相同。烧制卫生陶瓷的梭式窑常使用堇青石-莫来石质或碳化硅质的空心长立柱、棚板及薄形多孔板，使用重结晶碳化硅质或氮化硅结合碳化硅质的横梁、各种形状的支凳、棚板连锁件等窑具来支承和固定制品。梭式窑由于常是多层码装，故棚架为多层，高度较大，因此棚架的稳固性十分重要。图 4.6 所示为某卫生瓷梭式窑的窑车整体结构图。为进一步减少窑车蓄(散)热，一般还在窑车台面贴上一层高温耐火纤维毡。

拖车是梭式窑转运窑车、进窑与出窑用的设备，多为电动。对两端都设有窑门的梭式窑，窑车往返穿梭而过，无须将窑车转运至另一轨道上，可不设置拖车。梭式窑的进、出车与隧道窑相似，可以用人工手动，也可以用液压或气动机构来实现。

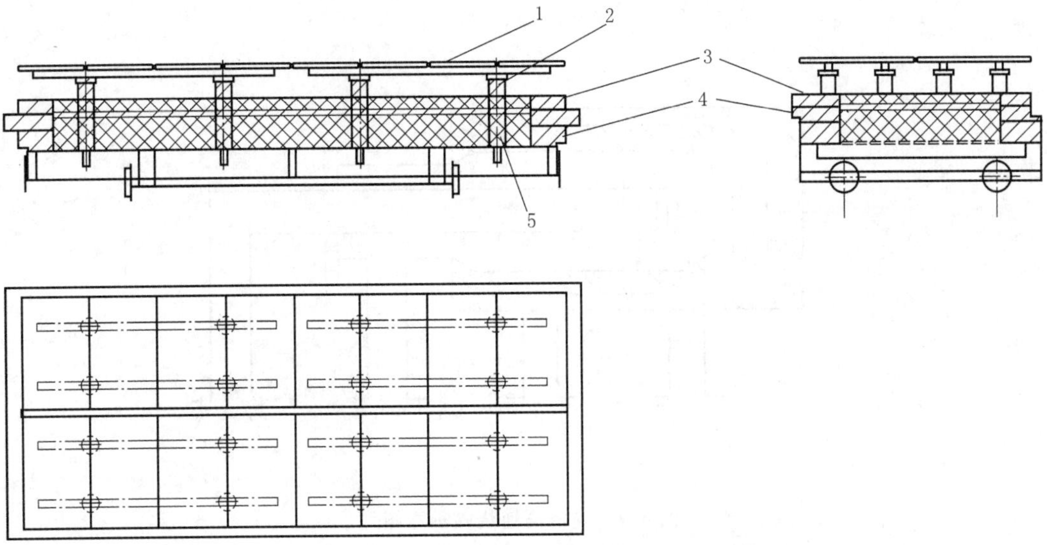

图 4.6 窑车整体结构图

1—碳化硅质棚板；2—碳化硅质横梁；3—面层纤维毡；4—窑车周边耐火材料；5—立柱

4.3.3 燃烧系统

(1)调温高速烧嘴的应用

现代陶瓷工业梭式窑大多采用调温高速烧嘴。烧嘴烟气喷出速度通常为 50～100m/s。烧嘴通常立体交错地布置在窑室的两侧墙上，使火焰高速喷射到窑车台面的上方与棚板间及窑顶的下方与制品间的空道内，若在料垛间设有烧嘴的，则要在料垛间留出 100～400mm 的火道，通常其宽度随窑炉宽度尺寸的增大而增大。

图 4.7 为西安电瓷厂 1985 年引进美国贝克来(Bickler)公司梭式窑上的高温高速烧嘴的示意图。煤气以较高的压力从主煤气进口 5 进入烧嘴，在渐缩管与从助燃风进口 4 高速鼓入的一次空气相遇混合，从烧嘴喷口喷出燃烧后体积急剧增大，加上原本较大的动压头使产生的高温火焰能以较高速度喷入窑内火道。低温阶段可以通过调节从二次空气进口 3 鼓入的风量，掺入的调温空气(或过剩空气)使烟气的流量和流速同时增大，一是可以调节进窑烟气的温度，二是可以保证低温阶段氧化焰的要求；而在高温还原阶段，可以从还原煤气进口 2 通入二次煤气，以保证喷入窑内的烟气符合烧成工艺所要求的还原焰。

采用高速烧嘴可以提高传热效率。众所周知，窑内烟气对坯体的传热方式主要有两种，一是对流传热，二是辐射传热。两种传热方式的不同在于：辐射传热的传热速率与烟气和制品的绝对温度的 4 次方之差成正比；对流传热的传热速率则是与窑内烟气流速的 0.8 次方成正比，并与烟气和被加热坯体之间的温差成正比。虽然从传热的观点来说，增大温差可以加强传热，但会造成坯体靠热源面升温快，而背向热源面升温慢，且容易造成制品内外温差大，使整个被加热坯体升温不均匀。采用了高速调温烧嘴，高速的烟气喷入火道之中并抽吸窑内的烟气，其行为与自由射流相似，使窑内运动的烟气量增大，烟气与制品的温差不大，而窑内烟气的流速却比使用一般的烧嘴增大数十倍，从而在保证制品烧成质量的同时提高了传热速率，实现制品尽可能快的烧成目的。在低温阶段，通过调节二次空气量，一是可以保证喷入窑内的烟气温度

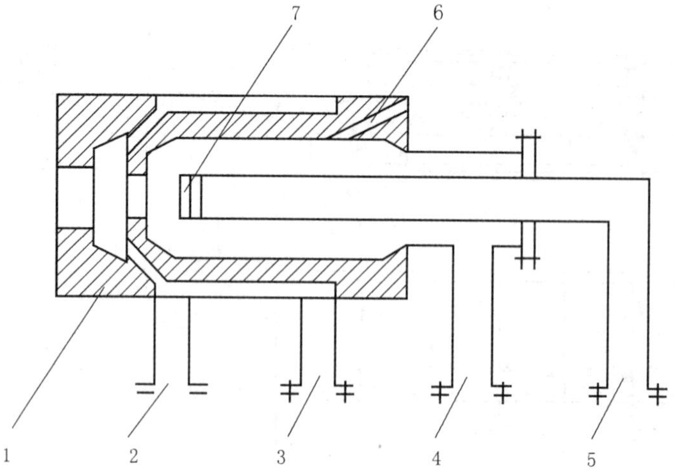

图 4.7 高温高速烧嘴示意图

1—烧嘴本体；2—还原煤气进口；3—二次空气进口；4—助燃风进口；
5—主煤气进口；6—点火器插孔；7—点火器

适合烧成温度的要求，二是可以增加喷入窑内的烟气量，提高低温阶段的喷出速度，加大了低温阶段的对流传热。即使在高温阶段，由于烟气的高速流动，对流传热的作用也远较普通烧嘴大得多，并且整窑制品比在传统倒焰窑烧成更易达到均匀加热的效果。

采用高速调温烧嘴的最大优点是可以大大改善窑内温度的均匀性。梭式窑中高速调温烧嘴一般都是在同一上、下断面或左、右水平面上作交错布置（图 4.8），在高速喷入烟气的射流作用下，使窑内气流形成一个强烈旋转循环气流，引起的循环气流的流量是排烟流量的几倍甚至几十倍，很好地起到了搅拌窑内烟气的作用，使窑内温度和气氛都极为均匀。因此，现代梭式窑由于应用了高速调温烧嘴，一方面提高了烧成过程的传热效率，另一方面极大地减小了窑内温差，保证了窑内温度场的均匀，加快了制品的升温速率，这意味着缩短了窑的生产周期，提高了窑的生产能力，同时也提高了产品的质量，降低了燃料消耗量。

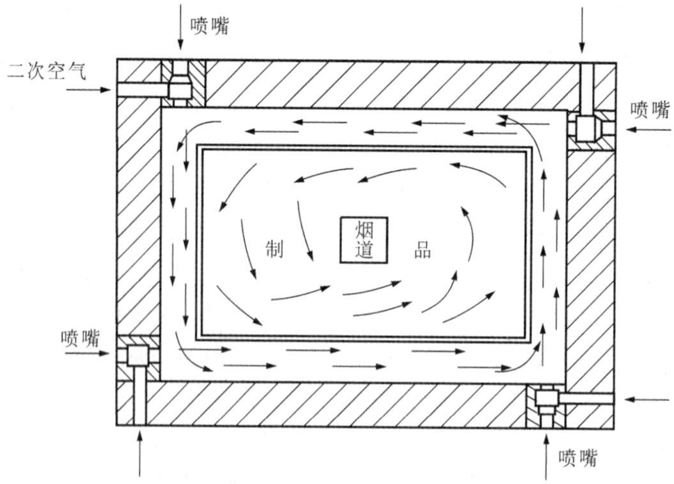

图 4.8 高速调温烧嘴的布置

焙烧某些陶瓷制品时,在低温阶段进行氧化分解反应,需要有足够的氧气吹过制品的表面,以便有足够的氧气进行化学反应。如果没有氧气接触制品表面,则在制品表面的气体层内就会因缺氧而富集了二氧化碳及其他氧化物,从而使制品化学反应延缓。采用了高速调温烧嘴,由于气体迅速旋转,同时喷入窑内的烟气充分保证了氧化气氛,使坯体的氧化分解反应和传热都同时加快了。但在使用高速调温烧嘴时,制品码装时要留有适当的火焰通道,以避免高速火焰直接冲刷到局部制品上,影响火焰的流动,造成较大的温差。

由于窑车在梭式窑中是固定不动的,所以窑室的密封性比隧道窑好,适应于窑内相对压强较大的情况下操作,即有利于使用高速调温烧嘴烧窑。也正是因为窑车不移动,可保证烧嘴对准车上留出的火焰通道,这一点也比隧道窑使用高速调温烧嘴方便。

(2)文丘里烧嘴的应用

近30年来,一种全纤维结构或砖与纤维复合结构,采用自吸式烧嘴的液化气梭式窑逐渐在全国各地兴起。这种窑炉以其高烧成质量、较显著的节能效果、合理的结构、占地面积小、建窑费用较低和烧成工艺调节灵活等优点,加上采用自吸式喷嘴,自然送风,无须使用风机,故无须大的电力消耗、噪声污染小等特点而深受陶瓷企业,尤其是小型陶瓷企业的青睐,它被广泛地应用到日用瓷与艺术瓷的烧成工艺中。

液化气梭式窑采用的自吸式烧嘴,即用文丘里管原理制成的烧嘴,这里简单介绍一下其结构与工作原理。如图4.9所示,自吸式烧嘴的主要组成部分是喷射器,喷射器是利用从喷嘴喷出的高速流体,吸引并带动另一种流体流动的装置。在喷射器中,高速流体(称喷射流体,这里是液化气)将能量传递给静止或低速流体(称被喷射流体,这里是外界空气),使其能量提高,以达到输送或混合流体的目的。空气调节阀1可以沿烧嘴轴线方向前后移动,用来改变空气的吸入量,以便根据燃烧过程的需要来调整空气过剩系数。液化气喷嘴2是一个收缩形管嘴,将喷射气体的热能转变成动能,做成收缩形可以增大液化气的喷出速度,同时使出口断面上的气流分布均匀,以便提高喷射效率。3为空气吸入管,为了减少空气的气动阻力,同时加大其动能,做成逐渐收缩式的喇叭形管口。混合管4的作用是使喷射气体(液化气)与被喷射气体(助燃空气)混合。扩张管5是一个渐扩管,目的是增加喷射器出口与吸气管之间的压强差,便于吸入被喷射气体。

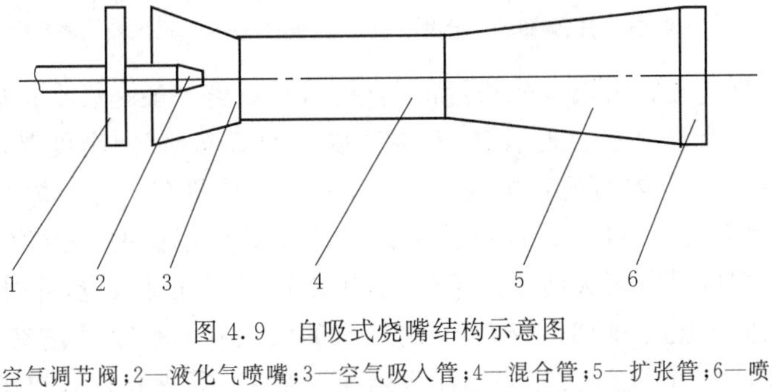

图4.9 自吸式烧嘴结构示意图

1—空气调节阀;2—液化气喷嘴;3—空气吸入管;4—混合管;5—扩张管;6—喷头

自吸式烧嘴是一种结构简单的烧嘴。气瓶中的液化石油气经减压后直接与烧嘴相连,燃烧所需的空气从烧嘴的吸风口吸入,与燃气充分混合后喷入窑内燃烧。这种烧嘴燃烧完全,不需要专门的空气供给设备,简化了窑炉的燃烧系统。自吸式烧嘴的优点表现为:

①吸入的空气量能随煤气量的变化自动按比例改变，因此喷射系数（空气过剩系数）能自动保持恒定，也就是说，这种烧嘴具有自调性；

②混合装置简单可靠，煤气与空气在混合管内即达到均匀混合，只要给予2%～5%的过剩空气就可以保证其完全燃烧；

③燃烧速度快；

④不需要风机，管路设置也比较简单，因此燃烧系统造价低廉。

图4.10为采用自吸式烧嘴的液化气梭式窑结构示意图，其窑体与窑车均采用新型轻质耐火材料砌筑在钢架结构上，一般在窑体上只有曲封，没有砂封。烧嘴布置在窑的两侧墙与窑车之间的窑体平台上，对称排列，对准窑底两侧平台的烧嘴砖孔垂直安装，烧嘴砖孔比烧嘴外径略大，以便燃烧时可吸入二次空气。液化气经自吸式烧嘴（图4.9）的喷嘴2喷入文丘里管，一次空气由空气吸入管3的进口处吸入并可由空气调节阀门控制其进气量大小，在烧嘴的混合管4内将液化气和空气进行混合，然后从烧嘴喷头6喷入窑内燃烧。

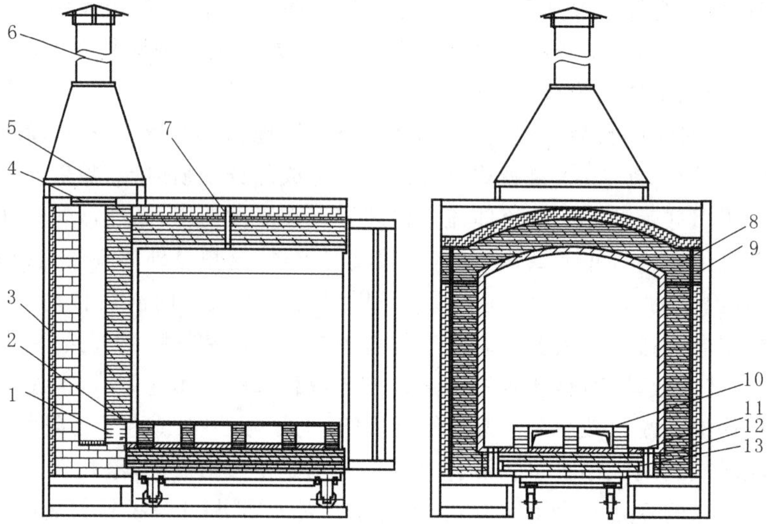

图4.10　采用自吸式烧嘴的液化气梭式窑结构示意图

1—排烟口中间砌砖；2—排烟口过桥砖；3—钢架；4—烟道闸板；5—吸热罩；6—烟囱；7—测温孔；8—拱脚砖；9—异型砖；10—棚板；11—窑车；12、13—烧嘴砖

自吸式烧嘴液化气梭式窑属自然排烟的间歇窑，总烟道一般是设在窑后墙（与窑门相对的窑墙）内，上面加一个上圆下方的集烟罩，上接铁皮制的烟囱，烟囱高度普遍不高，通常是2～3m。集烟罩不是紧贴着窑体的垂直主烟道安装，而是与其留有一定空隙，目的是当排出高温烟气时，靠射流作用吸入外界冷风，这样就保证了流经铁皮烟囱时不致温度太高而使烟囱损坏。窑体主烟道上端口设有耐火砖制的排烟闸，用以控制烟气排放量，并对窑压和气氛实行控制。窑车上棚板的间隙就是排烟口（相当于倒焰窑的吸火孔），燃烧产物在自吸式烧嘴喷射力的作用下喷至窑顶，再自窑顶经过窑内制品倒流至窑底，由吸火孔进入支烟道（即棚板下的通道），在烟囱抽力作用下，烟气进入窑后墙上的排烟口，最后由烟囱将烟气排出室外。

自吸式烧嘴液化气梭式窑窑内火焰的流动与倒焰窑的类似，火焰自烧嘴喷出向上喷射至窑顶，然后由窑顶向下流至窑车台面间隙（相当于倒焰窑窑底的吸火孔），经棚板通道由窑后墙排烟口流向烟囱。由于热的燃烧产物从窑底烧嘴台面上升有一个几何压头 $H_1(\rho_a-\rho_1)g$，这个几何压头在窑顶表现为正的静压头，作为窑内气体由窑顶向窑底倒流的推动力。而热的燃烧产物由窑顶倒流至窑车台面又有一个几何压头 $H_2(\rho_a-\rho_2)g$，这个几何压头是阻力。H_1 一般正好等于 H_2，而燃烧产物自烧嘴喷出至窑顶的平均温度一般来说要比自顶倒流至窑车台面时的平均温度高一些，因此，燃烧产物上升流动时的平均密度 $\rho_1(kg/m^3)$ 比倒流时的平均密度 $\rho_2(kg/m^3)$ 小些。这样，作为推动力的几何压头就大于作为阻力的几何压头。又因为窑内气体的流速不大，加上烟气自上向下流动是沿着料垛组成的通道，这些通道类似直管道，远比在隧道窑中气流横向流动受到排管式料垛的阻力小，即料垛阻力所损耗的压头很小。所以，燃烧产物由烧嘴上升至窑顶时的几何压头所转变的正静压头能够克服气体在窑内流动时的全部阻力。因此，自吸式烧嘴液化气梭式窑的窑内压力分布与倒焰窑类似，零压面一般维持在窑车台面附近，窑上方呈现微正压。

由于自吸式烧嘴液化气梭式窑窑内气流与倒焰窑相似，其窑内温度均匀的原因可以用气流分流法则解释：在升温过程中，由于窑内制品及窑墙同时吸取热量，且有热量通过窑墙向外界散失，特别是窑门的砌体较薄，向外散失热量将更多。要使窑内温度均匀，靠近窑墙特别是窑门的地方必须多供给些热量，否则这里的温度就会低些。但是，热气体是由窑顶倒向窑底流动时被冷却，根据垂直方向气流法则可知，在火焰自窑顶倒向窑底流动中逐渐放出热量，本身温度逐渐降低，密度逐渐增大。当火焰流经需要较多热量的地方时，冷得就快些，密度增大得也快，也就容易下沉，使向下流动速度快些。这样，流过这些需多供热量的地方的热气体就多些，因而放出的热量就多，使该处温度自动地升高，趋向全窑在水平截面上的温度均匀。如果装窑时将需要多供热的地方（如窑中部）把料垛码得疏些，火焰流过时阻力小，热气体来得多，气体辐射层又厚，这就更有利于多供热，使窑内温度更易均匀。自吸式烧嘴液化气梭式窑能自动维持窑内水平温度场的均匀性，这是它的又一突出优点。

(3)脉冲燃烧技术的应用

脉冲燃烧控制采用的是一种间断燃烧的方式，使用脉宽调制技术，通过调节燃烧时间的占空比（通断比）实现窑炉的温度控制。燃料流量可通过压力调整预先设定，烧嘴一旦工作，就处于满负荷状态，保证烧嘴燃烧时的燃气出口速度不变。当需要升温时，烧嘴燃烧时间加长，间断时间缩短；当需要降温时，烧嘴燃烧时间缩短，间断时间加长。图 4.11 为脉冲在不同负荷下的工作状态示意图。

脉冲燃烧技术是一种新型的高效节能的低污染技术，其主要优点为：

①系统简单可靠，造价低，运行可靠。由于采用脉冲燃烧控制可实现单个烧嘴的控制，所以不必像传统方法那样进行管路的分区，从而大大简化了空气和燃烧供应系统。由于脉冲燃烧控制无须在线调整流量，与连续燃烧控制相比，脉冲燃烧控制系统中参与控制的仪表大大减少，仅有温度传感器、控制器和执行器，省略了大量价格昂贵的流量、压力检测控制系统；而且由于只需要两位式开关控制，执行器也由原来的气动（电动）阀门变为电磁阀门，增加了系统的可靠性，大大降低了系统造价。脉冲燃烧控制还避免了控制阀在小范围里调节的“非线性”和“死区”特性，保证控制系统始终运行在最佳状态。

②喷嘴的负荷调节比大，热工效率高，大大降低了能耗。普通烧嘴的调节比一般为 1∶4 左右，当烧嘴在满负荷工作时，燃气流速、火焰形状、热效率均可达到最佳状态；当烧嘴流量接近其最小流量时，热负荷最小，燃气流速大大降低，火焰形状达不到要求，热效率急剧下降；当高速烧嘴工作在满负荷流量的 50％以下时，上述各项指标距设计要求就有了较大的差距。脉

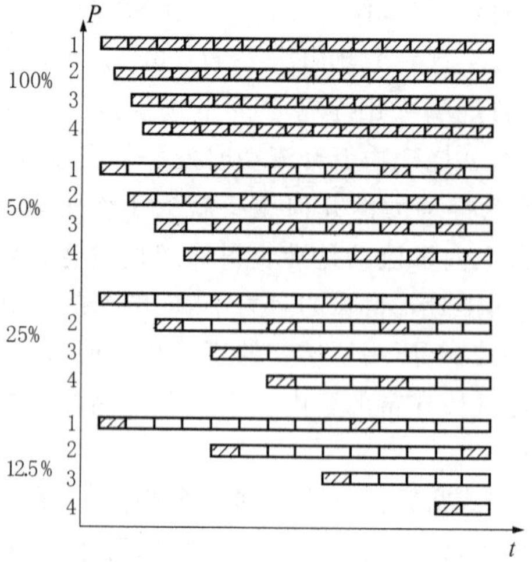

图 4.11 脉冲在不同负荷下的工作状态示意图

冲燃烧控制则不然，无论在何种情况下，烧嘴只有两种工作状态，一种是满负荷工作，另一种是不工作，只是通过调整两种状态的时间比进行温度调节即可，所以采用脉冲燃烧控制可弥补烧嘴调节比低的缺陷，需要低温控制时仍能保证烧嘴工作在最佳燃烧状态。

③可提高窑内温度场的均匀性，减少 NO_x 的生成。脉冲燃烧技术一般都使用高速烧嘴，由于每个烧嘴都是在满负荷能力下工作，烧嘴出口气流速度高，炉气循环强烈，窑内烟气与燃气充分搅拌混合，使燃气温度与窑内烟气温度接近，提高了窑内温度场的均匀性，同时减少高温燃气对被加热体的直接热冲击，避免了局部高温的出现，从而大大改善了炉温均匀性；可使烧嘴在工作时始终保持稳定和最佳的工作状态，也就有效地减少了 NO_x 的生成。

北京神雾燃烧技术开发公司 20 世纪末就为在陶瓷行业中普及脉冲燃烧控制技术，研制开发出了“脉冲燃烧系统”，该系统由高速烧嘴和窑炉控制系统两部分组成，采用脉冲燃烧技术来完成陶瓷窑炉的升温、控温。对于燃气烧嘴窑炉，其内部温度场和温度波动仅为±2℃；对于燃油（柴油）窑炉，其内部温度场和温度波动仅为±3℃。近年来，脉冲燃烧作为一项新技术已广泛应用于陶瓷工业窑炉，尤其是大型梭式窑，对提高产品质量、降低燃耗、减少污染等方面均发挥了重大作用。

4.3.4 排烟系统

(1)排烟系统结构分析

梭式窑的排烟系统由排烟口、烟道、烟道闸门、烟囱、排烟机或喷射排烟器等组成。排烟的抽力是靠烟囱、排烟机或喷射器产生的。排烟方式分为自然排烟与机械排烟两类。当排烟阻力在 500Pa 以下时，可选用自然排烟；排烟阻力较大时，则采用机械排烟。机械排烟分为通风机排烟和喷射器排烟两大类，前者排烟温度根据通风机耐高温性能而受限制，一般不高于 250℃，温度过高时需混入冷空气来降低烟气温度；后者可不受排烟温度的限制，虽然效率低，但应用方便，投资少。

现代梭式窑一般使用高速烧嘴，由于高速烧嘴喷出的烟气在窑内造成强烈的气流循环，使排烟口的布置对窑内温度、气氛均匀性的影响不大。因此，现代梭式窑排烟口的位置可设在窑顶上，也可集中设在窑的后墙上或分散设在两侧墙上，还有分散设在窑底的，如同倒焰窑的布置。就窑内温度和气氛的均匀性而言,一般来说,分散设在窑底的较佳,但相差不大,就全窑有效容积的温差而言,一般仅差几摄氏度至十几摄氏度。由于排烟口设在窑底的窑体结构比较复杂,造价亦高,除前述的自吸式烧嘴液化气梭式窑外,现代采用高速烧嘴的梭式窑的排烟口大多不设在窑底,而是设在窑墙或窑顶上。图 4.15 所示的新型高效节能梭式窑,其排烟口分散设在侧墙下部位置上(即窑车台面与棚板间的火道处)。

烟道是指梭式窑排烟口至烟囱底或排烟机之间的砖砌通道或金属管道,包括垂直支烟道、水平支烟道、汇总烟道和总烟道等。

烟道不宜过长,以免烟气阻力大,温降增加。烟道断面要合理,不宜过小,过小则阻力大;也不宜过大,以免浪费和增加烟气流动时的温降。基本的要求是下游的烟道流通断面面积大致等于其上游各烟道流通断面面积之和,即总烟道的流通断面面积大约与各水平支烟道流通断面面积之和相等。

烟道内设置烟道闸门,用以调节窑内压力,控制窑炉的热工制度,对提高燃料利用率及产品质量等方面有重要作用。常用的烟道闸门有耐火材料(黏土质、高铝质)烟道闸板、铸铁烟道闸板(温度低的采用灰铸铁,温度较高的用高硅耐热球墨铸铁)和耐热钢(Cr25Ni20、1Cr18Ni9Ti 等)制作的耐热闸板。烟道闸门也有用上述材料做成转动式的,主要用于进行自动控制的窑炉,但结构较复杂,安装要求严格,烟气温度过高或操作不当时易出故障。

窑内压力的调节既可通过利用烟道闸门调节流通的阻力来实现,也可通过调节排烟装置产生的抽力来实现。如调节喷射器的喷射介质的喷射速度、从烟囱的旁路通入空气以降低排烟温度、改变排烟机转速降低抽力等,都是一些比较方便与可靠的方法。

现代梭式窑一般采用钢板制作烟囱,较早使用煤或重油作燃料的梭式窑也有采用砖砌烟囱的,它们的结构与隧道窑的相似,在此不作重复介绍。

(2)烟气余热利用

梭式窑的燃耗高于隧道窑和辊道窑的重要原因是:烟气的热含量未被充分利用,特别是高温阶段,排烟温度高达一千多摄氏度,烟气带走燃烧产生热量的 60%～85%,而留在窑中加热制品、窑具、窑墙、窑车和窑体向周围散热量仅为 15%～40%。因此,合理地利用排烟带走的热量来预热助燃空气是降低梭式窑能耗的主要措施之一。图 4.12 给出了烧煤气时预热助燃空气后的燃料节省率。图中 I_f/I'_f 为烟气离窑时的热含量与烟气燃烧后初始热含量之比。以低热值为 5862kJ/m^3(标态)的发生炉冷煤气为燃料,烧成温度为 1200℃的梭式窑为例,烟气离窑温度约为 1300℃,带走燃料热量的 75%。从图中可以看出,当空气预热至 200℃,可省煤气 18%;预热至 300℃,可省煤气 25%;预热至 600℃,可省煤气 41%。

以一座年产 10 万件卫生陶瓷,燃发生炉冷煤气的梭式窑为例,若空气未预热时,单位产品燃耗为 2600×4.18kJ/kg;空气预热至 400℃,单位产品燃耗可降至 1950×4.18kJ/kg。按每件产品质量 16.8kg,煤气价 0.20 元/m^3(标态)计算,每年可节省煤气 78 万 m^3(标态),折合人民币 15.6 万元,烟气余热回收装置投资回收期仅 8 个月,使用寿命在 2 年以上。因此,余热回收利用不仅有长远的社会效益,而且有明显的经济效益。

烟气余热回收装置通常是采用换热器,将要排出烟气的部分余热在换热器中通过对流或辐射传热方式传给空气,再将加热后的空气送梭式窑的燃烧系统作助燃风。在陶瓷烧成时,烟气排出窑室的温度可高达 1200～1500℃,常用的 Cr18Ni9Ti 耐热钢的长期最高使用温度为 800℃。换热器壁温过高,会使材料失去强度和热腐蚀过快而破损。通常须采用更高级、更昂

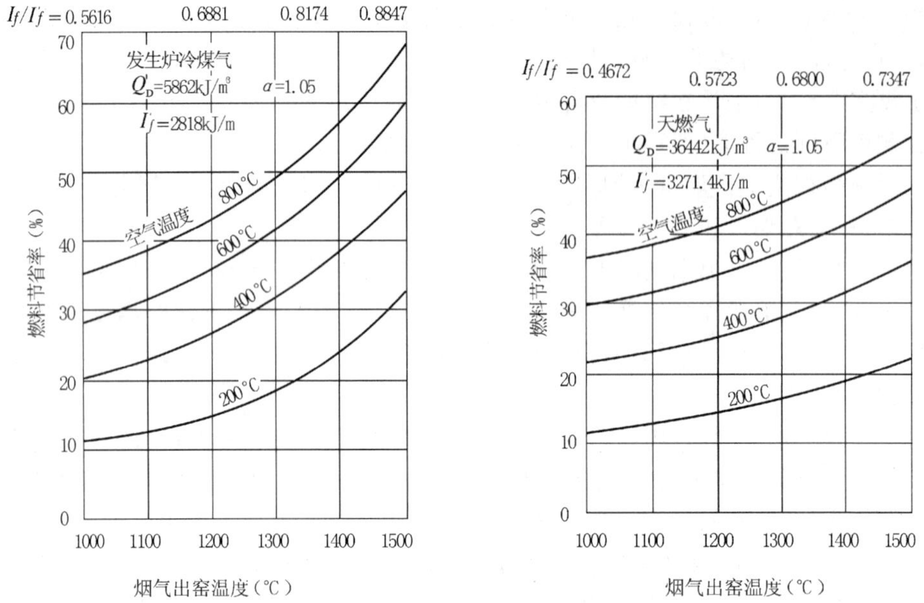

图 4.12　预热助燃空气后燃料节省率

贵的耐热合金，向高温的烟气掺入冷空气以降低温度等方法来延长换热器的使用寿命，但这些方法不仅增加投资，还妨碍烟气余热的回收，并非良策。

喷流热交换（空气以较高的速度垂直喷向换热表面）的换热系数要比相同流速时管内对流热交换（空气平行于换热表面的流动）的大 1 倍以上，可有效地降低换热器的壁温，并能成倍地减少换热面积，提高烟气余热回收率，是一项降低投资、提高效益的新型换热技术，因此，喷流换热器近年来得到了迅速发展。

天津大学宋嵩教授研制的两种新型喷流辐射换热器已在工业生产中使用并取得了良好效果。一种是插入管式喷流辐射换热器，其结构如图 4.13 所示。每根管子都是顺流或逆流流向的多级串联喷流换热管，冷空气进入内管道后，从内管上所开的空隙喷向辐射管内壁，流经换热管的热烟气以辐射与对流方式将热量传给喷出的冷空气，换热管可用 Cr25Ni20 钢。它们可以在烟气温度为 1400℃的高温下直接使用，空气预热温度可达烟气进口温度的 1/2 左右，能节省大量燃料。

另一种是烟筒式喷流辐射换热器，其结构如图 4.14 所示。每段换热筒是顺流或逆流串联的空气多级喷流辐射换热器，冷空气进入外管道后，从内管上所开的空隙喷向烟气管外壁，烟气流经换热管，以辐射与对流方式将热量传给喷出的冷空气。这种小型的喷流辐射换热器很适合于分散使用，与梭式窑的燃油或燃气烧嘴配用，组成自身换热燃烧系统，同时其本身就是分散排烟系统的组成部分之一。在排烟阻力不大的窑上，可由几段换热筒串联成高大的多级喷流辐射换热器，烟气在筒内流动，同时又起到烟囱作用；当机械排烟时，可由它们串联组成主烟道，经换热冷却后的烟气再进入排烟机。这种换热器同样可在高温下使用，烟气进入换热器的温度可达 1400℃，甚至更高。空气预热的温度可达烟气进口温度的 1/2 左右，能回收大量的热能，可节省大量燃料。

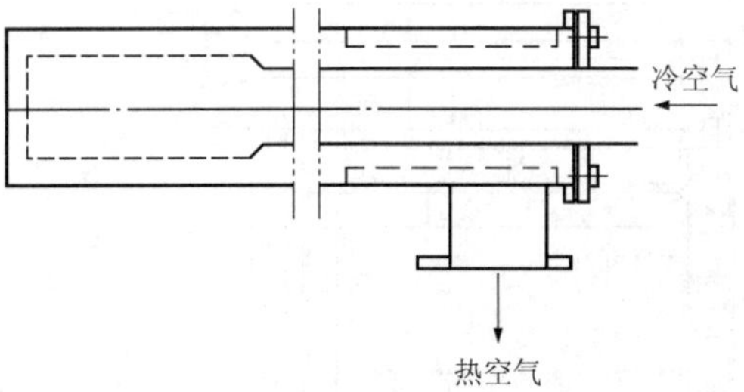

图 4.13 插入管式喷流辐射换热器结构示意图

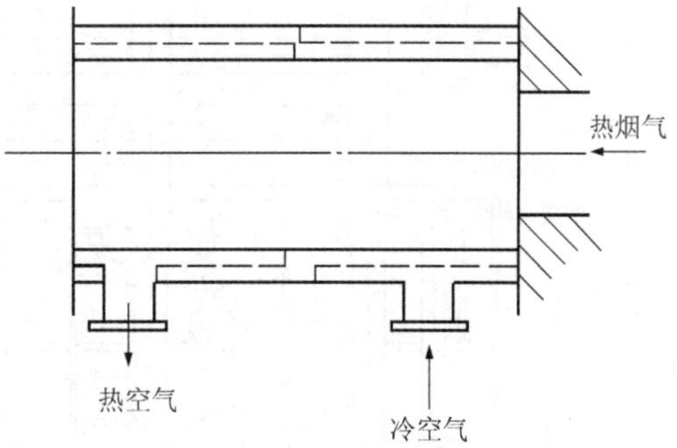

图 4.14 烟筒式喷流辐射换热器结构示意图

4.3.5 典型现代陶瓷梭式窑简介

我国从 20 世纪 80 年代以来，首先在电瓷行业引进现代梭式窑生产电瓷。此后，在卫生陶瓷、日用陶瓷等行业也先后引进了各类现代梭式窑，并经消化吸收后自行开发研制了一批节能梭式窑。以下简要介绍几种典型的现代陶瓷梭式窑。

(1)新型高效节能梭式窑

北京工业大学 20 世纪末开发了烧成卫生陶瓷的新型高效节能梭式窑。现以有效容积 23.4m^3 的规格为例，其技术指标如下：

燃料：各种净化煤气

正常使用温度：1250℃。

最高使用温度：1290℃。

烧成周期：14～20h(冷→冷)。

燃耗：7500～10000kJ/kg 卫生陶瓷。

窑有效容积：23.4m^3。

窑体结构：现场装配式钢外壳，耐火纤维 Z 形折叠毯的内衬。

燃烧装置：用预热空气助燃，带零位调节器的预混式调温高速烧嘴。

换热装置：分散型直接使用高温烟气，设有定向辐射装置的高效喷射-对流换热的组合换热器。

控制形式：计算机控制/人工手控，主要控制烧成曲线。

排烟方式：换热器后通过钢烟囱直接排烟，不设排烟机。

风机功率：18kW。

窑内容纳车数：4 辆。

窑车尺寸：长×宽＝1.8m×3.0m。

进、出车方式：人工推车/推车机。

窑门：对开式/提升式/侧开式。

图 4.15 为该窑的结构示意图，右面 1/3 部分展示了其内部结构，左部则展示了其外部烧嘴、管道等安装情况。该窑的主要技术特点如下：

①使用高效、低污染的调温高速烧嘴，该烧嘴额定的烟气喷出速度为 100m/s，烟气的调温范围为 250～1500℃。10 只烧嘴立体交错地布置在窑室的两侧墙上，烟气在靠近窑车台面上

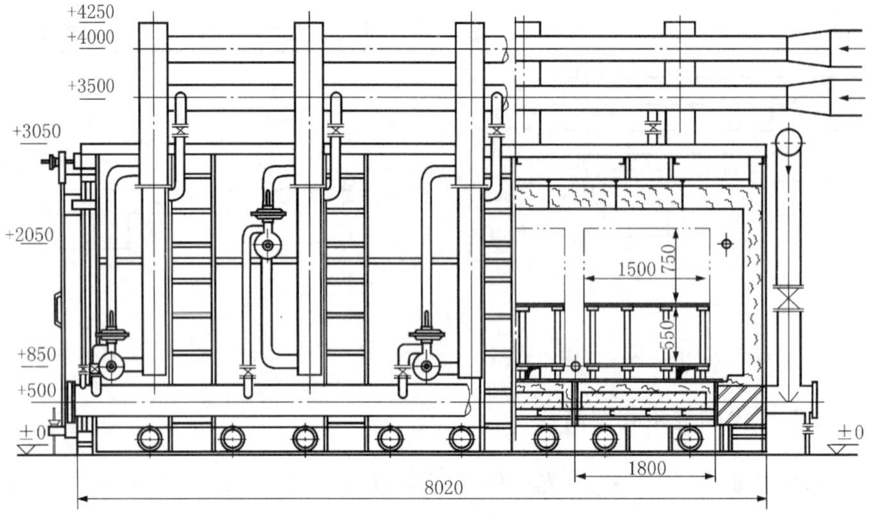

图 4.15　新型高效节能梭式窑结构示意图

和窑顶下方立体交错地高速喷射。在料垛间预留烟气流通的火道，使温度可精密调节的高速烟气流在窑内形成强烈的可控制的循环气流，使窑内温度气氛非常均匀。在全窑有效装载空间内，温差小于±15℃，在缓慢升温和保温阶段温差可小于±5℃，并强化了窑内的传热效率，保证坯体能够均匀快速地进行精确的加热。在冷却阶段，该烧嘴可以高速喷入大量的室温空气或经换热器预热的空气，从而可精确控制全窑进行均匀快速的冷却，以实现优质高效的快速烧成。

该窑的加热方式与传统的间歇窑不同，烟气是喷入料垛和车台面的棚架内，对它们进行加热，然后才对窑墙和窑顶进行加热。窑内高温部位不在窑顶和窑墙上，而在料垛和车台面的棚架上，从而既改善了传热，提高了燃料的利用率，又降低了窑顶和窑墙的温度，减少了蓄热和散热，还降低了对窑顶和窑墙的耐火材料的要求，延长了它们的使用寿命。

②5 对排烟口设在两侧下部窑墙上，使用分散型高效喷流辐射换热-对流换热的组合换热器，烟气分散进入 10 个小型换热器，预热空气一对一地供烧嘴助燃。换热器的烟气流动阻力小，用钢烟囱直接排烟无须另设排烟机，从而既减少了投资和运行的动力消耗，又大幅度地提高了烟气余热的回收率，节约了燃料。

(2)美国 Bickley 公司焙烧电瓷梭式窑

该窑是 1985 年引进美国 Bickley 窑炉公司的，于 1986 年 9 月正式投产。其基本技术数据如下：

窑容积：64m^3。

产品：电瓷(大型棒型绝缘子)。

窑内容纳车数：2 辆。

燃料：发生炉冷煤气。

烧嘴类型：Bickleylso-jet 型调温高速烧嘴。

烧嘴个数：15 个。

窑门形式：液压倾斜升降式。

该窑燃烧系统由 15 个调温高速烧嘴组成。烧嘴分布在两侧窑墙上，上、中、下三排，交错设置，一侧8只烧嘴，一侧7只烧嘴。窑内空间划分为9个区域，各区由单回路自控系统控制温度。排烟口设在窑车台面中部，下通地下烟道，经管式换热器预热助燃空气，空气预热温度最高可达460℃。

该窑窑体采用全轻质耐火材料。窑墙为挂钩式薄壁窑墙，这种挂钩是将耐火材料专用元件钩挂在墙外钢壳上。窑顶为轻质平吊顶。为了防止窑顶漏火，设有窑顶压力平衡系统，即在窑顶平吊顶外用盖板覆盖形成封闭空间，用专用风机通风，使窑顶外表面形成正压，达到与窑内压力平衡的目的，同时还可起到冷却金属挂钩的作用。

窑车车衬为重质耐火砖，台面砖每块四周留有空隙。窑具全为重结晶碳化硅立柱与横梁。窑具与产品质量之比为0.45～0.5。

该窑投产后，烧成品质好，烧成合格率达96.65%，烧成温度为1270℃，高温阶段为还原气氛，烧成周期(一次烧成循环)为92h，每千克产品热耗为43.53MJ。

(3)美国SD公司焙烧电瓷梭式窑

1987年我国电瓷行业引进了美国SD公司的摆动燃烧梭式窑，同年11月投产。其主要技术指标如下：

产品：最大产品为2.6m高大型电瓷套管。

窑几何容积：133m^3。

窑有效容积：99m^3。

窑内尺寸：10.72m×3.658m×3.385m(长×宽×高)。

窑内容纳车数：3辆。

窑车尺寸：3.35m×3.35m(长×宽)。

燃料：发生炉冷煤气。

烧嘴类型：Eclips型非预混式调温高速烧嘴。

烧嘴个数：36个。

窑门结构：横向滑动式。

该窑无烟道换热器，用冷空气助燃。窑顶有三处排烟口。窑体为全耐火纤维折叠块(厚229mm)。

该窑36个调温高速烧嘴布置在两侧窑墙上，每侧分上下两排，上排6个，下排12个。为了改善窑温均匀性，该窑采用摆动燃烧方式，即侧烧嘴煤气和助燃空气流量逐渐由小变大，而另一侧烧嘴煤气和助燃空气流量则逐渐由大变小，如此反复，使窑内烟气气流如脉冲那样周期性地变化，消除固定热点，使整个窑容积温度均匀。这种摆动燃烧方式的关键部件是每一侧的煤气管道上和助燃空气管道上的摆动蝶阀。摆动蝶阀在计算机的控制下开度由小到大，然后反过来。摆动周期为164s，可以调节。这种燃烧有点类似于脉冲燃烧，但其烧嘴工作时不像脉冲燃烧那样处于调定的满工作负荷下，而是处于周期性地变化之中，因此对阀门性能及控制系统的要求更高。

该窑投产后，烧制大型电瓷套管，烧成周期为83～85h，单位热耗约33MJ/kg产品，烧成合格率为92%。

(4)意大利Colt公司卫生陶瓷梭式窑

该窑用于卫生陶瓷重烧或大件产品烧制。最高使用温度为1300℃，烧成周期为12h，每天可烧两窑。图4.16所示为该窑剖面图。

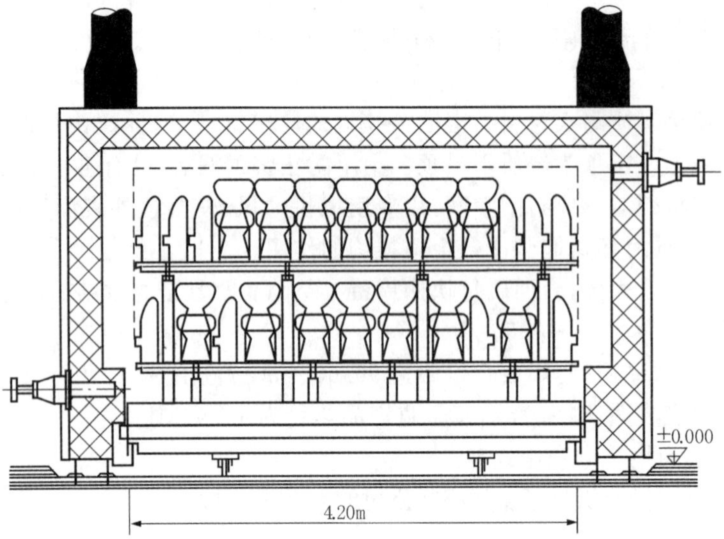

图 4.16 Colt 公司卫生陶瓷梭式窑剖面图

(5)意大利 Sacmi 公司卫生陶瓷梭式窑

该窑为模块装配式,可装配成不同长度的梭式窑,因而具有不同生产能力。窑内衬为全耐火纤维,顶部排烟。窑内可有 1～3 排并列窑车(图 4.17),并列窑车间有矮墙隔开,矮墙上装设向上喷射的烧嘴。烧成周期为 12～14h,卫生陶瓷重烧单位热耗 5.44MJ/kg 产品。燃料为天然气或液化石油气。窑门为倾斜升降式。该窑可在前后装设两个窑门,便于进、出窑车,并省去拖车。

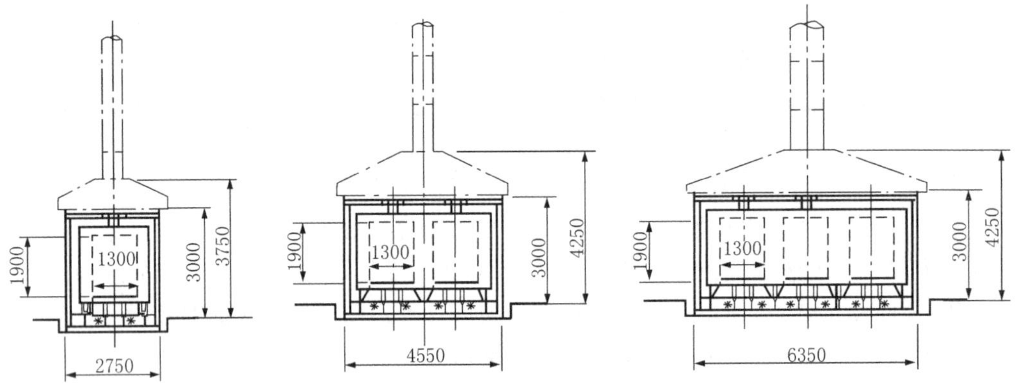

图 4.17 Sacmi 公司卫生陶瓷梭式窑

4.4 罩 式 窑

4.4.1 结构特点

罩式窑的窑体(包括窑墙、窑顶和燃烧装置)是一座可以上下移动的罩形整体,窑底是可移动窑车。罩式窑的窑体可以是圆形的，也可以是方形或长方形的；窑顶可以是拱顶的，也可以是平吊顶的。由于圆形窑体形似钟，又有人将它称作钟罩窑。窑罩为一牢固的钢框架结构，外壳为薄钢板，风机、燃烧装置以及窑体内衬耐火材料都安装在窑罩上。窑罩的下部装有砂封刀或其他密封装置，窑罩的升降通常采用液压缸来实现。图 4.18 为罩式窑示意图。

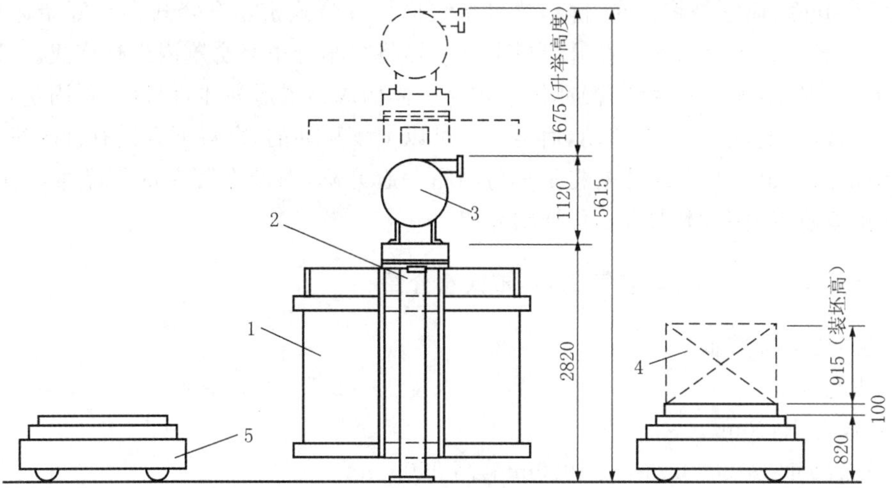

图 4.18 罩式窑示意图

1—窑罩；2—液压机；3—调温风机；4—料垛；5—备用窑车

窑罩的内衬通常采用优质的轻质耐火砖和耐火纤维，以尽量减少蓄热量和向外散热量，并尽量降低窑罩的重量，以减轻窑罩钢结构和升举液压系统的负担。

现代罩式窑的窑罩上装有调温高速烧嘴，其工作原理和安装的原则与梭式窑的相同。可以采用同样的计算机程序控制系统，实现窑炉升温和降温的自动控制。

罩式窑通常备有两套窑车，在每个窑车上都设有吸火孔和与主排烟口相连的支烟道，主排烟口可与地下的主烟道、烟囱或排烟机相通。窑底周围设有砂封槽或其他密封装置，与窑罩上的砂封刀等密封装置相配合，构成可靠的气密系统。

对于高温罩式窑或大型罩式窑，为利用排烟的余热提高热效率，通常在固定烟道内设置换热器，预热助燃空气。

产品烧成之后，用液压缸升举窑罩，将装产品的窑车推出窑外，卸下产品并码装新的坯件；已码装好坯件的另一辆窑车被推到窑罩下面，当主排烟口与主排烟道相连通后，将窑罩降下，落在四周有砂封槽或有其他密封装置的窑车上，密封后即可升温进行烧成。

罩式窑与梭式窑不同，罩式窑没有窑门，窑车与窑体密封可靠，气密性好，它不会像梭式窑那样，通过窑门、窑车等密封不良的缝隙向窑内渗透冷空气或向窑外泄出高温的热烟气。因此，罩式窑内的温度和气氛比梭式窑更为均匀，窑炉和窑车的钢结构也不会因高温烟气外泄而烧毁。

由于窑罩是整体升降结构，罩式窑的容积受到窑罩结构和升降设备的限制而不能太大。另外，罩式窑的设备投资也比较高，因此，需用大容积间歇窑的场合常选用梭式窑。罩式窑主要用于烧制电子陶瓷、砂轮、高级耐火材料等精密陶瓷制品，它们大多是用于烧成温度和气氛要求严格、具有特殊性能或形状、批量不大、价值较高的制品。罩式窑的有效容积通常为 1～20m^3。

在20世纪80年代，西安电瓷厂研究所为适应尺寸高大的电瓷产品焙烧需要，还开发了一种特殊的罩式窑，因产品很高，便将罩体做成若干节，每节上都装有调温高速烧嘴。等产品装好后，用升降机依次将罩体一节一节地安装好，然后点火烧成；待冷却后又依次将窑罩体一节一节地卸下，再将烧好的制品取出。它的工作过程好像蒸馒头一样，故又将其称为蒸笼窑。

还有一种与罩式窑类似的新型间歇窑，它与罩式窑的差别仅仅是运动对象不同，罩式窑是将窑体（窑罩）升降，而它是将窑车升降，故可将它称作升降式窑。升降式窑在开始运转时，先将窑车推至窑罩下方，然后，就像在升降机上升一样将窑车升举至窑罩内进行烧成。升降式窑的上部结构（窑墙、窑顶和燃烧装置）亦像罩式窑一样构成一罩形整体，但该窑罩固定在高于地平面的牢固的钢架上，不能上下移动，而窑车是可以上下移动的，窑罩下方设有升降机，可将窑车提升至窑罩内。由于升降式窑是将窑车与制品一起升降，对装车复杂的产品难以保证制品的平稳，故我国使用很少，本书也不作详细介绍。

4.4.2 美国Bickley公司燃气20m^{3}罩式窑介绍

该罩式窑技术指标如下：

产品：功能陶瓷。

窑的有效容积：20m^3。

坯件码垛尺寸：宽3000mm，长1000mm，高2200mm。

最高使用温度：1500℃。

电力：动力用电为380V，50Hz，3相；控制用电为110V，50Hz，单相。

烧成周期：24h。

耐火材料里衬：230mm轻质耐火砖＋38mm轻质耐火砖。

控温组：4组自动程序控制。

调温空气控制：1组自动程序控制。

窑内压力控制：自动控制。

热电偶：5支Pt-PtRh型热电偶。

鼓风机：2台（助燃空气、调温空气各1台）。

排烟机：1台。

燃料：高热值净化燃气。

燃烧系统：Bickley喷嘴混合型调温高速烧嘴8个，供热能力为2.93MW。

该窑的窑罩是牢固的长方形钢结构，由钢管道、型材和板材构成。窑壁全部衬以轻质耐火砖，厚为268（＝230＋38）mm。用耐热钢锚固件将轻质砖锚定在窑罩的钢壳上，同时允许耐火砖较自由地膨胀与收缩，这一技术大大地延长了耐火砖里衬的使用寿命。窑罩由大型液压缸支承，液压缸是用阻燃液体（甘油-水混合液）在2MPa下工作。

使用时，液压缸将窑罩举起，将窑车推至窑罩的下方。当窑罩下降时，窑罩与其下方的窑车自动对中，窑罩上的砂封刀插入窑车周边的砂封槽内，在窑底的周边形成可靠的密封。高温窑采用水冷砂封槽，以防止砂封刀的过热。窑罩完全落下时，窑罩的重量仍由液压缸支承，窑车和窑罩不增加任何荷载。

该窑使用Bickley公司的专利——ISO-JET调温高速烧嘴。该烧嘴的烟气高速喷入窑内火道中，抽吸窑内的热烟气，在窑内形成强烈的循环气流，在流向排烟口的同时边混合、边流向并加热坯体。烧嘴的能力可以使满载的窑炉按指定的温度曲线加热与冷却，这些特制的 Bickley 烧嘴有很大的调节比，它们与 Bickley 专利的调温空气系统联用，可使窑内维持在很低的恒定温度，并使窑内给热量大而坯体不会局部过热。

燃气与助燃空气在烧嘴内进行完全燃烧后，独立调节的调温空气能以很高的比率兑入，使烧嘴能在很低的放热量的条件下仍维持很高的烟气喷出速度。

窑车上的排烟口位于料垛底部的中央，烟气向下流动，排出窑内，这种倒焰式的排烟系统能抵制热气上浮的倾向，有利于改善窑内温度的均匀性。

为了进一步提高窑内温度的均匀性，将窑内 8 个烧嘴分成 4 组（上部 2 组，下部 2 组），每组烧嘴配有一支热电偶和控制助燃空气流量的电动调节阀。每个烧嘴配置一台自动式调节器，以维持给定的燃料-空气比率，使燃烧处于最佳的状态，以获得最佳的节省燃料的效果。

每个烧嘴配备有助燃空气阻力平衡阀和测压嘴、燃料喷嘴节流阀和燃料截止阀、调温空气阻力平衡阀，以便对每一烧嘴进行单独调节。

该窑配助燃风机一台，装在窑罩上。助燃空气管道上装有压力开关，当助燃空气出现故障时会自动停窑。

该窑配有燃料超高和超低压力开关及人工复位紧急截止阀，当燃料或电力出现故障时能自动停窑，通过软管向该窑供应燃料。

窑罩上还装有调温风机 1 台，通过独立的管线与每台烧嘴连接。该管线上装有电动调节阀，以控制调温空气总流量。

每台烧嘴装备有 1 台点火器、1 台紫外线火焰监测器、1 台电磁阀。仪表盘上备有烧嘴点火按钮。按动启动按钮，在正常情况下会产生以下动作：①电点火器启动；②烧嘴前电磁阀开启，燃气进入烧嘴；③紫外线火焰监测器投入运转，感测到主烧嘴的火焰存在；④电点火器关闭，烧嘴可投入正常运转。

在窑顶还装有一支热电偶检测窑内温度，它与一独立的开—关控制器相连。运行时，该开关设定在高于最高窑温 14℃处，若窑温达到此温度时，立即报警，并自动停窑。

该窑用排烟机排出烟气，根据窑压控制器的信号调节排烟机的挡板，以保持砂封面的表压为零。该排烟机排烟温度为 427℃，设置有调风挡，可让室温空气按控制量进入排烟机，以防排烟机过热。

5 电热窑炉

陶瓷工业使用的热工设备从操作上可分为连续式和间歇式，从使用的热源上又可分为火焰式和电热式。电热式窑炉就是指把电能转变为热能，使制品温度升高，并按预定的烧成曲线完成烧成过程的一种窑炉，它与火焰式窑炉相比具有特殊的优点，如：容易获得2000℃以上的高温，窑温能在很大的范围内进行精确控制，容易实现行动控制；由于不用燃料燃烧，所以对环境污染小；此外还有结构简单、占地面积小等优点。因此，电热窑炉被广泛地用于陶瓷工业中，尤其是在电子陶瓷、高温陶瓷及其他特种陶瓷的生产与科研中。

5.1 概　　述

5.1.1 电热窑炉与火焰窑炉的比较

(1)从热工基本原理上比较

火焰窑炉需要燃料燃烧供热，所以需进行燃料燃烧计算和燃烧设备计算；燃料燃烧需要供给助燃空气、燃烧产物需要排出窑外，所以需计算窑内气体流量、流动阻力、各种压头的转变、计算通风设备等。电热窑炉一般是通过电热元件把电能转变成热能，要进行电热元件的选择、电热元件尺寸的计算、供电与控制设备的选择与计算；由于没有燃料燃烧的问题，所以无须考虑供给空气、排除燃烧产物等通风设备。在窑内传热方面，火焰窑炉主要是燃烧产物的气体辐射传热和强制对流传热，电热窑炉主要是电热体的固体辐射传热及自然对流传热，即这两类窑炉窑内主要传热的基本方式不同。但若要求在电热窑炉内强制冷却制品或排除制品在烧成过程中产生的气体以及要求维持窑内一定的压力制度时，则需要进行电热窑炉的通风设备的计算，窑内也存在着强制对流传热。

(2)从结构与操作的主要优缺点上比较

电热窑炉不需要燃烧设备，一般不需要通风设备，结构简单，占地面积小，加热空间紧凑，空间热强度较高，热效率高，窑内制品不受烟气及灰渣等影响，温度便于实现精确控制，故产品烧成质量好，窑内可在任何压力条件(高压或真空)或特殊气氛条件下加热制品，可以获得火焰窑炉难以达到的2000℃以上的高温。电热窑炉的断面尺寸不能太大，否则窑断面上温度分布比火焰窑炉更不均匀，故电热窑炉对烧成大件、厚壁等制品不利，产量也不大，电热窑炉附属电气设备比较复杂，电热元件消耗也多，电费较贵，而且有些电热元件要在一定的保护气氛下使用。

(3)从成本费用上比较

一般来说，燃料窑炉的设备费和操作费用均较低，而电热窑炉的设备费和操作费用则较高。但就窑内气氛和温度控制来说，电窑则较为优越。因此，非可控气氛的高温窑炉多为燃料窑，而且窑的容积越大，燃料窑炉占的比例就越多。体积小、售价高的陶瓷产品，如特种陶瓷或需要用可控气氛处理的制品，则倾向于用电热窑炉。此外，电资源丰富的地区，电价便宜，也可考虑使用电热窑炉。

5.1.2 电热窑炉的分类

1)按电能转变为热能的方式分类

电热窑炉按电能转变为热能的方式来分，一般可分为电阻炉、感应炉、电弧炉、电子束炉和等离子炉五类，现代由电能转变成热能的还有微波窑炉，这种窑炉在国外已有开发并应用到陶瓷工业生产中，但仍属试验阶段。

(1)电阻炉。当电源接在导体上时，导体就有电流通过，这种由于导体有电阻而发热的一种电热设备称为电阻炉。

(2)感应炉。由于电磁感应作用在导体内产生感应电流，而这种感应电流因为导体的电阻而产生热能，这种电热窑炉称为感应炉。

(3)电弧炉。热量主要由电弧产生的电加热炉。

(4)电子束炉。利用高速运动的电子能量作为热源来加热的电炉。

(5)等离子炉。利用电能所产生的等离子体的能量来进行加热的电炉。

2)电阻炉按操作形式分类

在陶瓷工业中广泛应用的电热窑炉当属电阻炉，因此本书只介绍电阻窑炉。根据操作形式又可将电阻炉分为：

(1)间歇操作电阻炉

这类电阻炉按炉温的高低，可以分为低温(工作温度低于700℃)、中温(工作温度为700～1250℃)和高温(工作温度大于1250℃)三类。下面按其结构特点来分类：

①箱式(室式)电阻炉。外形像箱子，炉膛呈长六面体，靠近炉膛内壁放置电热体，这是一种在工厂实验室和科研中最常见的一种电阻炉。炉温在1200℃以下，电热体通常采用镍铬丝、铁铬铝丝；炉温为1350～1400℃时，电热体采用硅碳棒；炉温为1600℃时，可采用二硅化钼棒为电热体。

②井式(立式)电阻炉。炉膛高度大于长度和宽度(或直径)，炉门开在炉顶面，用炉盖密封。电热体通常布置在炉膛的侧壁上。多为圆形、正方形或长方形。适宜于烧制管状制品，深井电阻炉通常沿高度分成几个加热区，各区温度分别通过控制功率来调节，使电炉沿整个高度温度分布均匀。

(2)半连续操作电阻炉

这类电阻炉虽然烧成过程类似间歇窑，但它的产品进窑是紧接着出窑后进行的，通过窑体或窑车的移动，充分利用了窑体余热，且机械化程度较高，工人操作连续，故此处将它归为半连续操作窑炉。

①钟罩式电阻炉。它与火焰罩式窑类似，窑体可以移动，其形状有圆形，也有方形。它密封性很好，在烧成中炉体的蓄热损失不大，所以热效率较高。

②电热梭式窑。与火焰梭式窑类似，由固定的窑体和活动式窑车底两部分构成，窑体形状是矩形。每烧好一炉制品，把窑车拉出，推入装好车的另一炉制品进行烧成。

钟罩式电阻炉及电热梭式窑都不在窑室内装卸制品，这样便于操作，改善了劳动条件，且节省了部分窑体蓄热。由于是在窑室外装卸制品，窑体大部分时间处于工作状态，故属半连续操作窑炉。

(3)连续操作电阻炉

电热隧道窑是陶瓷工业中较其他窑型先进的热工设备,已广泛使用,效果很好。它的构造与火焰式隧道窑相似,具有连续操作和大批量生产的优点。陶瓷工业应用较多的连续操作电阻炉有:

①电热隧道窑。与火焰隧道窑类似,窑内有轨道,窑体两侧有砂封槽,窑车两侧设有插入砂封槽的裙板,在窑体预热带、烧成带安置电热元件,装好制品的一辆辆窑车在推车机构的作用下,连续地经过预热带、烧成带和冷却带。

②电热推板窑。通道由一个或数个隧道组成,通道底由坚固的耐火砖精确砌成滑道,制品装在推板上由顶推机构推入窑内烧成。

③电热辊道窑。其结构和工作方式与火焰辊道窑类似,只是不用燃料燃烧,而是在其预热带和烧成带安装发热元件。

此外,还有传送带式电阻炉、链式电阻炉等,由于应用不多,在此不作介绍。

5.2 电热元件的性能

电热元件是电热窑炉的发热体,为了能够正确选用和使用,必须了解常用电热体材料的性能。

5.2.1 电热窑炉对电热体性能的要求

电阻炉的电热体可分为金属材料电热体和非金属材料电热体。在设计电炉时,首先应根据生产工艺等条件要求选择合适的电热体材料,既做到技术上合理,又节约投资成本。对于电热体材料,一般应满足下列条件和性质:

(1)电热体的发热温度要满足工艺要求。电热体的温度是指电热体元件在干燥空气中本身的表面温度,也就是电热体最高使用温度。通常电热体的温度应比炉膛温度高 50～1000℃。

(2)具有较高的比电阻和较小的电阻温度系数。其中,比电阻也称电阻系数,用 ρ 表示,其单位是 $\Omega\cdot mm^2/m$。电热体在使用过程中电阻温度系数随着温度升高而变化,或增大(正值)或减小(负值)。电阻温度系数是指电热体温度升高 1℃时,电阻系数的相对变化率,用 α 表示,其单位是 1/℃,用公式表示为:

$$\alpha=\frac{\rho_t-\rho_0}{\rho_0(t-t_0)} \tag{5.1}$$

式中 ρ_0——电热材料在温度为 t_0(一般为 20℃)时的电阻率;

ρ_t——电热材料在温度为 t 时的电阻率。

电阻温度系数愈小,说明该电热体随着温度升高,电功率的变化也愈小,不至于影响炉膛的温度变化,这样,供电电路就很稳定。如果电阻温度系数大(如钼),当温度升高时,元件的电阻加大好几倍,电功率就随着降低,电源电路必须装置调压设备,否则不易升温。

对于电阻温度系数的选择一般不能太大。电阻温度系数太大会造成施工困难,因为在一定功率的炉子里,这种电热体材料粗大而短。电阻温度系数也不能太小,太小则电热体细而长,也不好施工。

用作电热体材料的电热合金,铁铬铝合金的电阻温度系数约为 $1.4\Omega\cdot mm^2/m$,铬镍合金的电阻温度系数约为 $1.11\Omega\cdot mm^2/m$。如果是做同一型号的电阻炉,用铁铬铝合金就省得多，在炉内所占的位置也小。

(3)在高温下，电热体必须稳定，不易氧化，不与炉内的衬砖和气体发生化学反应。但钼、钨等电热体在高温时易氧化，一般采取抽真空或通入保护气体，如氢。另外，为避免腐蚀气体直接与电热体接触，可以采取隔离措施。

(4)具有优良的机械性能。在高温下不变形，有足够的机械强度和良好的塑性和韧性，容易加工成型。一般电热合金元件经高温使用冷却后易变脆，温度愈高，时间愈长，冷却后脆化愈严重。所以，使用过的合金丝就不易加工成型了。一切金属在高温状态下强度都降低，但是作为电热体材料的金属或合金，一定要在高温下有足够的强度才行，否则高温下会造成倒塌或断裂，有短路的危险。

(5)热膨胀系数不能太大，如果热膨胀系数过大，尤其是间歇操作的炉子容易损坏。

(6)电热体的成本要低，尽量合理使用材料。我国生产的电热材料种类日益增多，在满足设计要求的情况下，尽量节约使用我国目前还供应不足的材料。

5.2.2 常用电热体材料的性能

目前常用的电热体材料有金属类钼、钨、钽、铂、铑合金和一些高电阻的合金，如镍铬合金、铁铬合金；非金属类有石墨、碳、碳化硅、二硅化钼、氧化锆、氧化钍等。各种电热体及耐热材料的主要性能和使用温度范围见表 5.1，供设计选用。下面介绍几种常用的电热体材料的性能。

(1)常用合金电热体材料

各种金属电热体材料中，当使用温度在中、低温范围内时，最常采用的是镍铬合金和铁铬铝合金，金属电热体一般做成线状或带状。

镍铬合金的最大优点是高温下不易氧化，高温强度高，而且只要不过烧，仍然是较软的。由于其塑性与韧性好，故可绕制成各种类型的电热元件。但镍属较稀有的金属，一般情况下尽可能不要使用含镍的电热材料。

铁铬铝合金熔化点约为 1500℃，加热后在其表面生成 Al_2O_3 薄膜，阻碍内部金属继续氧化，其最高使用温度可达 1400℃。但它的强度远不及镍铬合金，一旦过烧，容易变形倒塌，造成短路而烧毁，而且使用后变得更加硬、脆，不能重新加工，容易断裂，它的安全使用温度应在 1350℃以下。此外，它可焊性差，因此要求快速焊接，一般采用电弧焊。其优点是熔点和使用温度都高于镍铬合金，且还有电阻率大、电阻温度系数小、表面允许负荷高等优点，尤其是由于不含稀有、昂贵的镍，价格则比镍铬合金便宜得多。

应注意的是，铁铬铝合金在高温下会与酸性耐火材料及氧化铁皮发生化学反应，破坏其表面的 Al_2O_3 保护膜，因此，铁铬铝合金电热元件的搁砖必须用高铝砖。

(2)硅碳棒

硅碳棒是陶瓷电热窑炉使用得最广泛的非金属电热元件，其主要成分为 94.4％的 SiC 和 3.6％的 SiO_2，其余为少量的铝、铁、氧化钙等，熔点为 2227℃，使用温度为 1400℃±50℃。

硅碳棒采用挤压成型、高温烧结制成。一般做成两端加粗的棒状，以免两端过热，称为冷端或引出端，用来连接电源。为了减小连接电阻，采用端部喷铝，通过卡箍与电源在炉壳外连接。两端加粗的硅碳棒使炉壳开孔较大，降低了炉体强度，增加了散热损失。随着技术的进步，现已做出引出端和发热部分一样粗的新型硅碳棒，还开发出两根或三根棒一端连在一起的硅碳棒元件，减少了窑体开孔数量，减小了接线难度，使窑体和发热体端部的电能损失都有所下降。

表 5.1　各种电热体及耐热材料主要性能及使用温度范围

序号	材料名称	化学成分（%）	密度 (g/cm³)	电阻率（20℃）(Ω·mm²/m)	电阻温度系数（1/℃）	平均线膨胀系数（$\times10^{-6}$/℃）	平均比热 (kJ/kg·℃)	导热系数 (W/m·℃)	熔点（℃）	最高使用温度（℃）	使用条件
1	1Cr18Ni9Ti	≤0.12C,(17～20)Cr,(8～10)Ni ≤0.8Ti,(0.3～0.7)Mn,其余 Fe	7.9	0.75		16～16.7	0.502	14.5	1400～1425	850～900	
2	1Cr13Al4	≤0.12C,≤0.7Mn,≤1.0Si,(12～16)Cr,≤0.6Ni,(3.5～5.5)Al,其余 Fe	7.4	1.26	15×10^{-5}	15.4	0.490	14.7	1450	950	
3	0Cr25Al5	≤0.06C,≤0.7Mn,≤0.6Si,(23～27)Cr,(4.5～5.5)Al,其余 Fe	7.1	1.40	5×10^{-5}	16	0.494	12.8	1500	1250	
4	0Cr13Al6Mo2	≤0.06C,0.7Mn,≤1.0Si,(12.5～14)Cr,≤0.6Ni,(5～7)Al,(1.5～2.5)Mo,其余 Fe	7.2	1.40	7.25×10^{-5}	15.6	0.494	13.6	1500	1300	
5	0Cr27Al7Mo2	≤0.05C,≤0.2Mn,≤0.4Si,(26.5～27.8)Cr,≤0.6Ni,(6～7)Al,(1.8～2.2)Mo,其余 Fe	7.1	1.50	-0.65×10^{-5}	16.6	0.494	12.6	1520	1400	
6	Cr20Ni80	≤0.1C,≤0.7Mn,≤(0.4～1.6)Si,(20～23)Cr,≤0.5Al,≤0.1Fe,其余 Ni	8.4	1.11	8.5×10^{-5}	14.0	0.44	16.8	1400	1100	
7	Cr15Ni60	≤0.1C,≤1.5Mn,≤(0.4～1.6)Si,(15～18)Cr,≤0.5Al,(55～61)Ni,其余 Fe	8.15	1.10	14×10^{-5}	13.0	0.461	12.6	1390	1000	
8	Cr27Al5	≤0.1C,≤1.5Mn,≤(0.4～1.6)Si,(15～18)Cr,≤0.5Al,(55～61)Ni,其余 Fe	7.19	1.42	5×10^{-5}					1300	
9	康太尔铝合金	23Cr,69Fe,5.7Al,0.6C,2.0Co	7.2	1.40	1.85×10^{-5}	14～15	0.494	12.8	1520	1350	
10	Cr23Ni18	≤0.2C,≤2.0Mn,<1.0Si,(22～25)Cr,(17～20)Ni	7.8	0.90	40×10^{-5}	17.0	0.502	12.8～14	1400～1420	900	
11	Cr25Ni20SSi2	≤0.2C,≤1.5Mn,(2～3)Si,(23～27)Cr,(18～21)Ni	7.84	0.92	38×10^{-5}	16.3	0.502	12.8～14	1400～1430	900	

续表 5.1

序号	材料名称	化学成分（%）	密度（g/cm^3）	电阻率（20℃）（$\Omega \cdot mm^2/m$）	电阻温度系数（1/℃）	平均线膨胀系数（$\times 10^{-6}$/℃）	平均比热（kJ/kg·℃）	导热系数（W/m·℃）	熔点（℃）	最高使用温度（℃）	使用条件
12	渗铝铁	≤0.2C	7.86	0.12～0.15	（7～10）$\times 10^{-3}$	14.0	0.482	46.6～52.4	1530	400	氢气保护可达 1000℃
13	碳钢	0.2C	7.86	0.12～0.15	（7～10）$\times 10^{-3}$	12.18～14.81	0.461（20℃）	52.4	1400～1500		
14	白铜	（13.5～16.5）Ni，（18～22）Zn，其余 Cu	8.3～8.5	0.3～0.45	（28～30）$\times 10^{-5}$	18～22	0.41	37.6	1050	350	
15	康铜	（39～41）Ni+Co，（1～2）Mn，其余铜	8.7～8.9	0.45～0.52	4.3×10^{-5}	15	0.41	22.6	1260～1275	400	
16	新康铜	（10.8～12.5）Mn，（2.5～4.5）Al，（1～1.6）Fe，其余铜	8.0	0.45～0.52	3.7×10^{-5}	19			970	400	
17	铂（Pt）	Pt100 称量	21.46	0.10	4×10^{-3}	$8.9+1.2 \times 10^{-3} t$	0.19（1230℃）	69.8	1770	1400	
18	钼（Mo）	Mo100 称量	10.3	0.045	5.5×10^{-3}	$5.1+9.6 \times 10^{-4} t$	0.272（100℃）	68.6～141（1600℃）	2630	1650	氢气保护可达 2000℃
19	钨（W）	W100 称量	19.34	0.05	5.5×10^{-3}	$4.3+7.1 \times 10^{-4} t$	0.176（900℃）	102（1723℃）	3410	2500	真空或保护气体中
20	钽（Ta）	Ta100 称量	16.6	0.15	4.1×10^{-3}	6.5（0～100℃）	0.188（1400℃）	82.6（1800℃）	2296	2500	真空或保护气体中
21	碳粒	C	1～1.25	600～2000			0.67～0.996（0～224℃）			1800	保护气体可达 2500℃
22	石墨	C	2.2	8～13			1.842（827℃）	116.3～174.5	3500	3000	真空或保护气体中
23	碳	C	1.6	40～60			0.67～0.996	23.3～58.2	3500	3000	真空或保护气体中
24	碳化硅（SiC）	94.4SiC，3.6SiO_2，0.3C，0.3Si，0.2Al，0.6Fe，0.6（CaO+MgO）	3.12～3.18	1000～2000	<800℃为负 >800℃为正	5	0.712	23.3（1000～1400℃）	2227	1450	

硅碳棒具有良好的导热性、导电性和耐磨性，在高温条件下其急冷急热性较好，并具有足够的高温强度。硅碳棒单位表面功率和电阻温度系数均比电热合金高得多。图 5.1 为其电阻率与温度的关系曲线，从图中可以看出：硅碳棒在低温时（约 900℃以下），其电阻与温度成反比，这一特点可以防止碳化硅电热元件因电压的骤增而被烧毁。

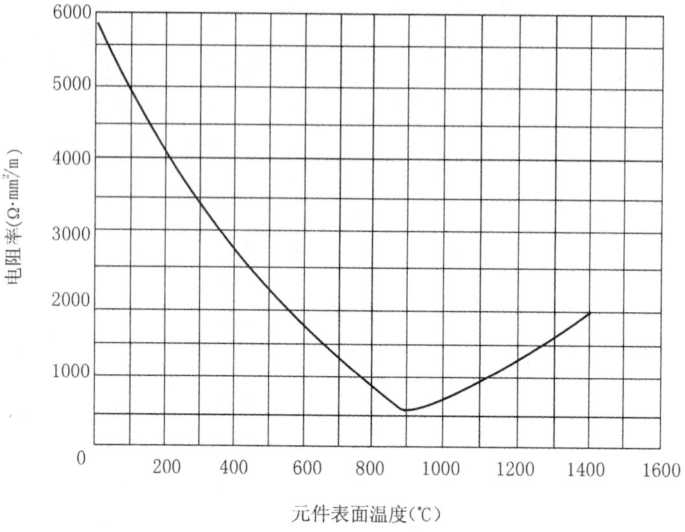

图 5.1　硅碳棒电阻率与温度的关系曲线

碳化硅存在“老化”问题：它在空气中使用时，空气中的 O_2、CO_2 和水蒸气能强烈促使其氧化，生成玻璃态的 SiO_2 薄膜，使其电阻增大。当它连续使用 60～80h 后，其电阻增加 15%～20%，若继续使用下去，由于生成的 SiO_2 薄膜保护了内部的 SiC 不再继续氧化，从而其电阻的增加也就减缓下来。但间歇使用时，由于 SiO_2 与 SiC 的膨胀系数不同，冷却时，表面的 SiO_2 薄膜容易破裂脱落，露出新的 SiC 表面，多次反复加热与冷却后，使其电阻越来越大，终于大到不能使用。

因硅碳棒有老化问题，使电流降低，为保持功率稳定，必须提高电压，因此，硅碳棒电炉需要有调压装置。

（3）硅钼棒

硅钼棒（$MoSi_2$）使用温度比硅碳棒要高，它在空气中连续使用的最高温度为 1650℃。在高温下表面生成一层致密的 SiO_2 玻璃膜，可防止进一步氧化，但还原气氛会破坏保护层。在 400～700℃温度范围内会发生低温氧化而遭破坏，故不应在此范围内长期使用。硅钼棒使用寿命长，且不易发生老化。

硅钼棒在室温下既脆又硬，有较高的抗弯和抗拉强度，在 1350℃以上变软且有延展性，伸长率约为 5%，冷却后又恢复原尺寸和脆性。

5.3 电阻炉的热工计算

电阻炉设计的基本原则及计算内容与火焰窑炉类似，区别在于不进行燃烧及燃烧设备的计算。电阻炉是靠电热元件将电能转变成热能的，所以电阻炉的设计重点是电阻炉功率的确定、电热材料的选择及电热元件尺寸计算，以下对这些计算作简要介绍。

5.3.1 热平衡法确定电炉功率

电炉热平衡系由炉子在工作中的热能收入和支出各项所组成，而热收入各项总和与支出各项总和在数值上彼此相等。通过热平衡的计算，能够比较精确地计算出电炉的功率。在热平衡中比较全面地反映了电炉结构以及操作等方面的特点。

热平衡计算可参考第6章，通过热平衡计算可求出电热体每小时应放出的热量 Q_D(kJ)，则电炉的计算功率可用下式计算：

$$N_j = \frac{Q_D}{3.6\tau} \times 10^{-6} \tag{5.2}$$

式中 τ——加热阶段所需时间，h。

应当指出的是，计算功率并不是所设计炉子的实际功率，实际上应考虑到进一步提高产量的可能，或者计算中选用数据和实际情况不完全一致，或者供电电压的波动对功率的影响，电热体长期使用后的老化现象使电阻增大，以及缩短升温冷却时间等因素。所以，在设计炉子时，一方面应考虑炉子的安全系数，另一方面应考虑到炉子功率的储备。故实际功率可依下式求出：

$$N = KN_j \tag{5.3}$$

一般情况下，周期操作的电炉或小电炉 K 取 1.2～1.5，连续操作的电炉 K 取 1.15～1.25。

5.3.2 经验法确定电炉功率

(1)面积负荷法

炉膛内表面每平方米上布置的功率大，炉温就高；布置的功率小，炉温就低。可知电炉的功率与炉温有一定的关系。因此，炉子的实际功率可按以下经验公式计算：

$$N = K_1 \cdot F \tag{5.4}$$

式中 F——炉膛内表面积，m^2。

K_1——随温度不同的系数，W/cm^2。可参照以下经验数据确定：

炉温(℃)	K_1(W/cm^2)
1200	15～20
1000	10～15
700	6～10
400	4～7

高温内绕式钼丝炉 K_1 值为 3～6W/cm^2。通常情况下，大炉子（直径 D 为 270mm 左右）选偏大的数值，小炉子（直径 D 为 100mm 左右）选偏小的数值。

（2）容积负荷法

根据箱式电阻炉、井式电阻炉长期实践总结，电炉的总功率与电炉的容积、电炉温度有以下关系：

$$N = K_2 \cdot V^{2/3} \tag{5.5}$$

式中 V——炉膛的有效容积，m^3；

K_2——随温度不同的系数，其值参见表 5.2。

表 5.2 电炉功率的容积系数

炉型	箱式电阻炉				井式电阻炉			
炉温（℃）	1200	1000	700	400	1200	1000	700	400
K 值	150	100	75	50	100	75	50	35

5.3.3 电热体单位表面功率的确定

电热体的单位表面功率指的是电热体单位表面积上所发出的功率，也称表面负荷，单位是 W/cm^2。它的大小不仅与电热体材质有关，而且与炉温、散热状况等多种因素有关。选得过小，造成材料浪费；选得过大，会降低电热体的使用寿命。

对于某种电热体材料来说，电热体能达到的最高温度是一定的，如果在实际工作中，电热体超过规定的允许最高使用温度，则会缩短电热体的使用寿命，需经常修理电炉和更换电热体。

在理想情况下，当电热体所发出的功率全部由被加热制品所吸收，也就是当电炉的热损失相当小而可以忽略不计，以及电热体与被加热制品之间没有任何屏蔽存在时，称为电热体理想单位表面允许功率。

若采用上面的理想单位表面允许功率，在实际工作中，电热体的温度一定要大大超过上述的温度。所以，我们在电炉设计中所采用的电热体实际表面允许功率比理想允许功率要小，而且为了延长电热体的使用寿命，还要再取一个安全系数。实际应用的表面允许功率约为 0.55W/cm^2，若电热体为覆盖型或有部分被覆盖，则为 0.3～0.4W/cm^2。下面所说的表面功率都是指电热体实际表面允许功率。

图 5.2 至图 5.4 为铁铬铝、镍铬、硅碳棒电热元件的表面负荷曲线，可供设计时参考。图中元件敞露指电热体放在搁丝砖上或挂在炉墙上；元件封闭指电热体未露在炉膛里，例如将电热丝穿入马弗炉的炉膛砖圆孔中。

钼、钨、钽使用温度越高，其表面功率会继续下降。2000℃时，钨、钽应下降到 10W/cm^2 以下，在有遮盖物保护的情况下 $W_{允}$ 值下降到 2～3W/cm^2。1800℃时，钼丝允许表面功率为 4～9W/cm^2。

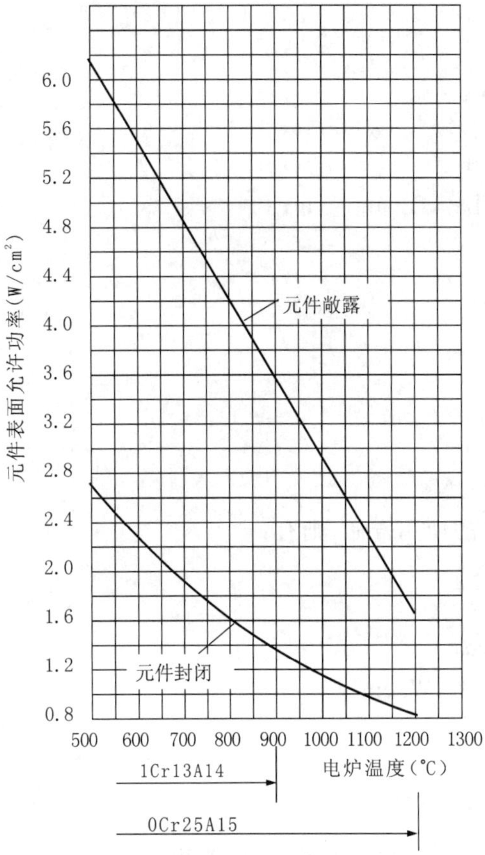

图 5.2　铁铬铝电热元件表面负荷曲线

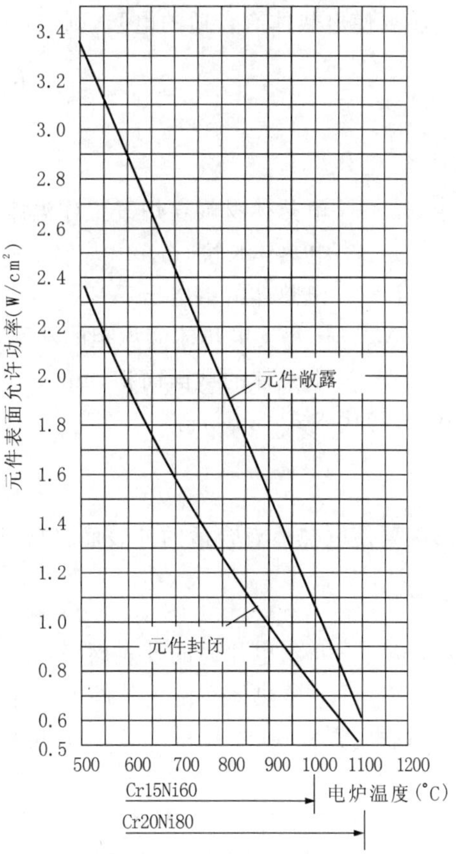

图 5.3　镍铬电热元件表面负荷曲线

5.3.4　电热体尺寸的计算

电热体截面和长度应满足两个要求：首先，电热体应有合适的电阻，以保证产生需要的功率；其次，电热体应有合适的表面积，使其单位表面功率符合要求，以使电热体温度不超过电热体材料的允许工作温度。

(1)丝状(棒状)电热体的计算

首先确定每支电热体应承担的功率 $N_{支}$：

$$N_{支}=\frac{N_{总}}{M} \qquad (5.6)$$

式中　$N_{总}$——电炉所需总功率，kW；

M——电炉所需电热体总支数，根据电热体在电炉中的布置情况来确定。例如，电炉沿长度方向分为两段加热，每段采用三相供电，每相为 4 支电热体，则该电炉需

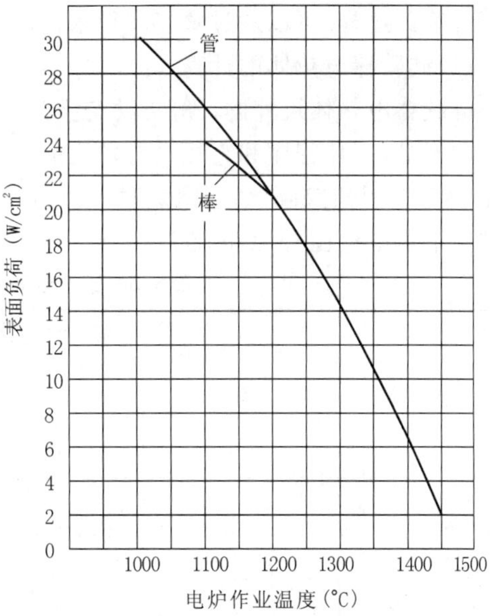

图 5.4　硅碳棒电热元件表面负荷曲线

电热体总数为 24 支。

①要使电热体有合适的电阻，则有：

$$R_t = \frac{U^2}{10^3 N_{支}} \tag{5.7}$$

$$R_t = \rho_t \frac{L}{A} \tag{5.8}$$

式中 ρ_t——电热体材料在炉子工作温度下的电阻率，$\Omega \cdot mm^2/m$；

L——电热体长度，m；

U——电热体的端电压，V；

$N_{支}$——每支电热体应承担的功率，kW；

A——电热体的截面面积，mm^2。

把式(5.7)代入式(5.8)，得：

$$L = \frac{\pi U^2 d^2}{4 \times 10^3 \rho_t N_{支}} \tag{5.9}$$

②要使电热体有合适的外表面，以保证电热体的使用寿命，则有：

$$F = \frac{10^3 N_{支}}{W_{允}} \tag{5.10}$$

式中 F——每组电热体的外表面积，cm^2；$F = 10\pi dL$；

$W_{允}$——电热体在使用条件下允许的表面功率，W/cm^2。

解联立方程式(5.9)和式(5.10)，可得：

$$d = \sqrt[3]{\frac{4 \times 10^5 \rho_t N_{支}^2}{\pi^2 U^2 W_{支}}} \tag{5.11}$$

式(5.11)中等式右边各项都是已知的，每支电热体的功率可以计算，端电压是根据变压器及接线方法确定的，电热体实际应用单位表面功率是选定的，电阻系数要根据炉内达到的温度进行计算。这样，可以通过式(5.11)求出电热体的直径，进而算出电热体的长度。

(2)硅碳棒电热体的计算

硅碳棒电热体尺寸的计算方法与上述丝状电热体的计算是相同的。但是，硅碳棒电热体是定型产品，工作程序和直径是有规定的。硅碳棒在不同的电炉操作温度下，能承担的电功率数见表 5.3。设计硅碳棒电阻炉时，其主要计算就是如何选用硅碳棒的规格及支数 M，在全负荷情况下供电电压 U 及电流 I。

表 5.3 国产硅碳棒电热元件的规格和性能

硅碳棒规格	1400℃时电阻 (Ω) (±10%)	相应的电炉温度时，每支硅碳棒的功率、电压和电流 $\left(\frac{W}{V/A}\right)$				有效表面积 F (cm^2)
		1200℃	1300℃	1350℃	1400℃	
6/60/75	2.2	$\frac{240}{23/10.5}$	$\frac{160}{19/8.5}$	$\frac{115}{16/7.2}$	$\frac{70}{12.5/5.6}$	11.30
6/100/75 6/100/130	3.5	$\frac{395}{37/10.6}$	$\frac{265}{30/8.8}$	$\frac{190}{26/7.3}$	$\frac{114}{20/5.7}$	18.85

续表 5.3

硅碳棒规格	1400℃时电阻（Ω）（±10%）	相应的电炉温度时，每支硅碳棒的功率、电压和电流 $\left(\frac{W}{V/A}\right)$				有效表面积 F（cm^2）
		1200℃	1300℃	1350℃	1400℃	
8/100/85 8/100/130	2.4	$\frac{530}{36/14.7}$	$\frac{350}{29/12.1}$	$\frac{250}{24/10.4}$	$\frac{150}{19/7.9}$	25.13
8/150/60 8/150/85	3.6	$\frac{790}{53/14.7}$	$\frac{525}{43/12.2}$	$\frac{380}{37/10.3}$	$\frac{228}{28.5/7.9}$	37.69
8/180/60 8/180/35	4.4	$\frac{950}{65/14.7}$	$\frac{635}{53/12.0}$	$\frac{460}{45/10.2}$	$\frac{270}{34.5/7.9}$	45.23
8/200/85 8/200/150	5.0	$\frac{1050}{71/14.8}$	$\frac{700}{58/12.1}$	$\frac{500}{49/10.2}$	$\frac{300}{38/7.9}$	50.26
8/250/100 8/250/150	6.2	$\frac{1320}{91/14.5}$	$\frac{880}{74/11.9}$	$\frac{630}{62/10.1}$	$\frac{385}{49/7.9}$	62.83
12/100/200	1.1	$\frac{790}{30/26.4}$	$\frac{530}{24/22.0}$	$\frac{375}{20/18.7}$	$\frac{225}{16/14.3}$	37.70
12/150/200	1.7	$\frac{1180}{45/26.4}$	$\frac{795}{37/21.4}$	$\frac{565}{31/18.2}$	$\frac{340}{24/14.2}$	56.55
12/200/200	2.2	$\frac{1580}{59/26.8}$	$\frac{1050}{48/21.8}$	$\frac{755}{41/18.5}$	$\frac{450}{31.5/14.3}$	75.40
12/250/200	2.9	$\frac{1970}{74/26.6}$	$\frac{1320}{61/21.6}$	$\frac{940}{51/18.4}$	$\frac{565}{40/14.2}$	94.25
14/200/250 14/200/350	1.8	$\frac{1850}{58/32.0}$	$\frac{1230}{47/26.2}$	$\frac{880}{40/22.0}$	$\frac{530}{31/17.2}$	87.93
14/250/350	2.2	$\frac{2310}{71/32.6}$	$\frac{1540}{58/26.6}$	$\frac{1100}{49/22.4}$	$\frac{665}{38/17.3}$	109.9
14/300/250 14/300/350	2.6	$\frac{2770}{85/32.6}$	$\frac{1850}{69/26.7}$	$\frac{1320}{59/22.4}$	$\frac{785}{45/17.4}$	131.9
14/400/250 14/400/350	3.5	$\frac{3680}{113/32.5}$	$\frac{2450}{93/26.4}$	$\frac{1750}{78/22.5}$	$\frac{1060}{61/17.4}$	175.9
14/600/250 14/600/350	6.0	$\frac{5550}{170/32.8}$	$\frac{3700}{139/26.6}$	$\frac{2650}{118/22.6}$	$\frac{1580}{91/17.4}$	263.8
18/250/250 18/250/350	1.3	$\frac{2960}{62/47.8}$	$\frac{1970}{51/38.8}$	$\frac{1410}{43/32.8}$	$\frac{840}{33/25.5}$	141.4

续表 5.3

硅碳棒规格	1400℃时电阻 (Ω) (±10%)	相应的电炉温度时，每支硅碳棒的功率、电压和电流 $\left(\frac{W}{V/A}\right)$				有效表面积 F (cm²)
		1200℃	1300℃	1350℃	1400℃	
18/300/250 18/300/350	1.7	$\frac{3570}{78/45.8}$	$\frac{2380}{64/37.2}$	$\frac{1700}{54/31.5}$	$\frac{1020}{41.5/24.5}$	169.7
18/400/250 18/400/350	2.3	$\frac{4740}{104/45.6}$	$\frac{3160}{85/37.2}$	$\frac{2260}{72/31.4}$	$\frac{1360}{56/24.3}$	226.1
18/500/250 18/500/350	2.7	$\frac{5960}{127/47.0}$	$\frac{3840}{102/37.6}$	$\frac{2860}{88/32.6}$	$\frac{1700}{68/25.1}$	282.6
18/600/250 18/600/350	3.4	$\frac{7140}{156/45.7}$	$\frac{4760}{127/37.6}$	$\frac{3400}{107/31.8}$	$\frac{2040}{83/24.5}$	329.3
18/800/250 18/800/350	4.6	$\frac{9450}{209/45.4}$	$\frac{6300}{170/37.0}$	$\frac{4500}{144/31.3}$	$\frac{2700}{111/24.3}$	452.4
25/300/400	1.1	$\frac{4900}{70/70.0}$	$\frac{3360}{58/58.0}$	$\frac{2400}{49/49.0}$	$\frac{1410}{37.5/37.5}$	235.4
25/400/350 25/400/450	1.3	$\frac{6600}{92/71.0}$	$\frac{4400}{75/58.5}$	$\frac{3140}{64/49.2}$	$\frac{1900}{50/38.0}$	314.2
30/1000/500	2.6	$\frac{20441}{189/108}$	$\frac{12936}{152/84.8}$	$\frac{9420}{129/72.6}$	$\frac{5275}{99/53.0}$	942.0

注：① 表中“规格”一栏数值为发热部分直径/发热部分长度/冷端长度，单位 mm。

②

发热端直径 d(mm)	6	8	12	14	18	25	30
冷端加粗直径 D(mm)	12	14	18	22	28	38	45

【例 5.1】 设计一台硅碳棒电炉，炉膛尺寸为 850×600×300(mm)(长×宽×高)，炉温为 1250℃，采用三相供电，要求硅碳棒竖放炉子两侧，中心距 $S \leqslant 90$mm，试选择硅碳棒的规格。

【解】 查表 5.2 得 $K_2=150$，按式(5.5)计算该电炉应达到的功率为：

$$N=K_2 \cdot V^{2/3}=150\times(0.85\times0.6\times0.3)^{2/3}=43(\text{kW})$$

先取硅碳棒中心距 90mm，则每侧可布置硅碳棒支数为：

$$(850\div90)-1=8.44(\text{支})$$

因此，两侧需共布置 8.44×2=16.88(支)。因要求采用三相供电，故支数应同时为 3 的倍数，故确定炉内布置硅碳棒总数量为 18 支。每根棒承受的功率为：

$$N=43\div18=2.39(\text{kW})$$

要求棒竖放，故棒的发热部分长度应等于炉子的内高，即 $L=0.3$m，查表 5.3，可选择规格为 18/300/350 的硅碳棒 18 支，发热部分直径为 18mm，长度为 300mm，冷端部分长度为 350mm，每支硅碳棒在 1200℃ 时的功率为 3.57kW，在 1300℃ 时的功率为 2.38kW，18 支在 1250℃ 时的总功率则为：

$$18\times(3.57+2.38)\div 2=53.55(\mathrm{kW})>43(\mathrm{kW})$$

合用户要求。

(3)带状电热体的计算

带状电热体尺寸的计算方法与丝状电热体尺寸的计算方法基本相同。截面尺寸包括厚度尺寸 a 和宽度尺寸 b，但厂家在生产带状电热材料时，其宽度 b 和厚度 a 是按一定的比例 m ($m=b/a=8\sim12$)定的。例如，当 $a=1.5\mathrm{mm}$ 时，有 $b=12\mathrm{mm}$ 或 $b=18\mathrm{mm}$ 两种，只要确定了厚度 a，即可得出 $b=m\cdot a$ 的尺寸。因此，只要计算两个未知尺寸 a 和 L。

①要使电热体有合适的电阻，则有：

$$R_t=\frac{U^2}{10^3 N_{支}}$$

而

$$R_t=\rho_t\frac{L}{A}$$

这里 $A=a\cdot b=m\cdot a^2$，所以，有：

$$L=\frac{U^2}{10^3\rho_t N_{支}}\cdot m\cdot a^2 \tag{5.12}$$

②要使电热体有合适的外表面积，则有：

$$F=\frac{10^3 N_{支}}{W_{允}}$$

而

$$F=20(m+1)\cdot a\cdot L$$

所以，有：

$$L=\frac{10^3 N_{支}}{W_{允}}\cdot\frac{1}{20(m+1)a} \tag{5.13}$$

解联立方程式(5.12)和式(5.13)，可得：

$$a=\sqrt[3]{\frac{10^5\rho_t N_{支}^2}{2(m+1)m\cdot U^2 W_{允}}} \tag{5.14}$$

再由 $b=m\cdot a$ 求出带状电热体的宽度，由式(5.12)或式(5.13)求出电热体长度 L。

(4)直热式碳管(或硅碳管)电阻炉的供电计算

用碳(石墨)管或硅碳管作电热体的管式电阻炉，其管子本身既是电热体又是电阻炉的炉膛。因为碳(石墨)、碳化硅是电的良导体，所以需采用低电压、大电流的供电设备。即必须根据电炉所需功率、管子尺寸计算选用变压器的供电电压和电流。

①计算电热体(管子)的电阻

$$R_t=\rho_t\frac{L}{A}$$

式中 A——碳管(或硅碳管)的导电截面面积，mm^2；$A=\frac{\pi}{4}(d_{外}^2-d_{内}^2)$，而 $d_{外}$、$d_{内}$ 分别为管子的外、内直径，mm。

②计算电热体(管子)的供电电压

因为
$$N=10^{-3}\frac{U^2}{R_t}$$

所以
$$U=\sqrt{10^3 N R_t}$$

③计算电热体(管子)的供电电流

$$I=\frac{U}{R_t}$$

5.4 电阻炉的安装与使用

5.4.1 电阻炉的安装

(1)电热合金的加工

电热合金加热元件在使用时，通常线状的要绕成螺旋形，带状的要绕成波纹形。然而，若螺圈太小会因应力过大又未及时消除而断裂。因此，线状和带状电热体在使用时的加工尺寸是有要求的。

线状电热体螺旋形尺寸见图 5.5。通常情况下，螺旋节距 t 与螺旋节径 D 如表 5.4 所示。

表 5.4 螺旋节距 t 与螺旋节径 D

工业用电阻炉(电热丝直径 $d>3.0$mm)		民用电热器具	
电热体温度>1000℃	电热体温度<1000℃	$d<1.0$ mm	$d>1.0$ mm
$D=(4\sim6)d$ $t=(2\sim4)d$	$D=(6\sim8)d$ $t=(2\sim4)d$	$D=(3\sim13)d$ $t=(2\sim4)d$	$D=(5\sim7)d$ $t=(2\sim4)d$

带状电热体波纹形尺寸见图 5.6。当 $a>1.5$mm 时，电热体的弯曲半径 $r=(4\sim8)a$，波纹深度 $H<10b$，波纹间距 $t=(10\sim30)a$，扁带宽度 $b=(8\sim12)a$。

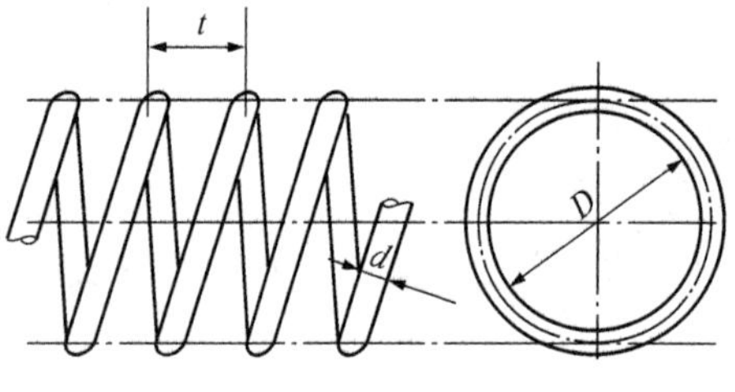

图 5.5 线状电热体螺旋形尺寸示意图

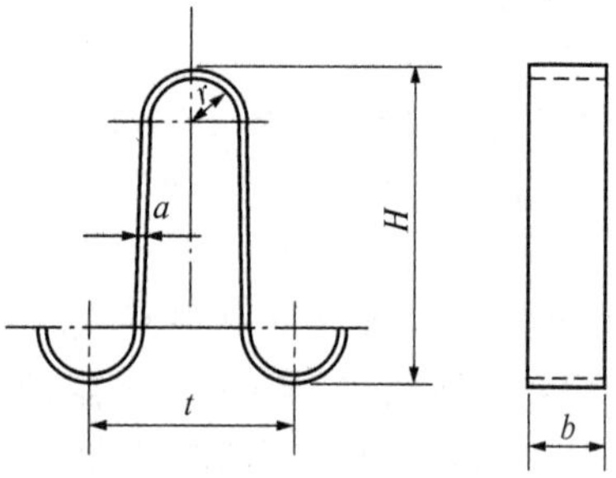

图 5.6 带状电热体波纹形尺寸示意图

上述线状及带状电热体尺寸主要适用于铁铬铝电热体。铬镍电热体不完全受此限制。

直径 $d<2.0$mm 的合金丝在缠绕时，一般是紧密地排列缠绕后再拉开。如果能在缠绕的同时就自动地分开螺距则更好。

直径 $d\geqslant2.0$mm 的合金丝，应当在缠绕的同时就自动分开。直径越大的合金丝，其缠绕速度越要慢。

镍铬合金丝或扁带，可以在室温下进行绕制。铁铬铝合金丝或扁带，较小直径的冷拉合金丝($d\leqslant7$mm)或较薄的冷轧扁带($a\leqslant1.5$mm)均可在室温下进行缠绕；较大直径的冷拉合金丝和热轧圆条或较厚的冷轧扁带、热轧扁带均要加热到 250～300℃进行缠绕。可采用电焊机加热。

(2)电热合金的焊接

电热元件的尺寸确定以后，有时因单根电热元件的长度满足不了要求，或为了充分利用电热体材料，往往需要进行焊接。

如果焊接质量不好，不仅会降低焊接部位的热稳定性，而且会产生脆性，影响电热体的安装，甚至在安装时折断。

铁铬铝合金的可焊性较差，因此焊接时要求采用快速焊成，以限制其受热范围及过热程度。

铁铬铝合金的焊接，一般质量要求可采用电弧焊，质量要求较高时可用氩弧焊。不受高温影响的焊件，如引出端的焊接，或使用温度较低的电热体的焊接，可采用乙炔焊，焊剂为硼砂。

电热体焊接完后，如果不马上使用，焊接部位最后用火焰加热到樱红色（约 800℃），然后在空气中冷却，即可消除焊接应力。

镍铬电热合金采用电弧焊、乙炔焊等方法均可。

铁铬铝合金电热体的焊接只能用铁铬铝焊条，镍铬合金用镍铬焊条，炉温低于 950℃时可用镍铬焊条焊接铁铬铝合金。

电热材料的常用焊接形式见图 5.7。

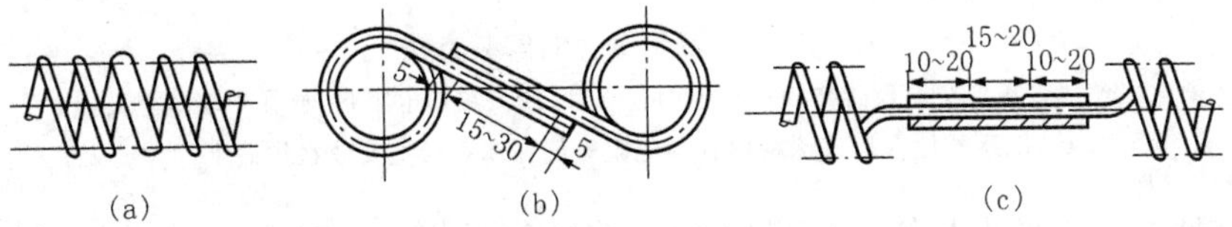

图 5.7 电热材料的常用焊接形式

(a)对焊（适用于铁铬铝、镍铬元件）；(b)搭焊（适用于镍铬元件）；(c)钻孔焊（适用于铁铬铝元件）

未经高温的电热合金丝或扁带，在绕制过程中因硬伤而断裂的，可参考上述方法进行焊接。

已经过高温的铁铬铝合金电热体，因晶粒长大而变脆，若需调直或弯曲，必须加热到暗樱红色（约 700℃）方可进行，其焊接方法与上述基本相同。

(3)电热元件的安装

电热体在炉膛内的安装形式是根据电热体的性质及炉子温度分布情况而定的。通常将电热体布置在炉子的四周。有时为了使炉温分布均匀和加大炉子功率，在炉底及炉顶也安装电热体。确定电热体安装的形式时，尽量考虑电热体发热效率高，结构制造简便，同时也要考虑价格便宜。

下面介绍几种常用的安装形式：

①丝状电热体

丝状电热体多做成螺旋形，把它平放在炉膛的砖槽或搁丝砖上，也可套在陶瓷管上，避免垂直使用。因为高温时，电热体由于自重会引起下垂现象或造成螺旋疏密不匀和损坏。

直径 8～10mm 的电阻丝最好做成波纹形，直接挂在炉膛上。

较大型炉子，如箱式电炉，通常用矩形搁丝砖；圆形电炉用扇形搁丝砖。如果炉子较小，则可在耐火砖上抠槽，将电热体放在槽内而不用搁丝砖。此外，对于小型管状或马弗炉，可将电热体放在螺旋耐火管上或马弗胆上，在马弗胆壁上有放电阻丝的圆孔形管路。

电阻丝螺管的安装方法如图 5.8 所示。

螺旋线圈间的距离（螺管的节距）t 通常是电阻丝直径的 2～4 倍。节距越大，对热辐射的遮蔽越小，但 t 过大，易导致电阻丝难以布置。螺旋线圈的节径 D 越大，单位炉墙面积所能布置的电阻丝长度（或功率）也越大，但 D 过大则使螺管容易变形，D 过小则造成加工制作困难。

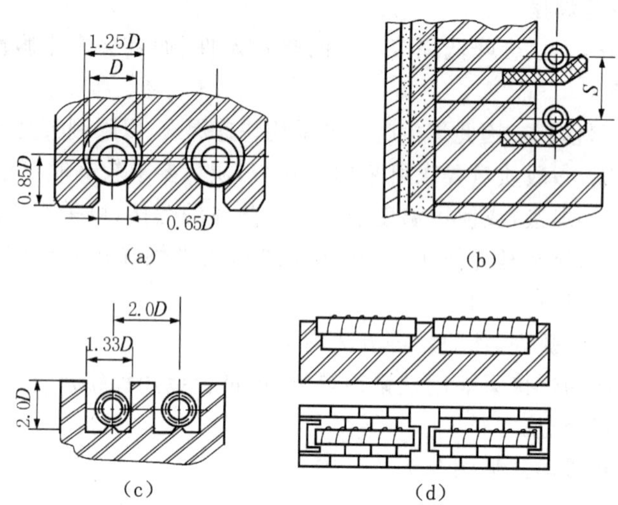

图 5.8　电阻丝螺管的安装方法

(a)电阻丝螺管布置在炉顶砖槽内；(b)电阻丝螺管(或波纹形电阻带)放在炉墙搁丝砖上；
(c)电阻丝放在炉底沟槽内；(d)电阻丝绕在陶瓷管上安放在炉底上

螺管套在陶瓷管上的电热体，其散热和螺线自由辐射相差不多，比放在砖槽或搁丝砖上的散热情况好些，此外，螺管套在陶瓷管上后，不易变形，所以镍铬丝的 D/d 可扩大到 10，铁铬铝丝的 D/d 也可达到 8。螺管的内径与陶瓷管外径的比值为 1.1～1.2，两根螺管的中心距 S 一般为(1.5～4.0)D。

前面已指出，电热体多半安装在炉膛内表面。然而，如果炉膛宽度大、高度小，电热体可装在炉顶上。此时，应尽可能在炉底也能安装电热体。这是因为冷空气侵入炉内，沿着炉底部分的被加热制品移动，将导致被加热制品温度不均匀。所以，从炉底加热就可消除这个缺点，同时能加强从下面来的热空气的对流传热，从而缩短炉子的加热时间。从图 5.8 可以看出，螺管状电阻丝可布置在炉顶特制耐火砖槽内，通常槽孔直径为电阻丝螺管外径的 1.25 倍。螺管在炉壁上可利用架子或凸出的檐托起来。为了使螺旋管在受热膨胀时不致由槽中凸起或脱落，应使用保护销钉，把螺管固定在炉墙上。保护销钉为耐热钢制成的钩子，一端挂住电阻丝，另一端安装在固定炉墙上的特制砖槽内。螺管套在陶瓷管上，可安装在炉墙、炉底及炉顶。

②硅碳棒(管)电热体

硅碳棒的安装方法由炉内温度分布情况决定，一般为水平安装和垂直安装两种。硅碳棒的发热部分尺寸必须和炉膛有效尺寸相符合。为了保证端部正常导电，冷端部分应伸出炉墙外 50mm 左右，炉墙耐热绝缘管内径应为棒冷端部分直径的 1.5 倍左右。硅碳棒安装的位置必须正确，炉墙上预留的硅碳棒的孔洞应在同一直线上，并尽量做到垂直或水平。在硅碳棒的两端安装部位缠绕几圈石棉绳。为了使硅碳棒在加热和冷却时能自由膨胀和收缩，石棉绳不要填放得太紧，一般在石棉绳和孔洞间还留有少许间隙。硅碳棒质地很脆，安装使用时应小心保护。

硅碳棒两端夹头的夹子应该夹紧，可在棒与夹子之间垫几层铝箔，以保证通电时接触良好，否则会引起电弧，影响电热体的使用寿命。夹头可用厚 1.0～1.5mm 的铁皮喷铝、铝片或不锈钢(1Cr18Ni9Ti)做成。因为铜易发生氧化，所以在实践中不用铜夹头。

硅碳棒和引出导线不能与外壳接触，以免发生触电事故。

硅碳棒的安装尺寸见表 5.5,各种安装方法可参考图 5.9 至图 5.11。

表 5.5 硅碳棒的安装尺寸

棒体发热部分直径(mm)	棒体之间(中心)最小距离(mm)	棒中心与炉墙制品最小距离(mm)	冷端输电夹子尺寸	
			宽度(mm)	舌片长度(mm)
$\phi 6$	25	19	16	20
$\phi 8$	33	25	16	20
$\phi 12$	50	38	20	25
$\phi 14$	58	44	20	25
$\phi 18$	75	57	20	30
$\phi 25$	103	79	30	30
$\phi 30$	124	94	35	35

值得提出的是,硅碳棒在安装前要选好阻值相同或相差不大的棒配成一组。对于直径不大于 8mm 的棒,同一组每支阻值差不应大于 0.4Ω;对于直径大于 8mm 的棒,则每支阻值差应不大于 0.2Ω。若几支棒串联配组时,则要求每支棒阻值之差应小于上述数值。这是为了保证每支棒的使用寿命和炉内温度分布较均匀。此外,电炉在使用中某支棒因故折断或发现同一组棒中发热不均匀时,则应全部更换新棒或根据各支棒的实测电阻重新配组安装,切勿单支更换。

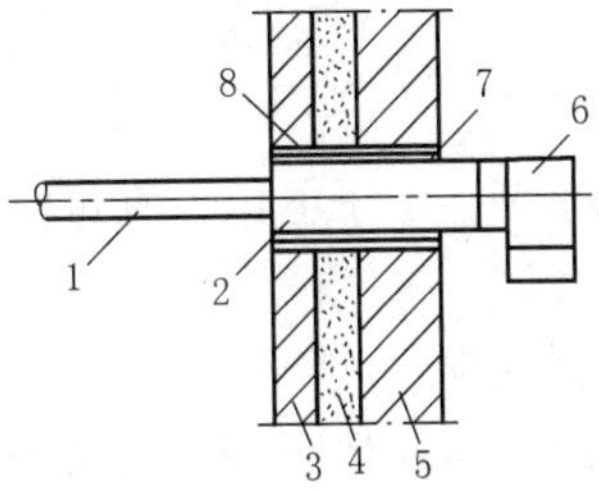

图 5.9 硅碳棒水平方向的安装

1—发热部分;2—冷端部分;3—内炉墙;4—隔热材料;5—外炉墙;6—金属卡;7—间隙;8—耐热绝缘管

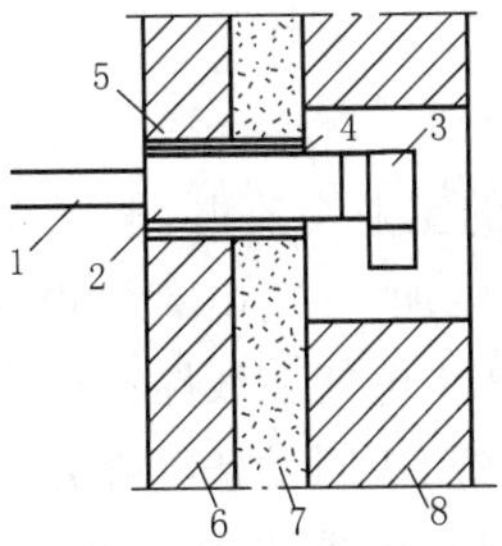

图 5.10 厚炉膛中硅碳棒的安装

1—发热部分;2—冷端部分;3—金属卡;4—间隙;5—耐热绝缘管;6—内炉墙;7—隔热材料;8—外炉墙

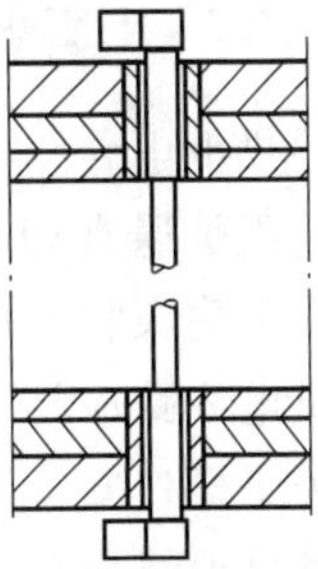

图 5.11 硅碳棒竖向安装

③二硅化钼电热体

U 型二硅化钼电热体从炉顶悬吊安装最为理想,图 5.12 所示的最小距离必须严格控制,以避免元件过热及元件与炉壁相碰。

发热端与连接冷端的交界处锥体应扩展到距炉壁 25～30mm 处。连接冷端(包括轧头)至少应露出炉顶外面 75mm。硅钼棒质地很脆,安装时应小心。

元件在炉内间隔宽度不应小于元件的中心线间距 n,见图 5.13。

二硅化钼电热体也可以水平安装,其适用于连续操作的最高温度为 1550℃、炉膛高度又较小的炉子。

为了避免破坏元件,间歇操作时其表面最高温度不得超过 1450℃(最大炉温为 1400℃)。连续操作时其表面温度不得超过 1600℃(最大炉温为 1550℃)。为了防止元件与支座发生粘连,应采用能耐 1720～1730℃高温的刚玉砖作支座。

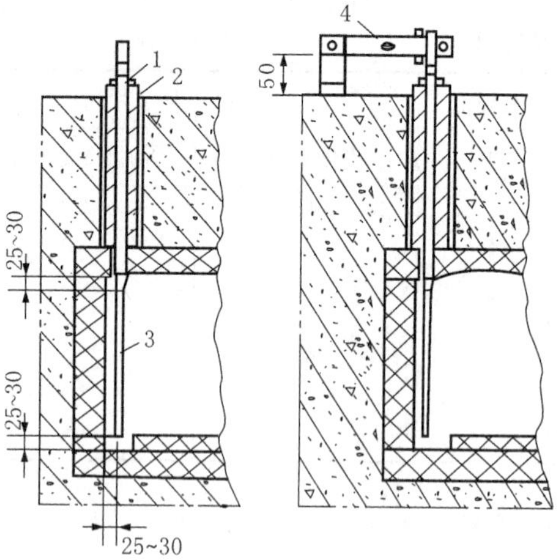

图 5.12　二硅化钼电热体的安装

1—石棉轧头；2—军事塞砖；

3—二硅化钼电热体；4—铝编织带

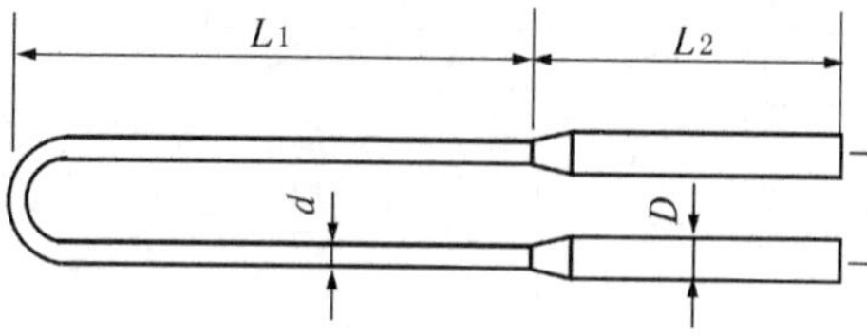

图 5.13　二硅化钼电热元件尺寸

L_1—发热部分长度；d—发热部分直径；

L_2—冷端部分长度；D—冷端部分直径；

n—两冷端中心线间距

5.4.2　电阻炉的使用

1)供电电路

电阻炉通常用频率为 50Hz 的工业交流电，电压为 220V 或 380V。炉子电压不宜过高，因为高温下耐火材料的导电性急剧增加，并使电流漏损的可能性增大。

供电线路应尽可能缩短，以减少电能在线路中的损耗，三相负荷应尽可能平衡。

为了操作安全，电路、供电设备、控制设备等外壳均应可靠接地。实践证明，电炉、仪表、电源三条接地线应分开，不要共用同一地线，以防干扰。

图 5.14 所示是整个电阻炉或者其中某一组电热体的一般供电电路，在电力动力部分，电流通过总开关 DK、熔断器 RD 和接触器 C 进入炉子。在炉子控制电路中表示炉子工作的两种控制方法：用温度调节器的人工远距离控制和自动控制。万能开关 HK 的接点 1 和 2 成闭路时，电流通过了接触器 C 的线圈，接触器的动合触点 C 闭合，炉子接通加热；接点 1 和 2 成开路时，炉子就被切断降温，这就是炉子的人工控制。在自动控制的情况下，万能开关 HK 的接点 1 和 2 成开路，而接点 1 和 4 成闭路，这时炉子的接通或切断靠温度调节器的继电器来进行。当炉子温度低于预定值时，继电器成为闭路而炉子接通加热；当温度高于预定值时，情况正好相反，炉子被切断。这样就能自动保持炉内温度恒定不变。

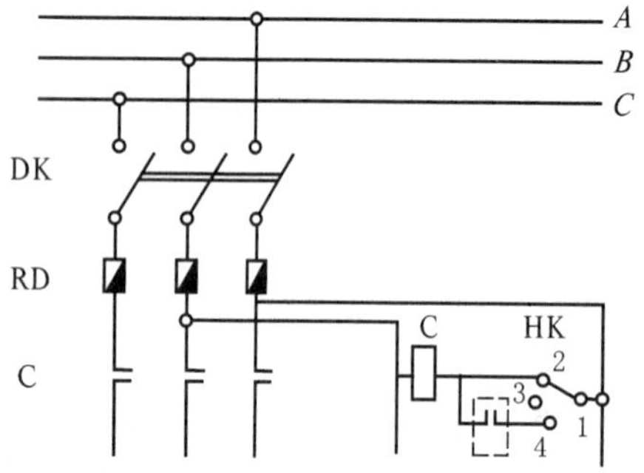

图 5.14　电阻炉供电电路

2)电阻炉的使用

(1)电阻炉使用前的准备

电阻炉在操作使用前，要检查电热元件、仪表的接地是否正确,各气体管路、冷却用水通路是否正常。

变压器在使用前须用500V摇表测其绝缘电阻值,该值不应小于2MΩ,否则须在80~100℃的温度范围内进行烘干,且时间不应少于5h。

新电炉或久未使用的电炉,使用前应慢慢地烘炉,以驱除炉壁内的水分。

(2)电热元件损坏的主要原因

①机械外力损伤。在制造和修理电炉过程中,缠绕电热丝(或带)时不小心划伤或钳伤其表面。铁铬铝电热元件经高温使用后,晶粒长大而变脆,冷却后进行拉伸、折弯或撞击而造成电热元件折断。制品装入电炉时不小心与电热元件碰撞,尤其是质地很脆的硅碳、硅钼电热元件更容易折断。

②超过电热体最高使用温度。电热体最高使用温度,是指它在干燥空气中本身的表面温度,并不是指炉膛的温度。因为电阻炉构造不同,其元件与炉膛的温差也不同,一般要求炉膛最高使用温度应比电热体最高使用温度低100℃左右。当电热体使用温度越高时,则高温强度就越低,特别是铁铬铝元件易变形,造成短路,缩短使用寿命。即使是高温强度较好的镍铬元件,由于过热也会发生组织结构的熔接。硅钼、硅碳等电热元件在超过其最高使用温度时也会断裂。

电热体在最高温度下的使用寿命与炉膛结构、电热体形状、截面大小、表面负荷、周围介质、散热情况等因素密切相关。

③炉内有害物质的腐蚀。绕制金属质电热元件时或购买的电热元件上黏附了脏物,电热元件在高温下会与这些脏物起反应,或者电热元件与选用不适当的筑炉材料直接接触,引起高温反应生成低熔点的共熔物,使电热体损坏。电热元件表面一般有一层保护膜,这层保护膜一般是难熔的,且有较强的抗腐蚀性能,但遇到炉内有害的气体时,在高温下会起化学反应而损坏其保护膜层,导致电热元件的损坏。有时因电炉急剧升温和冷却,而保护膜层与电热元件基体的膨胀系数不完全一致,导致保护膜层产生裂纹、脱落,起不到保护作用,从而影响电热元件的使用寿命。

3)电阻炉的功率调节

功率调节包括两个方面:其一,炉子的总耗电功率的调节;其二,在炉子使用过程中不断调整电阻元件的耗电功率,以控制炉温按工艺要求均匀变化。

(1)利用变压器来调节

采用硅碳棒、二硅化钼棒、钼、钨等电热体的电阻炉,由于升温过程中电热体的电阻值变化很大,或在长期使用后电阻会改变,所以在炉子和电网之间还要配备一台变压器,以降低或调节电炉的输入电压。调节输给电热体的电压,即相当于调节电热体的发热量Q,也就是调节电炉的温度。

通常在升温阶段,需要逐步升高电压。当温度接近最高温度时,往往要适当调低供电电压,减小升温速度,以防止炉温超过规定的温度。

用增加变压器及自耦变压器电压级数的办法能够获得调节中的平滑性。自耦变压器能逐步调节输出电压,因此得到了广泛的使用。

单相供电的炉子使用单相自耦变压器,三相供电的炉子则用三相自耦变压器。

(2)通过改变电热元件的连接方法来调节

当炉子使用得太久,电热体(尤其是硅碳棒)逐渐老化,而电阻值也随之增加,发热功率不足,导致炉温难以上升。在有几个电热体的炉子里,可以用改变电热体连接线路的方法来调节功率，通常是利用转换开关来实现的。设在炉子里有2个同样电阻值的电热体，若把电热体由并联改为串联时，炉子的功率则为原来的1/4。若炉子有3个电热体时，如果原来是三角形连接，现改为星形连接，炉子的功率将为原来的1/3。同理，若有6个电阻值相同的电热体连接成两个独立小组，这样可以使炉子有五级功率：

①两组都接成三角形(△,△)，相当于100%功率；

②一组接成三角形，另一组接成星形(△,Y)，相当于67%功率；

③一组接成三角形，另一组切断不通电(△)，相当于50%功率；

④两组都接成星形(Y,Y)，相当于33%功率；

⑤一组接成星形，另一组切断不通电(Y)，相当于17%功率。

必须指出的是，在炉内安装有几个电热体的独立组时，一定要使每组电热体在炉内均匀布置，以免在切断一组时或改变另一组的连接方法时造成炉子加热不均匀。这种方法要经过计算，以免电热体因承受不了过大的功率而烧坏。

电热元件连接方法见表5.6。

当炉子功率 N 小于25kW时，通常采用220V或380V单相串联方法；当炉子功率为30～75kW时，一般采用三相380V星形接法或三相220V三角形接法；当炉子功率大于75kW时，可将电热体分成两组或两组以上的三相380V星形接法，或三相220V三角形接法，每组功率以30～75kW为宜，每相功率在10～25kW之间。这样，可使每一电热体的功率不致过大，便于调节炉温并保持其均匀性，同时电热体尺寸可在最常用的范围内。

表5.6 电热元件接线方法

接线名称	代号	元件数目	总电阻(Ω)	总功率(kW)
串联	+	n	$R=nr$	$N=\dfrac{U^2}{10^3 nr}$
并联	‖	n	$R=r/n$	$N=\dfrac{nU^2}{10^3 r}$
串—并联 (先串联再并联)	+ - ‖	mn	$R=mr/n$	$N=\dfrac{nU^2}{10^3 mr}$
并—串联 (先并联再串联)	‖ - +	mn	$R=nr/m$	$N=\dfrac{mU^2}{10^3 nr}$
星形	Y	3	$R=r$	$N=\dfrac{U^2}{10^3 r}$
三角形	△	3	$R=r/3$	$N=\dfrac{3U^2}{10^3 r}$
双星形	YY	6	$R=r/2$	$N=\dfrac{2U^2}{10^3 r}$
双角形	△△	6	$R=r/6$	$N=\dfrac{6U^2}{10^3 r}$
串星形 (先串联再连接成星形)	+ -Y	$3n$	$R=nr$	$N=\dfrac{U^2}{10^3 nr}$

续表 5.6

接线名称	代号	元件数目	总电阻(Ω)	总功率(kW)
串角形 (先串联再连接成三角形)	+ -△	$3n$	$R=nr/3$	$N=\frac{3U^2}{10^3 nr}$
并星形 (先并联再连接成星形)	‖ -Y	$3n$	$R=r/n$	$N=\frac{nU^2}{10^3 r}$
并角形 (先并联再连接成三角形)	‖ -△	$3n$	$R=r/(3n)$	$N=\frac{3nU^2}{10^3 r}$

5.5 电热陶瓷间歇窑

5.5.1 箱式电炉

箱式电炉是结构最简单的一类间歇电热窑炉，也是科研单位和企业实验室中应用最广泛的一种电热炉。其炉体一般由耐火材料与耐火纤维构成，外壳用钢板围护，炉膛内两侧竖直或上下部水平搁置电热体。其升温控制主要是通过变压器来改变对其供给电压的大小，现代箱式电炉都采用自控装置，利用可控硅通过控制仪表来改变供电电压的大小，也可通过单片机输入各种智能算法构成控制系统。

这里以北京独创科技有限公司生产的DC-B系列智能箱式高温炉为例，其产品规格与主要技术指标见表5.7。该电炉的炉膛采用高级轻型耐火材料成型(成型后窑体密度仅300kg/m^3)，达到蓄热小、保温好的效果，大大节省了能源。外壳采用不锈钢材料经数控机床加工平整后并采用双色环氧粉末静电喷漆工艺，使得外观豪华、美观。加热元件采用铁铬铝合金丝，炉丝装在两侧活动衬板上，保证了升温速度快、温度均匀，且使得更换炉丝方便、可靠。电炉采用了全新数字式仪表，温度智能控制，它设有4组9段升温专用程序，可以按不同试验要求自行设定升温过程。由于使用了先进的控制技术，减少了人为操作误差，大大提高了工作效率。此外，它还具有超温、漏电、过载、短偶等多种保护功能和保护报警功能，大大提高了电炉运行的安全性及可靠性。

表5.7 DC-B系列智能箱式电炉的规格与主要技术指标

型号	功率(kW)	最高温度(℃)	容积(L)	炉膛尺寸(mm)	电源(V)	精度
DC-B5/10	2	1000	5	200×130×180	220	±1℃
DC-B8/11	4	1100	8	200×130×300	220	
DC-B8/12	4	1200	8	200×130×300	220	
DC-B8/13	4	1300	8	200×130×300	220	
DC-B15/11	6	1100	15	240×190×340	220	
DC-B15/13	6	1300	15	240×190×340	220	
DC-B125/11	10	1100	125	500×490×500	380	

5.5.2 电热梭式窑

电热梭式窑结构紧凑、占用厂房面积小、操作方便、灵活性好，因此，适合于中、小型厂生产使用，也适合于大型厂生产小批量特殊产品使用。

电热梭式窑的电热元件按其工作温度可分别采用铁铬铝合金(1300℃)、硅碳棒(1400℃)、硅钼棒(1650℃)等。

电热梭式窑的温度控制系统相对于燃料窑而言是比较简单的，电热窑仅需调节供电功率的大小，通常采用热电偶和可控硅电气控制系统进行控制，也可以用位式控制、PID仪表控制或计算机PID控制、计算机模糊控制等。控温精度高于燃料窑，在整个工作温度范围内，控温精度为±1℃。应该指出的是，控温精度高不等于窑内温差小。

电热窑炉以电能为热源，电流通过电热元件而发出热量，借助辐射与对流的传热方式将热量传给制品，使制品加热到所要求的温度。因此，在加热过程中制品所达到的温度与电热元件的布置及辐射、对流换热系数的大小有直接关系。

例如，电热元件设置在6个壁面上的梭式窑，在600℃左右时，只有采用风机使窑内产生强烈的气流循环，大幅度提高对流换热系数后，窑内温差才能达到±5℃。而且只有在保温阶段或缓慢升温阶段，窑内温差才有可能达到±2℃。如果不采用强制循环风机，在正常的升温阶段，控温精度达到±2℃，而窑内有效容积的温差可达100℃。因此，电热梭式窑的容积一般都较小，为1～5m^3。

由于辐射换热与两物体绝对温度的4次方的差值成正比，因此，在800℃以上辐射换热强化了，窑内温差随温度的升高会逐渐下降。但两物体之间的辐射换热还与它们之间的几何形状、距离和角系数有直接关系，在同一窑中，由此也会造成不同位置上辐射给热系数的重大差别，从而引起传热量和温度的重大差别，因此，电热梭式窑的宽度受到传热的限制，大多数是窄断面的而不是宽断面的。为此，必须重视电热元件在窑内的合理布置。有些窑炉不仅在窑体的6个壁面上布置电热元件，还设法在窑内部布置电热元件，甚至在窑内固定的立柱和棚板上也布置了电热元件，以减小窑内的温差。

以下简要介绍几种现代电热梭式窑：

(1)美国Alpine公司的电热梭式窑

美国Alpine公司烧制陶瓷制品的电热梭式窑的规格列于表5.8中。该梭式窑的窑体由牢固的钢架结构组成，窑内衬使用温度为1425℃的轻质耐火砖，在耐火砖与钢板之间填充轻质材料。尽管窑炉设计的最高使用温度为1290℃，但仍采用了能够经受1425℃高温的隔热砖以保证窑炉能在高温下长期安全运转。窑炉采用拱顶结构，以求结构牢固、稳定和便于装窑。窑体还设置了可关闭的观察孔，以供观察窑内烧成状况。采用一侧转动开启的窑门，便于进出窑车的操作。

表5.8 美国Alpine公司电热梭式窑的标准设计(最高使用温度1290℃)

型　号	EFS-45	EFS-54	EFS-63	EFS-80	EFS-96	EFS-120	EFS-160
装载量(m^3)	1.28	1.53	1.78	2.27	2.72	3.40	4.53
加热功率(kW)	70	82	94	100	110	130	170
窑车装载面积(宽×长)(cm^2)	76×183	91.5×183	91.5×183	76×244	91.5×224	91.5×305	122×305

续表 5.8

型号	EFS-45	EFS-54	EFS-63	EFS-80	EFS-96	EFS-120	EFS-160
窑车装载高度(cm)	92	92	107	122	122	122	122
窑体尺寸(宽×长×高)(cm)	183×246×191	198×246×191	198×246×208	188×277×226	183×307×221	201×368×229	231×368×229
包括轨道在内所需长度(m)	8.5	9.2	9.8	9.9	10.4	12.2	12.8
总质量(含2辆窑车)(t)	3.86	4.18	5.00	6.35	7.26	9.53	10.89

窑车安装在配有滚子轴承的车轮上，以保证运动平稳，易于人工直接推拉窑车。如果用户要求，也可配置电力驱动的或用卷扬机操纵的窑车。烧成的制品可在230℃时出窑，以充分利用窑体余热来加热下一窑制品。

该窑的加热元件为铁铬铝合金，可靠地安装在附设挡墙的耐火砖凹槽内，免除易出故障的搁丝砖。电热元件的供电是根据窑炉的大小分组控制的，最多可分12组。电热元件的排布与分组应着重考虑保证窑内温度的均匀性和控制的便利性。

采用热电偶作为温度感测元件，显示器有动圈式的、电子式的、自动记录式的，调节器有二位式的、PID式的、时间程序控制式的，等等，由用户自行选择。它们装在窑体上，整座窑都已预先安装好，到达现场后只需按要求接上电源即可工作。

此外，在窑顶和窑底位置上还另外设置了热电偶和电力开关，一旦窑内温度超过预定的温度，加热可自行中断。

(2)德国Nabertherm公司的电热梭式窑

德国Nabertherm公司电热梭式窑的规格及所需功率列于表5.9。

表5.9 德国Nabertherm公司电热梭式窑规格、内壁尺寸及所需功率

规格	内壁尺寸(宽×高×长)(mm)	最高使用温度及功率(kW)			
		900℃	1280℃	1340℃	1400℃
1000W	800×1600×800	40	57	75	75
1500W	900×1900×900	57	75	110	110
2200W	1000×2200×1000	75	110	140	140
3300W	1000×2800×1200	110	140	185	235
5000W	1000×3600×1400	140	185	235	235
7500W	1000×5400×1400	185	275	370	370

图5.15所示为德国Nabertherm公司电热梭式窑外观图，其内容积尺寸见表5.9。按最高使用温度分为900℃、1280℃、1340℃、1400℃等几种产品，分别用于陶瓷的釉烧和不同种类陶瓷的烧成。窑车无须轨道，运转灵活。如果烧制超重物料时，可以供应在轨道上运行的窑车。

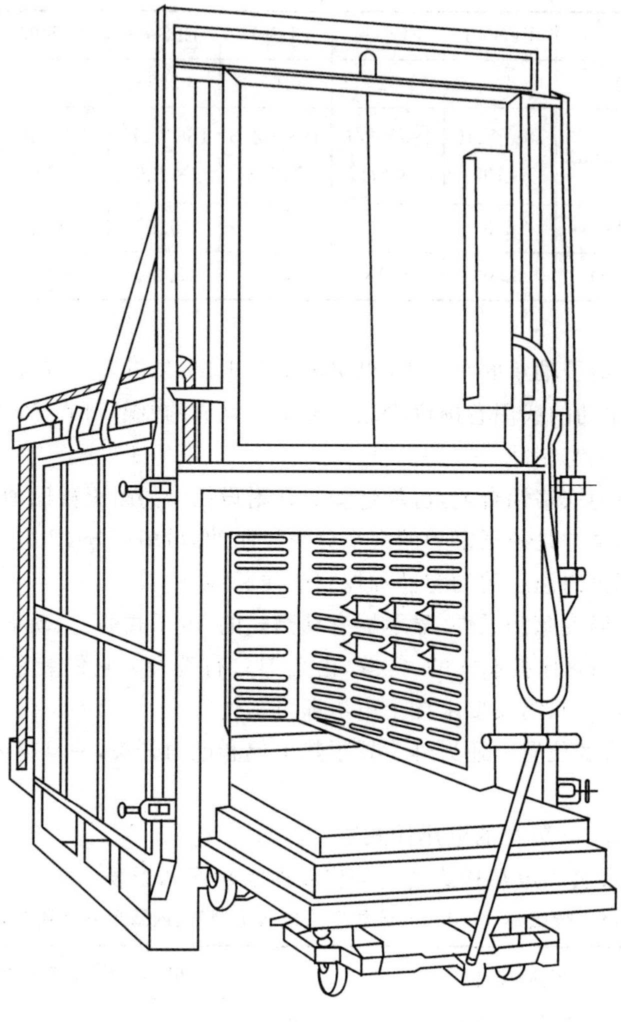

图 5.15　德国 Nabertherm 公司电热梭式窑外观图

5.5.3　电热罩式窑

电热罩式窑大都采用大直径的等径新型硅碳棒作为发热棒，这种硅碳棒电阻小，使用寿命长，而且炉温均匀。电热罩式窑有方形的和长方形的。前者因受硅碳棒长度的限制，故容积通常都小于 $1m^3$，但窑温均匀，特别是从四面鼓风时有利于窑内制品均匀冷却，适宜于烧制温度需要急升急降的陶瓷制品。长方形的电热罩式窑可按其长度方向分成多组，容积可以做得稍大一些，一般多用于特种陶瓷（如电子陶瓷）的预烧和烧成。

由于电热罩式窑窑车尺寸小、质量小、结构牢固，而窑罩的尺寸大、质量大、结构复杂，特别是脆性的硅碳棒和超轻质耐火里衬易破损，因此，它们大都设计成窑罩固定、窑车上下运动的构型，理应称为升降式窑，但人们已习惯称其为罩式窑。

1）CK-1-5 型电热罩式窑

CK-1-5 型电热罩式窑是 20 世纪 80 年代从日本引进的，炉膛尺寸为 1760×600×640

(mm)，有效容积约 0.5m^3，额定功率为 50kW，发热元件为等径硅碳棒，最高使用温度为 1400℃。该罩式窑的结构见图 5.16，现对其结构特点分析如下：

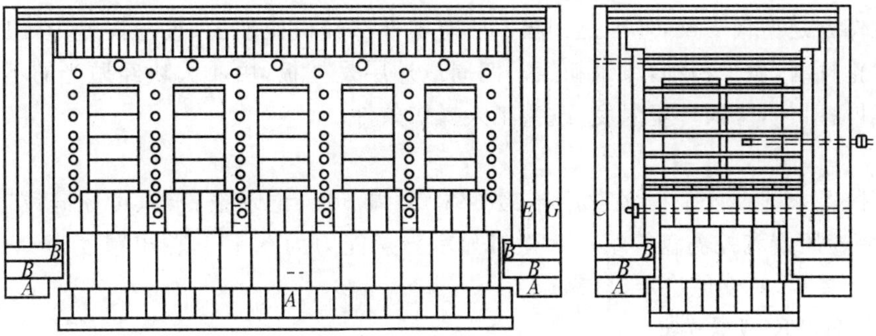

图 5.16　CK-1-5 型电热罩式窑结构图

(1)窑体

窑体属于全耐火纤维结构，由各种硅酸铝纤维毯、板和各类氧化铝纤维板构成。侧墙是混合纤维大板块，按温度降低方向各层纤维使用温度也逐渐降低，这既符合耐火、隔热、保温的要求，又利于降低成本。为了增加混合纤维板的抗弯强度，窑顶内层纤维板采取侧放。窑墙各层纤维毡板除用高温胶粘贴外，还用陶瓷钉加固。侧墙底层砖采用超轻质耐火砖，窑体轻，散热、蓄热少，有利于快速升温、降温，为大幅度地降低能耗提供了极为有利的条件。

(2)窑车

窑车采用液压升降，既缓慢又平稳。窑车衬砖采用三层互相镶嵌的轻质砖，形成牢固的整体。上层砖砌成 5 个砖垛，砖垛与砖垛之间留有一定的空间，每组下部有 2 根硅碳棒通过，这有利于提高窑下部温度，促使窑室内温度分布均匀，同时，砖垛上面平铺碳化硅垫板，因其导热系数大，有利于提高底钵温度，这也是促使窑内温度分布均匀的重要措施。

窑车上升靠行程开关定位，窑车砌体台阶砖与窑体下层台阶砖能较好地靠拢，可起到密封作用。如果对密封要求严，可在接合处粘贴纤维毯或采取砂封。

(3)发热体

采用 16/250/600/250(mm)等直径的硅碳棒，共分 6 组，每组 8 根，不等距离分布，下面密，上面稀。下部硅碳棒发出较多的热量，用以抵消热气向上流动减少的热量。把 2 根硅碳棒安装在底钵平面以下，以提高窑下部底钵的温度，促进窑室内温度分布均匀，提高产品合格率。

(4)热电偶测温

全窑有 6 根热电偶，分别安装在每组 8 根硅碳棒的第 4 根与第 5 根之间，处于窑中部偏下，此处温度代表了中间水平面的温度。每组独立控温，这有利于调整各组温度。热电偶伸进窑内 250mm，此处温度最敏感，能及时调整温度。

(5)进气管与排气管

进气管与排气管都采用刚玉瓷管。5 个进风管分布在窑的左侧、两组硅碳棒之间、距离窑顶较近的位置。虽然进风管仅在一侧安置，但刚玉瓷管开了许多小孔，故在窑内进风是均匀的。4 个排气管分布在窑的右侧，正对各组硅碳棒的下方。虽然排气管也仅安置在窑的一侧，但刚玉瓷管同样开了很多小孔，从窑内吸气也是均匀的。烧普通产品时，鼓风机一般不开，只在排胶时才开鼓风机，以增大窑内正压，使气体从窑内排出。排气管连接右侧支管，再汇总到窑顶总管，总管中央有一烟囱通向外界。

(6)窑壳支架

罩式窑外壳是型钢支架，外围是钢板。所有零件都经机械加工，尺寸误差为±1mm，所有焊点都经砂轮打磨，做工精细，漆银粉漆。四周最外层是挂板，由4大块经抛光的不锈钢板组成，用以反射辐射热，降低环境温度，改善工人操作条件。

(7)计算机控温

计算机控温系统由数字程序设定器、数字指示调节器、记录报警器、可控硅调节器、交流器、SCR可调变压器和控温盘等组成。微机显示分辨能力为0.1℃，输出精度为±1%。计算机控温已运行多年，其性能稳定、可靠。

2)A-EV-H-TK型罩式窑

1990年，我国从日本引进了A-EV-H-TK方形罩式窑，用于PTC陶瓷的烧成。该窑有以下特点：

(1)四面鼓风

A-EV-H-TK型罩式窑采用四面鼓风(图5.17)，每个侧面安排进风口3个，分3层，4面共有鼓风口12个，气流在窑内环流向下，经窑车中央排气孔排出，这种鼓风装置由计算机控制，它能使气体在窑内形成环流，促使窑内温度分布均匀，同时，又能满足PTC陶瓷低温排胶和高温时急剧降温的工艺要求。

(2)硅碳棒呈曰字形分布

罩式窑采用规格为20/300/700/300(mm)等直径的硅碳棒30根(图5.18)，呈曰字形分布，料垛四周分布24根，分6层，每2层为1组，共分上、中、下3组，每组由1支热电偶测控温度，3支热电偶装在同一侧墙的上、中、下位置上。中间分布6根硅碳棒，每2根为1组，共分上、中、下3组。在窑顶装有1根垂直插到窑中间的瓷套管，其间按3组距离的不同装有3支热电偶，以测控窑中心上、中、下3组的温度。全窑6个测控点由计算机进行控制。这样安排的6个测控点有利于窑室内温度分布均匀，能使温度均匀度控制在±5℃以内。

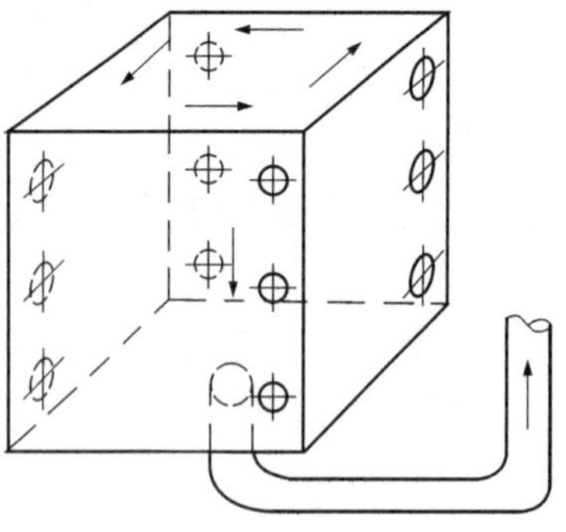

图5.17 鼓风和排气位置及流向示意图

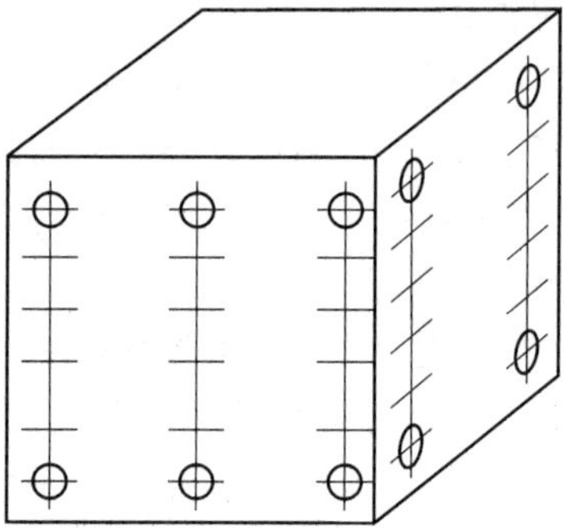

图5.18 硅碳棒位置分布图

(3)采用低蓄热窑车和棚板支架窑具

罩式窑窑车内衬采用高温纤维，两级密封。第一级是台阶式纤维预制块，第二级是橡皮圈压封，见图 5.19。这样两级密封能提高密封效果。支柱采用高强度电熔莫来石，棚板是重结晶碳化硅，导热效果好，在棚板上再放棚架，产品放置在棚架上。棚板以下形成 180mm 高的空间，有利于提高底部温度，又加上窑车车衬采用耐火纤维，从而降低蓄热能力。

以上三个特点都是为了同一个目的，即尽量缩小窑内温差，提高产品烧成合格率。这种窑代表了 20 世纪 90 年代世界先进水平，最适宜 PTC 陶瓷的烧成，产品合格率达 90%以上，节能效果很明显。

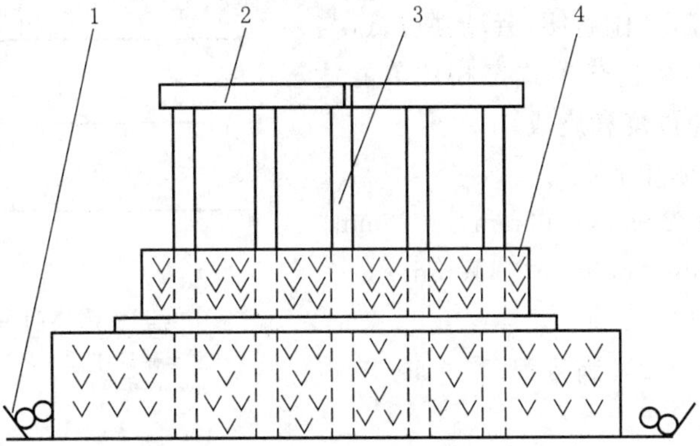

图 5.19　窑车托台示意图

1—耐热橡皮圈；2—碳化硅棚板；3—支柱；4—耐火纤维

3)BTK-05 型罩式窑

我国九九九厂在引进、消化吸收的基础上，研制和开发了 BTK-05 型罩式窑，如图 5.20 所示。该窑参考从日本引进的 CK-1-5 型电热罩式窑，采用全纤维窑衬，内衬为多晶莫来石纤维 PMF-300 系列，厚度为 50mm，外衬为硅酸铝纤维 CF-300 系列，厚度为 130mm，窑墙材料及厚度与窑顶一致。两种纤维之间用高温胶粘贴，高铝陶瓷钉横穿窑墙或窑顶，其中一头用垫圈卡子与外壳卡死，使窑体形成一个牢固的整体(图 5.21)。

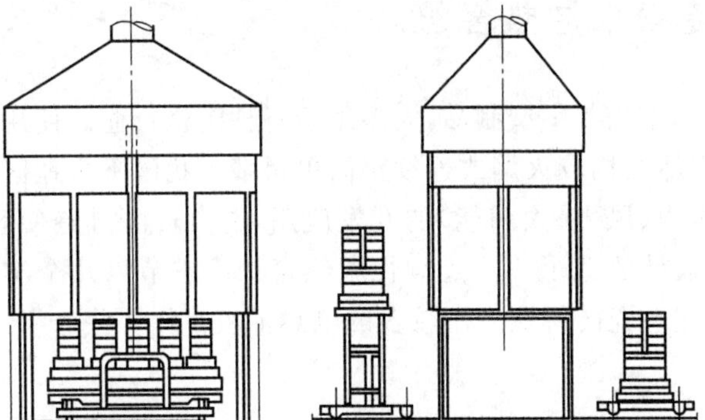

图 5.20　BTK-05 型罩式窑

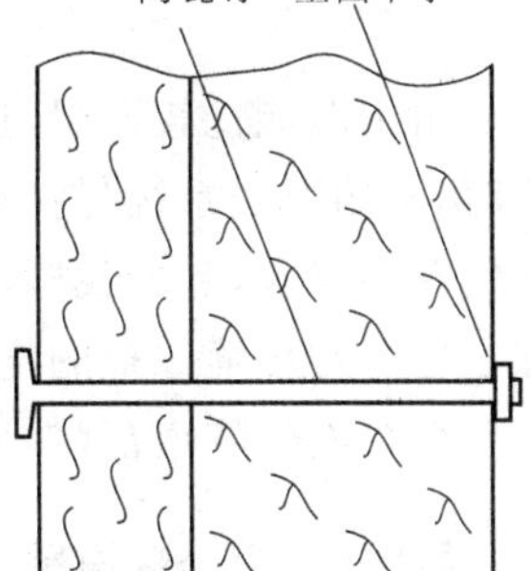

图 5.21　窑体断面示意图

(1)该窑在结构性能上还做了以下改进：在窑体下端的窑车入口处增设了裙板，在窑车上增设了砂封槽(图 5.22)。加强了窑体密封性能，减少了窑内气体分层。

(2)根据热气体运动规律,在窑体底部改一侧排气为两侧排气,消除了热气体流动的死角,提高了炉膛内部上下和两侧的温度均匀性。

(3)窑体四周的面板由原来的 4 大块(其中 2 块为 2m 多长)改为 12 小块,直接悬挂和插紧,减轻了工人装卸的劳动强度。

该窑用实践证明,窑车液压升降平稳,窑温稳定度高,产品一致性好,操作简便,劳动强度低,与从日本引进的 CK-1-5 型电热罩式窑相比节能达 26%,适宜于电子陶瓷预烧和烧成。

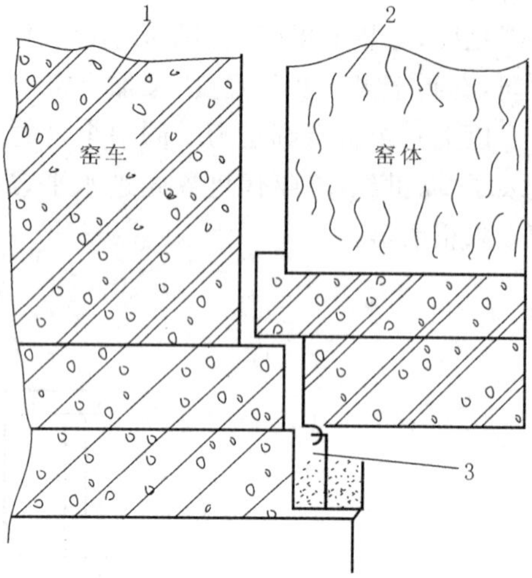

图 5.22　窑体与窑车的曲封与砂封

1—窑车砖砌体;2—窑体(耐火纤维);3—砂封

该窑主要技术指标如下:

窑炉外形尺寸:2222mm×1362mm×2386mm。

窑室尺寸:1700mm×600mm×440mm。

最高工作温度:1400℃。

计算机控温精度:0.2%满量程。

窑温稳定度:<±2℃。

窑温均匀度:<±10℃。

发热元件:18/250/600/250(mm)等直径的硅碳棒 48 根,6 点控温。

窑车:2 辆,上升速度为 35mm/s,下降速度为 53mm/s。

电源:交流,电压 380V,频率 50Hz。

额定功率:60kW,使用功率约 40kW。

装载量:约 100kg。

窑炉重:窑体重约 2t,2 辆窑车重约 1.4t,控制系统重约 1.5t。

窑壁温升:不大于 45℃。

5.6　连续性电热窑炉

由于电能比较昂贵,连续性电窑主要用于烧制小型制品,大多用于特种陶瓷行业。使用电能时,不用燃烧系统与排烟系统等,因此窑体结构较火焰式连续窑简单得多。我国不少地区电力资源较丰富,随着我国清洁能源电力(水力、风力、太阳能)的开发应用,电力资源日趋便宜,加上电窑对环境保护的优越性,这些地区设计建造了不少连续性电热窑炉。本节以几个实例简要介绍电热隧道窑,然后对在艺术瓷与建筑瓷砖行业应用较多的电热推板窑作一些介绍。

5.6.1　电热隧道窑

1)11m 电热隧道窑

(1)规格

窑全长:11.725m;其中预热带 4.6m,烧成带 2.725m,冷却带 4.4m。

窑内宽:202mm。

窑内高:260mm。

窑车长:340mm。

窑内容车:34 辆。

烧成时间:22h。

烧成温度:1600℃。

(2)窑炉结构

窑体用高铝砖与轻质保温砖外加陶瓷纤维构成,外部用角钢、槽钢、钢板构成围护结构。在烧成带顶由角铁支撑一个四方漏斗形的散热罩,目的是将烧成带窑顶热空气收集后通过屋顶散出室外,以降低窑内环境温度。

在窑头装有一个 ϕ250mm 的铁皮烟囱,其作用是将烧成带热空气抽到预热带来预热制品,同时也将窑内制品排出的水分、有机挥发物随同烟囱排出。烟囱设置了调节闸板,用以调节烟囱抽力,还可以调节预热的升温制度。

2)8m 电热隧道窑

该窑适用于陶瓷结合剂磨具和陶瓷制品的焙烧。

其工艺流程是:制品经预热带、烧成带和冷却带连续自动地完成整个烧成过程。

其技术指标为:(1)总功率 66kW;(2)年产 ϕ150mm 及更小的砂轮、油石、磨头、砂瓦等 80~100t;(3)焙烧磨具时平均单位电耗 1.1kW·h/kg 制品;(4)烧成周期 36h;(5)最高温度 1350℃;(6)发热体为二硅化钼棒。

5.6.2 电热推板窑

电热推板窑与电热隧道窑类似,工作通道也是一长方形隧道,但由于装载制品的工具不是窑车而是推板,故窑体的密封性远好于窑车隧道窑,加上它投资少、上马快和便于自动控制及调节,近些年在我国陶瓷工业中也得到了较广泛的应用。

1)传动方式及推板结构

推板是推板窑内的制品运载工具,它由推进器施加压力,通过摩擦达到传送制品的目的。传动方式有滑动摩擦和滚动摩擦两类。滑动摩擦的两种情况见图 5.23:(a)传动平稳,但摩擦力大,损耗也大;(b)图中推板上设置滑块,滑块载着推板在滑轨上滑动,在推板与窑墙间设置了曲封与砂封,这种结构摩擦力小,损耗也小,但结构复杂。为此,也有在此基础上简化为:将耐热钢板条砌入窑底面作滑轨,相应地推板上也嵌入耐热钢板条。

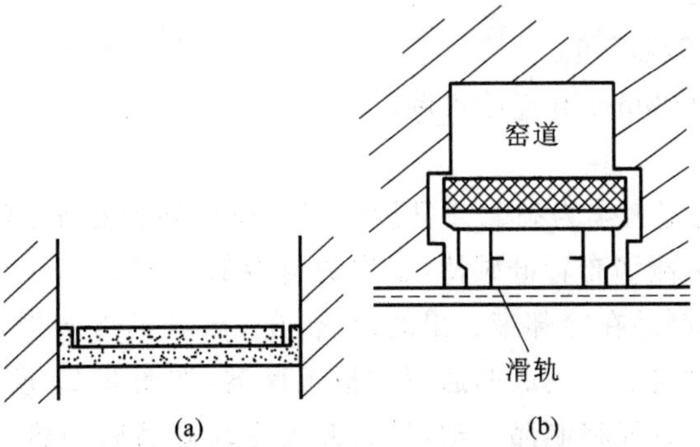

图 5.23 滑动摩擦传动方式示意图

(a)推板与窑底支撑板摩擦;(b)推板与滑轨摩擦传动

滚动摩擦的两种情况见图 5.24:(a)为窑底板自由地放着高铝瓷球,推板通过瓷球滚动实现减小摩擦力传输制品入窑的目的,这种方式简单,但传动不平稳;(b)为在推板与窑底上设置有轨道,轨道内采用尺寸相同的大滚珠,此方式传动平稳,摩擦力小,但推板与窑底支撑板制作难度大,成本高。

推板选材的要求:(1)耐磨;(2)热稳定性好;(3)导热性好。

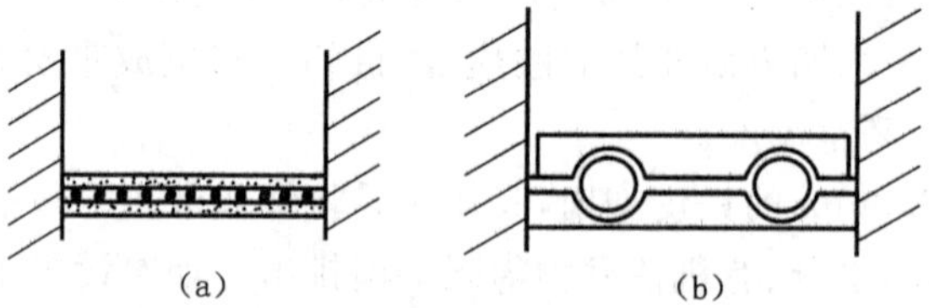

图 5.24　滚动摩擦传动方式示意图

(a)无轧式;(b)有轧式

2)电热体的布置方式

电热推板窑多采用硅碳棒作电热体,一般将电热体布置在窑墙两侧,这样可以节能,且横向布置结构简单;当然,对竖双孔的推板窑也有竖向布置电热体,竖向布置从能源角度来说优于横向布置的,但窑体结构复杂,电热体安装困难,施工难度也大。

3)SD 系列单隧道电热推板窑

该系列窑主要用于镍锌软磁材料、铁氧体恒磁材料以及相应料粉的连续烧结,亦可用于冶金、化工、陶瓷等行业中作连续烧结设备。分为半自动和全自动两个系列,每个系列按其长度不同分为六个型号,每个型号又分为标准和非标准两种类型。其中,标准型采用 340×340×30(mm)的标准推板,而非标准型一般采用匣钵推进,多用于镍锌软磁材料和料粉的生产中。

主要技术指标如下:

(1)窑体长度:9m,11m,13m,17m,20m,23m。

(2)窑膛口径:360mm×180mm/260mm×140mm。

(3)最高炉温:1300℃。

(4)工作炉温:1250℃。

(5)控温精度:±2℃。

(6)截面温差:±5℃。

(7)控温组数:4,4,5,7,7,9。

(8)推进速度:0～3000mm/h 连续可调。

4)17m 电热推板窑

20 世纪末景德镇陶瓷大学为湖北某县设计了一座电热推板窑:窑长 17m,焙烧产品为艺术精陶器,电热体为通道侧墙布置硅碳棒,工作炉温为 1200℃。

该窑为了充分利用制品在冷却带放出的余热,在 7m 长的冷却带末端 4m 长处,窑顶只用了一层盖砖,而在其上砌筑了并列的两通道推板干燥器,如图 5.25 所示。冷空气自工作通道窑墙两侧孔自然进入,一方面将制品冷却,另一方面冷却制品后的热风,靠自然对流作用从顶孔上升至干燥通道,而且工作通道顶上的一层盖砖通过辐射和对流也会将冷却带余热传给干燥制品。这样做没有增加设备,也不会增加建窑费用,却增强了冷却效果,因为充分利用了制品在冷却带放出的余热。

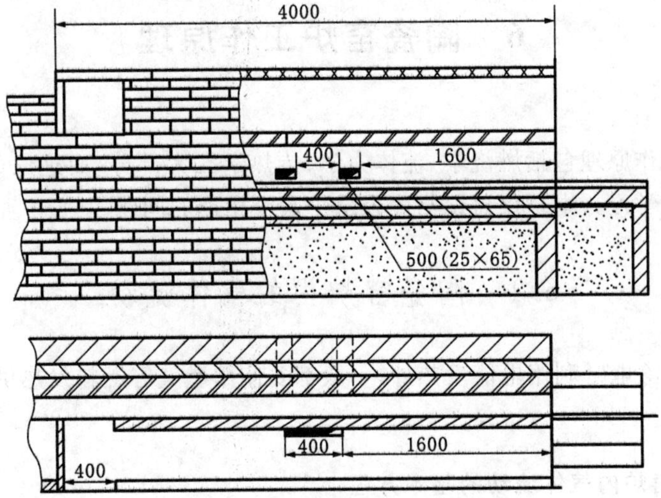

图 5.25　推板窑冷却带的余热利用

6 陶瓷窑炉工作原理

陶瓷窑炉的工作原理包括燃烧学、流体力学、传热学三大部分，而这三部分的内容已在专业基础课中进行了学习。本章仅讨论与陶瓷窑炉紧密相连的问题。

6.1 陶瓷窑炉内的气体流动

现代陶瓷窑炉除电窑利用电能发热外，一般都要使用燃气等燃料发热供窑炉烧成，因此窑内必定有气体流动。

6.1.1 陶瓷窑炉内气体流动的基本方程

在陶瓷工业窑内，窑内压强变化相对于窑外大气压绝对值很小(约 0.05%)，故可将窑内气体视为不可压缩气体。窑内气体流动遵循流体流动三大基本方程，而实际应用最多的为连续性方程与伯努利方程。

(1)气体的连续性方程

气体流动的连续性方程是根据质量守恒原理导出的，即当气体在一密闭通路做稳定流动并与外界不发生质量交换时，则单位时间内流过通路的任一截面的气体的质量和流量皆相等。气体连续性方程可表示如下：

$$F_1\omega_1\rho_1 = F_2\omega_2\rho_2 = F_3\omega_3\rho_3 = 常数 \tag{6.1}$$

式中 F_1,F_2,F_3——通路 1-1、2-2、3-3 处的截面面积，m^2；

$\omega_1,\omega_2,\omega_3$——通路 1-1、2-2、3-3 截面的气体平均流速，m/s；

ρ_1,ρ_2,ρ_3——通路 1-1、2-2、3-3 截面的气体平均密度，kg/m^3。

由于窑内气体可视为不可压缩气体，但在气体流动方向上气体的温度会有变化，从而引起气体的密度变化。实际应用时可分区段考虑，即在气体温度变化不太大的某一区段，取该区段的气体平均温度计算气体密度，而认为其密度不变，则式(6.1)可写为：

$$F_1\omega_1 = F_2\omega_2 = F_3\omega_3 = 常数 \tag{6.2}$$

由式(6.2)可以看出，气体在管道或窑炉系统中稳定流动时，对温度及压强变化不大的某一区段而言，其流速与截面面积成反比，即截面愈小，流速愈大。

(2)冷热气体的伯努利方程

伯努利方程是不可压缩流体进行稳定流动时的最基本方程，它是由能量守恒定律推导所得，即当气体在管道或窑炉系统中从截面1-1到截面 2-2 进行稳定流动时，气体在截面 1-1 上的位能、压力能以及动能之和应该等于截面 2-2 上的位能、压力能、动能及沿程阻力损失之和。为使伯努利方程清楚地反映外界空气对窑炉系统内热气体的浮力作用，通常使用适用于冷热气体共存的窑炉气体伯努利方程，实际上反映的是窑内热气体相对于窑外冷空气的相对能量的守恒。它可以表示如下式：

$$H_1(\rho_a-\rho)g+(p_1-p_{a_1})+\frac{\omega_1^2}{2}\rho=H_2(\rho_a-\rho)g+(p_2-p_{a_2})+\frac{\omega_2^2}{2}\rho+\sum h_{L(1-2)} \tag{6.3}$$

式中　H_1,H_2——1-1、2-2截面相对于基准面的高度,m;

$(p_1-p_{a_1})$,$(p_2-p_{a_2})$——1-1、2-2截面处气体的表压,Pa;

ω_1,ω_2——1-1、2-2截面处气体的平均流速,m/s;

ρ——窑内气体在1-1、2-2截面间区段的平均密度,kg/m³;

ρ_a——窑外大气密度,kg/m³;

g——重力加速度,m/s²;

$\sum h_{L(1-2)}$——窑内气体从1-1截面流向2-2截面的沿程阻力,Pa。

式(6.3)中各项习惯被称为压头,其意义为窑内单位体积气体所具有的相对于外界大气多余的能量,实际单位为J/m³,在SI制中J/m³=N·m/m³=N/m²=Pa,即窑内气体压头单位与压强单位相同;而且,压头和一般的能量又不同,因为压头是相对能量,窑内热气体的能量和窑外冷空气的能量不同,必然引起窑内气体的流动,所以各种压头会给窑内气体一定的流动方向,因此,压头像压强一样是有方向的。

式(6.3)中第一项被称为几何压头h_g,代表窑内气体的相对势能,可表示为:

$$h_g=H(\rho_a-\rho)g \tag{6.4}$$

由于窑内热气体有自动上升的趋势,热气体所处位置的高度愈低反而势能愈大,故基准面一般取在上面,从基准面由上向下量高度为正,由下向上量为负。热气体自下向上流动时,几何压头是动力;反之,热气体自上向下流动时,几何压头就成为一个阻力。

式(6.3)中第二项被称为静压头h_s,代表窑内热气体相对于窑外同一水平面上空气多的压力能,可表示为:

$$h_s=p-p_a \tag{6.5}$$

从式(6.5)可看到,静压头数值等于窑内表压(相对压强),即窑内气体绝对压强与窑外空气绝对压强之差。静压头大于零即窑内绝对压强大于外界大气压强,称窑内为正压;静压头小于零即窑内绝对压强小于外界大气压强,称窑内为负压。向窑内鼓风使窑内静压提高,鼓风处窑内一般为正压;而抽风则使窑内静压降低,抽风处窑内一般为负压。静压头等于零,则窑内外绝对压强相等,称其为零压。

沿窑长方向窑内静压的差值是推动隧道窑(含辊道窑)内气体水平运动的动力,沿窑长方向静压的变化可用窑内压力曲线(图6.1)来描述。窑内合理的压力制度是实现窑内合理的温度制度和气氛制度的保证,在生产中应给予足够的重视。窑内零压位置(尤其是预热带与烧成带之间的零压位)是陶瓷窑的一个重要操作参数,在生产中必须保证稳定。

式(6.3)中第三项被称为动压头h_k,代表窑内气体相对动能,可表示为:

$$h_k=\frac{\omega^2}{2}\rho \tag{6.6}$$

动压头给予气体流动的方向,也就是气体流速的方向。增加流速即增加动压头,可以增大对流传热系数,缩短烧成时间;但窑内主气流动压头增加,沿程阻力损失也增大,这对保持窑内外压力平衡以减小窑内外气体流动是不利的。当然,现代陶瓷窑多采用中、高速喷嘴向窑内喷入流速较高的气流,这既对水平压差影响不大,而又能大大提高窑内气体的动压头,是强化窑内换热的好方法,且能强烈扰动窑内气流,从而有利于窑内断面温度场的平衡。

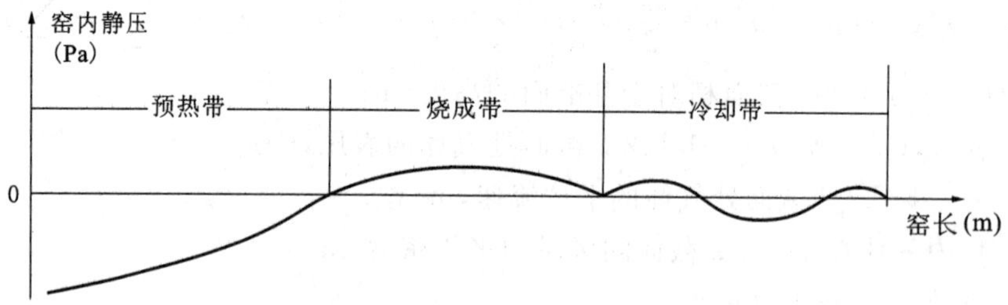

图 6.1　连续性窑内压力曲线

式(6.3)最后一项是阻力损失压头,它主要包括摩擦阻力与局部阻力。

摩擦阻力的数学表达式为:

$$h_f = \zeta \frac{\omega^2}{2}\rho \cdot \frac{L}{d} \tag{6.7}$$

式中　h_f——摩擦阻力,Pa;

ζ——摩擦阻力系数,砖砌通道为 0.03～0.06,金属管道为 0.02～0.04;

ω——气体的流速,m/s;

ρ——气体密度,kg/m³;

L——通道的长度,m;

d——通道的当量直径,m。

从式(6.7)可以看出,摩擦阻力损失与气体动压、流经通道的长度成正比,与通道的直径成反比。因此,减小气体流动的摩擦阻力损失的措施主要为缩短通道长度,增加气体通道直径尺寸及总面积,减小气体流速。在设计隧道窑及其管路系统时应充分考虑到这一点,但也绝不能只从降低阻力一方面来考虑,例如绝不能为了减小摩擦阻力损失来缩短窑长、降低烟气流速和流量使窑炉减产。

局部阻力的数学表达式为:

$$h_L = \zeta \frac{\omega^2}{2}\rho \tag{6.8}$$

式中　h_L——局部阻力,Pa;

ζ——局部阻力系数,其数值由试验求出,常用的可查阅表 7.9。

ω,ρ 的意义和单位同式(6.7)。

由式(6.8)可以看出,局部阻力损失的大小,与气体流动的动压头成正比,同时还与局部通道处的形状、大小等的变化密切相关。

6.1.2　各种压头对窑内气体流动的影响

(1)几何压头

窑内气体温度比外界空气温度高,因此其密度是小于外界冷空气的密度,同时窑炉是与外界连通的,而且窑内有一个高度,故窑内一定存在几何压头,它使窑内热气体有自下向上流动的趋势。因此,在隧道窑预热带和冷却带内就形成了自然流的循环,如图 6.2 所示。当然,这两个气体循环只是有三带的几何压头的作用,它们并不能改变窑内气体的主流方向,只是造成窑内上下气流的速度分布的不同:在预热带窑上部气流速度大于下部,而在冷却带刚好相反,下部气流速度大于上部，如图 6.3 所示。

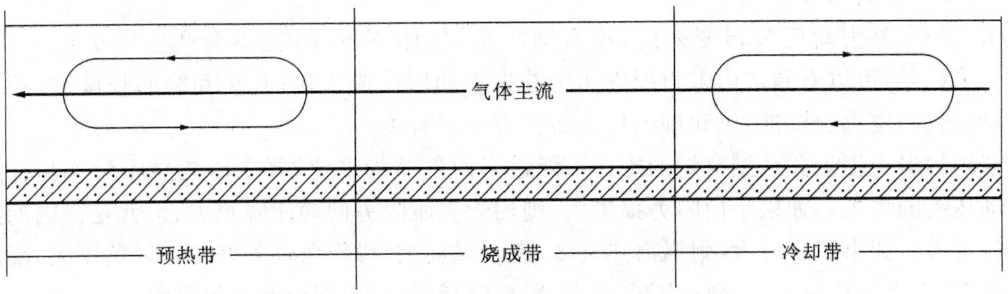

图 6.2 几何压头造成窑内气流的循环

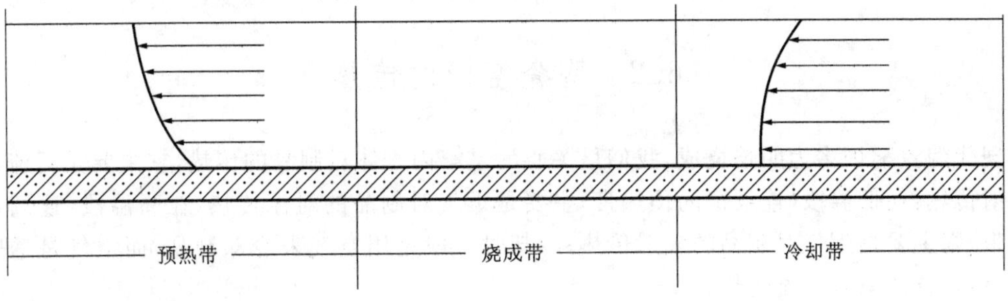

图 6.3 隧道窑内的气体流速分布

对于窑车隧道窑而言，由于预热带处于负压环境中，冷空气容易从车封、曲封等不严密处进入窑内，加重了窑内冷热气体分层；同时下部的窑车砌体是吸热体，窑车上部又有较大空隙，这样就难免会造成隧道窑的上下温差。现代隧道窑为了克服这一"顽疾"：一是在窑体结构上加以改进，如采用平顶结构从而减小上部空隙，又如增大宽高比，减小窑内几何压头的不利影响；二是在预热带下部设置高速调温烧嘴和在上部设置冷风喷嘴，加速窑内气体扰动；三是采用低蓄热窑车，减少下部的吸热。

(2)静压头

连续性窑炉内压强大致如图 6.1 所示变化，但要注意压力曲线及上面的零压点，只对窑内某一确定高度才有意义。这是由于隧道窑垂直于断面上，几何压头与静压头是可以互相转化的。几何压头在垂直高度上由上向下是增加的，在窑底面处达到最大值；而静压头由上向下是逐渐减小的。因此，预热带与烧成带之间的零压位有一个长度范围，即存在倾斜的零压面：下部偏于烧成带，上部偏于窑头。

零压位与燃烧设备、抽风鼓风、料垛码法等多因素有关，生产中控制预热带与烧成带之间的零压位极为重要，一般控制在预热带与烧成带交界面附近。若零压位过多地移向预热带，则烧成带正压过大，造成较多热气体外逸，既增加了热损失又恶化了操作条件；反之，若零压位过多地移向烧成带，则加剧了预热带负压，增大了预热带的上下温差。

(3)动压头

在连续性窑炉中水平流动是窑内起主导作用的运动形式，提高水平流速有利于窑内上下温度均衡。因为气流速度大了，气体与料垛碰撞，加剧了气流的掺混；此外，提高水平流速，可以强化窑内对流传热，有利于缩短烧成时间。但增加流速就是增加动压头，在码窑不变的情况下，必然会造成窑内阻力损失的增加，加大了窑内的水平静压差，这是提高水平流速的缺点。

(4)阻力损失压头

阻力损失是由动压头转变来的，没有动压头，气体不流动，就不会产生压头损失，从式(6.7)、式(6.8)可以看到窑内阻力损失压头首先和动压头成正比；其次和窑的长度、横截面面积、料垛码法、烧嘴、鼓(抽)风和排烟口的布置等因素有关。

窑内的阻力损失关系到窑炉的操作。隧道窑内气体为平流，要靠消耗静压头来弥补这一部分动压头的损失。如果窑内阻力损失大，则用于克服阻力的静压降也大，也就是窑内的正压和负压都大。如果正压过大，则漏出热气多，燃料损耗大，操作条件不好。如果负压大，漏入冷空气必多，产生气体分层，导致上下温差大、燃料消耗增大、排烟量增大等弊端。

窑内外通道的阻力，关系到机械排烟方式中风机风压和功率或自然排烟方式中烟囱高度。所以，应合理设计管道的长度、直径和布置方式，力求减小通道阻力损失。

6.2 陶瓷窑炉的传热

现代陶瓷窑炉多为明焰烧成，我们最关心的是窑内气体对制品的传热，它主要是对流传热与辐射传热：在低温段(连续窑的预热带)主要是烟气对制品的对流传热，在高温段(连续窑的烧成带)则主要是烟气对制品的辐射传热；冷却时一般是用空气来冷却制品，而空气是透明介质，其传热方式只有对流传热。

6.2.1 对流传热

窑内气体对制品的对流传热属强制对流，其对流传热系数一般要通过相似模型试验所得准数方程求出。一般形式如下：

$$Nu = kRe^n$$

即

$$\frac{\alpha_c \cdot d}{\lambda} = k\left(\frac{d\omega\rho}{\mu}\right)^n$$

所以

$$\alpha_c = \frac{k\lambda\rho^n}{\mu} \cdot \frac{\omega^n}{d^{1-n}} = k' \frac{\omega^n}{d^{1-n}}$$

系数 k' 和指数 n 随窑内料垛码法而变化，$n=0.5\sim0.8$，一般取 0.8；$k'=2.5\sim3.5$。所以窑内气体对制品的对流传热系数可用下式求得：

$$\alpha_c = k' \frac{\omega^{0.8}}{d^{0.2}} \tag{6.9}$$

式中 ω——气体流速，m/s；

d——气体通道的当量直径，m 。

从式(6.9)可以看出，要增大窑内气体对制品的对流换热，可以提高气流的速度，现代隧道窑主要是通过在预热带安装高速调温烧嘴，在冷却带设置高速冷风喷嘴来强化窑内气体对制品的对流传热。

现在再来看看气流通道的当量直径与对流传热的关系：取窑内长度相等的两条气流通道分别用下角标 1、2 表示，这两条通道的压降应相等，即

$$\zeta \frac{\omega_1^2}{2}\rho \cdot \frac{L}{d_1} = \zeta \frac{\omega_2^2}{2}\rho \cdot \frac{L}{d_2}$$

由上式可得：

$$\frac{\omega_1}{\omega_2} = \frac{d_1^{0.5}}{d_2^{0.5}} \tag{6.10}$$

据式(6.9)有：

$$\frac{\alpha_1}{\alpha_2} = \left(\frac{\omega_1}{\omega_2}\right)^{0.8}\left(\frac{d_2}{d_1}\right)^{0.2} \tag{6.11}$$

将式(6.10)代入式(6.11)中，可得：

$$\frac{\alpha_1}{\alpha_2} = \frac{d_1^{0.3}}{d_2^{0.3}} \tag{6.12}$$

从式(6.12)可以看出，气流通道的当量直径也直接影响窑内的对流传热，窑内制品适当码稀可以增大气流通道，从而可以增大对流传热系数。

6.2.2 辐射传热

火焰窑炉内高温段主要靠燃烧产物辐射传热给制品，烟气对固体壁面的辐射传热量计算公式为：

$$Q_f = \varepsilon_{g-s} C_0 (T_g^4 - T_s^4) \cdot F \tag{6.13}$$

式中 T_g，T_s——烟气、固体壁面的热力学温度，K；

C_0——黑体辐射常数，$C_0 = 5.67 \times 10^{-8}\,W/(m^2 \cdot K^4)$；

F——辐射传热表面积，m^2；

ε_{g-s}——烟气对制品的导来黑度：

$$\varepsilon_{g-s} = \frac{1}{\dfrac{1}{\varepsilon_g} + \dfrac{1}{\varepsilon_s} - 1} = \frac{\varepsilon_g \varepsilon_s}{\varepsilon_g + \varepsilon_s - \varepsilon_g \varepsilon_s} \approx \varepsilon_g \varepsilon_s \tag{6.14}$$

制品的黑度 ε_s 可取为0.95；而烟气的黑度 ε_g 经计算在0.02～0.04范围内，因此得出式(6.14)近似结果。将式(6.13)代入式(6.12)中即得：

$$Q_f = \varepsilon_g \varepsilon_s C_0 (T_g^4 - T_s^4) \cdot F$$

从上式可看出烟气对制品的辐射传热除与温差有关外，还与烟气的黑度有关，主要与烟气中 CO_2 和 H_2O 黑度有关，它们可以用其分压 P 与平均射线程长的乘积($P \cdot L$)及烟气温度查图得到。

而烟气辐射的平均射线程长(即气体辐射层厚度)：

$$L = 0.85 \times \frac{4 \times V}{F} = 0.85 d_e \tag{6.15}$$

式中 L——烟气辐射的平均射线程长，m；

V——气体空间体积，m^3；

F——包围气体空间的面积，m^2；

d_e——窑内通道的当量直径，m。

气体的黑度随着通道的当量直径增大而增加，大通道的黑度大，烟气对制品的辐射传热也就多，这就是一般在连续窑设计中会对烧成带的内宽、内高加大一些的原因。焙烧建筑瓷砖的辊道窑属中空窑，烟气对制品的辐射传热多，因而烧成时间大大缩短。

图6.4为笔者用各种煤气在辊道窑内焙烧建筑瓷砖通过计算机模拟所得的结果，将此结

果用最小二乘法回归可得到辊道窑内烟气对制品传热系数的经验公式：

$$\alpha_C = 0.694891 t_g^{0.42} \quad \alpha_R = 0.000218 t_g^{1.94} \quad \alpha_{综} = 0.0002614 t_g^{1.59} \tag{6.16}$$

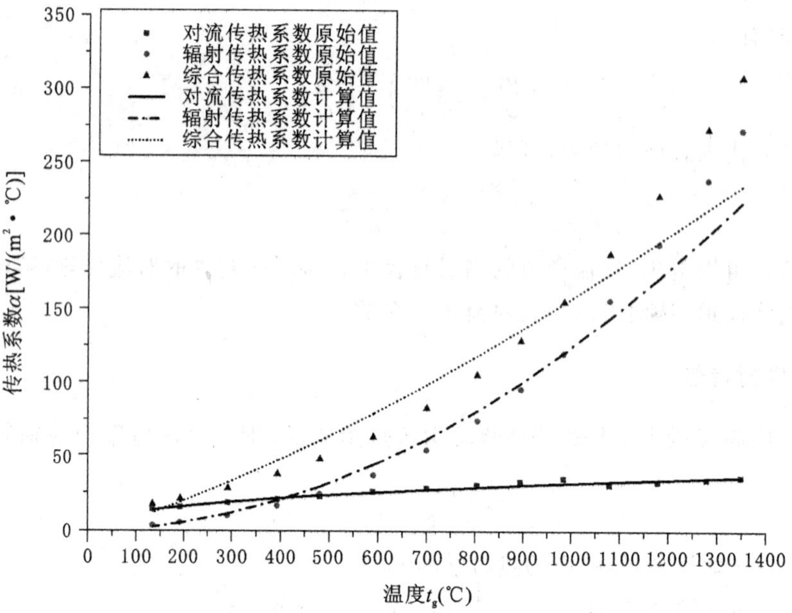

图 6.4 辊道窑内计算机传热模拟结果

模拟试验表明，辊道窑内 500℃以后烟气对制品的传热以辐射传热为主。其辐射传热系数最高可达 200～300W/(m²·K)，远高于隧道窑的[50～60W/(m²·K)]，这是由于辊道窑属中空窑，其烟气辐射的平均射线程远大于隧道窑，这也是辊道窑能进行快烧的一个重要原因。

6.2.3 陶瓷窑炉窑体向外散热计算

陶瓷窑炉窑体向外散热既包括了向车间环境的辐射传热，又包括通过自然对流方式向环境的传热。窑体散热对连续窑一般占总热收入的比重不大，为 5%～8%，然而在热平衡计算中窑体散热却是较复杂且计算量最大的一项，由于窑体都是由多层材料砌筑而成，各层材料的导热系数都与温度有关，然而砌体的界面温度一般是不知道的，利用手工计算必须用试差法进行，如果通过编程采用计算机计算就方便多了。

窑体向外散热与窑外壁温度有关，而现代的辊道窑和隧道窑由于采用了现代轻质耐火材料，使窑体外壁温度都不会太高，而窑体对外散热是靠自然对流与辐射两种方式进行，其综合传热系数 α_w，可按下式计算：

$$\alpha_w = 5.67 \times 10^{-8} \varepsilon_w \frac{(t_w + 273)^4 - (t_a + 273)^4}{t_w - t_a} + A(t_w - t_a)^{0.25} \tag{6.17}$$

式中 ε_w——窑体外表面黑度，一般可取 0.6～0.8；

t_a——环境温度，℃；

t_w——窑体外表面温度，℃；

A——散热面位置系数，在竖壁换热时取 $A=2.56$，顶面向上换热时取 $A=3.26$，底面

（如窑车底面）向下换热时取 $A=2.1$。

从而可通过下式计算外壁散热的热流密度：

$$q=\alpha_w(t_w-t_a) \tag{6.18}$$

这里通过计算机编程计算出不同外壁温度时窑体向外散热的综合传热系数与热流密度，按环境温度 $t_a=25$℃，窑体外表面黑度 $\varepsilon_w=0.8$ 编程计算，将计算结果列于表 6.1 中及图 6.5 中。当已知窑体外壁温度（如热工测定时）或设计中粗略计算窑体散热时可方便地选取数据，从而简化计算过程。

表 6.1　不同外壁温度时窑体向外散热的综合传热系数及热流密度

	外壁温度（℃）	30	35	40	45	50	55	60	65	70	75	80
窑墙	α_w[W/(m^2·℃)]	8.75	9.60	10.21	10.72	11.16	11.57	11.94	12.3	12.63	12.96	13.27
	q(W/m^2)	45.76	96.01	153.2	214.4	279.1	347.0	418.0	491.8	568.5	647.9	730.0
窑顶	α_w[W/(m^2·℃)]	9.80	10.85	11.59	12.20	12.73	13.21	13.64	14.06	14.45	14.82	15.18
	q(W/m^2)	48.99	108.5	176.9	244.0	318.2	396.2	477.6	562.2	650.1	741.0	834.9
窑底	α_w[W/(m^2·℃)]	8.06	8.78	9.31	9.75	10.14	10.49	10.82	11.14	11.44	11.74	12.02
	q(W/m^2)	40.32	87.83	139.6	195.0	253.4	314.7	378.8	445.6	514.9	586.8	661.1

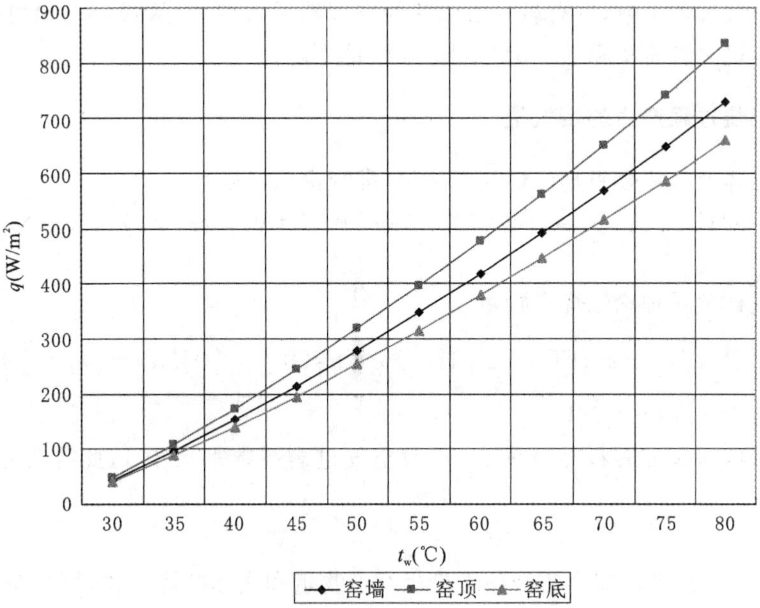

图 6.5　不同外壁温度时窑体向外散热的热流密度

6.3　陶瓷窑炉窑内的燃烧计算

陶瓷工业窑大多是靠燃料燃烧供热，燃烧计算是根据燃烧反应的物料平衡和热平衡进行的。它的计算方法在相关教科书中已有详细介绍，此处只列出在设计时所要用到的基本公式，即燃烧所需空气量、燃烧产物生成量、燃烧产物组成、燃烧温度等的计算公式。

6.3.1 燃烧过程的空气需要量

当已知燃料成分时,可通过化学反应式得出以下计算公式:

(1)固体及液体燃料理论空气量

$$V_a^0 = 0.089\omega(C_{ar}) + 0.267\omega(H_{ar}) + 0.033[\omega(S_{ar}) - \omega(O_{ar})] \tag{6.19}$$

(2)气体燃料理论空气量

$$V_a^0 = 0.0238[\varphi^v(CO) + \varphi^v(H_2)] + 0.0952\varphi^v(CH_4) + 0.0476\left(m + \frac{n}{4}\right)\varphi^v(C_mH_n) + 0.1714\varphi^v(H_2S) - 0.0476\varphi^v(O_2) \tag{6.20}$$

(3)实际空气量

$$V_a = \alpha V_a^0 \tag{6.21}$$

式中 V_a^0——单位燃料完全燃烧所需理论空气量(标态下),m^3/kg 或 m^3/m^3;

$\omega(C_{ar})$,$\omega(H_{ar})$,$\omega(S_{ar})$,$\omega(O_{ar})$——燃料应用基碳、氢、硫、氧元素的质量百分数,%;

$\varphi^v(CO)$,$\varphi^v(H_2)$,$\varphi^v(CH_4)$,$\varphi^v(C_mH_n)$,$\varphi^v(H_2S)$,$\varphi^v(O_2)$——气体燃料中 CO、H_2、CH_4、C_mH_n、H_2S、O_2 湿组成的体积百分数,%;

V_a——单位燃料燃烧所需实际空气量(标态下),m^3/kg 或 m^3/m^3;

α——空气过剩系数,也有教科书称其为空气消耗系数,它从式(6.21)可以定义为燃料燃烧时所需实际空气量与理论空气量之比。

6.3.2 燃烧过程产生的烟气量

(1)对于固体及液体燃料理论燃烧产物量(即理论烟气量)

$$V^0 = 0.089\omega(C_{ar}) + 0.323\omega(H_{ar}) + 0.124\omega(W_{ar}) + 0.033\omega(S_{ar}) - 0.008\omega(N_{ar}) - 0.263\omega(O_{ar}) \tag{6.22}$$

(2)对于气体燃料理论燃烧产物量

$$V^0 = 0.01\left[\varphi^v(CO_2) + \varphi^v(CO) + \varphi^v(H_2) + \varphi^v(H_2O) + 3\varphi^v(CH_4) + \left(m + \frac{n}{2}\right)\varphi^v(C_mH_n) + 2\varphi^v(H_2S) + \varphi^v(N_2)\right] + 0.79V_a^0 \tag{6.23}$$

燃料燃烧时,为保证燃料充分燃烧,一般空气过剩系数都大于 1,此时实际燃烧产物(烟气)量为:

$$V = V^0 + (\alpha - 1)V_a^0 \tag{6.24}$$

式中 V^0,V——单位燃料完全燃烧的理论燃烧产物量和实际燃烧产物量(标态下),m^3/kg 或 m^3/m^3;

$\omega(N_{ar})$,$\omega(W_{ar})$——燃料应用基氮元素和水分的质量百分数,%;

$\varphi^v(CO_2)$,$\varphi^v(H_2O)$,$\varphi^v(N_2)$——气体燃料中 CO_2、H_2O、N_2 湿组成的体积百分数,%。

此外,当仅知燃料的低热值而不知其具体组成时,还可用经验公式计算燃烧时空气量与烟气量,具体可参看第 7 章的表 7.4。

6.3.3 燃烧产物(烟气)组成计算

通过化学反应式很容易得到以下计算公式:

(1)固体及液体燃料燃烧产物中各组分的体积百分数

$$\varphi(CO_2)=\frac{\omega(C_{ar})}{12}\times\frac{22.4}{V} \tag{6.25}$$

$$\varphi(H_2O)=\left(\frac{\omega(H_{ar})}{2}+\frac{\omega(W_{ar})}{18}\right)\times\frac{22.4}{V} \tag{6.26}$$

$$\varphi(N_2)=\frac{\omega(N_{ar})}{28}\times\frac{22.4}{V}+\frac{0.79V_a^0}{V} \tag{6.27}$$

$$\varphi(O_2)=(\alpha-1)\frac{100V^0(O_2)}{V} \tag{6.28}$$

$$\varphi(SO_2)=\frac{\omega(S_{ar})}{32}\times\frac{22.4}{V} \tag{6.29}$$

式中 $V^0(O_2)$——单位燃料完全燃烧理论需氧量(标态下),m^3/kg;

其他符号的意义同前述。

(2)每立方米(标态时的体积)燃料燃烧产生的气体量(标态时的体积)

$$V^0(CO_2)=[\varphi^v(CO_2)+\varphi^v(CO)+\varphi^v(CH_4)+m\varphi^v(C_mH_n)]\times\frac{1}{100} \tag{6.30}$$

$$V^0(H_2O)=[\varphi^v(H_2O)+\varphi^v(H_2)+2\varphi^v(CH_4)+\frac{n}{2}\varphi^v(C_mH_n)+\varphi^v(H_2S)]\times\frac{1}{100} \tag{6.31}$$

$$V(N_2)=[\varphi^v(N_2)+79\alpha V_a^0]\times\frac{1}{100} \tag{6.32}$$

$$V(O_2)=(\alpha-1)V^0(O_2) \tag{6.33}$$

$$V^0(SO_2)=\varphi^v(H_2S)\times\frac{1}{100} \tag{6.34}$$

式中 $V^0(O_2)$——单位体积燃气完全燃烧的理论需氧量(标态下),m^3/m^3;

其他符号的意义同前述。

6.3.4 三种燃烧温度的计算式

燃料燃烧时放出的热量,使燃烧产物温度升高,其气态燃烧产物所达到的温度,被称作燃料的燃烧温度。

在窑炉设计中往往要计算燃烧温度,以验证所选用的燃料能否保证产品烧成所需的温度。而对进行生产的窑炉,则要根据燃烧条件进行燃烧计算,以便在保证窑体寿命前提下,调节和控制最适宜的燃烧温度,从而找出最佳的热工条件。

为便于研究和分析,这里建立了三种燃烧温度的概念,即量热计式燃烧温度、理论燃烧温度和实际燃烧温度。

(1)量热计式燃烧温度

在绝热条件下,燃料完全燃烧放出的全部热量(燃料热值及显热、助燃空气显热)均用于加热气态燃烧产物,并且不考虑气态燃烧产物的分解吸热所得的燃烧温度,被称作量热计式燃烧温度。其计算公式如下:

$$t_m=\frac{Q_{DW}^y+c_ft_f+V_ac_at_a}{Vc} \tag{6.35}$$

式中 t_m——量热计式燃烧温度,℃;

Q_{DW}^{y}——燃料应用基低热值(标态下),kJ/kg 或 kJ/m³;

t_f, t_a——燃料与空气进入燃烧室时的温度,℃;

V_a, V——实际空气量与烟气量(标态下),m³/kg 或 m³/m³;

c_f, c_a, c——燃料、空气、烟气从 0℃至各自温度下的平均比热容,kJ/(kg·℃)或 kJ/(m³·℃)。

(2)理论燃烧温度

在绝热条件下,燃料完全燃烧放出的全部热量,补偿高温(>1600℃)时气态燃烧产物中部分 CO_2 和 H_2O 分解反应吸收的热量后所得的燃烧温度被称作理论燃烧温度。其计算公式如下:

$$t_{th} = \frac{Q_{DW}^{y} + c_f t_f + V_a c_a t_a - Q_{di}}{Vc} \tag{6.36}$$

式中 t_{th}——理论燃烧温度,℃;

Q_{di}——燃烧产物中 CO_2 和 H_2O 分解吸收的热量,kJ/kg 或 kJ/m³。

分解程度与燃烧产物的温度及 CO_2 和 H_2O 的分压有关。温度愈高,分解度愈大,燃烧温度降低得也愈多。

在陶瓷炉内的燃烧产物温度下,CO_2 和 H_2O 的分解量极小,故式(6.36)中 Q_{di} 一项通常可忽略,因而在窑炉设计计算中一般将 $t_{th} \approx t_m$,这样就使窑炉设计中的燃烧计算大大简化了。

(3)实际燃烧温度

实际上燃料在燃烧室或窑内燃烧时,由于与空气接触不良、混合不好或空气不足而存在机械不完全燃烧(如煤或焦炭落入灰渣中)及化学不完全燃烧(如烟气中含 CO、H_2 等气体可燃物)。化学不完全燃烧有时是高温下 C 及 H 的离解作用所造成。此外,尚有燃烧空间向外散失热量;当燃料在窑内燃烧时,被烧成产品需吸收热量;当燃料为煤时,有灰渣带走显热等。故实际燃烧温度一定比量热计式燃烧温度及理论燃烧温度低。实际燃烧温度计算公式如下:

$$t_p = \frac{Q_{DW}^{y} + c_f t_f + V_a c_a t_a - (q_{ch} + q_{me} + q_1 + q_{a.s} + q_M)}{Vc} \tag{6.37}$$

式中 t_p——实际燃烧温度,℃

q_{ch}——化学不完全燃烧热损失;kJ/kg 或 kJ/m³;

q_{me}——机械不完全燃烧热损失,kJ/kg 或 kJ/m³;

q_1——散失于周围的热损失,kJ/kg 或 kJ/m³;

$q_{a.s}$——燃烧时灰渣带走显热,kJ/kg;

q_M——每单位燃料被烧成产品(如有窑具则亦包括在内)所吸收热,kJ/kg 或 kJ/m³。

由于式(6.37)中 5 项热损失(q_{ch}、q_{me}、q_1、$q_{a.s}$、q_M)的数据不易获得,而实际燃烧温度则较易测定。因此,一般可从不同窑炉的实际操作数据中总结出实际燃烧温度与量热计式燃烧温度之间的关系。其关系为:

$$t_p = \eta t_m \tag{6.38}$$

式中 η——窑炉的高温系数。

η 值与窑炉形式和结构有关,一般用以下经验数据:隧道窑 0.78~0.83.:辊道窑 0.80~0.90;梭式窑 0.78~0.80。与所用燃料种类有关,气体燃料 0.78~0.83;液体燃料 0.70~0.80;固体燃料 0.66~0.70。此外,还和燃烧方式、烧成产品的种类、操作条件、机械化程度和控制方式等许多因素有关。

6.4 陶瓷窑炉的热效率

6.4.1 单位燃耗与热耗

能耗是窑炉的基本能量特性，包括单位产品燃料消耗量（简称单位燃耗）和单位产品燃料化学能消耗量（简称单位热耗）。

单位产品燃耗是指在陶瓷窑炉里生产每千克瓷的燃料消耗量：

$$U = \frac{B}{G} \tag{6.39}$$

式中 B——单位时间内燃料的消耗（标态下），kg/h 或 m^3/h；

G——单位时间内的产量，kg/h。

单位燃耗 U 是比较窑炉燃料消耗量的一个最直接、最常用的指标。在进行窑炉设计时，G 由设计任务直接给定，通过热平衡计算可求出 B，从而可计算 U。对运转中的窑炉进行热工测定时，B 和 G 都可通过实测得到。

窑炉中另一个常用的能量指标是单位产品热耗，它是指陶瓷在窑炉烧成过程中生产每千克瓷所消耗的总热量。如果不考虑燃料与助燃空气的预热，可以简单地用下式计算：

$$q = UQ_{DW} = \frac{BQ_{DW}}{G} \tag{6.40}$$

式中 Q_{DW}——燃料的低热值（标态下），kJ/kg 或 kJ/m^3。

无论是在进行窑炉设计还是对运转中的窑炉进行热工测定，利用上式都可得到单位产品热耗。这样可以较简单地比较同类窑炉在能量消耗方面的优劣。

6.4.2 热效率

热效率是表示窑炉热能共性最基本的指标，也是窑炉综合性能的热工参数和重要的技术指标，是比较各种窑炉热工性能优劣的重要指标。陶瓷窑炉热效率的基本定义同其他热工设备一样，也是窑炉内的有效热与供给窑炉的总热量之比：

$$\eta = Q_{有效}/Q_{供给} \tag{6.41}$$

窑炉内的有效热是指将陶瓷坯体经过焙烧成瓷后所消耗的热量，即坯体入窑后到最高烧成温度时其显热的增加与烧成过程所发生的物化反应消耗的热量之和，因此，单位陶瓷产品烧成过程的有效耗热 q_0(kJ /kg 瓷)为：

$$q_0 = C_m(t_{max} - t_0) + q_{ch} \tag{6.42}$$

式中 C_m——制品在烧成过程中的平均比热，kJ/(m^3 · ℃)；

t_0，t_{max}——制品入窑时的温度和达到最高的烧成温度，℃；

q_{ch}——单位陶瓷产品烧成过程物化反应热，kJ/kg。

供给窑炉的总热量是各项热量收入的总和，包括燃料的化学热及其带入的显热和助燃空气带入的显热。因此，连续式窑炉的热效率为：

$$\eta' = \frac{Gq_0}{B(Q^y_{DW} + q_f + q_a)} \times 100\% \tag{6.43}$$

当燃料和空气不预热时，可不考虑燃料和空气带入的显热（称为以燃料化学热为供给热的热效率）：

$$\eta = \frac{Gq_0}{BQ_{DW}^{y}} \times 100\% \tag{6.44}$$

式中 η'——以全部输入热为供给热的热效率，%；

η——以燃料化学热为供给热的热效率，%；

G——单位时间内的产品产量，kg/h；

q_0——单位陶瓷产品在烧成过程中的有效耗热，kJ/kg；

q_f——单位燃料带入的显热（标态下），kJ/kg 或 kJ/m^3；

Q_{DW}^{y}——燃料应用基低热值；

q_a——单位燃料燃烧所需助燃空气带入的显热，kJ/kg 或 kJ/m^3；

B——单位时间内的燃料消耗量（标态下），kg/h 或 m^3/h 。

对间歇式窑炉：

$$\eta' = \frac{G'q_0}{\sum B(Q_{DW}^{y} + q_f + q_a)\tau} \times 100\% \tag{6.45}$$

$$\eta = \frac{G'q_0}{\sum BQ_{DW}^{y}\tau} \times 100\% \tag{6.46}$$

式中 G'——一个操作周期中产品产量，kg；

τ——一个操作周期中加热的时间，h；

其他符号与意义同式(6.44)。

应当指出的是：陶瓷窑炉的热效率相对于其他工业窑炉和热工设备来说是很低的，对传统隧道窑的仅为10%～15%，传统的倒焰窑则更低；焙烧建筑瓷砖的现代辊道窑由于没有窑具，实现了快烧，热效率较高，可达到40%～50%。

7 陶瓷工业窑的设计

陶瓷工业窑的设计主要包括两大内容，即设计计算与绘图。设计总体原则是要使所设计的窑炉结构先进合理，其主要内容包括：满足产品对烧成工艺的要求从而烧出优质的产品；能耗低且符合当代对环保的要求；操作安全方便，且调节有较大的灵活性；外观整齐紧凑等。

7.1 确定基本方案

7.1.1 原始资料的收集

设计人员根据设计任务开始设计之前，必须深入实际，全面收集并掌握各种原始资料，作为设计和计算时的根据或参考。主要包括以下内容：

①年产量(或日产量、小时产量)：由设计任务给定。

②产品的种类和规格：由设计任务给定。

③年工作日：根据窑的结构、设备性能、维修能力等因素确定。

④成品率：可参考同类窑，并结合窑的结构特点、操作情况及产品质量要求来确定。

⑤燃料的种类、性能与组成：一般应根据国家燃料政策、当地具体情况和窑炉对燃料的要求选用。当前宜优先考虑选用气体燃料。此外，要求燃料含硫量低，特别是釉烧时，一般应低于0.5%，以保证釉面质量。收集该燃料的主要性能、低热值和组成，并了解燃料的供应情况。

⑥坯体入窑水分：根据窑炉结构对坯体入窑水分的要求，或根据干燥设备的能力而定。

⑦坯体的组成与理化性能：一般由设计任务给定。

⑧烧成制度：可到同类生产单位收集做参考，也可通过半工业性试验来拟定。

⑨当地气象条件、水电供应条件等。

7.1.2 窑型的确定

有了原始资料之后，通过调研同类产品烧成窑的实例，结合当地具体条件，按高产、优质、节能及满足环保要求等原则，确定选用何种窑型。为慎重起见，有时还要进行若干方案的对比。

从我国陶瓷工业的生产现状来看，大型日用瓷、卫生洁具陶瓷、电瓷等工业陶瓷生产企业多选用隧道窑为其主要烧成设备。由于梭式窑的灵活性等优点，也有不少企业选择梭式窑作为主要烧成设备。墙地砖、釉面砖等瓷砖的生产企业基本上都是选择辊道窑作为其烧成设备。由于辊道窑能耗低等优点，现在也有不少日用陶瓷企业，尤其是烧成温度不太高的日用瓷(如炻器)选辊道窑作为其主要烧成设备。梭式窑还作为艺术瓷、小型日用瓷企业的首选窑型，以及被不少企业选作新产品开发的中试窑与备用窑。总之，窑型的最终确定仍要实事求是，即根据企业的实际需要而定。

7.2 窑体主要尺寸计算

窑体主要尺寸包括窑内宽、窑内高、窑长等，其主要取决于生产任务、烧成时间、成品率、产品尺寸及装窑方式。对连续性生产窑炉，可以先根据产品大小和燃烧技术的特点通过绘制简单的合理装载图来确定窑内宽与窑内高，并确定装窑密度，进而可以按以下公式计算出窑长：

$$L = \frac{\frac{G}{24D_y} \cdot \tau}{K \cdot g} \tag{7.1}$$

式中 L——窑长，m；

G——生产任务，件/年或 m^2/年；

D_y——年工作日，日/年；

τ——烧成时间，h；

K——成品率，%；

g——装窑密度，件(或 m^2)/每米窑长，装窑密度与窑型、产品尺寸及装窑方式有关，可类比同类窑型取经验数据，也可由式(7.3)、式(7.4)进行计算得出。若已知产品尺寸，则可通过画出装载图来求出。

辊道窑焙烧瓷砖均为单层焙烧，且坯体进窑时，坯体间一般不留间隙，只在坯体与窑墙内壁间留有 100～200mm 的间隙，因此辊道窑内宽为：

$$窑内宽(B)=坯体尺寸\times横向砖排数+2\times坯体离窑内壁间隙 \tag{7.2}$$

其装窑密度则为：

$$装窑密度=每米排数\times每排片数\times每片砖面积\quad (m^2/每米窑长) \tag{7.3}$$

需要注意的是：式(7.2)是用坯体尺寸计算，而式(7.3)中用的是砖的面积，这是因为年产量使用的是砖面积，为使由式(7.3)计算出来的装窑密度的单位在式(7.1)中与之对应，装窑密度的单位也应为每米窑长的窑内可容纳的砖面积。

隧道窑的内宽、内高及装窑密度一般是先参考同类产品的窑画出合理的装载图，先确定窑车尺寸，再根据窑车宽和制品装载高度确定窑的内宽和内高，并根据每车制品装载量就可确定装窑密度：

$$装窑密度=每车装载件数/车长\quad (件/每米窑长) \tag{7.4}$$

对间歇式生产的窑炉，窑的有效容积为：

$$V_{有效} = \frac{\frac{G}{24D_y} \cdot \tau}{K \cdot g}\quad (m^3) \tag{7.5}$$

式中，各字母代表的物理量与前述相同，只是 τ 表示的烧成周期包括装、烧、冷、出的总时间，h；装窑密度 g(件/每立方米窑容积)可采用经验数据或画出装窑图求得。有效容积指的是装载制品空间的体积，现代间歇窑一般都采用棚板，火道要占用空间，另制品与窑内壁都会有一定空间，因此，窑的有效容积一般为窑的总容积 0.75～0.9，故窑的总容积为：

$$V_{总} = \frac{V_{有效}}{(0.75 \sim 0.9)}\quad (m^3) \tag{7.6}$$

以下通过几个实例来说明窑体主要尺寸的计算过程。

【例 7.1】 设计年产 350 万 m^2 300×300×9(mm)的内墙砖气烧辊道窑，计算其主要尺寸，已知烧成周期为 40min。

【解】 (1)确定窑内宽

产品宽度为 300mm，考虑烧成收缩为 8%，则有：

$$坯体尺寸=产品尺寸\div(1-烧成收缩)=300\div(1-8\%)=326(mm)$$

考虑到设计给出的生产任务较大，并参考现行辊道窑使用的辊子和生产制造成本，内宽定为 2680mm。则横断面上可并排进 7 块砖坯，离两内墙间隙有：

$$(2680-7\times326)/2=199(mm)$$

符合要求。

最后确定窑内宽：

$$B=2680mm$$

(2)按式(7.3)计算装窑密度

$$g=(1000\div326)\times7\times0.3^2=1.933(m^2/每米窑长)$$

(3)选年工作日为 330 天/年，参考同类工厂产品合格率取为 95%，按式(7.1)计算窑长：

$$L=\frac{3500000\times40/60}{24\times330\times1.933\times0.95}=160(m)$$

辊道窑一般采用装配式，设计每节长度为 2200mm，节间连接长度为 8mm(当前建的辊道窑因节间对接窑砌体采用曲封形式，也就不存在节间连接长度)，每节总长度为 2208mm。则节数=160000÷2208=72.5，取节数为 73 节，则窑实际总长为：

$$L=2208\times73=161184(mm)=161.184(m)$$

(4)参考同类产品辊道窑及其烧成曲线，本设计设定该窑共分为 9 段，因每节运行时间为 40÷73≈0.548(min/节)；故可得各段的温度划分与运行时间及其升(降)温速率，见表 7.1。

表 7.1 各段的温度划分与升(降)温速率

位置	单元节	温度(℃)	升(降)温速率(℃·min^{-1})	时间(min)	备注
预热带	1～8	20～250	52.5	4.38	排烟段
	9～16	250～600	79.9	4.38	
	17～22	600～900	91.2	3.29	下设烧嘴段
烧成带	23～28	900～1100	60.8	3.29	
	29～43	1100～1250	18.2	8.22	
冷却带	44～48	1250～850	146.5	2.73	急冷段
	49～56	850～550	68.3	4.39	缓冷段
	57～65	550～250	60.9	4.93	
	66～73	250～80	38.8	4.39	快冷段

(5)计算三带长度及其比例

确定烧成曲线后，可由表 7.1 计算三带长度，如下所示：

预热带(20～900℃)：共 22 节，长度为 2208×22= 48576 (mm)；占总长 22/73=30.1%；

烧成带(900～1250℃)：共 21 节，长度为 2208×21= 46366 (mm)；占总长 21/73=28.8%；

冷却带(1250～80℃):共30节,长度为2208×30= 66240 (mm);占总长30/73=41.1%。

【例7.2】 设计年产110万件卫生瓷的隧道窑。已知烧成周期为16h,年工作日为330d,烧成合格率为95%,计算该窑的主要尺寸。

【解】 现代隧道窑都属明焰烧成,采用高速烧嘴能保证宽体窑水平温度的均匀。由于该窑设计任务大,故该窑拟采用宽体窑。而卫生瓷产品种类繁多、形状复杂,根据我国现有卫生瓷隧道窑经验数据及几种装车方法确定:窑车长×宽=1680×3600(mm),采用窑车上设置棚板,大件制品作单层码放,小件制品可作双层棚板码放。根据目前卫生洁具隧道窑经验:平均每车装制品36标件,干制品平均质量为每标件10kg,则每车装制品量为360kg。

按式(7.1)可求出窑长:

$$L=\frac{\frac{G}{24D_y}\cdot\tau}{K\cdot g}=\frac{\frac{1100000}{24\times330}\times16}{0.95\times36/1.68}=109.16(\mathrm{m})$$

窑内容车数:$n=\frac{109.16}{1.68}=64.98$(辆),取65辆。

则窑总长为:65×1.68=109.2(m)。

该窑采用钢架结构,全窑长取110m,分为55个标准节,每节长2000mm。根据烧成曲线,预热带取17节,烧成带取16节,冷却带取22节,则各带长及其所占比例为:

预热带长=2×17=34(m),占总长的34/110=30.9%;

烧成带长=2×16=32(m),占总长的32/110=29.1%;

冷却带长=2×22=44(m),占总长的44/110=40.0%。

窑内宽 B 根据窑车和制品尺寸取3600mm,制品装载尺寸为3600×760(mm)(宽×高);制品离两侧窑墙尚有100mm。宽体窑应采用吊顶结构,窑车台面距棚板面高300mm,为避免上部烧嘴火焰直接冲击制品,考虑到上部烧嘴的安装尺寸,制品装载顶面离窑顶内表面取239mm,因此,窑内高定为300+760+239=1299mm。

【例7.3】 设计一座年产量为100万件某工业陶瓷的梭式窑,烧成周期为5d,装窑密度为240件/m^3,计算其基本尺寸。

【解】:(1)按式(7.4)求出窑的有效容积:

$$V_{有效}=\frac{\frac{1000000}{24\times345}\times(5\times24)}{0.95\times240}\approx63.6(\mathrm{m}^3)$$

(2)参考同类产品窑取有效容积为总容积0.85,按式(7.5)计算窑的总容积:

$$V_{总}=\frac{63.6}{0.85}\approx74.8(\mathrm{m}^3)$$

(3)设计该窑为采用吊顶结构的方形梭式窑,根据同类窑的经验取内宽为3m,内总高2.5m,则窑长=74.8/(3×2.5)≈9.973(m),取窑长为10m,窑车长2m,则窑内可容纳5辆窑车。

7.3 工作系统确定

根据制品的烧成工艺合理地布置工作系统是设计结构合理的窑炉的前提。根据窑类型的不同,其工作系统也不相同。确定陶瓷工业窑工作系统的原则是:

①能满足制品焙烧的烧成工艺要求。即所确定的工作系统便于调节窑内各阶段的升(降)温速率及窑内的压力制度，能确保窑内断面温度的均匀等。

②符合节能的原则。具体来说，所确定的工作系统应有利于加速窑内的传热，以便快烧的实现，有利于窑炉的余热充分利用，有利于减少不必要的热支出。

③考虑当地实际情况，节约投资并便于快速施工和结实、耐用。

确定工作系统的主要内容是：排烟系统的设置，如排烟口的数量与位置及其布置形式；燃烧系统的设置，如烧嘴的数量与位置及其布置形式；冷却系统的设置，例如采用直接冷却还是间接冷却，冷却风的来源与去向，冷却风喷入窑内的形式与数量及位置，抽热风口的数量与位置及其布置形式等。下面简单介绍几座典型窑的工作系统。

【例 7.4】 为例 7.1 设计的辊道窑确定工作系统(可参见附录 3 所示的 160m 辊道窑，它即为本例所设计的该窑窑体主图与断面砌筑图)。

【解】 (1)排烟系统

1～8 节为排烟段，在第 1、3、5、8 节设置 4 处排烟口，每处在窑底和辊上窑侧墙同时设置。窑底排烟口设在该节后半部，一排 5 个，用 1.5mm 的耐热钢板制成 ϕ200mm 的排烟支管直接从窑底插入窑辊道下部，为防止落渣，开口向着烟气来流方向。辊上排烟口设在该节前半部，用 1.5mm 的耐热钢板制成 400×230(mm)的排烟支管直接从窑顶下部插入两侧墙。上下排烟口均由 ϕ400mm 的垂直烟支管圆管引出，汇总到窑顶的 ϕ900mm 排烟总管中，最后连接到排烟机排出。在第 10、11 节窑顶设置排烟机平台，上设两台 Y9-38 10D 锅炉引风机(其中一台备用)。

(2)燃烧系统

该辊道窑使用发生炉煤气作燃料，采用小流量多烧嘴系统，共装有 192 只烧嘴。为了有利于快速升温和温度调节，在预热带后段 600℃处就开始设置烧嘴，即第 17～22 节的每节辊下设置 2 对烧嘴，交错布置；为加强窑内气流扰动，在设有烧嘴的对侧窑墙上部设有 ϕ48mm 的喷风管。在烧成带的第 23～43 节，辊上下同时设置烧嘴，每节辊上下各设置 2 对烧嘴，辊上下烧嘴及对侧烧嘴均互相错开排列，并在辊上下方每个燃烧器对侧窑墙分别设置一个火焰观察孔，但如遇到事故处理孔，则取消观察孔。煤气由升压风机升压，通过 ϕ350×4(mm)煤气总管、阀门、总管煤气处理系统(气水分离器→过滤器→调压器)，总管设在窑顶，煤气经由 ϕ89mm 的分管，再由 ϕ42mm 的金属软管送至各烧嘴。为使结构紧凑，助燃风管设在窑砌体四角，助燃风管系用 1.2mm 厚 302 耐热钢板焊接制成；助燃空气经直接焊在助燃风管上的 ϕ48mm 分管、阀门送至烧嘴。

(3)冷却通风系统

由于该窑较长，故用 4 节窑长布置急冷鼓风，即在第 45～48 节辊上下设置横穿窑断面的冷风喷管(每节辊上设 6 根，辊下设 4 根)，每根喷管上均匀地开有 ϕ76mm 的圆形出风口，对着制品上下均匀地喷冷风，达到急冷效果。急冷风由 2 台 9-26 5.6A 鼓风机送风，经由 ϕ360mm 的急冷风总管，至布置在窑体四角的 ϕ230mm 急冷风分管，最后由直接焊在分管上的 ϕ76mm 钢管经球阀与窑内喷风管相连接。

第 49～56 节的辊上设置间冷风管，每节辊上设 8 根。间冷风管为 1.2mm 厚 ϕ50mm 的 304 薄壁耐热钢管，从一侧窑墙插入，另一侧窑墙顶出来，通向窑顶的 ϕ260mm 抽热风支管，最后通向 ϕ700mm 的抽热风总管，与窑内热风一道由 Y8-38 9D 抽热风机抽出送干燥用。此外，第 53～64 节的窑顶每节设一个 2380×60(mm)的长方形抽热风口，经热风罩与调节闸板后通向抽热风总管。

在窑尾快冷段，分别在第 66、67、69、70、72、73 节窑顶设置轴流风机，每节并排装 5 台 T35-11 3.55A YSF-7132 0.75kW 小型轴流风机，共装 30 台。在第 61、71 节窑顶装有集热风罩，由 ϕ500mm 管道通向抽热风总管或由设在窑尾的热风烟囱排空。

(4)传动系统

为节约费用，不同的温度区段一般选用不同材质的辊子。该窑在低温段(20～200℃)选用 40×3000(mm)的无缝钢管辊子；在中温段(预热带 200～600℃，冷却带 400～80℃)选用 40×3000(mm)的耐热不锈钢管；在高温段(燃烧段 600～1200℃，急冷段 1200～700℃)选用 40×3000(mm)的莫来石-刚玉质陶瓷辊棒；在冷却带缓冷段(700～400℃)选用 40×3000(mm)的莫来石辊棒。考虑到产品尺寸，定辊距为 53mm。

传动系统由电动机、减速设备和传动机构组成，采用分段传动分段带动的传动方案和螺旋齿轮传动机构。将窑分成 23 段，每段由一台电机驱动，采用变频调速。

【例 7.5】 为例 7.2 设计的隧道窑确定工作系统(可参见附录 5 所示 110m 卫生陶瓷隧道窑，它即为本例所设计的该窑窑体结构图)。

【解】 (1)预热带工作系统设置

预热带共 17 节，其中第 1～8 节为排烟段，第 1 节两侧墙设置一道气幕，喷入由冷却带抽来的热风，并在窑头上部设 1 对排烟口，后半节下部和上部各设 1 对排烟口，第 2 节上部也加设 1 对排烟口，目的是使窑头气流压力自平衡，以减少窑外冷风，其余每节在下部(棚板通道处)各设 2 对排烟口。每个下部排烟口中间用砖隔开，分成三个烟气进口，以保证窑内烟气与制品的充分接触。

为方便调节预热带温度，在第 6～10 节上部设置喷风管，每节设 3 根，一侧设 2 根，另一侧则设 1 根，反复交替，两侧墙的喷风管呈交错布置，这样有利于调节该段温度制度，也能有效搅拌预热带断面气流，达到减小预热带上下温差的目的。

为提高预热带后段下部制品温度，进一步缩小预热带后段的上、下温差，在第 9～19 节下部设置高速调温烧嘴，每节设 3 只，高度就设在窑车棚板的下部通道上，两侧墙则交错布置，两侧墙交替设置，与喷风管设置相似。同时，为有效搅动窑内断面温度与上述在第 6～10 节上部设置喷风管一样，每节设 3 根，一侧设 2 根，另一侧则设 1 根，反复交替。

(2)烧成带工作系统布置

第 20～31 节为烧成带，第 21、22 节仍与预热带一样，仅在下部设置 3 对烧嘴，而从第 20 节开始，每节上下均布有高速烧嘴，上部设置 2 只，下部设置 3 只，上下与两侧墙均呈交错布置，这样有利于烧成带温度制度的调节。

(3)冷却带工作系统布置

冷却带按烧成工艺分成三段，第 32～36 节为急冷段。该段采用喷入急冷风直接冷却方式，除急冷首节(第 32 节)只在后半节设冷风喷口(上设 3 对，下设 2 对)外，其余每节上部设 5 对冷风喷口，下部设 4 对冷风喷口，上下喷风口交错设置。

第 37～44 节为缓冷段，第 39～42 节的侧墙设置两段间冷壁，每两节作一段(此处间壁内壁为半砖厚，虽然节省了成本，但间壁换热效果差，以后新建的隧道窑在缓冷段都改用耐热钢板设置间壁冷却，换热效果大为改善，余热利用得更充分)；顶部设有不锈钢间冷风箱，间冷壁及间冷风箱均设有调节闸板，可根据需要调节抽热风量。

第 45～53 节为快冷段，为加强出窑前的快速冷却，在该段第 45～50 节布置冷风喷管，直接鼓入冷风；每节 6 对——上、下部各 3 对，上、下及对侧均错排，以保证快冷的均匀。第 51、52 两节则没有设置冷风喷管，而是仅在顶部设置散热烟罩。

抽热风系统包括两部分：一部分为急冷/间冷段抽热风，另一部分为窑尾快冷段直接抽热风系统，各配 2 台抽热风机（2 开 2 备）。急冷段第 35、36 节两侧窑墙的每节中部和下部各设置 2 对抽热风口，缓冷段第 37～38 节两侧窑墙上部每节各设置 1 对抽热风口，这一段包括间壁与窑顶间冷风箱抽出的热风由急冷/间冷段抽热风机通过抽热风总管抽出（抽热风口的设置类似前述排烟口，即每个口中间用砖隔开，分成三个热风进口，也就是保证窑内制品与空气的充分接触，从而使制品冷得更均匀）。快冷段第 45、47、49 节窑顶各设有 4 个 300×300mm 正方形抽热风口，窑尾两节（第 51、52 节）窑顶设计成整体抽热风罩。该段抽出的热风由快冷段直接抽热风机系统抽出。

7.4 窑体材料及厚度的确定

窑体材料及厚度的确定原则：一是要考虑该处窑内温度对窑体的要求，即所选用的材料长期使用温度必须大于其所处位置的最高温度；二是尽可能使窑体散热损失要小（对间歇式窑，还要使其蓄热要小）；三是要考虑砖型及外形整齐。

【例 7.6】 为例 7.1 的辊道窑确定窑体材料及厚度。

【解】 根据上述原则，确定该辊道窑的窑体材料及其厚度如表 7.2 所示。

表 7.2 窑体材料及其厚度

节位置(温度段)	窑墙	窑顶	窑底
1～8(20～250℃) 57～65(550～250℃)	1.0 轻质黏土砖 150mm	0.9 高铝聚轻球砖 120mm	1.0 轻质黏土砖 67mm
	0.23 硅酸铝纤维毯 80mm	0.11 岩棉毯 50mm	0.7 硅藻土砖 67mm
66～73(250～80℃)	(窑墙、窑底砌筑材料及厚度同上，窑顶除安装轴流风机的部位外，仅为外壳钢板)		
9～16(250～600℃) 49～56(850～550℃)	1.0 轻质黏土砖 150mm	0.9 高铝聚轻球砖 170mm	1.0 轻质黏土砖 67mm
	0.23 硅酸铝纤维毯 80mm	0.11 岩棉毯 50mm	0.7 硅藻土砖 134mm
17～22 (600～900℃)	0.8 高铝聚轻球砖 230mm	0.9 高铝聚轻球砖 230mm	0.8 高铝聚轻球砖 67mm
	0.26 标准纤维板 70mm	0.12 硅酸铝纤维毯 20mm	1.0 轻质黏土砖 67mm
	0.12 硅酸铝纤维毯 20mm	0.11 岩棉毯 50mm	0.7 硅藻土砖 134mm
	0.23 硅酸铝纤维毯 110mm		
23～28 (900～1100℃)	0.8 高铝聚轻球砖 230mm	0.9 高铝聚轻球砖 250mm	0.8 高铝聚轻球砖 67mm
	0.26 高纯纤维板 70mm	0.12 硅酸铝纤维毯 60mm	1.0 轻质黏土砖 67mm
	0.12 硅酸铝纤维毯 20mm		0.7 硅藻土砖 134mm
	0.26 标准纤维板 110mm		

续表 7.2

节位置(温度段)	窑墙	窑顶	窑底
29～43 (1100～1250℃)	0.8 低铁莫来石砖 230mm	0.8 低铁莫来石砖 260mm	0.8 高铝聚轻球砖 134mm
	0.25 高铝纤维板 70mm	0.128 高纯纤维毯 60mm	1.0 轻质黏土砖 67mm
	0.128 高纯纤维毯 20mm		0.7 硅藻土砖 134mm
	0.26 高纯纤维板 110mm		
44～48 (1250～850℃)	0.8 高铝聚轻球砖 230mm	0.9 高铝聚轻球砖 230mm	0.8 高铝聚轻球砖 67mm
	0.26 标准纤维板 70mm	0.12 硅酸铝纤维毯 20mm	1.0 轻质黏土砖 67mm
	0.12 硅酸铝纤维毯 20mm	0.11 岩棉毯 50mm	0.7 硅藻土砖 134mm
	0.23 硅酸铝纤维毯 110mm		

为了保证所选窑体砌筑材料符合要求，此处首先以窑内壁最高温度为例核算材料的可行性：

烧成段以 4 种材料砌筑而成，内壁最高温度为 1280℃，即 $t_1=1280$℃，用试差法计算，初设：$t_2^0=970$℃，$t_3^0=790$℃，$t_4^0=715$℃，$t_{w外}^0=60$℃，环境温度取 $t_a=25$℃。

利用各层界面初估值计算它们的平均导热系数：

查得低铁莫来石砖(JM26)导热系数为 $0.0815+0.2\times10^{-3}t^2$，则内层材料平均导热系数为：

$$\lambda_1=0.0815+0.2\times10^{-3}\times\frac{1280+970}{2}=0.3065$$

同理求出第 2 层材料平均导热系数为：$\lambda_2=0.0531+0.12\times10-^3\times(970+790)/2=0.1588$

第 3 层材料平均导热系数为：$\lambda_3=0.0333+0.108/\times10^{-3}\times(790+715)/2=0.1146$

第 4 层材料平均导热系数为：$\lambda_4=0.0238+0.118\times10^{-3}\times(715+60)/2=0.0695$

根据 $t_5=60$℃，查表 6.1 得窑墙外壁综合传热系数 $\alpha_w=11.94[W/(m^2\cdot℃)]$

计算窑墙外壁总热阻：$R_{\sum}^0=\frac{1}{11.94}+\frac{0.23}{0.3065}+\frac{0.07}{0.1588}+\frac{0.02}{0.1146}+\frac{0.11}{0.0695}=3.0322$

根据总温差计算散热热流密度：$q^0=\frac{t_1-t_a}{R_{\sum}^0}=\frac{1280-25}{3.0322}=414.9$

核算各层界面温度：

$t_2=1280-414.9\times0.23/0.3065=968$℃

$t_3=968-414.9\times0.07/0.161=788$℃

$t_4=788-414.9\times0.02/0.1143=715$℃

$t_{w外}=715-414.9\times0.11/0.0695=59$℃

因 ABS$[(t_i-t_i^0)/t_i)$ 均小于 5%，故初设界面温度合理。

查阅资料各层材料的最高温度均大于其长期使用温度，所以选择的砌体材料是可行的(其他各段与窑顶、窑底砌体材料的校核方法同此，这里就不重复计算了)。

【例 7.7】 为例 7.2 设计的隧道窑确定窑体材料及厚度。

【解】 该窑由高档轻质耐火保温材料砌筑而成，按温度分区段选材，详见表 7.3（砌体材料是否符合要求，核算方法同上例，此处略）。

表 7.3 110m 卫生瓷隧道窑窑体材料及其厚度

节位置（温度段）	窑墙	窑顶
排烟段（1～9）（20～300℃）	0.8 聚轻高铝砖 230mm	堇青石-莫来石吊顶板 15mm
	0.9 轻质黏土砖 115mm	轻质捣打料 40mm
	0.23 硅酸铝纤维毯 50mm	0.23 硅酸铝纤维毯 100mm
	0.25 硅钙板 10mm	0.11 岩棉毯 100mm
预热升温段（10～17）（300～850℃）	1.0 聚轻高铝砖 230mm	堇青石-莫来石吊顶板 15mm
	0.9 轻质黏土砖 115mm	0.23 硅酸铝纤维毯 150mm
	0.23 硅酸铝纤维毯 50mm	0.11 岩棉毯 100mm
	0.25 硅钙板 10mm	
烧成段（18～33）（850～1280℃）	JM26 轻质高铝砖 230mm	JM28 轻质高铝吊顶砖 300mm
	JM23 轻质高铝砖 115mm	结晶铝纤维毯 25mm
	0.12 硅酸铝纤维毯 100mm	0.12 硅酸铝纤维毯 100mm
	0.23 硅酸铝纤维毯 50mm	
	0.25 硅钙板 10mm	
急冷段（34～38）（1280～800℃）	JM26 轻质高铝砖 230mm	JM26 轻质高铝砖 300mm
	1.0 聚轻高铝砖 115mm	0.12 硅酸铝纤维毯 100mm
	0.12 硅酸铝纤维毯 100mm	
	0.23 硅酸铝纤维毯 50mm	
	0.25 硅钙板 10mm	
缓冷段（39～45）（800～500℃）	1.0 聚轻高铝砖 230mm	1.0 聚轻高铝砖 250mm
	0.9 轻质黏土砖 115mm	0.23 硅酸铝纤维毯 100mm
	0.23 硅酸铝纤维毯 50mm	
	0.25 硅钙板 10mm	
快冷段（46～55）（500～80℃）	1.0 聚轻高铝砖 230mm	1.0 聚轻高铝砖 250mm
	0.9 轻质黏土砖 115mm	0.23 硅酸铝纤维毯 100mm
	0.25 硅钙板 10mm	

7.5 燃料燃烧计算

燃料燃烧计算包括：燃烧单位燃料（如每 m^3 煤气）所需空气量及其生成烟气量的计算，实际燃烧温度的计算。在已知燃料组成的情况下，可根据 6.3 节中所列公式，较为精确地求出燃料燃烧所需的空气量、生成的烟气量及烟气组成,也可根据经验公式简捷地求得。表 7.4 为陶瓷工业窑常用燃料燃烧计算的经验公式。

表 7.4 理论空气量和燃烧生成烟气量经验计算公式(标态下)

燃料名称	低发热量 Q_d (kJ/m³)	单位理论空气消耗量 L_0 (m³/m³)	单位燃料生成烟气量 V_g (m³/m³)
高炉煤气	3770~4180	$\frac{0.19}{1000}Q_d$	$\alpha L_0+0.97-\frac{0.03}{1000}Q_d$
发生炉煤气	<5230	$\frac{0.2}{1000}Q_d-0.01$	$\alpha L_0+0.98-\frac{0.03}{1000}Q_d$
	5230~5650	$\frac{0.2}{1000}Q_d$	$\alpha L_0+0.98-\frac{0.03}{1000}Q_d$
	>5650	$\frac{0.2}{1000}Q_d+0.03$	$\alpha L_0+0.98-\frac{0.03}{1000}Q_d$
发生炉水煤气	10500~10700	$\frac{0.21}{1000}Q_d$	$\frac{0.26}{1000}Q_d+(\alpha-1)L_0$
混合煤气	<16250	$\frac{0.26}{1000}Q_d$	$\alpha L_0+0.68-0.1\times\left(\frac{0.238Q_d-4000}{1000}\right)$
焦炉煤气	15900~17600	$\frac{0.26}{1000}Q_d-0.25$	$\alpha L_0+0.68+0.06\times\left(\frac{0.238Q_d-4000}{1000}\right)$
天然气	34500~41870	$\frac{0.264}{1000}Q_d+0.02$	$\alpha L_0+0.38+\frac{0.018}{1000}Q_d$

计算燃烧温度是考察所选用的燃料是否满足窑炉的烧成工艺要求。先要计算燃料的理论燃烧温度,公式如下:

$$t_{th}=\frac{Q_d+c_r t_r+c_a t_a L_a}{V_g c_g} \tag{7.7}$$

式中 c_r,c_a,c_g——标态下燃料、空气及烟气的比热容,kJ/(m³·℃);

L_a——标态下一定空气消耗系数(α)下的单位燃料空气消耗量,m³/m³,$L_a=\alpha L_0$;

V_g——标态下一定空气消耗系数下单位燃料燃烧生成的烟气量,m³/m³;

t_r,t_a——燃料及空气的预热温度,℃。

由于计算前烟气温度未知,须用试差法先假定一个烟气温度,再查出其比热后不断试差计算,直至得到满意的结果。若用计算机编一个循环程序则很容易算出,其计算流程如图 7.1 所示。

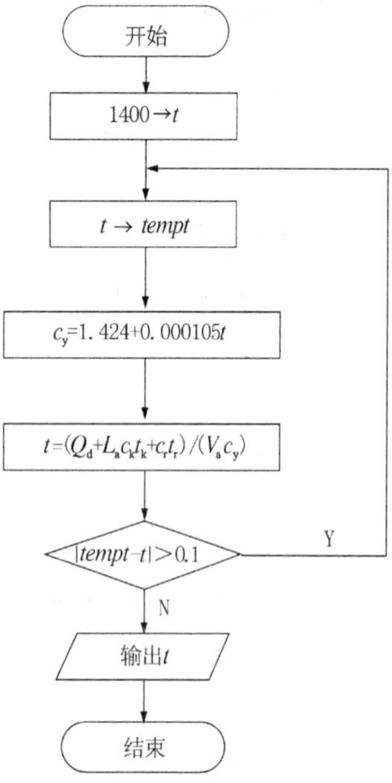

图 7.1 燃烧温度计算流程图

烟气在 t(℃)下的比热容可用查表得到的数据回归成一次或二次方程,也可采用下列经验公式:

$$c_g=1.424+0.000105t \tag{7.8}$$

实际燃烧温度则为:

$$t=\eta t_{th} \tag{7.9}$$

式中 η——高温系数,它的取值请参考 6.3.4 节中所述数据。

【例 7.8】 对例 7.1 的辊道窑进行燃烧计算(标态下)。

【解】 该窑使用两段炉发生炉煤气，燃料低位热值≥1450kcal/m³。按 1450kcal/m³ 计算，则 $Q_d = 1450\times4.18 = 6061\text{kJ/m}^3$，用表 7.4 中经验公式计算理论空气量：

$$L_0 = \frac{0.2}{1000}\times6061+0.03=1.242(\text{m}^3/\text{m}^3)$$

由于辊道窑焙烧瓷砖在氧化气氛下烧成，取空气过量系数为 1.30，则实际空气需要量为：

$$L_a = L_0\times1.3 = 1.242\times1.3=1.615(\text{m}^3/\text{m}^3)$$

按表 7.4 中经验公式计算实际烟气量为：

$$V_g = 1.3\times1.242+0.98-\frac{0.03}{1000}\times6061=2.413(\text{m}^3/\text{m}^3)$$

取室温 20℃，此时空气比热为 1.30kJ/(m³·℃)，煤气比热为 1.38kJ/(m³·℃)；并初设烟气温度为 1600℃，此时烟气比热为 1.584kJ/(m³·℃)。则按式(7.7)计算理论燃烧温度：

$$t_{th} = \frac{6061+1.38\times20+1.3\times20\times1.615}{2.413\times1.584}=1604(℃)$$

(1604－1600)/1600＜5%，所设温度合理。

取高温系数为 0.85，则实际燃烧温度为：

$t = 0.85\times1600 = 1363$℃，比最高烧成温度 1250℃高出 113℃，符合烧成要求，认为合理。

7.6　燃料消耗量计算

燃料消耗量可以通过热平衡计算求得，通过热平衡计算还可以根据最后得出的热平衡表去考察所设计的窑工作系统、结构等是否合理，哪些项热耗大，能否采取措施使窑炉进一步节能。因此，热平衡计算是窑炉设计计算中最重要的一环。由于连续窑与间歇窑的热平衡计算基准不同，以下分别加以介绍。

7.6.1　连续窑预热带和烧成带的热平衡计算

对连续窑而言，燃料消耗发出之热是用于制品自入窑起至最高烧成温度止的全部物理化学反应，与冷却带无关。因此，计算燃料消耗量时，热平衡的计算范围确定为预热带和烧成带，不包括冷却带。热平衡计算以 1h 为时间基准，而以 0℃作为基准温度。

为了防止将热收入和热支出的项目遗漏，常用一个方框图把预热带、烧成带的所有热收入和热支出逐项表示出来，如图 7.2 所示。

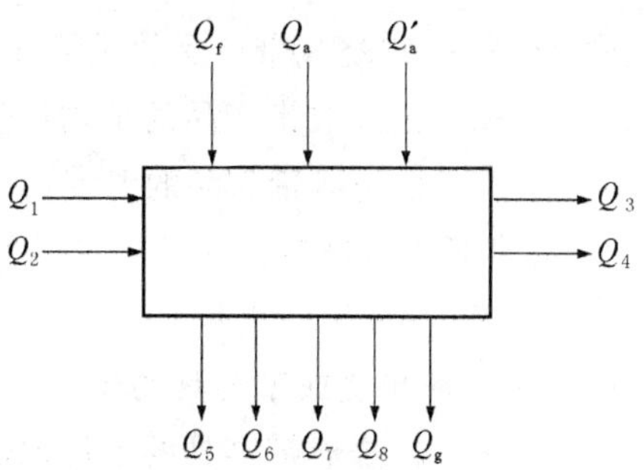

图 7.2　预热带、烧成带热平衡框图

各项热量的计算方法如下：

1)热收入项目

(1)制品带入显热

$$Q_1 = G_1 c_1 t_1 \qquad (7.10)$$

式中　G_1——入窑制品质量，kg/h，它可由设计任务规定的产量、烧成灼减及入窑水分算出；

c_1——入窑制品的平均比热，kJ/(kg·℃)；

t_1——入窑制品温度，℃。

(2)窑具(棚板、垫板、匣钵等)带入显热

$$Q_2 = G_2 c_2 t_2 \tag{7.11}$$

式中 G_2——窑具的质量,kg/h;

c_2——入窑窑具的平均比热,kJ/(kg·℃);

t_2——入窑窑具的温度,℃。

(3)燃料带入化学热及显热

$$Q_f = x(Q_D + c_f t_f) \tag{7.12}$$

式中 x——标态下每小时消耗的燃料量,m^3/h 或 kg/h;

Q_D——标态下燃料的低热值,kJ/m^3 或 kJ/kg;

c_f——入窑燃料的比热,kJ/(m^3·℃);

t_f——燃料入窑时温度,℃。

(4)助燃空气带入显热

$$Q_a = \alpha L_a^0 c_a t_a x \tag{7.13}$$

式中 α——全窑燃料燃烧时的平均空气过剩系数,取决于燃料种类及烧成工艺所要求的气氛,对气体燃料可选取 1.2～1.3;

L_a^0——标态下单位燃料燃烧时的理论空气量,m^3/m^3;

c_a,t_a——助燃空气的比热与温度,单位分别为 J/(kg·℃)和℃。

(5)预热带漏入空气与气幕喷入风带入显热

$$Q'_a = (\alpha_g - \alpha) L_a^0 c'_a t'_a x \tag{7.14}$$

式中 α_g——离窑烟气中的空气过剩系数,此值与窑的长度、阻力、气密性以及预热带喷入风量有关,根据以上因素的实际可在 2～5 范围中选取;

c'_a,t'_a——漏入空气与喷入风的比热与温度。

当气幕喷入风的温度与漏入空气的温度不同时,还应按喷入风的温度与用量分别计算。

2)热支出项目

(1)产品带出显热

$$Q_3 = G_3 c_3 t_3 \tag{7.15}$$

式中 G_3——出烧成带产品的质量,kg/h;

c_3——出烧成带产品的平均比热,kJ/(kg·℃);

t_3——出烧成带产品的温度,℃。

(2)窑具带出显热

$$Q_4 = G_4 c_4 t_4 \tag{7.16}$$

式中 G_4——出烧成带窑具的质量,kg/h;

c_4——出烧成带窑具的平均比热,kJ/(kg·℃);

t_4——出烧成带窑具的温度,℃。

(3)离窑废气带走的显热

离窑废气中包括燃烧生成的烟气、预热带不严密处漏入空气、气幕喷入的空气,还有坯体在烧成过程中产生的气体。一般通过取离窑废烟气中空气过剩系数 α_g 的经验数据来求其流

量。所以，有：

$$Q_g = [V_{g0} + (\alpha_g - 1)L_0]xc_g t_g \tag{7.17}$$

式中 V_{g0}——标态下理论燃烧产物量，m^3/m^3（或 kg）；

t_g——离窑废烟气的温度，与排烟方式有关，一般可取 200～300℃。

(4)窑体散热

按窑墙、窑顶的砌筑材料、结构及所处温度将它们分成若干段，分别按多层墙壁稳定传热计算。

$$Q_5 = \frac{t_1 - t_a}{\sum_{n=1}^{N_w} \frac{\delta_n}{k_n} + \frac{1}{\alpha_w}} \cdot F_w \tag{7.18}$$

式中 Q_5——窑墙、窑顶散热热流，W；

t_1——窑体内表面平均温度，℃；

δ_n——第 n 层材料的厚度，m；

k_n——第 n 层材料的平均导热系数，W/(m·℃)；

F_w——窑体散热面积，m，一般可取内外表面积的算术平均值；

α_w——窑体外表面综合放热系数，$W/(m^2 \cdot ℃)$，可按下式计算：

$$\alpha_w = 5.67 \times 10^{-8} \varepsilon_w \frac{(t_w + 273)^4 - (t_a + 273)^4}{t_w - t_a} + A(t_w - t_a)^{0.25} \tag{7.19}$$

式中 ε_w——窑体外表面黑度，一般可取 0.8；

t_a——环境温度，℃；

t_w——窑体外表面温度，℃；

A——散热面位置系数，在竖壁换热时取 $A=2.56$，顶面向上换热时取 $A=3.26$，底面（如窑车底面）向下换热时取 $A=2.1$。

由于运算之始尚不知各层材料交界面的温度，因此无法确定各层材料的平均导热系数，必须用试差法，用人工计算则相当烦琐，编程用计算机运算则很快，步骤如下：

①根据给定的窑体内表面温度 t_1 及环境温度 t_a，按下式初估各层材料的界面温度：

$$t_n^{(0)} = t_1 - (t_1 - t_a)\frac{n}{N_w + 1}$$

式中 $t_n^{(0)}$——第 n 层材料的初估界面温度，℃；

N_w——窑体不同砌筑材料层数。

②进入试差法循环，按各层材料界面温度估值 t_n^{i-1} 计算各层材料的平均导热系数 $K_n^{(j)}$

$$K_n^{(j)} = k_{0,n} + b_n \cdot \frac{t_n^{i-1} + t_{n+1}^{i-1}}{2}$$

③ 利用窑体外壁温度估值按式(7.19) 计算外表面综合放热系数 $\alpha_w^{(j)}$，并计算总热阻 $R_\Sigma^{(j)}$

$$R_\Sigma^{(j)} = \frac{1}{\alpha_w^{(j)}} + \sum_{n=1}^{N_w} \frac{\delta_n}{K_n^{(j)}}$$

④根据 $R_\Sigma^{(j)}$ 总温差计算散热热流密度

$$q^{(j)}=\frac{t_1-t_a}{R_{\Sigma}^{(j)}}$$

⑤从内向外计算各层材料交界面温度值

$$t_n^{(j)}=t_{n-1}^{(j)}-q^{(j)}\cdot R_n^{(j)}$$

式中　$R_n^{(j)}$——第 n 层材料热阻估值，$R_n^{(j)}=\frac{\delta_n}{K_n^{(j)}}$。

⑥比较 $t^{(j)}$ 和 $t^{(j-1)}$

如果 $\max\left|\frac{t^{(j)}-t^{(j-1)}}{t^{(j-1)}}\right|\leqslant 0.005$ 成立，则退出循环，输出计算结果；否则，令 $t^{(j-1)}=t^{(j)}$ 重新进入步骤②的循环计算，直至满意为止。

上述方法一般迭代 2～7 次即可满足要求，计算机可十分迅速地得出足够精确的结果。

(5)窑车积蓄和散失之热 Q_6

窑车积散热计算要按不稳定导热计算，可用有限差分法编程计算。但为了简化起见，也可取经验数据，此项热支出占热收入的 15%～25%，视窑车砌体结构而定，若采用轻型节能窑车可取小值，若为辊道窑则此项热损失可不考虑。

(6)物化反应耗热 Q_7

①自由水蒸发吸热

$$Q_w=G_w(2490+1.93t_g) \tag{7.20}$$

式中　G_w——入窑制品所含自由水的质量，kg/h；

2490——0℃时，1kg 自由水蒸发所需之热，kJ/kg；

1.93——烟气离窑时温度下的水蒸气平均比热，kJ/(kg·℃)。

②结构水脱水吸热

$$Q_w'=6700G_w' \tag{7.21}$$

式中　G_w'——入窑制品所含结构水的质量，kg/h；

6700——1kg 结构水脱水所需之热，kJ/kg。

③其他物化反应吸热

此项热支出要根据原料的组成情况查阅有关资料，由于陶瓷烧成反应极为复杂，通常可用 Al_2O_3 反应热近似地代替，即

$$Q_r=G_r\times 2100\times Al_2O_3\% \tag{7.22}$$

式中　G_r——入窑干制品质量，kg/h；

2100——1kg Al_2O_3 的反应热，kJ/kg；

$Al_2O_3\%$——制品中 Al_2O_3 含量的百分数。

故物化反应总耗热为：

$$Q_7=Q_w+Q_w'+Q_r$$

(7)其他热损失 Q_8

其他热损失主要包括窑各处开孔的辐射热损失、窑不严密处逸出气体的热损失、不完全燃烧造成的热损失等，这些热损失量很难用公式计算，可对比现有同类型的窑加以确定，一般占

总热收入的5%～10%。

3)列出热平衡方程式

由热平衡方程——热收入=热支出，得出：

$$Q_1+Q_2+Q_f+Q_a+Q'_a=Q_3+Q_4+Q_g+Q_5+Q_6+Q_7+Q_8$$

将热收入及热支出各项计算结果代入上式，即可求出燃料消耗量。

【例7.9】 用热平衡方法为例7.1的辊道窑进行燃料消耗量计算。

【解】 (1)热收入项目

①制品带入显热 Q_1 按式(7.10)计算

每小时入窑产品产量为：$G_r=\dfrac{3500000\times0.009}{24\times330\times0.95}\times2500=10466(\text{kg/h})$

取烧成灼减量4%，入窑制品含水率1.0%，则入窑坯体质量为：

$$G_1=\frac{10466}{0.96\times0.99}=11012(\text{kg/h})$$

入窑制品的比热随温度与配方不同而变化，一般为0.84～1.26[kJ/(kg·℃)]，入窑坯体温度为20℃，现取平均比热0.86，则坯体带入显热为：

$$Q_1=G_1c_1t_1=11012\times0.86\times20=189406(\text{kJ/h})$$

②燃料带入化学热及显热

煤气低热值为6061kJ/m^3，入窑煤气温度为20℃，标态下其比热容为1.32kJ/m^3，设标态下煤气消耗量为 x m^3/h，则按式(7.12)计算可得：

$$Q_f=x(Q_D+c_ft_f)=x(6061+1.32\times20)=6087x(\text{kJ/h})$$

③助燃空气带入显热

全部助燃空气作为一次空气，燃料燃烧所需空气量已由例7.7求得，故标态下有：

$$V_a=1.615x(\text{m}^3/\text{h})$$

助燃空气温度为20℃，此时空气比热(标态下)为1.30kJ/(m^3·℃)，按式(7.13)计算有：

$$Q_a=V_ac_at_ax=1.615x\times1.3\times20=42.0x(\text{kJ/h})$$

④预热带漏入空气与气幕喷入风带入显热

该窑17～22节的辊上设有喷风管，喷入从冷却带抽出的热风，取热风温度为200℃，此时空气比热(标态下)为1.32kJ/(m^3·℃)，喷入热风取理论空气量的50%；辊道窑内负压较小，取预热带烟气中的空气过剩系数 $\alpha_g=2.0$[即漏入风为理论空气量的0.2(=2.0－1.3－0.5)倍]；由例7.8计算得理论空气消耗量(标态下)$L_0=1.242\text{m}^3/\text{m}^3$，则有：

$$Q'_a=0.2\times1.242\times1.3\times20x+0.5\times1.242\times1.32\times200x=170.4x(\text{kJ/h})$$

(2)热支出项目

①产品带出显热

烧成产品质量 $G_3=10466(\text{kg/h})$；出烧成带产品温度为1250℃，此时产品平均比热为1.17kJ/(kg·℃)，按式(7.15)计算可得：

$$Q_3=G_3c_3t_3=10466\times1.17\times1250=15306525(\text{kJ/h})$$

②离窑废气带走显热

取离窑废烟气中空气过剩系数 $\alpha_g=2.0$，则其体积流量为：

$$V_g=[V_{g0}+(\alpha_g-\alpha)L_0]x=[2.413+(2.0-1.3)\times 1.242]x=3.282x(m^3/h)$$

取烟气离窑温度 $t_g=200℃$，烟气比热 $c_g=1.445kJ/(m^3\cdot℃)$（标态下），按式(7.17)计算则有：

$$Q_g=V_gxc_gt_g=3.282x\times 1.445\times 200=948.5x(kJ/h)$$

③通过窑体散失之热

根据窑体砌筑材料的不同(表 7.2)，将预热带和烧成带按不同材料与温度段将它们分成五段，分别按前述方法编程进行多层墙壁稳定传热计算，计算结果列于表 7.5。其中散热面积是以窑内外面积的算术平均值计算，窑墙面积为两侧墙面积之和。

因此，预热带烧成带窑体总散热为各段散热量之和，即

$$Q_5=4375+20960+32916+27426+90149+91435+21381+93806+119333+33640+104431+175181+112822+296044+546652=1770551(kJ/h)$$

④物化反应耗热

自由水质量 $G_w=11012\times 1\%=11.01(kg/h)$，烟气离窑温度 $t_g=200℃$，按式(7.20)计算自由水蒸发吸热得：

$$Q_w=G_w(2490+1.93t_g)=11.01\times(2490+1.93\times 200)=31665(kJ/h)$$

表 7.5　各段窑体散热计算结果

序号	节位置	温度范围(℃)	长度(m)	窑体名称	散热面积(m^2)	热流量(W/m^2)	散热量(kJ/h)
1	1～8	20～250	17.664	窑墙	30.84	39.4	4375
				窑顶	49.64	117.3	20960
				窑底	49.64	184.2	32916
2	9～16	250～600	17.664	窑墙	37.64	202.4	27426
				窑顶	49.64	504.5	90149
				窑底	49.64	511.7	91435
3	17～22	600～900	13.248	窑墙	30.18	196.8	21381
				窑顶	39.88	653.4	93806
				窑底	39.88	831.2	119333
4	23～28	900～1100	13.248	窑墙	30.31	308.3	33640
				窑顶	39.88	727.4	104431
				窑底	39.88	1220.2	175181
5	29～43	1100～1250	33.12	窑墙	78.33	400.1	112822
				窑顶	99.69	824.9	296044
				窑底	99.69	1523.2	546652

忽略结构水脱水吸热，其他物化反应吸热按制品中含 25% Al_2O_3 由(7.22)式计算得：

$$Q_r = G_r \times 2100 \times Al_2O_3\% = 10466 \times 2100 \times 25\% = 5494650(kJ/h)$$

故总物化反应耗热为：$Q_7 = 31665 + 5494650 = 5526315(kJ/h)$

⑤其他热损失

取经验数据，占热收入的5%。

(3)列出热平衡方程

$$Q_1 + Q_f + Q_a + Q'_a = Q_3 + Q_g + Q_5 + Q_7 + Q_8$$

左边$=189406+6087x+42.0x+170.4x=189406+6299.4x$

右边$=15306525+948.5x+1770551+5526315$

$+(189406+6087x+42.0x+170.4x)\times 0.05$

解得 $x=4453$，即单位时间煤气消耗量为 $B=4453m^3/h$。

由于单位时间产量为 $G=10466kg/h$，$Q_{DW}=6061kJ/m^3$，则单位产品热耗为：

$$B \cdot Q_{DW}/G = 4453 \times 6061 \div 10466 = 2579kJ/kg \approx 617kcal/kg$$

(4)列出预热带、烧成带热平衡表(表7.6)

表7.6 160m辊道窑预热带、烧成带热平衡表

热收入			热支出		
项目	kJ/h	%	项目	kJ/h	%
坯体带入显热	189406	0.7	产品带走显热	15306525	54.2
燃料化学显热	27105593	95.9	烟气带走显热	4223699	14.9
助燃空气显热	187027	0.7	窑墙、窑顶带走显热	1770551	6.3
漏入空气及喷入风带入显热	758796	2.7	物化反应耗热	5526315	19.6
			其他热损失	1412041	5.0
总计	28240822	100.0	总计	28240822	100

7.6.2 间歇窑的热平衡计算

以梭式窑为例，由于这类窑是间歇性操作，用热平衡方法计算燃料消耗量时，应以一个烧成周期中的升温和保温时间为总的时间计算基准，分不同的升温时间段去计算各阶段的燃耗，最后将各阶段的燃耗累加才为一个烧成周期的总燃耗。此外，计算初仍以0℃作为基准温度，热平衡的计算范围为窑体、窑车及制品等。为了防止将热收入和热支出的项目遗漏，也需画出热平衡计算框图，把所有热收入和热支出逐项表示出来，如图7.3所示。

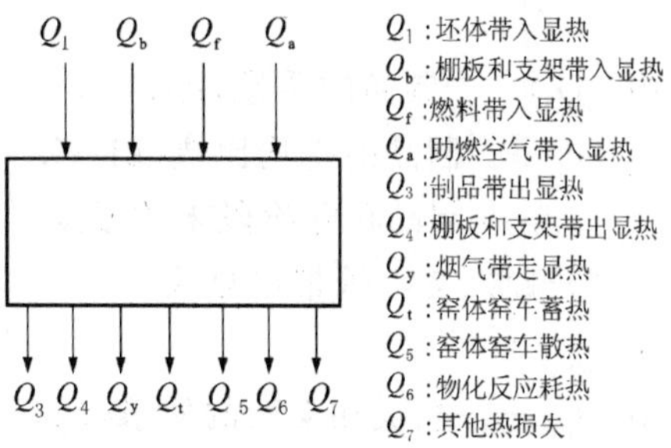

图7.3 热平衡框图

1)热收入项目

分不同升温阶段计算，设第 j 阶段燃气消耗量为 $x_j m^3$；为使以下公式简略，其他物理量不列出下标 j。

(1)坯体带入显热

$$Q_1 = G_{sp} c_p t_p \tag{7.23}$$

式中 G_{sp}——制品的质量,kg,由于不同阶段所发生的物化反应不同,制品的质量是有所变化的;

c_p——制品在此阶段的平均比热,kJ/(kg·℃);

t_p——制品进入此阶段的温度,℃。

(2)窑具(棚板、支架等)带入显热

$$Q_b = G_b c_b t_b \tag{7.24}$$

式中 G_b——棚板和支架的质量,kg;

c_b——棚板和支架的平均比热,kJ/(kg·℃);

t_b——棚板和支架进入此阶段的温度,℃。

(3)燃料带入化学热及显热

$$Q_f = x_j (Q_d + c_f t_f) \tag{7.25}$$

式中 x_j——第 j 阶段燃料消耗量,m^3;

Q_d——标态下燃料低发热量,kJ/m^3;

c_f——燃料的比热,kJ/(kg·℃);

t_f——燃料的温度,℃。

(4)助燃空气带入显热

$$Q_a = L_a x_j c_a t_a \tag{7.26}$$

式中 L_a——标态下单位燃料燃烧时实际空气量,m^3/m^3,注意它在不同升温阶段其值是有区别的(即须选用不同的空气消耗系数来计算);

c_a——助燃空气的平均比热,kJ/(kg·℃);

t_a——空气的温度,℃。

漏入空气带入显热忽略不计,或在式(7.26)中计算 L_a 时适当增大空气消耗系数来加以考虑。

2)热支出项目

(1)制品带出显热

$$Q_3 = G_{gp} c_p t_p \tag{7.27}$$

式中 G_{gp}——制品的质量,kg;

c_p——制品的平均比热,kJ/(kg·℃);

t_p——制品在此阶段末的温度,℃。

(2)棚板、支架等带出显热

$$Q_4 = G_b c_b t_4 \tag{7.28}$$

式中 G_b——棚板和支架的质量,kg;

c_b——棚板和支架的平均比热,kJ/(kg·℃);

t_4——棚板和支架在此阶段末的温度,℃。

(3)烟气带走显热

$$Q_y = V_a x_j c_y t_y \tag{7.29}$$

式中 x_j——在此阶段所消耗的燃料量,m^3;

V_a——标态下燃料燃烧产生的烟气量，m^3/m^3；

c_y——烟气的平均比热，kJ/(kg・℃)；

t_y——离窑烟气的温度，℃，由于是间歇操作，离窑烟气温度在各阶段是不同的，可取此阶段烧成温度的平均值计算，可见这是一项很大的热支出，应考虑设计余热回收装置以达到节能的目的。

(4)窑体窑车蓄热量 Q_t 与窑体窑车蓄散热量 Q_5

窑体与窑车都属于不稳态传热，由于在厚度方向上的传热远大于其他方向，可以简化为一维非稳态、无内热源的导热过程，可用下列导热微分方程组来描述：

$$\left.\begin{aligned} &\frac{\partial}{\partial x}\left(\lambda \frac{\partial t}{\partial x}\right)=\rho \cdot c \frac{\partial t}{\partial \tau} \\ &t(x,0)=t_a \\ &t(0,\tau)=t_w(\tau) \\ &-\lambda \frac{dt}{dx}\bigg|_{x=L}=\alpha_w[t(L,\tau)-t_a] \end{aligned}\right\} \tag{7.30}$$

式中 t_a——环境温度，℃；

$t_w(\tau)$——内壁温度随时间变化的函数，可取与制品的烧成温度曲线相同；

$t(L,\tau)$——表示距窑内壁 L 处在 τ 时刻的温度值；

λ,ρ,c——表示砌筑材料的导热系数、密度、比热，其中导热系数与比热都是温度的函数，为简化计算可以取材料所在位置处时间段的平均温度来计算；

α_w——外壁散热的综合换热系数，可按式(7.19)计算。

用有限差分方法可将微分方程组(6.28)化成如下三类节点方程：

①同一种材料节点温度

$$t_i^{k+1}=F_0 t_{i-1}^k+F_0 t_{i+1}^k+(1-2F_0)t_i^k \tag{7.31}$$

②不同材料交界面节点温度

$$t_i^{k+1}=\frac{t_{i-1}^k}{BR_1}+\frac{t_{i+1}^k}{BR_2}+\left(1-\frac{1}{BR_1}-\frac{1}{BR_2}\right)t_i^k \tag{7.32}$$

③窑体外壁节点温度

$$t_N^{k+1}=(1-2F_0R\alpha_w-2F_0)t_N^k+2F_0t_{N-1}^k+2F_0R\alpha_w t_a \tag{7.33}$$

$$B=\frac{\rho_1 c_1 \Delta x_1+\rho_2 c_2 \Delta x_2}{2\Delta\tau},\quad R_1=\frac{\Delta x_1}{\lambda_1},\quad R_2=\frac{\Delta x_2}{\lambda_2}$$

$$F_0=\frac{\alpha\Delta\tau}{\Delta x^2}$$

式中 t_i^k——节点 i 在 k 时刻的温度，下标代表节点位置，上标表示时间节点。

上述节点方程选用了显式差分格式，显式差分格式就是在空间上沿窑砌体各部分材料的厚度方向把材料分割成网格单元，把时间也分割成许多间隔 $\Delta\tau$，从初始时间 $\tau=0$ 开始，从已知的初始温度分布出发，根据边界条件依次求得以后各个节点上的温度，一旦知道了某时刻各节点的温度，可立即算出下一时刻各节点的温度，而不必求解联立方程。显式差分格式的优点是计算工作量小，缺点是对时间步长及空间步长有一定的限制，即必须适当选用空间与时间步长以保证 $F_0 \leqslant 0.5$，否则会出现不合理的结果。

通过上述计算，可以计算出各节点在不同升温阶段的温度分布，从而可计算出第 j 阶段各砌体的平均温度，则窑体、窑车的蓄热量为各阶段各层材料的蓄热之和：

$$Q_t = \sum_j [\sum_i \rho_i c_i \delta_i S_i (t_i^j - t_i^{j-1})] \tag{7.34}$$

式中 t_i^{j-1}, t_i^j——砌筑材料 i 在第 j 阶段升温阶段的起始与终结时的平均温度，℃；

$\rho_i, c_i, \delta_i, S_i$——第 i 种砌筑材料的密度、平均比热、厚度与传热面积，单位分别为 kg/m^3、$J/(kg \cdot ℃)$、m、m^2。

窑体、窑车的散热量为各阶段散热量之和，可以采用下式来计算：

$$Q_5 = \sum_j \alpha_w^j (t_w^j - t_a) S\tau_j \tag{7.35}$$

式中 α_w^j——第 j 阶段时外壁综合换热系数，可用式(7.19)计算；

t_w^j——第 j 阶段时外壁温度，℃；

t_a——环境温度，℃；

S——外壁散热面积，m^2；

τ_j——第 j 阶段所需时间，s。

(5)物化反应耗热 Q_6

Q_6 包括自由水蒸发吸热、结构水脱水吸热、焙烧坯体物理化学反应耗热，可参照式(7.22)至式(7.24)进行计算，但必须分不同的升温阶段按相应发生的物化反应计算。

(6)其他热损失 Q_7

该项热损失要根据具体情况而定，对比现有类型的窑加以确定，根据经验数据，可取总热收入的 3%～5%。

3)列出热平衡方程

$$Q_1 + Q_b + Q_f + Q_a = Q_3 + Q_4 + Q_y + Q_t + Q_5 + Q_6 + Q_7$$

根据上述热平衡方程可以求出各阶段的 x_j，将各阶段的燃料消耗量累加即为烧一窑制品的总燃耗。

7.7 冷却风量的计算

对连续性窑炉还要计算冷却风量，为选择风机提供依据。冷却风量可以通过冷却带热平衡计算求出，其计算方法与预热带、烧成带热平衡计算基本相同。先确定计算基准：以 0℃ 为基准温度，1h 为质量与热量的时间基准；然后画出热平衡示意框图(图 7.4)，再依次列出各项热收入与热支出。

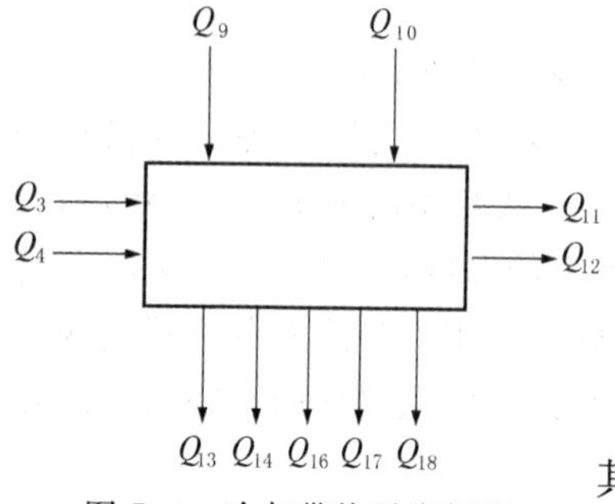

图 7.4 冷却带热平衡框图

1)热收入项目

(1)制品带入显热 Q_3

此项热量即为预热带、烧成带产品带出显热。

(2)窑具(棚板、立柱等)带入显热 Q_4

此项热量即为预热带、烧成带棚板、立柱带出显热。

(3)窑车带入显热 Q_9

此项热量可取预热带、烧成带窑车总积散热的 95%，认为其余的 5%已在预热带和烧成带向车下散失，故有 $Q_9 = 0.95Q_6$。

(4)冷却风带入显热 Q_{10}

冷却风一般包括急冷风和窑尾冷却风，为方便计算，可设冷却风总量为 V_x，为风机选型时可在此基础上以 1∶3 的比例分配急冷风与窑尾冷却风，若要精确计算急冷风与窑尾冷却风量，则需分段进行热平衡计算。冷却风带入显热为：

$$Q_{10}=V_x c_a t_a \tag{7.36}$$

2)热支出项目

(1)产品带出显热 Q_{11}

$$Q_{11}=G_{11}c_{11}t_{11} \tag{7.37}$$

式中 G_{11}——出窑产品质量，kg/h；

c_{11}——出窑产品比热，kJ/(kg·℃)；

t_{11}——出窑产品温度，一般可取 80℃。

(2)窑具(棚板、立柱等)带出显热 Q_{12}

$$Q_{12}=G_{12}c_{12}t_{12} \tag{7.38}$$

式中 G_{12}——出窑棚板、立柱等窑具的质量，kg/h；

t_{12}，c_{12}——出窑棚板、立柱等窑具的温度、比热，单位分别为℃、J/(kg·℃)。

(3)窑车带走和向车下散失之热 Q_{13}

此项热量一般可按窑车带入显热的 55%计算：

$$Q_{13}=0.55Q_9 \tag{7.39}$$

(4)窑墙、窑顶散热 Q_{14}

根据砌体材料，并考虑温度的不同阶段分段计算，方法同预热带、烧成带。

(5)从窑道内抽出热空气带走显热 Q_{16}

$$Q_{16}=V_x c_{ar} t_{ar} \tag{7.40}$$

式中 t_{ar}，c_{ar}——抽出热空气的平均温度、平均比热。

(6)从间壁抽出热风带走显热 Q_{17}

有的连续窑在缓冷段设置间壁冷却结构或间接冷却风管(如某些辊道窑)，由于计算涉及传热，计算较为繁杂，可用计算机编程计算，编程步骤如下：

①读入间壁相应的窑内壁前、后温度 t_{w1}、t_{w2} 及进入间壁的冷却风温 t_{a1}。

②读入间壁的几何尺寸，并计算间壁的冷却风通道的截面面积及其当量直径 F_n、d 以及与窑内的换热面积 F。

③初设出间冷壁风温 t_{a2}。

④设定间壁通道内空气流速 w，砌体间壁(标态下)可取 1.5～2.0m/s，金属间壁管(标态下)可取 2～4m/s，并计算标态下空气流量 $V=3600wF_n$(m³/h)。

⑤计算间壁通道内对流换热系数：$\alpha=12.6w^{0.8}/d^{0.25}$[kJ/(m²·h·k)]。

⑥计算通道壁的平均温度：$t_{av}=\dfrac{t_{w1}+t_{w2}+t_{a1}+t_{a2}}{4}$。

⑦计算间壁的导热系数：$\lambda=\lambda_0+bt_{av}$。

⑧计算总传热系数：$K=\left(\dfrac{1}{\alpha}+\dfrac{\delta}{\lambda}\right)^{-1}$[kJ/(m²·h·K)]。

⑨计算对数平均温差，顺流时：$\Delta t_{av}=\dfrac{(t_{w1}-t_{a1})-(t_{w2}-t_{a2})}{\ln\dfrac{t_{w1}-t_{a1}}{t_{w2}-t_{a2}}}$。

⑩计算间壁冷却风得热：$Q_{17}=\eta K\Delta t_{av}F$(kJ/h)，式中 η 为换热效率，一般可取经验值 0.9。

⑪验算间壁抽出热风温度：$t'_{a2}=\dfrac{Q_{17}+Vc_1t_{a1}}{Vc_2}$。

⑫比较 t_{a2} 和 t'_{a2}，如果 $\left|\dfrac{t_{a2}-t'_{a2}}{t'_{a2}}\right|\leqslant 0.05$ 成立，则退出并输出计算结果；否则令 $t_{a2}=t'_{a2}$，必要的话可适当调整设定的间壁通道内空气流速 w，返回④重新计算，直至满意为止。

(7)其他热损失 Q_{18}

此项热损失可取经验数据，按占冷却带热收入总量的 5%计算。

3)列出热平衡方程式

$$热收入=热支出$$

即
$$Q_3+Q_4+Q_9+Q_{10}=Q_{11}+Q_{12}+Q_{13}+Q_{14}+Q_{16}+Q_{17}+Q_{18}$$

将各项热收入与热支出代入上述热平衡方程，可以求出直接冷却所需风量 V_x。

【例 7.10】 为例 7.1 的辊道窑进行冷却带热平衡计算，以求得所需冷却风量。

【解】 (1)热收入项目

①制品带入显热 Q_3

此项热量即为预热带、烧成带产品带出显热：

$$Q_3=15306525(\text{kJ/h})$$

②冷却风带入显热 Q_{10}

取冷却空气温度 20℃，标态下空气比热为 1.30kJ/(m³·℃)，设直接鼓入冷却风流量为 V_{x1}，按式(7.36)计算冷却风带入显热为：

$$Q_{10}=V_{x1}c_at_a=1.3\times20V_{x1}=26V_{x1}(\text{kJ/h})$$

(2)热支出项目

①产品带出显热 Q_{11}

出窑产品质量 $G_{11}=10466$kg/h，取出窑产品温度 $t_{11}=80$℃，此时产品比热 $c_{11}=0.89$kJ/(kg·℃)，则按式(7.37)计算得：

$$Q_{11}=G_{11}c_{11}t_{11}=10466\times0.89\times80=745179(\text{kJ/h})$$

②窑体散失热 Q_{14}

与预热带、烧成带热平衡计算一样，根据砌体材料与温度段不同，将冷却带分成四段，分别进行编程计算，计算结果列于表 7.7 中。

表 7.7 冷却带各段窑体散热计算结果

序号	节位置	温度范围	长度(m)	窑体名称	散热面积(m²)	热流量(W/m²)	散热量(kJ/h)
1	44～48	1250～850℃	11.04	窑墙	25.15	333.50	30195
				窑顶	33.23	1073.82	128459
				窑底	33.23	1304.21	156020
2	49～56	850～550℃	17.664	窑墙	40.24	176.83	25616
				窑顶	53.17	592.63	113437
				窑底	53.17	759.79	145433

续表 7.7

序号	节位置	温度范围	长度 (m)	窑体名称	散热面积 (m^2)	热流量 (W/m^2)	散热量 (kJ/h)
3	57～65	550～250℃	19.872	窑墙	42.35	170.04	25924
				窑顶	55.84	468.89	94258
				窑底	55.84	473.89	95263
4	66～73	250～80℃	17.664	窑墙	30.84	49.33	5477
				窑顶	49.64	159.65	28530
				窑底	49.64	237.1	42371

因此，冷却带窑体总散热量为：

$$Q_{14}=30195+128459+156020+25616+113437+145433+25924+94258+95263+5477+28530+42371=890983(\text{kJ/h})$$

③从窑道内抽出热空气带走显热 Q_{16}

从窑道内抽出热空气量等于鼓入冷却风量 V_{x1}，取抽出热空气的平均温度 $t_{ar}=200℃$，此温度下的空气平均比热 $c_{ar}=1.32\text{kJ/(m}^3\cdot℃)$；按式(7.38)计算有：

$$Q_{16}=V_{x1}c_{ar}t_{ar}=1.32\times200V_x=264V_{x1}$$

④从间壁冷却风管抽出热风带走显热 Q_{17}

该窑第 49～56 节的每节辊上设置了 8 根 ϕ50mm 的间冷风管，共 64 根。为简化计算，取该段平均温度作换热管内壁温度 $t_w=700℃$；取进入间壁的冷却风温 $t_{a1}=20℃$，初定抽出热风温度 $t_{a2}=66℃$，则管内空气平均温度为 $t_a=(20+66)/2=43℃$；以一根间冷管计，其换热面积 $F=\pi dL=3.14\times0.05\times2.58=0.40506\text{m}^2$；取间壁管通道内空气流速 $w=4\text{m/s}$(标态下)$=4.63\text{m/s}$，则间壁通道内对流换热系数：

$$\alpha=12.6w^{0.8}/d^{0.25}=12.6\times4.63^{0.8}\div0.05^{0.25}=7.21[\text{kJ/(m}^2\cdot\text{h}\cdot\text{K)}]$$

间冷管为耐热钢管，其导热系数可忽略，故可取间冷管内壁的平均温度为 $t_w=700℃$，取换热效率 $\eta=0.9$，计算间冷管冷却风得热：

$$Q=\eta K\Delta t_{av}F=0.9\times7.33\times(700-43)\times0.40506=1756(\text{kJ/h})$$

标态下每根间冷管内空气流量

$$V=3600wF_n=3600\times4\times3.14\times0.05^2/4=28.26(\text{m}^3/\text{h})$$

验算间壁抽出热风温度：

$$t'_{a2}=\frac{Q_{17}+Vc_1t_{a1}}{Vc_2}=\frac{1756+28.26\times1.3\times20}{28.26\times1.32}=66.7(℃)$$

$(66.7-66)/66=0.01\leqslant5\%$；故所设抽出空气温度为 $t_{a2}=66℃$合理，该段共有 64 根间冷管，故从间冷管中抽出总热量为：

$$Q_{17}=1756\times64=112384(\text{kJ/h})$$

⑤其他热损失 Q_{18}

此项热损失可取经验数据，按占冷却带热收入总量的 5%计算。

(3)列出热平衡方程式

热收入＝热支出

即　$15306525+26V_{x1}=745179+890983+264V_{x1}+112384+0.05\times(15306525+26V_{x1})$

$$239.3V_{x1}=12792653$$

解得标态下从窑道内直接抽出热风量为：$V_{x1}=53459(m^3/h)$

标态下从间冷管中抽出热风量为：$V_{x2}=28.26\times64=1808(m^3/h)$

故标态下抽出热风总量为：$V_x=53459+1808=55267(m^3/h)$

抽出热风平均温度为：$t_a=(53459\times200+1808\times66)/55267=196(℃)$

(4)列出冷却带热平衡表(表7.8)

表7.8　160m辊道窑冷却带热平衡表

热收入			热支出		
项目	kJ/h	%	项目	kJ/h	%
制品带入显热	15306525	91.7	产品带走显热	745179	4.5
冷却风带入显热	1389925	6.3	窑体散失热	890983	5.3
			抽出窑道内热风带走显热	14113081	84.5
			间冷管热风带走显热	112384	0.7
			其他热损失	834823	5.0
总计	16696450	100.0	总计	16696450	100.0

7.8　排烟道与通风管道计算，阻力计算及风机选型

通过上述计算已求出燃料消耗量、助燃空气量、排烟量、冷却风量等，故可根据所确定的工作系统进一步计算烟道、管道的尺寸及各部分的阻力，以便对烧嘴、风机进行选型。

7.8.1　阻力计算基本公式

气体在通道中流动会产生阻力损失，阻力损失是气体能量的消耗，主要包括摩擦阻力损失和局部阻力损失，其原理与计算方法在流体力学中已有介绍，为方便学习与查阅，这里只列出一些必要的公式与参数。

(1)摩擦阻力损失

气体在直管道内流动时，由于气体与管壁之间及气体内部有摩擦而产生了压头损失，由式(6.7)可得：

$$h_f=\zeta_f\frac{w_t^2}{2}\rho_t\frac{L}{d}=\zeta_f\cdot\frac{w_0^2}{2}\cdot\rho_0\cdot\frac{L}{d}\cdot\frac{273+t}{273}\qquad(7.41)$$

式中　ζ_f——摩擦因数，一般取经验数据：金属管道取0.03，砖砌管道取0.05；

w_0——气体在标准状态下的流速，m^3/s；

w_t——气体在t℃时的流速，m^3/s，t可取管道始末端的平均温度；

ρ_t——气体在t℃时的密度，kg/m^3；

ρ_0——气体在标准状态下的密度，kg/m^3；

L——管道的长度，m；

d——管道的直径或当量直径，m。

(2)局部阻力损失

当气体的运动方向或速度改变时，会产生压头损失，这种克服局部阻力产生的气体能量损失称局部阻力损失，由式(6.8)可得：

$$h_L = \zeta_L \frac{w_t^2}{2}\rho_t = \zeta_L \cdot \frac{w_0^2}{2} \cdot \rho_0 \cdot \frac{273+t}{273} \tag{7.42}$$

式中　ζ_L——局部阻力系数，由试验求得，常用的局部阻力系数列于表7.9。

表7.9　局部阻力系数

阻力类型	局部阻力系数		公式中用的速度	说明
突然扩大	$\left(1-\frac{F_G}{F_L}\right)^2$		小管道截面平均流速	F_L 为小管通道截面面积，F_G 为大管通道截面面积
逐渐扩大	$\left(1-\frac{F_G}{F_L}\right)^2 \cdot \sin\alpha$		小管道截面平均流速	F_L 为小管通道截面面积，F_G 为大管通道截面面积，α 为扩大部分两边组成的夹角
突然缩小	$0.5\left[1-\left(\frac{F_G}{F_L}\right)^2\right]$		小管道截面平均流速	F_L 为小管通道截面面积，F_G 为大管通道截面面积
圆滑转90°弯	r/d	ζ	$w_1=w_2$	r 为曲率半径； d 为管道直径； w_1 为进口流速； w_2 为出口流速
	1 0.6 1.5 0.4	3 0.3 5 0.2		
急转90°弯	1.5～2.0		$w_1=w_2$	
急转45°弯	0.5		$w_1=w_2$	
90°均匀分流	1		主流速度	
90°等量合流	1.5		主流速度	
180°均匀分流	1.5		主流速度	
180°等量合流	2～3		主流速度	
烟道闸板	$\left(\frac{F_G}{0.7F_L}-1\right)^2$		w_G	F_L 为小管通道截面面积，F_G 为大管通道截面面积，w_G 为遇闸板前大管通道截面处的气体流速

(3)料垛阻力损失

气体流经窑道的制品料垛时也会产生阻力损失，通常称为料垛阻力损失，实际上它也是一种局部阻力损失，由于难以用试验确定，一般都是根据陶瓷工业窑所实测的窑压数据将窑道中的摩擦阻力损失一并包括在内，取经验数据为：对隧道窑取1Pa/m；对辊道窑取0.5Pa/m。

(4)位压阻力损失

陶瓷工业窑内气体为热气体，热气体有自然向上流动的趋势，当它自上向下流动时就会产生位压阻力损失(实际上是热气体本身势能在增加),它的值与几何压头(也就是势能)有关,可按式(6.4)计算得出。

7.8.2 排烟与通风系统的通道尺寸计算

窑炉设计中还应对排烟口、抽热风口、排烟支管及总管、各种风管的尺寸进行计算,一般计算出通道截面面积 F,就可确定管道直径或通道的长与宽。

$$F=\frac{V_0}{3600w_0} \tag{7.43}$$

式中 V_0——标准状态下的气体流量,m^3/h;

w_0——标准状态下的气体流速,m/s。

上式计算很简单,关键是如何选取 w_0,流速选得太大则阻力损失增加,太小又会造成管道直径过大,导致浪费。通常采用经验数据:在自然通风条件下可选 1.5～3.5m/s,在机械通风条件下选 2.0～4.0m/s;当气体流量较大时可选大值,若气体流量较小时则选较小值,并可与现有同类窑的管道比较后确定。

【例 7.11】 对例 7.1 的辊道窑进行管道计算和阻力计算。

【解】 这里仅以排烟系统阻力为计算实例,助燃风管道系统、冷却带通风系统等的管道与阻力计算基本相同,在此不一一举例。

需要由排烟系统排出的烟气量,由预热带、烧成带的热平衡计算为:V_g(标态下)=14615m^3/h;该窑在辊上共设 4 对 400×230(mm)的排烟口,辊下共设 4×5 个 ϕ200mm 的排烟口,则标态下烟气进入排烟口的平均流速为:

$$w_1=14615\div(8\times0.4\times0.23+20\times3.14\times0.1^2)=10715(m/h)=3.0(m/s)$$

由于该辊道窑的排烟口都是直接用金属管道插入窑道内,从以上计算出的流速看,正好符合烟气流速在金属管道中的取值范围,说明排烟口尺寸设计合理。

上、下排烟口均由 ϕ400mm 的垂直烟支管圆管引出,标态下烟气在支烟管道中的流速为:

$$w_2=14615\div(12\times3.14\times0.2^2)=9697(m/h)=2.7(m/s)$$

排烟支管最后都汇总到窑顶的 ϕ900mm 排烟总管中,烟气在排烟总管上的流速随着排烟口汇入烟气量的增加而增大,标态下最大流速为:

$$w_3=14615\div(3.14\times0.45^2)=22985(m/h)=6.4(m/s)$$

以下进行阻力计算:

(1)窑道内阻力(料垛阻力)

焙烧建筑瓷砖的辊道窑属中空窑,窑道内料垛阻力很小,现取经验数据每米窑长料垛阻力为 0.5Pa。“0”压位一般在预热带与烧成带交界处,设“0”压位在第 22 节,最末端排烟口在窑头,每节长 2.208m,则料垛阻力为:

$$h'_l=2.208\times22\times0.5=24.3(Pa)$$

该窑在排烟段与预热带后段(下部设烧嘴段)的第 16～17 节间设置了挡墙与挡板,构成了窑道内局部阻力,取 $F_L=0.5F_G$,借用表 7.9 中排烟闸板公式计算得阻力系数为 3.6;标态下烟气在窑道内流速为 14615÷(2.58×0.855)=6625m/h=1.84m/s。则窑道内局部阻力为:

$$h''_l=3.6\times\frac{1.84^2}{2}\times1.30\times\frac{273+600}{273}=24.9(Pa)$$

(2)烟气在烟道中流动时的局部阻力损失

查表7.9经计算可得:烟气由窑道进入排烟口,突然缩小,阻力系数$\zeta_1=0.4$;90°转弯进入垂直支烟道,$\zeta_2=2$;又一个90°转弯进入总烟道,$\zeta_3=2$;在总烟道中与对侧辊上排烟口的烟气180°合流,$\zeta_4=3$;在总烟道中与另7处排烟口(4处辊上排烟,3处另设的辊下排烟,参见书后所附该窑管道图)的烟气90°合流,$\zeta_4=7\times2=14$。烟气在各烟道中流速前面已算出,在总烟道上流速则取5m/s(标态下)计算,则按式(7.42)可计算烟道中局部阻力:

$$h_l=(0.4+2+2+3)\times\frac{3^2}{2}\times\frac{273+200}{273}+14\times\frac{5^2}{2}\times\frac{273+200}{273}=361(\mathrm{Pa})$$

(3)摩擦阻力损失

辊上排烟口支烟道属非圆形通道,应求其当量直径:

$$d_1=\frac{4\times\text{通道截面面积}}{\text{通道周边长}}=\frac{4\times(0.23\times0.4)}{2\times(0.23+0.4)}=0.292(\mathrm{m})$$

长度$l_1=1.105\mathrm{m}$

支烟道直径$d_2=0.4\mathrm{m}$;长度$l_2=0.5+1.22+3.5=5.22(\mathrm{m})$

总烟道直径$d_3=0.9\mathrm{m}$;长度$l_3=22\mathrm{m}$

按式(7.41)计算烟气沿程摩擦阻力损失如下:

$$\begin{aligned}h_f&=0.05\times\left(\frac{1.105}{0.29}+\frac{5.22}{0.4}\right)\times\frac{3^2}{2}\times1.30\times\frac{273+200}{273}\\&\quad+0.05\times\frac{22}{0.9}\times\frac{4^2}{2}\times1.3\times\frac{273+200}{273}\\&=30.55(\mathrm{Pa})\end{aligned}$$

(4)位压阻力

由排烟口至烟囱底,位置升高1.22m,按式(6.4)计算:

$$h_g=-1.22\times\left(1.29\times\frac{273}{273+20}-1.30\times\frac{273}{273+200}\right)\times9.80=-5.4(\mathrm{Pa})$$

(5)烟囱阻力

现代辊道窑都采用动力排烟,烟囱的作用是将烟气排出室外,取铁皮烟囱高15m,烟气在烟囱内流速取$w=6\mathrm{m/s}$(标态下);烟气在烟囱内平均温度为160℃。烟囱截面面积为:

$$F=\frac{V_g}{\bar{\omega}}=\frac{14615}{6\times3600}=0.68(\mathrm{m^2})$$

因此,烟囱的直径为:

$$d=\sqrt{\frac{0.68\times4}{3.14}}=0.93(\mathrm{m})$$

取$d=0.95\mathrm{m}$。烟囱阻力包括位压阻力(为负值,实际是动力)、摩擦阻力和出口动压头损失之和:

$$h=-15\times\left(1.29\times\frac{273}{273+20}-1.30\times\frac{273}{273+160}\right)+(0.03+1)\times\frac{6^2}{2}\times1.30\times\frac{273}{273+160}=8.6(\mathrm{Pa})$$

排烟机应克服的总阻力为:

$$h_\Sigma=24.3+24.9+361+30.55-5.4+8.6=444(\mathrm{Pa})$$

7.8.3 风机选型

陶瓷工业窑一般用离心通风机供送空气，作为助燃或冷却；用离心锅炉引风机作预热带排烟和冷却带抽送热风等。风机选型是根据前述所计算出来的风量、需要克服的阻力（全风压）以及气体温度在风机性能选用表中进行选择。风机要按所需最大风量、风压来选用，并要考虑一定的余量，同时还需注意输送气体的温度与使用地区的气象条件。以下通过实例来加以说明。

【例 7.12】 对例 7.1 的辊道窑进行风机选型。

【解】 这里仅以排烟风机的选型计算为例。

排烟量已由热平衡计算求出，为 $V_g=14615\text{m}^3/\text{h}$（标态下）；这是标准状态下的风量，应换算成实际状态下的风量，另外还要考虑实际运行时留有余地，取风机余量系数为 1.3。则排烟机选型风量为：

$$V_g'=1.3\cdot V_g\cdot\frac{P_0}{P}\cdot\frac{273+t}{273}=1.3\times14615\times\frac{760}{760}\times\frac{273+200}{273}=32919(\text{m}^3/\text{h})$$

排烟机应具备的全风压为：

$$H=1.3\cdot h_\Sigma\cdot\frac{\rho_a}{\rho_g}=1.3\times444\times\frac{1.29\times\dfrac{273}{273+20}}{1.30\times\dfrac{273}{273+200}}=925(\text{Pa})$$

查风机手册，选锅炉引风机 Y9-38 10D；全风压为 $H=2450\text{Pa}$，风量 $V=54700\text{m}^3/\text{h}$；配用变频电机 Y255M-4，功率 55kW。

助燃风管道系统、冷却带通风系统可以通过同样的方法计算求得风机选型所需的风压与风量，现将全窑风机设备选型汇总于表 7.10。

表 7.10 全窑风机选型汇总

用途	风机名称	风机型号	风量(m^3/h)	风压(Pa)	电机型号	功率(kW)	台数	备注
排烟机	锅炉引风机	Y9-38 10D	54700	2450	Y255M-4	55	2	
助燃风机	高压离心通风机	9-26 5.6A	6050	1460	Y200L2-2	37	2	
急冷风机	高压离心通风机	9-26 5.6A	6050	1460	Y200L2-2	37	2	
抽热风机	锅炉引风机	Y8-39 9D	43900	2480	Y225M-4	45	2	
快冷段风机	轴流风机	T35-13.55A			YSF-7132	0.75	30	

7.9 工程材料概算

工程材料概算是窑炉设计的最后一项内容，目的是对所设计的窑炉工程投资（造价）做到心中有数。工程材料概算是根据所设计的窑炉图纸分别计算耐火砖、钢材等筑炉材料的用量，进而可以估算整座窑炉的造价。由于这部分内容在《窑炉砌筑与安装》中已阐述，此处仅结合前面的实例窑炉进行介绍。

【例 7.13】 对例 7.1 设计的辊道窑进行工程材料概算。

【解】 以第 1～8 节窑体砌筑材料计算为例，按表 7.2 所选的窑体材料及其厚度并参考窑炉结构图（见附录 3）分别计算各种材料用量。

(1)窑墙材料用量

①密度为 1.0kg/m^3 的轻质黏土砖用量为：

（该段窑长×墙高×该材料厚）×2＝(17.6×0.975×0.15)×2＝5.15(m^3)

即质量为：5.15×1.0＝5.15(t)

考虑到损耗则为：5.15×(1＋4.5%)＝5.38(t)

②密度为 0.23kg/m^3 的硅酸铝纤维毯用量为：

（该段窑长×墙高×该材料厚）×2＝(17.6×0.975×0.08)×2＝2.75(m^3)

即质量为：2.75×0.23＝0.6325(t)

考虑到损耗则为：0.6325×(1＋3%)＝0.65(t)

(2)窑顶材料用量

①密度为 0.9kg/m^3 的高铝聚轻球砖用量为：

该段窑长×顶宽×该材料厚＝17.6×2.37×0.12＝5.01(m^3)

即质量为：5.01×0.9＝4.509(t)

考虑到损耗则为：5.01×(1＋4%)＝5.21(t)

②密度为 0.11kg/m^3 的岩棉毯用量为：

该段窑长×顶宽×该材料厚＝17.6×3.04×0.05＝2.672(m^3)

即质量为：2.672×0.11＝0.294(t)

考虑到损耗则为：0.294×(1＋3%)＝0.30(t)

(3)窑底材料用量

①密度为 1.0kg/m^3 的轻质黏土砖用量为：

该段窑长×底宽×该材料厚＝17.6×3.04×0.067＝3.58(m^3)

即质量为：3.58×1.0＝3.58(t)

考虑到损耗则为：3.58×(1＋4.5%)＝3.74(t)

②密度为 0.7kg/m^3 的硅藻土砖用量为：

该段窑长×底宽×该材料厚＝17.6×3.04×0.067＝3.58(m^3)

即质量为：3.58×0.7＝2.506(t)

考虑到损耗则为：2.506×(1＋5%)＝2.63(t)

材料用量还要考虑施工过程中的损失，一般可按 3%～5%计算，易碎材料取大值，如硅藻土砖、轻质砖、硅砖等；不易损坏的材料取小值，如重质耐火砖、纤维板等。其余各段窑体材料用量在此就不一一列出计算过程，计算结果列于表 7.11。

同样，对照管道结构图及钢架结构图可以计算出该窑炉工程所需的各种管材、管件以及各种型钢、钢板等钢材的用量，可参阅参考文献所列计算方法计算，在此不一一列举。最后，还要列出各种材料用量的汇总表，以备工程的备料。

表 7.11　窑体砌筑材料备料量

节位	窑墙		窑顶		窑底	
	材料名称	用量(t)	材料名称	用量(t)	材料名称	用量(t)
1～8	1.0 轻质黏土砖	5.38	0.9 高铝聚轻球砖	5.21	1.0 轻质黏土砖	3.74
	0.23 硅酸铝纤维毯	0.65	0.11 岩棉毯	0.30	0.7 硅藻土砖	2.63
9～16	1.0 轻质黏土砖	9.11	0.9 高铝聚轻球砖	7.47	1.0 轻质黏土砖	3.16
	0.23 硅酸铝纤维毯	0.77	0.11 岩棉毯	0.26	0.7 硅藻土砖	2.23
17～22	0.8 高铝聚轻球砖	5.26	0.9 高铝聚轻球砖	7.68	0.8 高铝聚轻球砖	2.29
	0.26 标准纤维板	0.52	0.12 硅酸铝纤维毯	0.11	1.0 轻质黏土砖	2.89
	0.12 硅酸铝纤维毯	0.067	0.11 岩棉毯	0.21	0.7 硅藻土砖	4.63
	0.23 硅酸铝纤维毯	0.86				
23～28	0.8 高铝聚轻球砖	4.71	0.9 高铝聚轻球砖	16.65	0.8 高铝聚轻球砖	2.42
	0.26 高纯纤维板	0.52	0.12 硅酸铝纤维毯	0.47	1.0 轻质黏土砖	3.05
	0.12 硅酸铝纤维毯	0.08			0.7 硅藻土砖	3.28
	0.26 标准纤维板	0.96				
29～43	0.8 低铁莫来石砖	11.41	0.8 低铁莫来石砖	20.44	0.8 高铝聚轻球砖	7.06
	0.25 高铝纤维板	1.24	0.128 高纯纤维毯	0.77	1.0 轻质黏土砖	4.81
	0.128 高纯纤维毯	0.18			0.7 硅藻土砖	8.76
	0.26 高纯纤维板	2.68				
44～48	0.8 高铝聚轻球砖	3.56	0.9 高铝聚轻球砖	5.34	0.8 高铝聚轻球砖	2.26
	0.26 标准纤维板	0.51	0.12 硅酸铝纤维毯	0.09	1.0 轻质黏土砖	2.41
	0.12 硅酸铝纤维毯	0.06	0.11 岩棉毯	0.18	0.7 硅藻土砖	2.73
	0.23 硅酸铝纤维毯	0.70				
49～56	1.0 轻质黏土砖	3.11	0.9 高铝聚轻球砖	7.05	1.0 轻质黏土砖	3.18
	0.23 硅酸铝纤维毯	0.57	0.11 岩棉毯	0.22	0.7 硅藻土砖	5.99
57～65	1.0 轻质黏土砖	4.16	0.9 高铝聚轻球砖	5.27	1.0 轻质黏土砖	3.57
	0.23 硅酸铝纤维毯	0.54	0.11 岩棉毯	0.33	0.7 硅藻土砖	2.40
66～73	1.0 轻质黏土砖	3.84			1.0 轻质黏土砖	3.36
	0.23 硅酸铝纤维毯	0.48			0.7 硅藻土砖	2.11

8 陶瓷工业窑的操作与控制

众所周知，烧成是陶瓷工业生产过程的关键工序。不管以何种原料来调配，也不管前道工序多么复杂、多么完善，没有烧成过程，或烧成过程不合理，就不可能得到满足要求的产品。要使制品烧成合乎质量要求，除了要有先进的烧成设备外，还要有良好的操作控制。

8.1 烧成制度控制的原理与方法

8.1.1 陶瓷制品在烧成过程中的变化

陶瓷制品的烧成过程甚为复杂，无论采用何种烧成工艺（一次烧成或二次烧成），在烧成过程的各个阶段均将发生一系列物理化学变化。透彻了解陶瓷制品在烧成过程中的变化，无疑对烧成控制有重大意义。陶瓷制品在烧成过程中的变化随不同的温度阶段各有不同，绪论中我们简单地介绍了陶瓷产品烧成过程中的物理化学变化，这里仅从热工角度对陶瓷产品在烧成过程中不同的阶段加以较详细的阐述。

第一阶段：室温～300℃，此阶段为蒸发阶段，主要是排除机械水和吸附水，坯体不发生化学变化，只发生体积变小、气孔率增加等物理变化。

第二阶段：300～950℃，此阶段为氧化分解阶段，坯体的主要化学变化是结构水的排出，坯体中所含有机物、碳酸盐、硫酸盐等化合物的分解和氧化，以及晶型转变。

1)分解反应

(1)结晶水的分解、排除

此阶段为坯料中各种黏土原料和其他含水矿物（如滑石、云母等）结构水的排出。结构水的分解、排除温度，取决于原料的矿物组成、结晶程度和升温速度等。例如：高岭石的脱水温度为 400～600℃；蒙脱石的脱水温度为 600～750℃；伊利石的脱水温度为 400～600℃；滑石在 600℃以上脱水；瓷石在 600～700℃急剧脱水。

(2)盐类的分解

陶瓷坯料中一般含有碳酸盐、硫酸盐类物质，在此阶段会分解而逸出二氧化碳、二氧化硫等气体，使坯体进一步收缩或气孔率增加。主要分解反应如下：

$$MgCO_3 = MgO + CO_2\uparrow \qquad (400\sim900℃)$$

$$CaCO_3 = CaO + CO_2\uparrow \qquad (850\sim1050℃)$$

$$4FeCO_3 + O_2 = 2Fe_2O_3 + 4CO_2\uparrow \qquad (800\sim1000℃)$$

$$MgCO_3 \cdot CaCO_3 = CaO + MgO + 2CO_2\uparrow \qquad (730\sim950℃)$$

$$Fe_2(SO_3)_3 = Fe_2O_3 + 3SO_2\uparrow \qquad (560\sim750℃)$$

2)氧化反应

(1)碳素及有机物的氧化

坯体中的碳素来源于坯釉原料，如我国北方的紫木节土、黑碱石、黑砂石和南方的黑泥等都含有大量有机物和碳素，还有烧成时烟气中未燃烧的碳粒沉积在坯体表面等。这些物质在加热升温时均发生氧化反应，其反应式为：

有机物中 $C+O_2 \longrightarrow CO_2\uparrow$ （350℃以上）

C(碳素) $+O_2 \longrightarrow CO_2\uparrow$ （600℃以上）

$S+O_2 = SO_2\uparrow$ （250～920℃）

(2)铁的硫化物氧化，反应式为：

$FeS_2+O_2 = FeS+SO_2\uparrow$ （350～450℃）

$4FeS+7O_2 = 2Fe_2O_3+4SO_2\uparrow$ （500～800℃）

3)晶型转变

(1)石英晶型转变

石英在陶瓷配方中用量比较多，它在焙烧过程中会发生多种晶型转变，其体积产生较大的变化。在 573℃，β-石英迅速地转变为 α-石英，体积膨胀 0.82%；在 867℃，α-石英缓慢地转变为 α-鳞石英，体积膨胀 14.7%。

(2)氧化铝的晶型转变

第一阶段：坯料中的黏土矿物脱水分解生成无定形 Al_2O_3，在约 950℃时转化为 γ-Al_2O_3。γ-Al_2O_3 是一种反应能力很强的氧化物，在 1000℃以上能与 SiO_2 反应生成莫来石晶体，构成制品的骨架结构。

第二阶段：950℃～最高烧成温度，此阶段为烧结阶段。由于各种陶瓷制品性质及其所用原料不同，最高烧成温度也不同。主要发生的变化是坯体中的长石类熔剂熔融出现液相。由于液相的产生，在其表面张力的作用下，不仅促使颗粒重新排列紧密，而且使颗粒之间胶结并填充孔隙。由于颗粒曲率半径不同和受压情况不同，颗粒间中心距离会缩小，坯体会逐渐致密。同时，游离 Al_2O_3 与 SiO_2 会在液相中再结晶，形成一种针状的莫来石新晶体，它还能在液相中不断成长，并与部分未被液相熔解的石英及其他成分共同组成坯体的骨架，而玻璃态的液相就填充在这骨架之中，使制品形成较致密的整体。此时，气孔率降低，坯体收缩，强度随之增加，从而达到瓷化。

第三阶段：即由高温至常温的冷却阶段。此阶段制品中玻璃相黏度增大，并由塑性状态转化为固体状态，硬度和强度增至最大。与此同时，发生石英的晶型转变(573℃)、析晶和物理收缩。因此，冷却速度对陶瓷制品的性能影响很大。

合理的烧成制度是实现烧成过程优质、高产、低消耗的关键，合理的烧成制度包括：

①各阶段合理的升(降)温速率；

②适宜的最高烧成温度及高火保温时间；

③压力制度；

④与温度变化相匹配的气氛变化，即气氛制度。

关于合理的烧成制度本书在绪论中已作了较详细的阐述，此处不再赘述。这里仅对烧成制度确定的原理与几种方法进行介绍。

8.1.2 烧成制度的影响因素

陶瓷产品烧成制度的确定主要与产品的种类、大小等因素有关。

(1)坯料组分的影响

可利用有关相图、热分析资料(差热曲线、失重曲线、热膨胀曲线)、高温物相分析、烧结曲线(气孔率、烧成线收缩、吸水率及密度变化曲线)等技术资料,通过分析坯料在加热过程中的性状变化,可初步估计坯体在各温度阶段可以允许的升(降)温速率。

(2)制品尺寸及形状的影响

形状复杂的制品在其曲率半径小的部位更易形成应力集中区,更易产生开裂及变形。这些部位虽然坯体厚度可能不大,但其强度极限也相应较小,其抵抗应力能力较小,因此,对形状复杂的制品需慎重确定升(降)温速率。

(3)釉的影响

烧成时坯釉反应会互相影响。坯体在预热带及烧成带前部,发生一系列物理化学变化,有大量气体产生,必须通过釉层逸出。若气体逸出不畅,就会形成“釉泡”“针孔”“橘釉”“黑心”等缺陷。这就要求细心制定烧成制度,使釉层熔融前坯体中产生气体的反应进行得尽可能完全,以保证釉面和坯体品质。而在高火保温结束进入冷却阶段时,要注意釉层成熟温度和坯体烧成温度。例如,釉要求为光亮釉时,需要进行急冷,以防止釉熔体有结晶产生而影响表面亮度;在烧制结晶釉时,情况正好相反,应当延长保温期,慢速冷却,促进晶体生成。因此,要针对具体情况,制定各段的烧成制度。

(4)窑炉的影响

应根据不同产品选择适当的窑炉进行烧成。窑炉要能够实现制品烧成所需要的烧成制度,包括压力制度及其适应产品烧成的温度制度和气氛制度。当窑炉不能满足上述要求时,常用调整烧成制度来迁就窑炉。然而,这是不合理的,会造成低质高耗。因此,应选用先进窑炉,满足制品烧成需要,达到高质低耗的目的。

影响烧成的因素是多方面的,除了上述方面外,还有燃料、装窑方法、装窑密度和气候等。这些因素往往是变化的。因此,除根据具体情况综合分析、制定合理的烧成制度外,在实际中还需根据各种因素的变化情况及时加以调整。

8.1.3　烧成制度的确定方法

对新设计生产的陶瓷窑炉,确定烧成制度时一般主要是参考已经在生产的同类产品同类窑炉的烧成制度;对于生产新产品而言当然还要通过做一定的工艺试验来确定,并通过梭式窑等小型窑炉试烧进一步确定。现代计算机模拟也是既省时又省力的确定烧成制度的一种方法,下面仅作简单介绍。

(1)参考已生产同类产品的烧成制度

我们曾到江西景德镇鹏飞公司当时生产玻化瓷砖的辊道窑上实测过一些生产数据,现展示如下:该窑所用的燃料为混合煤气,最高烧成温度为1200℃,烧成周期为60min;燃耗为3500～4000m^3/d,其低热值为9196～12540kJ/m^3。此窑长107.8m,共49节(2.2m/节),窑内宽1.6m,烧成带内高为0.85m,预热带为0.5m;排烟口分别布置在第1节、第2节、第3节、第4节、第5节、第6节。挡板分别布置在第6节、第17节、第19节、第21节、第23节、第29节、第31节、第32节、第35节、第44节、第46节,烧嘴总数量为78个。

窑墙砌筑材料如下:

①预热带:内层为硅聚轻高铝砖,δ=230mm;外层为酸铝纤维板,δ=60mm。

②烧成带：内层为莫来石质轻质高铝砖，$\delta=115mm$；中层为硅聚轻高铝砖，$\delta=230mm$；外层为结晶纤维，$\delta=80mm$。

该辊道窑生产瓷质砖的实际烧成制度见图8.1至图8.3。由于其产品合格率达95%以上，可以作为同类产品的参考。

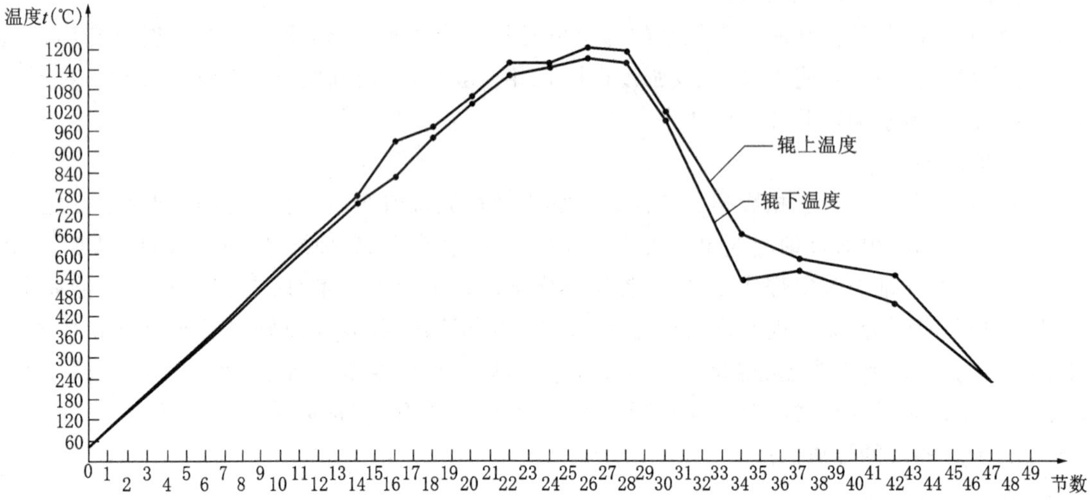

图8.1　实测的窑内温度

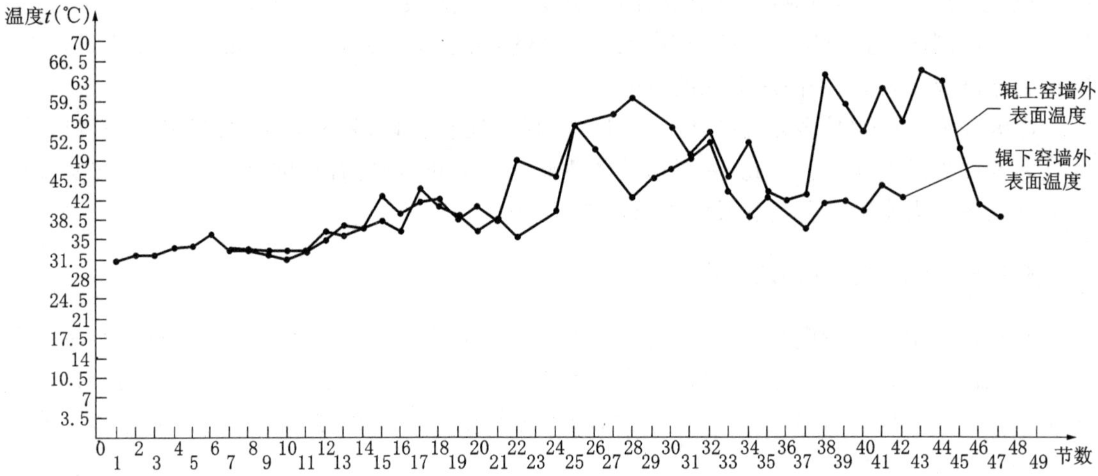

图8.2　实测的窑墙外表面温度

(2)通过工艺试验来确定

陶瓷制品的烧成是复杂的物理化学变化过程，这是一个与制品的矿物组成及工艺参数等诸多因素有关的过程。当制品的化学矿物组成一定时，通过工艺试验和测定也是确定合理烧成制度的有效方法。

在制品烧成过程中，由于内外温度不同，因而膨胀不同，于是产生热应力，导致制品产生缺陷或破坏。通过热应力试验确定合适的升(降)温速率，比较简单而现实的方法是对生坯和制品进行快速升温或降温的破坏试验，直接获取升温或降温速率的极限值来作为约束条件。

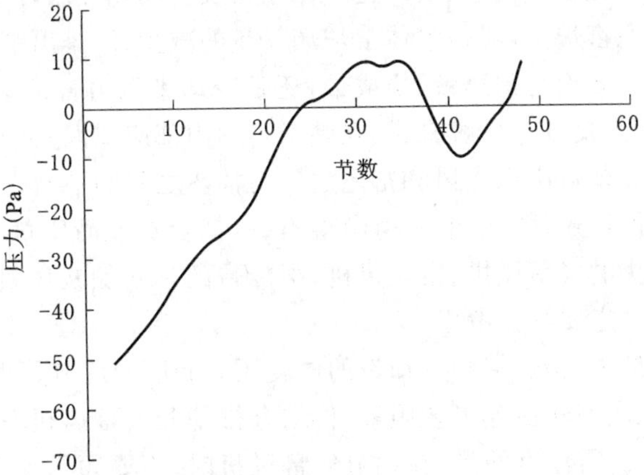

图 8.3　实测的窑内表压

同时，通过对生坯的失重曲线及差热分析曲线进行分析，确定有机物氧化、结构水排出及碳酸盐分解、生坯的化学反应、釉料熔融等阶段的反应温度区间以及相应的失重情况，以确定生坯氧化分解完全。

更简单和常规的是采用不同的烧成温度和保温时间，测定该坯体的体积密度、吸水率及显气孔率，并观察其外观，以了解坯体烧结情况和釉面成熟状况。

综合上述试验及测定，可以确定满足烧成质量条件的合理烧成制度。

(3)通过计算机模拟来确定

窑炉中进行的过程是多种过程的综合，不仅有产品本身的物理化学过程，而且还有流体动力过程、燃烧过程、传热过程及物料运动过程等。这些过程同时存在，它们互相影响，互相制约。计算机模拟可以将若干个过程综合进行模拟，这样既符合实际情况，又可以得到这些过程之间相互影响、相互制约的定量关系。

对烧成制度也可以进行计算机模拟，通过以单位热耗寻优，对温度进行约束。各单元制品平均温度值的约束，实际上是满足制品的烧成温度、保温时间及氧化时间的要求。因为，在一定的产量下，辊速一定，对于尺寸一定的模拟对象而言，约束了各单元中制品的平均温度值，就同时能满足保温时间和氧化时间的要求。各单元中制品中心与表面温差的约束，实际上约束制品的表面升温与降温速率。因为这个温差值，对于一定的制品而言，是与制品表面升温或降温速率成正比的。例如，我国学者宋嵛对辊道窑面砖快烧过程进行了工艺试验与计算机模拟研究，得出了面砖在烧成过程中最大允许温差(表 8.1)。

表 8.1　面砖在烧成过程中最大允许温差

生坯(升温)	温度范围(℃)	0～500	500～700	700～1100
	允许温差(℃)	＞90	＞90	＞100
熟坯(降温)	温度范围(℃)	1100～650	650～300	300～0
	允许温差(℃)	＞100	17	27

8.1.4　烧成制度的调节原则

(1)在现代陶瓷窑炉中，温度制度和压力制度的配合尤为重要。总体来讲，现代陶瓷窑炉，由于使用的是保温砌体、低蓄热窑车、洁净化气体燃料及自动化控制，产品能耗是很低的(与传统旧窑炉相比)。反映在窑炉上，就是整体窑炉烟气量的减少、所排出烟气温度的降低，以及余热利用率的提高。所以，无论是预热带、烧成带，还是冷却带压力普遍下降。这就要求整个窑炉的送风和排烟抽热配合良好。一般来讲，在整个窑炉内部应掌握三个平衡：一是预热带和烧成带之间的平衡；二是冷却带中急冷风和窑尾送风与抽热之间的平衡；三是窑内压力和窑下压力之间的平衡。这三个平衡中哪一个平衡做得不好，都会对产品质量、窑炉使用寿命造成影响。需要注意的是，窑头的气幕风机、窑尾风机、缓冷带的顶吹侧吹风机都会对整窑的温度和压力产生影响，调试时一定要综合考虑。

(2)在现代陶瓷窑炉中，预热带和冷却带的温度压力制度的调节是很方便的。技术人员综合升温速率、上下温差、晶型转换等工艺因素，再结合排烟和气幕风机及各分类闸板的开度可以实现升(降)温的缓急。需注意的是，在调节气幕风机时，不要频繁动作并且幅度不宜过大，否则会出现窑脏等缺陷。在冷却带，冷风应尽量由上部鼓入，抽热由上部抽出。急冷的温度在保证不出风惊的情况下，尽量降低一些，以缓解缓冷段的压力。

(3)在烧成带，制定温度曲线一定要与压力制度有效地结合起来，这一点尤为重要。在制定温度曲线时除要考虑工艺质量要求以外，还必须考虑烧成带自动控制设备的特点。一般烧成带各区的自动控制分为单独控制煤气和空气/燃气比例控制两种。在制定温度制度时，除了要考虑工艺要求外，还必须使烧嘴各区的执行器开度稳定在合适的位置上，使执行器上下都有一定余量来调节，并且这个开度不应相差太大，比例应该在40%～60%。这样，温度制度和压力制度才能达到有机地配合。否则，如果执行器的开度波动过大，如某一区开度在20%而另一区又在80%，烧成过程中就会产生偏差，窑炉的稳定性也会降低。

8.1.5　现代陶瓷窑炉的烧成制度特点

最近几年，随着陶瓷窑炉的引进、消化吸收和对传统窑炉的改造，现代陶瓷窑炉已经在陶瓷工业中占到统治地位。在连续式窑的预热带、烧成带和冷却带，现代陶瓷窑炉都应用了新方法、新技术。比如：在预热带，现代窑炉都普遍使用了顶吹和侧吹气幕风。这对于调节预热带上下温差、升温速率缓急和窑头温度有至关重要的作用。气幕风的使用，使得在预热带上部的一段区域内呈现一定程度的正压，而不像传统窑炉预热带全呈负压的状态。由于大部分窑炉都使用洁净化的燃料，如城市煤气、液化石油气和天然气，故而现代陶瓷窑炉自动控制水平提高，最高温度点能够控制在±1℃的范围内，并且能长期保持稳定。在冷却带，急冷风由狭缝式改为分散的排管式冷却，冷却效果均匀稳定。在传统旧窑炉中，由于急冷风比较集中并且量大，急冷温度一般都在750℃以上，而在现代窑炉中，急冷温度甚至可以降到600℃左右，在烧瓷片和日用瓷的辊道窑中，急冷温度甚至可以降到550℃以下而不会出现风惊缺陷。在压力制度方面，一般来讲，窑炉的最大压点是在急冷和烧成带尾部之间。在传统窑炉中一般在1.5～1.8mm水柱，即15～18Pa。而在现代陶瓷窑炉中，压力为5～8Pa。在缓冷带，美国SD和意大利西蒂等公司的窑炉中还采用了顶吹和侧吹结构。此外，现代陶瓷窑炉的新型保温砌体和低蓄热窑车的应用，都使得现代陶瓷窑炉在产品产量、质量及产品能耗方面与传统窑炉相比呈现出巨大优势。在产品质量上，现代窑炉的烧成缺陷非常低，合格率、优级品率很高。随着窑炉断面和长度的增加，在产量方面也有明显提升。窑炉适应能力强，高、中、低档产品在同一窑炉中都能有非常好的烧成质量。产品能耗低、周期短，并且如果压力制度调节合适，产品出窑温度也很低,能够达到 60℃以下。

由于新方法、新技术的应用,现代陶瓷窑炉的调试极为方便,与传统窑炉相比,更加有规律可循。故而现代窑炉产量高、缺陷低,并且能够长期保持稳定。但现代陶瓷窑炉在结构上、设备上与传统窑炉相比,毕竟有所不同,沿用过去的传统思想和方式,会产生一系列的偏差。这一点主要体现在烧成制度中温度制度和压力制度的相互适应。在现代陶瓷窑炉中,要掌握其调试方法,必须认清和掌握现代陶瓷窑炉中各种布置的特点和作用,只有这样,才能充分地利用这些新技术、新方法。

8.2 我国陶瓷窑炉控制

生产优质的陶瓷产品,除了要有优良的工艺与先进的生产设备外,还必须有良好的操作控制。现代工业窑炉可以说是一种先进的热工设备,但要烧出好产品,还应有窑内合理的烧成制度作保证。为保证制品所需的烧成制度被实现,就要对窑炉的烧成工况进行良好的操作控制。影响窑内工况的因素很多,仅靠人工操作难以保证窑内各点的温度、气氛与压力符合制品烧成要求。所以,现代工业窑炉多采用自动监控系统,这样既减少了人工操作控制,保证了产品质量,又减轻了操作人员的劳动强度。

8.2.1 我国陶瓷窑炉控制现状

目前的窑炉控制系统大致分为仪表控制和计算机控制两类。

仪表的出现,无疑是陶瓷生产工业发展的一个巨大进步。它能够使得许多影响陶瓷性能的因素得到量化,而不是纯粹地依据经验来进行生产操作。当然,与其他生产方式一样,仪表控制也经过了一段发展历程。对于仪表控制,最早是通过人的手动调节来控制,以仪表显示的数值作为依据。常见的包括温度仪表、湿度仪表、压力仪表等。以仪表的示数来判断仪器所处条件是否合适,从而人为地进行诸如加热、排气、鼓风或者降温等操作。而这种时刻需要有人看守并进行适当操作的生产方式效率很低,而且人为因素对生产的影响也无法消除。这种"看火"式的仪表控制生产方式已不能满足生产要求,人们迫切需要一种更加高效的仪表控制方式。在这种需求背景下,仪表控制发展到智能型控制仪表阶段,即人工设定好工艺参数后,机器自动进行控制。这得益于电路控制学的发展和各种精密元件的问世。相比之前的手动控制,这种智能仪表控制的误差更小,各参数变化更均匀,而且不需要时刻有人看守,从而大大提高了生产率和产品的质量。

目前对于我国应用于生产中的陶瓷窑炉来说,使用智能仪表最多的地方就是控温系统,这是陶瓷生产的实际情况决定的。相比于之前的人工控制和"看火"式仪表控制,智能仪表控制具有简单快捷、稳定可靠、精度和生产效率高的优点,现已被广泛使用于陶瓷窑炉中。例如,目前在连续式窑炉中用得最多的模糊控制 PID 控温仪表(英国品牌 WEST-P8170;中国台湾品牌泛达-P908;日本品牌欧姆龙-E5EC),可以设定多条温度曲线,选定后在烧成过程中会显示仪表的设定温度与实际温度对比,仪表通过模糊 PID 运算实现输出控制燃气阀门开大或减小,从而实现设定温度的精准比例控制;又如实验室最常见的马弗炉,实际就是一种小型(或者说微型)的智能仪表控制陶瓷窑炉。

但值得注意的是,随着现代社会的发展,计算机技术已经获得了突飞猛进的发展。相比于仪表控制，计算机控制可以实现无线操控，可以更好地适应架设电缆不便或者是有线电路过于复杂的工作情况。并且收发器的数量不受限制，而且电路简单、功耗小、体积小、成本低。而实现各种因素的综合评估及优化调控也离不开计算机的强大运算功能，同时，通过软件来建立高效的联合调控程序也使得计算机控制逐渐凸显出其无可比拟的优势。因此，近年来研究者们也热衷于这个领域，同时对其产业化预期功能也提出了明确要求。目前，这种依靠计算机技术进行远程无线控制陶瓷窑炉的生产方式已经被逐步应用于实际生产中，例如某窑炉公司生产的辊道窑就曾使用 MCGS 软件进行自动控制，取得了较好的效果。

8.2.2 仪表控制的实例

陶瓷窑炉最关键的指标就是温度控制能力。由于温度是大惯性系统，在众多的宽断面隧道、辊道窑炉的温度控制系统中，普遍采用由单片机开发的带 PID 调节功能的温度调节仪来实现。以 SWP 系列智能仪表之 PID 自整定控制仪为例，其有模拟量控制输出、开关量输出等不同形式的输出方式。陶瓷窑炉一般采用开关量输出中继电器正、反转接点输出形式控制燃气阀门的执行器电机，控制阀门开度的大小，实现流量控制。其接点容量为 3A/220V，电器使用寿命 100000 次以上，工作周期（PID 调节）可在 0～200s 内选择，精度达到 10ms。仪表在自动控制输出时，当控制输出量百分比小于反馈值时，仪表输出反转，直至控制输出量等于反馈值。

由于陶瓷窑炉的烧成制度与工艺要求，控制的温度波动值要小于 ±3℃。所以对温度控制器的调节精度提出了苛刻的要求。SWP 系列智能仪表之 PID 自整定控制仪采用最优化 PID 算法，通过使用有限周期法，强制改变操作变量来测定控制系统的特性，以确定最佳的 PID 参数，因此，完全满足陶瓷窑炉温度控制的精度要求。在智能仪表上设定需要的温度，确认输入后即自动投入自整定调温状态，如图 8.4 和图 8.5 所示。

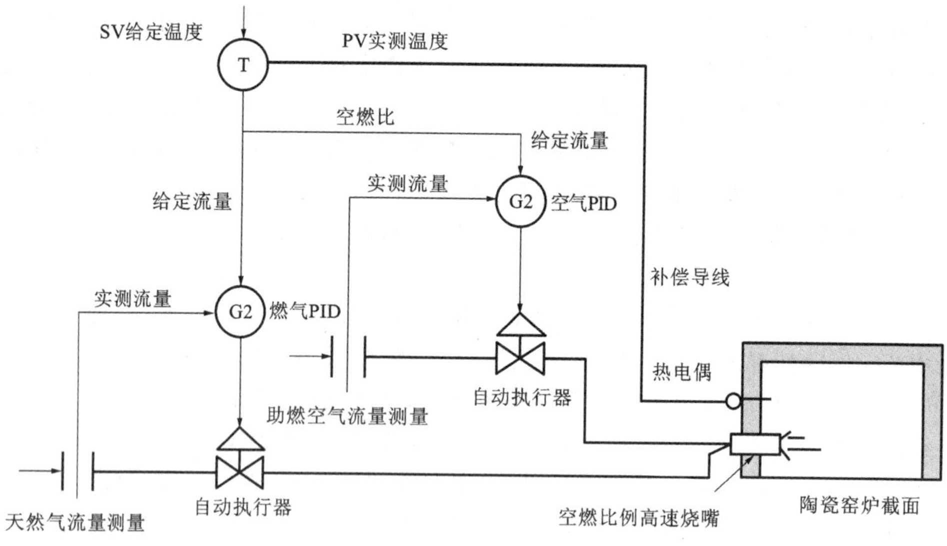

图 8.4　SWP 系列智能仪表之 PID 自整定控制仪与电动执行器构成温度控制系统结构图

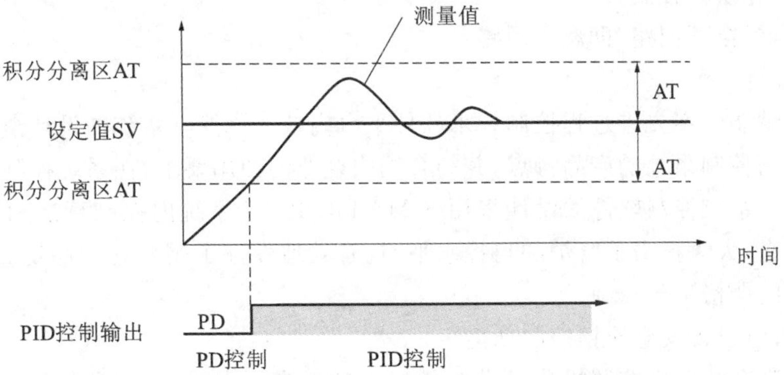

图 8.5 SWP 系列智能仪表之 PID 自整定控制仪控制输出示意图

8.2.3 计算机控制实例

仪表控制一直存在产品质量不稳定、自动化程度低、燃耗高等问题,因此给自动控制带来了相当大的难度。在日常生产中靠人工或简单仪表控制,要想使窑炉长期达到最佳工作状态是不可能的。

为达到节能减排的目的,现代自动控制系统中一般都采用计算机与智能仪表联合进行窑炉控制,即以计算机作管理终端,智能仪表控制执行器。以某企业蜂窝陶瓷间歇窑炉为例,它采用了计算机脉冲燃烧控制系统,将 1 台 HP EVO D2200 计算机作为管理终端,实现数据处理、实时显示、参数设定以及打印报表等功能;1 台西门子 SIMATIC PCS7 全集成自动化控制器实现对温度和压力数据的采集和调节控制,数据传输采用 RS485 串行异步通信方式。该窑炉通过控制 6 组单点脉冲比例燃烧控温,产品烧成温度在 1450℃左右,窑内压力采用微分滞后速度 PID 控制方式,通过控制排烟风机变频器实现对窑温的控制。

控制系统硬件结构具体为 6 点窑炉温度检查、6 个燃烧组的空气燃气比例流量自动控制、窑内 2 个压力检测,其中一点自动控制、全窑风机的启停控制、排烟风机变频调节、助燃风机变频调节、6 支自动点火烧嘴的点火控制、8 只压力开关检测。

窑炉采用 PC 全过程烧成控制系统,它包括烧成过程中所有因素的自动检测、控制。这些因素如下:窑内各区温度、燃气输入流量、空气燃气比例、窑内压力、排烟烟气温度、窑内气氛、烧嘴火焰检测保护、各风机启停。

(1)温度控制策略

①低温段(室温~250℃):单点线性控温,调温风开启。该阶段可充分发挥调温烧嘴的特性,用过量空气进行搅拌,炉内制品温度均匀。

②中温段(250~650℃):中性气氛,单点线性比例燃烧控(保)温。该阶段可烧掉多余的氧气,将炉内气氛调成中性,为抑制炉内制品明火自燃有利排焦。

③中/高温段(650~1450℃):单点脉冲比例燃烧控温和分组均衡搅拌,可兼顾辐射及对流传导,均衡炉内温度场。

单点线性控温:自适应模糊控制、规则约束控制。

脉冲燃烧+分组均衡:程序控制(配方控制)、动态增强搅拌。

窑炉压力:微分滞后速度 PID 控制。

助燃风：程序阶段控制。

后备手操器：窑压回路/助燃风回路。

(2)控制软件

控制软件编制采用先进过程控制技术软件平台内核。该控制系统的设计消化吸收了国外著名窑炉生产商控制系统的产品特点，并结合国内企业的使用要求，在系统控制模式设计上取得了重大创新。系统控制软件的设计采用 SIMATIC PCS7 系统内控制算法和过程控制技术控制算法相结合，大大提高了窑炉的自控水平，且有效地保证了用户在产品烧成中对气氛、温度等热工参数的严格工艺控制。

(3)窑炉机电设备安全连锁控制功能

本窑炉控制系统严格按照操作规范互锁窑上的所有机电设备的启/停操作，包括在单机启/停时如不符合安全规程，也会提供保护。燃烧系统的安全保护为在每个烧嘴上采用德国科霍德公司原装的火焰监测/点火控制器，可由控制系统按预先设定的程序进行自动点火、熄火保护等工作。安全连锁保护的范围如下：

①任一燃烧器意外熄火；

②燃气压力的超限(下限)；

③助燃/排烟变频器故障；

④意外停电及电源故障；

⑤热工控制参数的失控超限。

(4)控制精度及控制响应时间

①窑压：优于±1Pa；

②温度：控制点控温偏差小于±3℃(升温控制阶段)；

③温差：窑内温差不超过 5℃（有效装载空间内，保温 3h 后）；

④MTBF(平均无故障时间)：主控系统大于 5×10^4h。

(5)调试运行

窑炉控制系统的设备，在现场安装完毕后，先进行局部系统的调试，各部分正常后进行整体窑炉系统的调试。用计算机控制系统调节窑炉的烧成温度和压力，在半个月的时间内，就探索出了各被控参数的最佳设定值，大大缩短了一台新窑炉的调试周期。新窑与同类产品手动控制的间歇式窑炉相比，产品合格率提高了 20%，节能达 30%以上。

8.3 陶瓷产品烧成缺陷分析

烧成制度调试得是否合理，最终还是要由烧出的产品质量来判定。产品质量的优劣决定了产品在市场上的竞争力大小，因而克服产品缺陷、提高产品质量对企业来说至关重要。陶瓷产品的缺陷一般都要经过烧成后才能被发现，而且烧成后缺陷一旦产生就无法挽回，故俗话说陶瓷是“生在原料，死在烧成”。因此，热工窑炉的技术人员、操作人员应对各种缺陷有一定的认识，才能对所出现的缺陷分析后对症下药，消除或减少缺陷，提高产品质量与档次。

然而，造成缺陷的原因往往是错综复杂的，即使是同一缺陷也不一定能找到一个固定的解决模式，而要根据窑炉结构特点、产品种类、燃料种类，甚至季节特点等具体情况加以分析。产品缺陷除了烧成工序产生的之外，往往是前段工序造成的。故本节虽重点分析烧成缺陷，但也不刻意区别缺陷来自烧成工序或来自前道工序。

8.3.1　日用陶瓷产品烧成缺陷分析

(1)变形

产品表面翘曲不平或整体扭斜,呈现出不符合规定设计的形状被称作变形。变形是陶瓷制品最常见最主要的缺陷之一,几乎涉及整个生产过程,在烧成方面产生变形的主要原因是:

①烧成温度过高或高火保温时间过长,致使坯体内产生了过多液相。

②装坯装窑工艺不当,如垫饼不平、装坯不正、码车操作不当等。

③升温过快,致使制品受热不均匀而产生了热拉力。

④局部温度过高,如喷火口与窑上部处局部温度过高导致制品过火。

⑤此外,烧成前的许多工序都有可能造成变形缺陷。例如,坯料配方中溶剂性原料高,坯釉膨胀系数匹配不当;颗粒级配不当;成形工艺不当;压力不均,填料不均等。

克服办法:①严格控制前道各工序;②烧成时从强还原开始严格控制升温速度,减小窑内上下、水平温差;③装坯、码车要认真。

(2)烟熏

烟熏又被称为吸烟,成品由于受烟气影响而在表面全部或局部呈灰色或不纯的白色,断面也有呈灰黑色的。烟熏主要是由于烧成气氛控制不当,造成碳素沉积在坯、釉里面,在釉料熔化前没有被氧化排除。

烟熏的克服办法:①加强窑内通风,如适当码稀;②适当增加氧化期时间和加大此时的二次空气量(如开大气氛幕风量),保证此阶段的氧化气氛,使低温沉碳和坯料内的有机物烧尽;③避免还原阶段气氛过浓、时间过长,当釉开始熔融就需转成弱还原气氛或中性焰;④保持窑内压力制度稳定,急冷气幕开度适当,防止烟气倒流。

(3)阴黄

阴黄指制品局部或全部呈黄色,产生原因主要是在烧成中没有使坯、釉中的三价铁还原成青色的二价铁。

克服办法:①适当调整氧化还原间的气幕进风量,保证温度与气氛的对口,使氧化与还原区间相对分开;②缩小上下温差,以解决同一窑车上部制品泛黄、下部制品吸烟的缺陷。

(4)起泡

起泡分为坯泡和釉泡两种。坯泡是指釉下坯体凸起的空心泡;而釉泡是指釉表面的小泡。起泡的原因是在釉熔融之后,坯体中或釉层的有机物、碳酸盐等在氧化阶段没有被完全氧化,而到此阶段产生气体却得不到扩散。

克服办法:①控制坯体入窑水分,特别是潮湿季节;②缩小窑内上下温差,防止下部制品因氧化不足而过早进入还原,从而产生坯泡;③适当提高氧化带下部烧嘴的温度及过剩空气量,促使由还原带过来的游离碳素完全燃烧,避免釉泡产生。

(5)针孔

针孔是指制品釉面呈现的无釉小孔,又被称为针眼、猪毛孔,它是日用瓷生产中不易解决的缺陷之一。造成这种缺陷的原因很多,如釉的高温黏度偏大、流动性小等。在烧成方面主要是:①窑内水蒸气太多,致使碳素沉积在釉层中而形成开口气泡;②在烧成的高温阶段,从坯釉排出较多气体,冲破黏稠釉面后,釉面未能完全熔合或釉液表面张力过小而留下小孔;③釉料始熔温度过低，部分熔釉被多孔坯体吸收。

克服办法：①加强窑内通风；②强化氧化阶段的氧化气氛，使有机物、碳素、碳酸盐、硫酸盐充分分解，避免釉已玻化，气孔封闭在釉内，逸出时冲破已玻化的釉面易形成针孔；③避免还原阶段的还原时间过长、还原气氛过浓；④改善坯釉配方，如提高釉料始熔温度与高温黏度，减少坯料中塑性黏土等。

(6)橘釉

釉面缺乏光泽，外观呈橘子皮状，被称之为橘釉。

造成橘釉的原因如下：

①工艺方面

坯料中高可塑性黏土用量多，坯料灼减量大，釉料始熔温度低，高温黏度大、流动性小，施釉过薄，釉被坯体所吸收等。

②在烧成方面

a. 坯体入窑水分过高；b. 燃料含硫量高；c. 烧成温度过高，釉玻化时升温过快，釉面发生“沸腾”形成橘釉；d. 急冷阶段冷却速度过慢，造成釉面析晶、失透无光。

克服办法：a. 控制坯体入窑水分；b. 根据釉料的熔融温度和制品釉层的厚薄，适当提高烧成温度；c. 高火保温阶段，升温要均匀，严防猛升骤降；d. 根据釉的性质，确定适宜的冷却速率，防止釉面析晶。

(7)裂纹

裂纹是指制品胎、釉开裂而形成的纹状缺陷。裂纹是陶瓷制品最常见、最主要的缺陷之一。生产中可以从裂纹形状、产生部位、方向来判断其成因。如成形不当造成缺陷的：①成形时投料不够而再次添料；②注浆成形所用的泥浆颗粒粗；③旋压、滚压成形时下压和抬离动作过快、过猛等造成胎体有分层现象而产生层裂；④成形不当造成的制品口部开裂(口裂)、底裂、肩裂等。

在烧成方面主要是：在烧成的低温阶段升温过急、入窑坯体含水率过高，易引起炸坯和开口裂，特征是产品裂口处因有釉覆盖而显得光滑。针对上述原因，烧成过程一是要控制坯体入窑水分，二是要控制氧化阶段升(降)温速率，保证良好的烧成制度。

(8)惊釉惊裂

制品胎体未裂，仅釉面有头发丝粗的裂纹，称为惊釉；坯釉同时开裂，此时裂口锋利，称为惊裂。产生原因：①坯釉配方不当(如釉的膨胀系数比坯体大得多)，或釉上得过多；②在烧成的冷却阶段，中温冷却速度过快，尤其是厚胎和高硅质制品因残余石英晶型转化，易造成胎釉皆裂(惊裂)；③日用精陶产品在使用中由于胎体吸湿后体积膨胀而产生釉层的后期龟裂。

克服办法：①调整坯釉配方，使坯和釉的膨胀系数相适应(一般而言，坯的膨胀系数可略大于釉的膨胀系数，使制品在冷却时，釉面只受到压应力而不受张应力)；②急冷风开大些，防止烟气倒流并相对加快急冷区的冷却速度；③注意冷却中后期的降温速率，防止石英在573℃和180～270℃时其晶型转变致使体积发生显著变化而惊裂。

(9)斑点

斑点指制品表面呈现的有色污点，又称铁点、黑点。

斑点主要来自铁、钛、碳、锰等元素的影响。斑点成因极多，主要有以下几方面：①原料中所含杂质，如铁的化合物、云母、石膏等，在洗涤加工过程中没有除净；②加工过程中混入了杂质，如机械铁屑与焊渣，设备和工具上的铁锈皮，外界带入的煤渣、泥沙等，除铁时又没有除尽。

烧成环节缺陷产生的原因是：①坯体存放时表面落上灰尘、异物，而在入窑时未清扫干净；②燃料中含硫量过高，烧成时与铁质发生反应生成硫化铁黑点。

克服办法：①匣钵必须刷釉，以防铁质在高温下脱落；②窑炉喷风管等管道必须用不锈钢管。

(10)熔洞

熔洞是指易熔物在烧成过程中熔融而产生的孔洞。

因坯体中混入易熔物，如石膏渣、长石渣或颗粒较大的含铁杂质等而形成的熔洞。

(11)生烧与过烧

制品未达到或超过烧成温度被称为生烧或过烧。生烧的制品往往发黄，吸水率偏高，釉面光泽度低并且粗糙，抗折强度低，尺寸不符，敲击时声音不脆。过烧的制品会产生过烧变形，尺寸不符，抗折强度降低，釉面起泡或流釉。

克服办法：①控制最高烧成温度，使之在坯釉烧结范围内；②注意窑内上下、水平温度均衡，避免局部制品产生缺陷；③保证窑内烧成制度稳定。

8.3.2 建筑瓷砖缺陷分析

1)开裂

开裂是辊道窑快烧建筑瓷砖等产品时较常出现的一种缺陷，可分为升温阶段开裂与降温阶段开裂。升温阶段由于制品尚未瓷化仍呈颗粒状，故此时开裂出窑后特征为断面粗糙，裂口呈锯齿形，又因开裂后还经高温煅烧，故裂口边缘圆滑，裂缝中可能有流釉。降温阶段开裂是因制品经过了烧成带高温瓷化，开裂后必然呈现断面光滑、裂口锋利的特征。

(1)升温阶段开裂

升温阶段开裂多发生在砖坯边缘部，最常发生在预热带前段，即蒸发阶段，主要原因是坯体入窑水分较高而窑头升温又过急，传热速率大于水分向外蒸发的传质速率，坯体表面硬化使内部水汽不易排出，故此种开裂一般裂口较大，又称大口裂(图 8.6)。解决办法是严格控制坯体入窑水分，在窑炉操作上通过调整排烟支闸等来降低窑头温度，对明焰辊道窑还可调小或关闭预热带辊下第一、二对烧嘴，以避免预热带开始时温度升得太快。在预热带中后期，如升温过急由于晶型转化等也可能发生开裂，此时开裂一般裂口很小，锯齿也细小，但对于辊道窑烧成，这种缺陷不多见，即使有，也多出现在外侧等温度条件不良处。

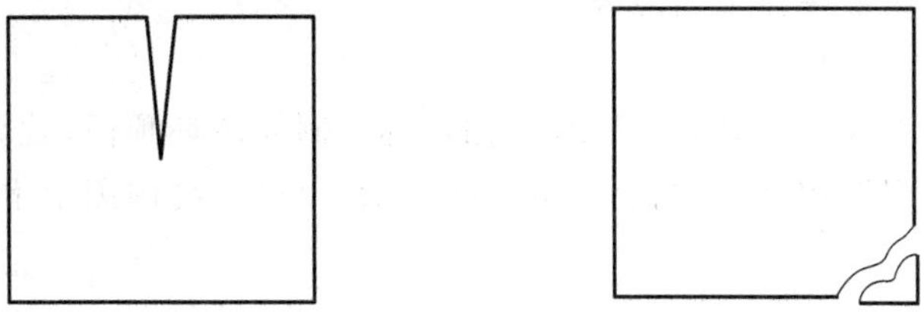

图 8.6 大口裂

升温阶段开裂除烧成因素产生的外，还有两种较常见，即硬裂与层裂。硬裂的特征是形如鸡爪或蚯蚓蠕动状小裂纹(图 8.7)。这一缺陷主要是粉料水分不均匀或填粉、加压操作不当，使砖坯密度不一致，待到入窑升温时收缩也就不一致，因而造成开裂。解决这一缺陷主要从改进前道工序着手，如增加粉料陈腐时间、改进填料与压砖的操作。层裂是与砖面平行的开裂，在墙地砖生产中常有出现，但问题不是出在烧成，而是成形时粉料内空气排除不足被封闭在坯体内，烧成时排出不顺畅造成膨胀(产生夹层)或裂开(产生层裂)。解决这一缺陷要从配方开始入手，减少片状结构的原料(如滑石、方解石等)，改进造粒方法，正确掌握压砖操作等。

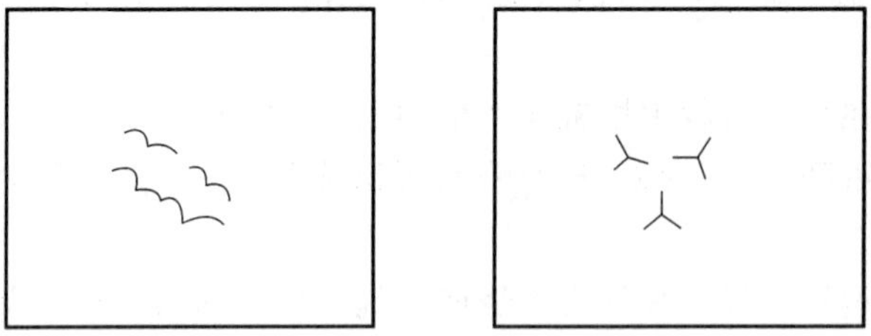

图 8.7　硬裂

(2)降温阶段开裂

降温阶段开裂又被称为风裂或冷裂，在快速烧成的辊道窑中较易发生，但也容易在烧成过程中依靠经验采取正确的窑炉操作调试而加以克服。该缺陷在石英晶型转化区最易出现，应调节好冷却带鼓入冷风与抽出热风的各闸板，使 600～500℃温度范围内降温缓慢。有时，出窑产品靠窑墙边部开裂较多，这很可能是辊子与孔砖间密封不严，而缓冷段窑内呈负压，吸入冷风从而引起风裂。应经常检查辊孔密封情况，并及时用陶瓷棉补充以堵塞漏风处。

产品冷却时易引起开裂的另一区段为急冷后段，辊道窑急冷段多用辊上下并列排布的急冷风管，合理调节各风管支闸开度大小，使后段降温较慢些。例如，某厂辊道窑焙烧彩釉砖，急冷段排列的 12 对急冷风管全部开启，发现出窑产品表面有肉眼难以观察的细丝裂纹，对急冷进风调整，大开前 3 对，其余基本关闭，该缺陷消除。

另外，当快冷段冷却速率达不到要求时，也可能因产品出窑温度太高而造成产品出窑后惊裂，这时应增加快冷段的鼓风量。有时还会因进窑作业不平稳，造成窑内制品不连续而存在大段空缺，引发窑内温度及气流变化，也可能产生开裂缺陷。

2)变形

烧成不当造成的变形缺陷大多都是由窑内温度场不均匀所致，制品暴露在较高温度的部分有较大的收缩或软化较强，因而产生变形。当然，还有很多其他因素可造成变形缺陷，如辊子不平整、传动不平稳等；配方不当、砖压成形时密度不均等前道工序都有可能留下产生变形的隐患。这里仅讨论窑炉操作上的原因。

(1)平整度缺陷

当窑内辊上下存在较大温差时，温度较高的一面，例如砖坯顶面，就会有较大的收缩而发生下凹；反之，在辊上温度较低时，则会发生上凸变形。总之，窑内因上下温差产生变形，砖坯总是凸向低温面。

①翘角

翘角指坯体的四角都上翘约 3cm，其他部分平整或只有少许下凹，如图 8.8 所示。缺陷发生频率几乎固定而且全窑一致，但位于侧边的坯体不太严重。如果辊上下温差未予以适当控制，缺陷多发生在烧成的最后 2～5min。以中等尺寸的坯体为基准，克服的办法是：若出窑产品尺寸正确，降低辊筒上方温度 5～10℃，并对等提高辊筒下方温度；若出窑产品尺寸偏大，则升高辊筒下方温度 5～10℃或以上；若出窑产品尺寸偏小，则降低辊筒下方温度 5～10℃。

②角下弯

如图 8.9 所示，这一缺陷与翘角完全类同，只是辊上下温差相反，产生翘角是由于烧成后段辊上温度高于辊下温度，而产生角下弯则是由于烧成后段辊下温度高于辊上温度。故解决办法与上述相反。

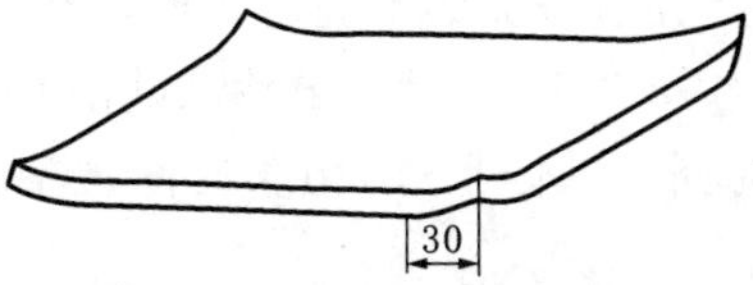

图 8.8 翘角

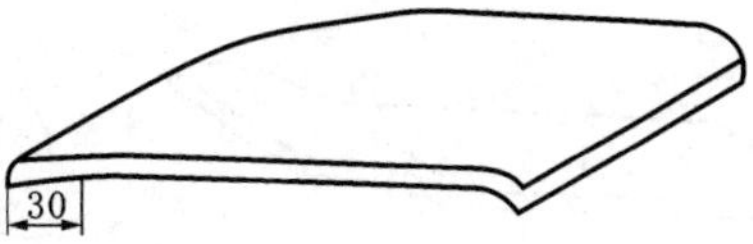

图 8.9 角下弯

③弯曲

弯曲指坯体边缘平稳地逐渐下凹，如图 8.10 所示。若为长方形坯体，长边比短边显著。缺陷发生频率几乎固定而且全窑一致，但位于侧边的坯体不太严重。缺陷可发生在烧成全过程，尤其在升温中期和后期存在辊下温度高于辊上温度时。克服办法是：若出窑产品尺寸正确，降低辊筒上方温度 5～10℃，或依照调整结果在此温度范围以上，并对等提高辊筒下方温度；若出窑产品尺寸偏大，则升高辊筒下方温度 5～10℃或以上；若出窑产品尺寸偏小，则降低辊筒下方温度 5～10℃或以下。

④平行上弯

平行上弯指坯体前端及后端两边距边缘 7～8cm 上弯，如图 8.11 所示。缺陷发生的频率几乎固定而且全窑一致，但位于窑侧制品不太严重。该缺陷较可能发生在烧成带前段，即 850～900℃和低于最高温度 50～100℃之间的位置。其矫正方法是在该段提高辊上温度和降低辊下温度，使其略呈下凹，但绝不能上凸。这样，坯体在辊道上继续前进时，在凸出点维持平衡，利用高温软化现象，坯体可因机械应力作用而恢复平坦。

图 8.10 弯曲

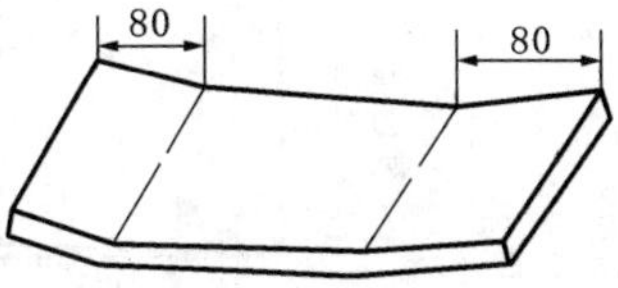

图 8.11 平行上弯

⑤扭曲

扭曲指在坯体前后端距边缘 7～8cm 处上弯，随后距离边缘 3cm 下弯，如图 8.12 所示。缺陷发生的频率几乎固定而且全窑一致，但位于侧边的坯体不太严重。发生的原因众多：

a. 可能是在急冷区或急冷刚开始时，坯体在前进中自我挤压。若为此原因，应调节分段传动的速度，使制品间的空隙稍为加大。

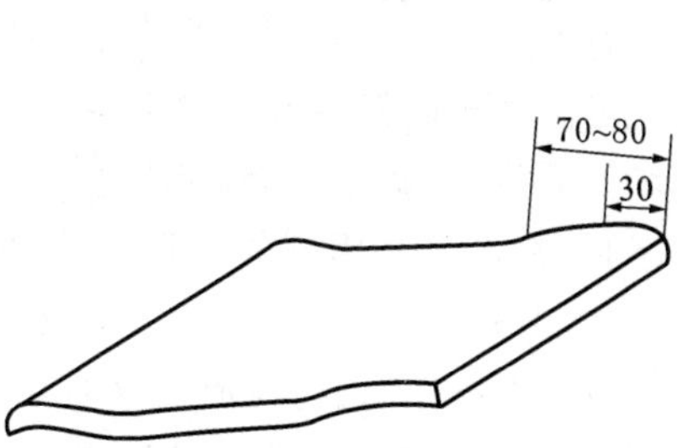

图 8.12 扭曲

b. 可能是前述角下弯缺陷的扩大，常在烧成带最后 5～10min 发生。在此必须注意的是，本现象并非仅靠测量窑温就可证实，尤其是长期停窑后再开时，更是如此。如果温度是自动控制，则每一组烧嘴的气压必须予以校验，并酌情提高最后一对辊下烧嘴所用的气压。

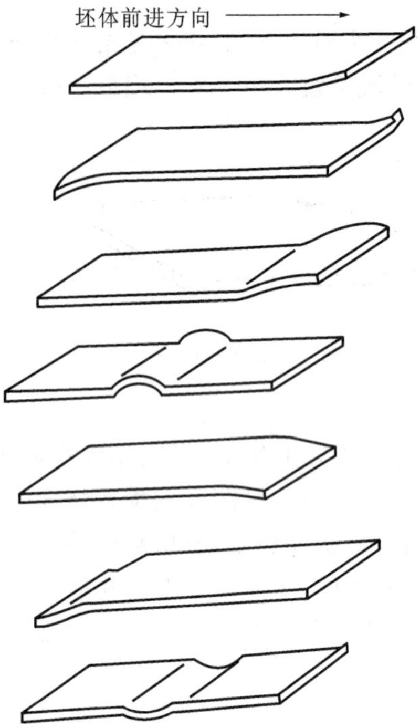

图 8.13　不规则扭曲

c.可能是前述角下弯与平行上弯两缺陷的综合。可先按第②项的方法改进，直到缺陷转为平行上弯时，再以第④项中建议的方法进行修正。

⑥不规则扭曲

不规则扭曲指无法分类的不规则变形，全窑发生处不同，也不一致，如图 8.13 所示。虽然该缺陷时常发现在特定位置，并为同一缺陷形式，但长时间观察仍是不连续现象。

这种变形大致与坯体在窑内的运送方式有关：时常可见外缘坯体略快、中央落后，以至于呈弧形前进；原因是辊筒表面有污染物粘积，或是坯体的厚度及间隙产生变化。有时变形可能源于坯体成形时所产生的下凹或上凸，则必须在前道工序先行矫正。坯体形态正确矫正和保持辊筒表面的平整，可消除本项缺陷。此类缺陷可能发生在窑烧成末期和急冷段之间。

(2)两边尺寸不一(俗称大小头)

显然，该缺陷是窑内水平温差较大造成的，原因是：①两侧烧嘴的燃料或空气量不均；②窑顶的隔板高度不一，引起两侧的气流流动不均；③窑底的一侧有堆坯现象，从而引发两侧的蓄热不均(图 8.14)。

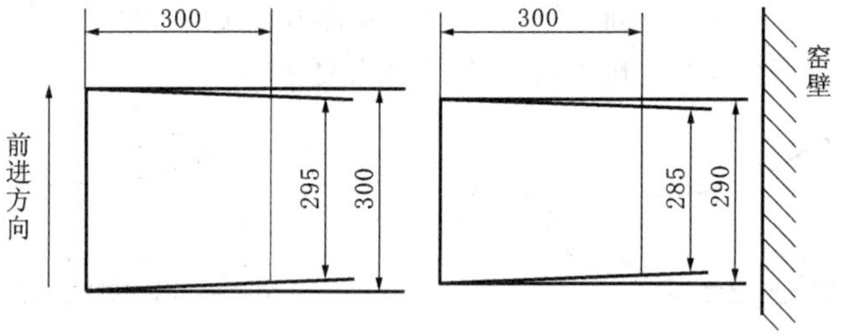

图 8.14　大小头

3)黑心

若在烧成过程中有机物未完全被烧去，在坯体内会出现黑心，白坯会呈黄-绿-灰阴影，而红坯则呈黄-灰-黑色。此缺陷的产生原因可能是有机物和碳化物因氧不足生成了碳粒和铁质被还原，也可能是因气体肿胀而在瓷砖内形成双凸状穴洞。所有降低釉面透气性的因素，例如，坯体水分过多及粒度过细、成形压力过高、厚度过大及釉料熔点低等皆可诱发此类缺陷。

对窑炉操作而言，要消除这些缺陷，必须采取措施以保证在 600～650℃使有机物完全燃烧；在 800～850℃时(特别是红坯)，应使气体在釉料未充分熔融及部分坯体已玻化之前顺利排出。在预热带全程以负压操作，以利于反应气体的排出；为留出更多的时间进行氧化反应，在保证不致引起预热开裂缺陷的前提下，可加快预热带前段升温速率；充分供应空气以保证氧化环境，尤其是预热带后段，空气可直接在烧成区之前喷入窑内，以冷却来自该区的热气，使 800～850℃升温平缓，并使环境呈充分氧化气氛，可有效地消除此类缺陷。

常观察到的黑心缺陷有下列三种典型形态(图 8.15)：

(1)图 8.15(a)所示的形态。若缺陷仅在坯的一边，一般是因为模腔装料不均。若缺陷在坯的四周，则是压砖操作引起的问题，可能是上模下降得太快，导致模腔边缘积集微细粉末；也可能是模具下降太快，空气因此未顺利排出，而导致模腔内某些区域积集了微细粉末。

(2)图 8.15(b)所示的形态。产生缺陷的原因是坯料研磨过度，或成形压力过高，或釉料熔融温度过低，在碳素完全燃烧前失去表面透气性。釉料熔融温度不能升高时，可在烧成带前段辊上利用冷风喷管或辊上烧嘴(仅开空气)喷入冷空气，以保持釉面低温，在适当的烧成时间内避免其熔融。

(3)图 8.15(c)所示的形态。黑心偶尔伴有胀起，是由于坯体中有水分含量高的粉块。此问题不能单凭调整烧窑操作获得解决，必须检查粉料并严格过筛；或注意来自设备的偶发污染物，例如：喷雾干燥时不良燃烧造成的碳粒、压砖机漏油等。

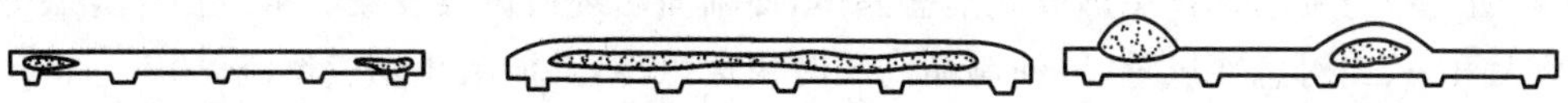

(a)　(b)　(c)

图 8.15　黑心

4)釉面缺陷

釉面缺陷严重影响釉面制品的外观质量，影响装饰效果。以下对各种常见的釉面缺陷进行一些分析。

(1)色差

单件制品的各部位或批量产品的每件呈色深浅不一、色调浓淡不均匀的现象即为色差缺陷。另外，釉面呈现出不同于本身正常色调的异色，也视为色差缺陷。

色差缺陷的形成主要来源于色剂本身，如色剂原料性质的波动、色剂原料粉碎细度不同、色剂配料时混合不均、色剂煅烧温度低或煅烧时间短等，使色剂显色能力降低、显色稳定性差，利用这样的色剂制成的釉料，对温度和气氛的变化特别敏感。此外，施釉工艺不当，如釉料的浓稀变化、釉层厚度变化都有可能导致色差缺陷。

对烧成过程而言，主要由窑炉烧成温度的变化和差异而产生色差缺陷。例如，生产棕色釉面瓷砖以 Fe_2O_3 为合成着色剂的主要原料，当温度高于 1250℃或在烧成过程中气氛异常变化时，将发生如下化学反应：

$$2Fe_2O_3 = 4FeO + O_2 \quad (1250℃以上)$$

由于 FeO 的生成而使釉面产生带有灰黑色调的不正常色调。用铬钛黄作着色剂制备的釉料在烧成温度变化时，釉面制品也会产生类似的色差缺陷。

因此，在烧成操作中要克服色差缺陷，主要是保持窑内温度和气氛的稳定，消除窑内温差。

(2)釉面不平整

当氧化不足时易产生釉面呈“蛋壳”状、釉面出现气泡或针孔等釉面不平整的缺陷。主要原因是过量空气供应不足，窑内通风又不良，使烧成区呈现较高的废气浓度，甚至由于燃烧不完全而产生的碳粒在釉面沉积；即使在隔焰辊道窑内，燃烧废气不与釉面直接接触，当窑内通风不良时仍有充满釉料蒸气的空气滞留在此区域，这种空气也可能造成釉面的不透明区域，有时伴随着针孔产生。针对这些原因，在窑炉操作上显然应增加空气量及紊流状态，加强窑内通风，如调大烧嘴的空气进量，适当增加排烟的抽力；保证预热带氧化分解阶段反应充分，使坯体中的反应气体在釉熔融前完全排出。

釉面不平整缺陷除与烧成过程有关外，还与前道工序有关。例如，当坯釉中碳酸盐成分较多，而在烧成时又控制不良时，容易引起釉面针孔。当釉料中可熔性盐类较多时，这些盐类在干燥时随水分蒸发而向坯体边缘迁移并在那里积聚，从而降低了这部分釉的熔点，使其提前熔化而阻碍了挥发物的排除，会在制品边缘形成一串小釉泡（俗称水边泡）。

(3)釉面析晶

当急冷段降温速率不够快时，可能在釉玻璃相中产生二次析晶。当析晶严重时制品釉面呈圆圈痕迹的鳞状，略轻时则呈针状、鸡爪状或雪花状；当析晶较轻时，则出现霉腐状花膜析晶或雾状析晶。产生析晶的原因除急冷操作不当外，当烧成带燃烧不完全时，产生的碳素在釉面沉积作为晶核，会促进釉面析晶，尤其当窑内存在烟气倒流时更甚。另外，当燃料中含硫量高时，含硫烟气易与釉熔体作用形成硫酸盐晶体，使釉面出现白斑或发蒙。窑上操作克服办法主要是增大第一、二对急冷风量，以使制品高温时快速急冷，且能阻止烟气倒流。

(4)缩釉

一般来说，缩釉缺陷的根源不在烧成而在前段工序。配方及施釉工艺的原因使釉层对坯体的附着力差，从而在釉坯干燥或焙烧初期，釉层就出现裂纹甚至与坯体部分脱离，以至于到釉熔融阶段在表面张力作用下产生缩釉，这对那些高温时对坯浸润性差、表面张力大、黏度高的釉料更易发生。因此，克服该缺陷应从配方入手，适当调整配方或在釉料中添加少量可塑性原料，例如加入1%～2%的高塑性膨润土；另外，在施釉时要控制好釉浆密度与坯体温度，以增加釉层对坯的附着能力。从烧成角度考虑，减小预热带初始阶段升温速率，以免釉层产生裂缝；在烧成带延长高火保温时间，以克服釉料高温黏度大与流动性差之不足。

(5)其他釉面缺陷

在辊道窑烧成建筑瓷砖，出窑制品还常会出现其他一些影响釉面外观质量的缺陷，如斑点、熔洞、鬃眼等。显然，这些缺陷与窑炉操作无关，只有加强前道工序的管理才能克服。例如，加强原料的精选精洗，除铁除杂质，改善施釉工艺的管理与操作等。

8.3.3　卫生洁具产品缺陷分析

自改革开放以来，通过引进、消化吸收、创新设计建造，我国卫生洁具生产发展迅猛，产品不仅满足国内需求，而且远销国外，我们已是生产大国，但更要做生产强国，作为热工技术人员，要努力寻求一流质量的产品，这就要解决产品缺陷问题。

卫生洁具与其他陶瓷一样，要经过原料制备、成形、干燥、施釉、烧成等生产工序，每个生产工序都有可能埋下产生产品缺陷的“祸根”。而卫生洁具陶瓷的缺陷种类达上百种，这里仅就最常见的质量缺陷做出归纳，按缺陷外观形式分类于表8.2中。

表8.2　卫生洁具陶瓷质量缺陷的分类

序号	缺陷名称	定义
1	裂纹	不贯通坯、釉的细小缝隙
2	开裂	贯通坯和釉的裂缝
3	釉裂	釉面出现裂纹

续表 8.2

序号	缺陷名称	定义
4	磕碰	因冲击而造成的残缺
5	鬃眼(针孔、毛孔)	釉面出现的针刺样小孔
6	斑点	制品表面的异色污点
7	落脏	釉面附着的异物
8	Al_2O_3 脏	装窑时,产品上落有氧化铝粉
9	缺釉	有釉制品表面局部无釉
10	剥边	釉层边沿的条状剥落
11	釉缕	釉面凸起的釉条或釉滴痕迹
12	橘釉	釉面似橘皮状,光泽较差
13	蹭釉	产品在装窑前不慎擦伤釉面,使釉面短缺或厚薄的一种非技术性缺陷
14	釉泡	釉面可见的气泡(有破口泡、不破口泡和落泡)
15	釉粘	有釉制品在烧成时相互粘连或与窑具粘连而造成缺陷
16	釉面波纹	釉面呈波浪纹样的缺陷
17	烟熏	烧成中因烟气造成制品表面局部或全部呈灰、褐、黑等异色
18	色差	单件制品或同批制品之间感受面色调不一致
19	熔洞	因易熔物熔融使制品表面产生的凹坑
20	坯粉(泥渣、釉渣)	釉下有未除净的泥屑、釉渣而造成的缺陷
21	变形	制品形状与规定不符
22	凹凸	成品表面凹凸不平

1)在原料制备过程中产生的缺陷

原料制备过程中,由于原料质量、操作、机械设备的磨损和工业卫生等因素影响,给工序质量和产品质量带来危害,造成等级降低,甚至产生废品。原料制备中常见的缺陷有斑点、熔洞、鬃眼、子屑等。

(1)斑点

斑点根据形态与颜色又可分为铜点、铁点、石膏脏、风尘脏等,产生的原因主要有:①原料中所含杂质,如铁的化合物、铜的矿物或铜的氧化物、云母、石膏等,在洗选加工过程中没有被除净;②加工过程中混入杂质,如机械屑,设备和工具上的铁锈皮,设备上铜件的磨损,维护设备时的金属屑与焊渣,工业卫生不良带入煤渣、泥沙等;③除铁、过筛控制不严;④泥料运输过程中带入的杂质;⑤坯体存放条件差,表面落下灰尘异物而入窑时又未清除干净;⑥废坯泥没有处理干净。

(2)熔洞

熔洞是指坯体表面呈现凹下不规则的带色或不带色的小坑。产生的主要原因有:①原料本身夹有或混入低熔点物，如石膏、云母、泥砂、煤渣等；②原料加工过程中带入的低熔点物，如石膏、黄泥、釉料等；③设备维修时带入的铁锈皮、焊渣、废油料等物混入原料内。

(3)鬃眼

鬃眼是指在成品釉层下的坯体上有直径在 1.5 mm 以内的无釉小孔。产生鬃眼的原因有：①原料中有机物含量过高；②原料处理与储存不当，致使泥浆发酵；③泥浆真空脱气不完全；④模具过湿，对泥浆的吸水能力下降，使坯体的密度降低；⑤成形时注浆速度过快；⑥施釉时未将附在坯体表面的灰尘洗抹干净。

防止鬃眼出现的办法有：进行原料精选；避免泥浆过热，完善泥浆的真空处理设施；避免模具过湿；控制注浆速度；施釉时应将坯体表面的灰尘洗抹干净。

(4)子屑

所谓子屑，是指坯体内嵌有条状物，经煅烧后使坯胎表面产生凹下的条痕坑状体。产生的原因有：①泥料在加工过程中，混入木屑或纤维等物；②泥料在运输过程或工艺操作过程中带入的易熔物，如铁丝、木屑、纤维等；③泥浆过筛控制不严。

2)成形与施釉工序中产生的缺陷

(1)缺釉

产品表面局部无釉为缺釉。产生的原因有：①施釉时厚薄不均；②釉料的高温黏度大、流动性差；③高火保温时间不足。预防缺釉的方法有：调整釉料配方，使坯釉结合良好或降低釉的高温黏度，增加釉的流动性；施釉时严格控制釉层厚度等。

(2)磕碰

磕碰是发生在成形工序的一种非技术性缺陷，主要发生在坯体搬运、存放、施釉等过程中。特征是呈开放式直裂或鸡爪裂。造成的主要原因：在搬运、存放、施釉中违反操作要求或搬运湿坯。

(3)釉薄

釉薄是在产品釉面出现厚薄不一致，影响外观质量的一种缺陷。特征是釉薄部位暗淡无光。造成原因有：①釉浆相对密度低于 1.60；②喷釉气压不稳，压缩空气压力高于 0.6MPa 以上，釉浆附着力差；③喷坯体遍数不足，或喷枪角度不准；④坯体含水率高，釉浆附着力差。

3)烧成过程中产生的缺陷

(1)色差

色差是指单件制品或同批制品之间色调不一致。在烧成过程中由于最高烧成温度控制不当或烧成周期与气氛的变化，窑内断面上温差大等因素都可能产生色差缺陷。色釉对烧成制度要求极为严格，烧成气氛、烧成温度的高低及保温时间的长短均对颜色的呈色变化有重要影响。烧成温度偏高、烧成时间和保温时间过长都会引起色料挥发而出现色差。所以，烧成温度或烧成气氛的变化，是卫生陶瓷产生色差的主要原因。当然，在前道工序中也可能造成产品这一缺陷的发生，例如原料成分波动使呈色也有波动；配料系统精度不高、操作不当，如釉料球磨时间不足，颗粒太粗，釉浆悬浮性减小，使色料在釉浆中分布不均匀；施釉时厚薄不均等都有可能使产品烧成后呈现色差这一缺陷。

根据以上分析产生色差缺陷的原因，要克服色差缺陷重点在两方面：①严格窑炉操作规程，确保合理烧成制度的实施，尽量减小窑内的断面温差，控制好烧成气氛；②把好坯釉料的制备与施釉关，确保釉浆性能稳定，严格规范施釉操作。

(2)变形

变形是指卫生瓷成品的形状与图纸规定要求不符。在烧成过程中产生变形的原因:①装窑时坯件放置的角度不当,重心不稳;②升温过程中受热不均匀,烧成温度过高或高温时间太长。此外,配方不合理,坯料中可塑性原料用量过多。如配方中采用钠长石较多,高温时钠长石玻璃相随温度的升高黏度急剧下降,引起卫生瓷的高温变形;又如坯体中氧化钙含量高也增加变形倾向,坯泥收缩率过大,也使制品容易变形。此外,生坯密度不均匀,生坯的各部分致密程度不同,使坯体在密度低的部分烧成收缩大,而在密度高的部分烧成收缩小,因而引起卫生瓷变形。

针对以上因素,避免制品变形的办法有:①调整坯料配方,适当减少可塑性原料的含量,经常化验泥料的化学成分;②适当增大泥浆的粒度,控制泥浆水分,打孔时坯体的硬度要适中;③避免模具过湿,掌握好擦模方法、脱模时间、坯体厚度,脱模时吹气均匀;④坯件放置平衡,托板及窑具要平整;⑤调整并控制好干燥速度、烧成温度。

(3)落脏

这一缺陷是由于在生产过程中有异物掉在制品表面而附着在釉面上,该缺陷的效果与产生原因有时与斑点类似。由于现代卫生瓷生产多用清洁燃料,采用明焰裸烧技术,因此在烧成过程中极易发生。解决办法:①注意窑炉系统的干净;②注意棚板与装窑时卫生,以保证在烧成过程中没有脏物掉下附着在制品釉面上。因此,现代烧卫生洁具的隧道窑或梭式窑在其通风系统的管道与管件大都尽量采用耐热不锈钢材质。

(4)裂纹

裂纹包括贯通裂纹(开裂)和非贯通裂纹(包括釉裂)。在烧成过程中由于烧成制度不合理,升温过速或降温不当都会使出窑制品产生裂纹。例如,当入窑制品含水率较高,而入窑后升温又过快,就容易产生制品开裂;又如在冷却阶段(尤其是缓冷)降温不当很可能产生釉裂。此外,坯料含可塑性原料或游离石英量过多,形成应力;浆料过筛不当,出现漫筛,使石英、石灰石等颗粒混入浆料中;泥浆陈腐时间不足;模具过干或过湿,水分不均匀;湿坯干燥过快,各部分收缩不均等原因都有可能使该缺陷产生。

避免出现裂纹的方法:①调整和控制好烧成曲线,减少窑内上下温差,控制入窑制品水分,适当减慢窑头升温速率与缓冷段的降温速率;②调整坯料配方以减少可塑性原料及游离石英的含量;完善泥浆制备、陈腐制度,改进设施和管理,防止杂质混入;③调整坯体的干燥速度,确保入窑坯体水分小于规定标准并保证干燥的均匀性。

(5)烟熏

烟熏是指烧成中因烟气造成制品表面局部或全部呈灰、褐、黑等异色。产生的主要原因有:①装窑密度过大,使气体流通不畅;②烧成制度不合理,窑内氧化气氛不足。例如,釉料熔融时升温过快且窑内有较浓的还原性烟气,或在烧成带与急冷段交界处形成烟气倒流。

(6)橘釉

橘釉是指釉面似橘皮状,光泽较差。在烧成过程出现橘釉缺陷的原因有:①在釉料熔融时升温过快或局部温度过高,超过釉的成熟温度;②窑内氧化气氛不足。此外,釉料配方不当、坯釉结合不良,釉的高温黏度过高、流展性差,坯件入窑水分过高,釉层过厚等也可能产生橘釉。

(7)釉泡

产生釉泡的根本原因是坯体在烧成过程中产生的气体无法及时逸出,互相积聚,向四周扩展。因此，解决釉泡缺陷的根本方法有：①减少坯件在烧成过程中气体的产生，尤其是在坯件液相大量出现之后；②使产生的气体迅速逸出。

(8)生烧

生烧是指产品色泽暗淡无光。产生原因为烧成温度偏低或装坯过密。解决办法为严格控制好最高烧成温度，适当调整装坯密度。

参考文献

[1] 刘振群. 陶瓷工业热工设备[M]. 武汉:武汉工业大学出版社,1989.

[2] 宋耑. 现代陶瓷窑炉[M]. 武汉:武汉工业大学出版社,1996.

[3] 胡国林. 建陶工业辊道窑[M]. 北京:中国轻工业出版社,1998.

[4] 王秉铨. 工业炉设计手册[M]. 北京:机械工业出版社,1996.

[5] 陕西省第一建筑设计院. 建筑陶瓷隧道窑设计[M]. 北京:中国建筑工业出版社,1979.

[6] 胡国林,陈功备. 窑炉砌筑与安装[M]. 武汉:武汉理工大学出版社,2005.

[7] 宛良德. 热桥初探[J]. 陶瓷学报,1988(01):20-23.

[8] 龚炳荣. 钟罩式窑炉简介[J]. 中国陶瓷,1989(02):14-17.

[9] 胡志东. 多晶莫来石纤维在钟罩窑上的应用及其节能效果[J]. 景德镇陶瓷,1992,2(4):10-14.

[10] 胡国林,江国良. 西德累德哈姆公司煤气隧道窑的技术分析及其调试经验[J]. 陶瓷导刊,1991,2(2):5.

[11] 宁武成,胡志东. 钟罩窑及其节能[J]. 工业加热,1992(02):24-27.

[12] 胡国林,章义来. 现代高档日用陶瓷辊道窑及其耐火材料[J]. 中国陶瓷工业,1996(03):13-14.

[13] 姚志会. 富氧燃烧是陶瓷烧成的重大节能措施[J]. 河北陶瓷,1993(04):1-3.

[14] 余召辉,亢凤琪,吴道洪. 脉冲燃烧技术在陶瓷窑炉上的应用[J]. 中国陶瓷,1997(02):41-42.

[15] 张明,曾令可,李汝湘. 引进辊道窑挡火板的设置[J]. 中国陶瓷,1998(03):23-25,45.

[16] 何寿生. 脉冲燃烧技术及其在陶瓷窑炉中的应用[J]. 建材-陶瓷,1998(05):35-36.

[17] 李晓池,杨中民,李凝芳. 陶瓷工业的增氧烧成技术[J]. 佛山陶瓷,1998(01):41-43.

[18] 刘志国. 日本新型陶瓷窑炉技术[J]. 佛山陶瓷,2004(07):32-33.

[19] 潘迎春. 间歇式窑炉的节能革命[J]. 佛山陶瓷(增刊),2004(08):119-121.

[20] 石成利,梁忠友. 红外辐射涂料的研究与应用现状及其发展趋势[J]. 中国陶瓷工业,2005(04):34-36.

[21] 蒋鉴华,胡国林,刘海芳,等. 对使用文丘里烧嘴梭式窑自动控制的探索[J]. 陶瓷学报,2005(02):95-99.

[22] 梁善良. 高温宽体日用瓷辊道窑设计[J]. 中国陶瓷工业,2005(04):55-58.

[23] 胡国林,李日强,汪小鹏. 建陶工业辊道窑 CAD 系统开发研究[J]. 中国陶瓷,2007(07):18-20.

[24] 胡国林,丁志坚,张泽兴,等. 建筑瓷砖辊道窑窑体主要尺寸优化初探[J]. 陶瓷学报,2007(04):272-275.

[25] 周露亮,胡国林,吴卫兵,等. 隧道窑设计中的节能分析[J]. 中国陶瓷工业,2009,16(06):30-32.

附录 1　筑炉材料导热系数计算式

材料		体积密度（kg/m^3）	最高使用温度（℃）	计算式
耐火黏土砖		1900	1300～1400	$0.698+0.64\times10^{-3}t$
耐火黏土砖		2100	1300～1400	$1.04+0.151\times10^{-3}t$
硅砖		1850	1600～1700	$0.814+0.756\times10^{-3}t$
硅砖		1950	1600～1700	$1.05+0.93\times10^{-3}t$
镁砖		2600	1650～1750	$12.6-1.55\times10^{-2}t+6.05\times10^{-6}t^2$
铬镁砖		2950	1750	$2.00-0.349\times10^{-3}t$
高铝砖	Al_2O_3 56%	2380	1500～1600	$1.22+0.41\times10^{-3}t$
	Al_2O_3 74%	2530	1500～1600	$1.75+0.45\times10^{-3}t$
	Al_2O_3 90%	2750	1700～1800	$2.09+0.215\times10^{-3}t$
	Al_2O_3 98%	3000	1700～1800	$2.90-0.58\times10^{-3}t$
碳化硅制品	SiC 50%	2200	1400	$5.23-1.28\times10^{-3}t$
	SiC 77%	2360	1500	$14.6-6.35\times10^{-3}t$
	SiC 90%	2480	1600	$20.9-8.72\times10^{-3}t$
	SiC 99%	2600	>1600	$35.6-23.4\times10^{-3}t$
轻质黏土砖		1300	1300～1400	$0.407+0.35\times10^{-3}t$
		1000	1300	$0.291+0.256\times10^{-3}t$
		800	1250	$0.262+0.232\times10^{-3}t$
		400	1150	$0.0815+0.221\times10^{-3}t$
轻质硅砖		1200	1550	$0.465+0.465\times10^{-3}t$
轻质高铝砖		1330	1450	$0.656+0.081\times10^{-3}t$
		900	1450	$0.341+0.249\times10^{-3}t$
		800	1450	$0.310+0.176\times10^{-3}t$
		700	1450	$0.212+0.329\times10^{-3}t$
		500	1450	$0.182+0.200\times10^{-3}t$
泡沫氧化铝砖（Al_2O_3 94%）		400	1500	$0.205+0.167\times10^{-3}t$
氧化铝空心球砖		1250	1800	$0.978-0.200\times10^{-3}t$（600～1100℃）
普通硅酸铝耐火纤维毡		100	1100	$0.0388+1.16\times10^{-4}+1.68\times10^{-7}t^2$

续附录1

材料	体积密度(kg/m³)	最高使用温度(℃)	计算式
普通硅酸铝耐火纤维毡	130	1100	$0.0333+1.08\times10^{-4}t+1.41\times10^{-7}t^2$ (0～1000℃)
普通硅酸铝耐火纤维毡	160	1100	$0.0211+1.02\times10^{-4}t+1.02\times10^{-7}t^2$
普通硅酸铝耐火纤维板	270	1400	$0.0238+1.18\times10^{-4}t-7.21\times10^{-8}t^2+1.35\times10^{-10}t^3$ (0～1000℃)
含铬耐火纤维毡	128	1430	$0.027+1.37\times10^{-4}t-2.22\times10^{-8}t^2+9.34\times10^{-11}t^3$ (300～1100℃)
高铝耐火纤叠块(Saffil)	96	1600	$0.0531+1.20\times10^{-4}t-3.14\times10^{-8}t^2+8.21\times10^{-11}t^3$ (200～1600℃)
高温硅酸钙制品	200	1050	$0.0427+1.13\times10^{-4}t$ (100～700℃)
微孔硅酸钙制品	200～250	650	$0.04+0.17\times10^{-3}t$
耐火纤维浇注料	810	1320	$0.1+0.148\times10^{-3}t$ (200～800℃)
矿渣原棉	100～150	800	$0.05+0.198\times10^{-3}t$
中碱超细玻璃原棉	50	400	$0.0212+0.14\times10^{-3}t$ (75～300℃)
沥青玻璃棉毡	80～120	250	$0.043+0.174\times10^{-3}t$
硅藻土砖	700	900	$0.198+0.268\times10^{-3}t$
	600	900	$0.145+0.314\times10^{-3}t$
	550	900	$0.11+0.145\times10^{-3}t$
	550	900	$0.093+0.244\times10^{-3}t$
岩棉制品	150	700	$0.0375+8.37\times10^{-5}t+1.97\times10^{-7}t^2$
岩棉制品	300	750	$0.0698+0.157\times10^{-3}t$
蛭石粉	250	1000	$0.072+0.256\times10^{-3}t$
水泥蛭石制品	420～450	800	$0.058+0.14\times10^{-3}t$
蛭石板管	500	800	$0.089+0.36\times10^{-3}t$
膨胀珍珠岩散料	86	800	$0.0434+0.171\times10^{-3}t$ (＜100℃)
硅酸盐水泥珍珠岩制品	350～400	600	$0.065+0.105\times10^{-3}t$
磷酸铝珍珠岩制品	200～250	800～1000	$0.0524+0.291\times10^{-3}t$
矾土水泥珍珠岩制品	400	800～1000	$0.0826+0.117\times10^{-3}t$
红砖	1750	600	$0.465+0.51\times10^{-3}t$

附录 2　窑墙散热程序

```
Private Sub Command1_Click()
  dDim N As Integer                              '定义窑砌体砌筑材料层数变量(整数变量)
    Dim T0(5), T(5), ta As Single                '各界面温度数组变量(T0()为初设)
    'Dim TT(4) As Single                         '各界面暂定温度数组变量
    Dim a(5) As Single                           '各层材料导热系数常数
    Dim b(5) As Single                           '各层材料导热系数温度系数
    Dim d(5) As Single                           '各层材料厚度
    Dim i, j, m As Integer                       '定义循环变量
    Dim k(5), R(5) As Single                     '定义导热系数数组变量,热阻数组变量
    Dim Max, MaxP, q, qq As Single               '定义 Do 循环终止判断变量...
    Dim α, TR As Single                          '定义外壁综合散热系数与总热阻变量

  N=Val(Text4)                                   '接收用户输入窑体砌筑材料层数

  For i=1 To N
    a(i)=Val(Text1(i-1))   '读入各层材料导热系数常数
    b(i)=Val(Text2(i-1))   '读入各层材料导热系数温度常数
    d(i)=Val(Text3(i-1))   '读入各层材料的厚度(mm)
  Next i
    T(0)=Val(Text5)                              '读入内壁温度
    ta=Val(Text6)                                '读入环境温度
    T0(0)=T(0)
'根据给定的窑体内壁温度及环境温度初估各层材料的界面温度:
  For i=1 To N
    T0(i)=T(0)-i * (T(0)-ta)/(N+1)
'Debug.Print "初设定值 i,T(i)="; i, T(i)
    Next i
    '按各层材料界面温度初估值计算各层材料的平均导热系数:
    For i=1 To N
      k(i)=a(i)+b(i) * (T0(i-1)+T0(i))/2
Debug.Print "初设定值 i,k(i)="; i, k(i)
    Next i
  α=14                                           '初设窑墙对外散热综合传热系数
  RT=1/α
  For i=1 To N
```

```
    R(i)=0.001 * d(i)/k(i)              '计算各层导热热组(前面的 0.001 是将厚度单位从
mm 化成 m)
    RT=RT+R(i)                          '计算向外散热总热阻
'Debug.Print "i,R(i),RT="; i, R(i), RT
     Next i
  q=(T(0)-ta)/RT                        '初次计算散热热流密度
Debug.Print "q="; q
  m=0
  Do                                    '进入试差法循环
  m=m+1
  Debug.Print "第 m 循环次="; m
'从内向外校核计算各层材料交界面温度值:
      For i=1 To N
         T(i)=T(i-1)-q * R(i)
Debug.Print "i,T="; i, T(i)
      Next i
  '根据校核算出的温度计算窑墙各层材料的平均导热系数:
      For i=1 To N
        k(i)=a(i)+b(i) * (T(i-1)+T(i))/2
Debug.Print "第 i 层的导热系数:k(i)="; i, k(i)
     Next i
   '根据校核算出的温度计算窑墙对外散热综合传热系数:
    α=0.0000000567 * 0.8 * ((T(N)+273)^4-(ta+273)^4)/(T(N)-ta)+2.56 *
(T(N)-ta)^0.25
Debug.Print "外壁综合散热系数 α=", α
'根据校核算出的温度计算各层材料热阻及总热阻:
    RT=1/α
    For i=1 To N
      R(i)=0.001 * d(i)/k(i)            '校核后计算各层导热热组
      RT=RT+R(i)                        '校核后计算向外散热总热阻
'Debug.Print "核算后 i,R(i),RT="; i, R(i), RT
    Next i
    qq=(T(0)-ta)/RT                     '校核后计算散热热流密度
'Debug.Print "qq="; qq
'     Max=Abs((q-qq)/q)
    'q=q-0.01 * Abs((qq-q))
    Max=0
    For i=1 To N
      MaxP=Abs((T(i)-T0(i))/T(i))
      If MaxP>Max Then
```

```
            Max=MaxP
        End If
    Next i
    For i=1 To N
        T0(i)=T(i)
    Next i
    q=qq
  Debug.Print "第 m 次 q="; m, q

Loop Until Max<0.05
```

将计算结果输出到界面：

```
    For i=1 To N
          Text7(i-1)=Str$(T(i))
    Next i
    Text8.Text=Str$(qq)

End Sub

Private Sub Command2_Click()
  End
End Sub
```

程序界面图

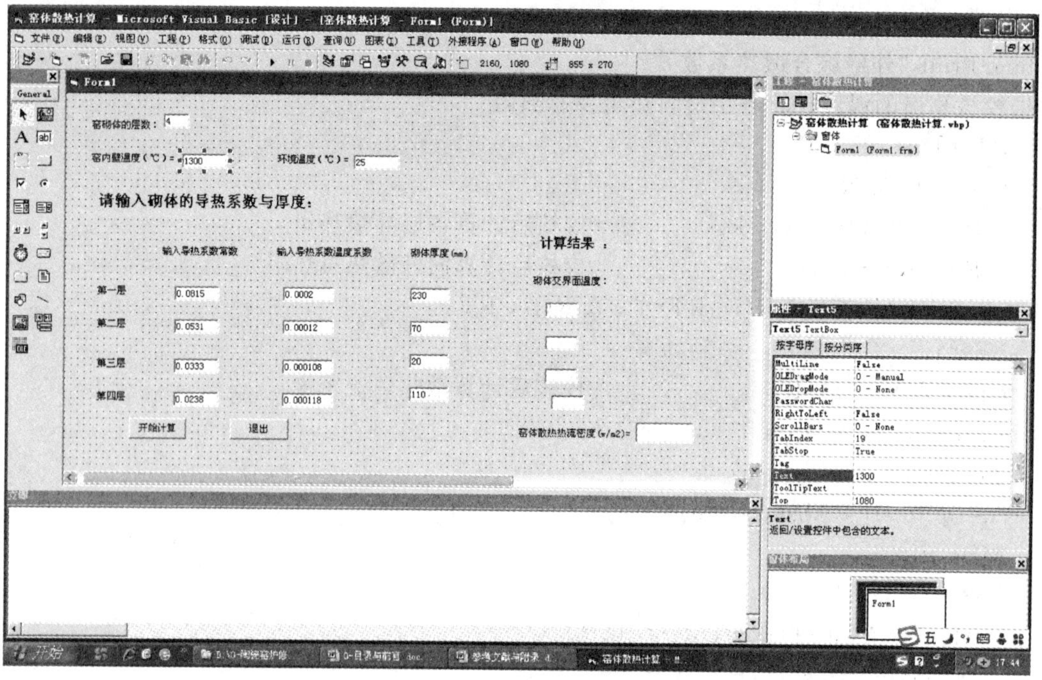